组　编：湖南大学法学院

主　编：蒋海松

岳麓法学评论

第 13 卷

湖南大学出版社

·长沙·

内 容 简 介

本书是湖南大学法学院组织的一本高质量的学术研究成果荟萃。本卷为"湖湘法治文化"专号，集中于有关湖湘法政传统和法治文化的论文，包括《湖湘法治文化的历史传统与当代创新——湖南省法学会法治文化研究会成立大会学术综述》《清代湖湘地区民间诉讼文化特性的考察——以地方志为中心》《论民初湖南高等审判厅司法改革之内容与成效》等。另外还涉及刑法、民法、诉讼法、宪法等门类的优秀学术论文。

图书在版编目（CIP）数据

岳麓法学评论.第13卷 / 蒋海松主编. — 长沙：湖南大学出版社，2020.8
ISBN 978-7-5667-1877-8

Ⅰ.①岳… Ⅱ.①蒋… Ⅲ.①法学–文集 Ⅳ.D90–53

中国版本图书馆CIP数据核字（2019）第279927号

岳麓法学评论（第 13 卷）
YUELU FAXUE PINGLUN（DI 13 JUAN）

主　　编：	蒋海松
责任编辑：	谌鹏飞
印　　装：	长沙鸿和印务有限公司

开　　本：	710 mm×1000 mm　1/16	印张：23.25	字数：429千
版　　次：	2020年8月第1版	印次：2020年8月第1次印刷	
书　　号：	ISBN 978-7-5667-1877-8		
定　　价：	78.00 元		

出 版 人：	李文邦	
出版发行：	湖南大学出版社	
社　　址：	湖南·长沙·岳麓山	邮编：410082
电　　话：	0731-88822559（发行部）　88821691（编辑部）　88821006（出版部）	
传　　真：	0731-88649312（发行部）　88822264（总编室）	
网　　址：	http://www.hnupress.com	

　　"筚路蓝缕，以启山林。"《岳麓法学评论》创办于 2001 年，由法学名家李步云教授担任编委会主任，法学名家郭道晖教授担任第 1~6 卷主编，肖海军教授担任第 7~8 卷主编，肖洪泳和蒋海松副教授担任第 9~12 卷联席主编，自第 13 卷起，由蒋海松副教授担任主编。

　　康南海有言，凡天下之大，不外制度、义理两端。法治中国建设需要实践推进，但亦需义理涵养。本刊力求集中对"法治中国"这一当代重大问题进行学术思辨，欢迎各方贤达就"法治中国"的历史渊源、实施路径、目标定位、中外对比、司法改革等相关问题踊跃投稿，亦欢迎各方家结合各学科具体问题进行阐述。此外，为增加刊物可读性，在学术论文之外，本刊设有"法律书评""学术随笔""岳麓讲坛""域外译文"等灵动栏目，欢迎作者就特设栏目进行有针对性的投稿。

　　杜甫诗云："文章千古事，得失寸心知。"古罗马哲学家塞涅卡亦曾感叹，这个俗世中的事情是渺小琐屑的，我们之所以还要在其中活着，是因为它尚有值得研究的地方。在当下以核心期刊为重的考核体制冲击之下，操办一个所谓非核心的学术期刊，注定是费力而未必能讨好之举。我们之所以坚持，唯愿能得各界同道共鸣垂爱，致思学理，以启蒙覆，咸襄法治，重振人文。是以记。

目次

名家讲坛

法学写作的五大要素与四种方法

专题研讨·湖湘法治文化

法学专论

域外译文

学人纪念

名家讲坛

YUELU LAW

REVIEW

法学写作的五个要素与四种方法

——在"全国法科学生写作大赛"启动仪式上的讲话

张文显

编者按： 2019 年 8 月 16 日，由湖南大学法学院发起的"全国法科学生写作大赛"启动仪式暨"新时代法科学生写作能力培养高峰论坛"在北京友谊宾馆隆重举行。以下系著名法学家、中国法学会学术委员会主任、中国法学会法学教育研究会会长、全国法科学生写作大赛组委会名誉主任张文显教授在大会上的主旨讲话。感谢张教授授权湖南大学法学院公众号、院网及院刊发表。

尊敬的各位领导，各位专家、朋友们：

大家上午好！

"传千古法魂义理，写天下锦绣文章"，是新时代中国法科学生的学术情怀和专业使命。在盛夏时节，我们聚首京城，迎来法学界又一盛事，"全国法科学生写作大赛"正式启动了。

首先，我谨代表中国法学会学术委员会、中国法学会法学教育研究会，并以我个人的名义向大赛的顺利启动表示热烈祝贺！向牺牲暑假休息、莅临会议的各位专家学者表示诚挚欢迎！向发起大赛的湖南大学领导、老师们和全体会务人员表示衷心感谢！

借着大赛启动的良机，我想就法律写作、法科学生写作能力培养等问题，谈谈我的看法，供大家参考。

今年是中华人民共和国成立 70 周年。新中国成立初期，为适应新民主主义法制和社会主义法制建设的迫切需要，由党中央和中央人民政府统一规划，经过院系调整，组建了"五院四系"，形成了全国高度统一、布局较为合理、功能相对不同的政法人才培养体系。

但从 20 世纪 50 年代后期开始，由于各种不正常的原因，政法院校陆续被下放、停办直至撤销、解散，法学教育在风雨飘摇中坠落，至"文化大革命"期间，法学教育倍受摧残。"文化大革命"结束以后，随着对法制重要性认识的不断深化，随着整个社会的法制需求日益迫切，法学教育进入了一个快速恢复、迅猛发展的时期。

十八大之后，习近平总书记进一步指出："要加强法治工作队伍建设和法治人才培养，更好发挥法学教育基础性、先导性作用。"在习近平总书记重要指示的引领下，中国法学进入了高质量发展阶段。经过 40 年的恢复、重建、改革和发展，中国特色法学教育体系已经形成，法学教育的"中国模式"已经形成，与法学教育的美国模式、欧洲模式呈三足鼎立格局。

但是，法学教育还不能完全适应全面依法治国、建设法治中国的需要，职业伦理教育薄弱，培养模式相对固化，教学内容滞后，教学方法单一，应用型、复合型法治职业人才培养不足，等等。在各种短板当中，写作能力低下，无疑是最为明显的。

其原因是多方面的，基础教育严重忽视学生写作能力培养，在法学院校中相当一部分法学院系不开设法律写作课，开写作课的也往往是偏于法律实务的技术性写作，对于法律写作的思想性和逻辑性则关注不足，以至于我们的毕业生不会写文章，不会写讲话稿，甚至不会写起诉书、辩护词、判决书，这不能不引起法学教育界的关注，并应采取各种措施予以改变。

我认为，写作是法律人的基本功。法律人，无论是法官、检察官，或是律师、法律顾问，在其职业活动中需要以书面的形式表达自己的法律意见，记载特定的法律事实和法律关系。

因此，法律表达能力是法律人必备的重要能力。写作对于提高学习能力和工作能力也大有益处，毛泽东同志曾谈道，写文章可以"锻炼头脑的细致准确性"。法律写作或者说法学写作，是一种最能体现语言与表达、思想与修辞、逻辑与说理、理论与实践、思辨与对话、语言与创作的活动。

法律写作有五个要素，即知识、思想、语言、逻辑、修辞。

知识。对于写作而言，法律专业知识具有基础性、专业性作用。完备的法律知识是法律人的重要标识。无论是关于法律的起源、法律的本质特征、法律的效力、法律要素、法律体系、法律运行、权利义务、法律行为、法律关系等方面的知识，还是公法学，私法学，社会法学，国际法学的规则、原则、程序、技术等知识，都是法律人的基本学养，也是法律人写作的基础和基本功，正是法律知识使得法律写作区别于经济学写作、新闻学写作等。

　　一个没有良好法律学养的学生是写不出好的法学文章和法律文书的。所以，在法学教育中课程体系、教材体系，尤其是核心课程教学至关重要。

　　思想。对于法律写作而言，思想是其灵魂。写作的过程就是思想提炼和表达的过程，全部写作都是围绕思想而展开的，没有思想的写作是苍白无力的。马克思把思想比作大海，他说："在惊涛骇浪的思想海洋上，我进行过长期的浮游和探索，我在那里找到了真理的语言，并紧紧地抓住了被发现的东西。"此语道破了思想的历程和思想的浪漫。马克思还说过，"哲学家们只是用不同的方式解释世界，而问题在于改造世界"，此语揭示了思想的真谛和思想的价值。拿破仑有一句名言："世上有两种力量：利剑和思想；从长而论，利剑总是败在思想手下。"这正说明产生思想和形成思想体系的重要性。

　　鉴于思想的重要性，法学教育要特别重视马克思列宁主义法律思想、中国特色社会主义法治理论、习近平新时代中国特色社会主义法治思想和法学理论教育，重视古今中外法学经典的传授，重视中国古代法律思想和西方法律思想的研究性教育，使学生们通今博古、择善而用。我们既要让学生成为精致的"法律工匠"，也要让他们成为高明的法律思想者，养成分析问题、反思认识、批判不合时宜的理念和制度的习惯。

　　语言。语言是文本的元素，包括单字、词语、术语、概念、成语（谚语）等。语言是人类描述事物、表达感受、交流思想的工具。任何思想的形成和传播，如果离开了语言这个工具就无法实现。而且，对于任何一种思想理论而言，它的基本词语、术语是否清晰，关键性概念是否准确，直接决定着思想理论自身是否具有科学性。

　　因此，法律写作过程要十分注意对基本词语、术语、概念等的提炼和界定，注重对各种重要范畴的阐释，并力求做到使各种词语、术语、概念的关系既经受得起逻辑的分析，也经受得起经验的验证。我们时常发现，在重大的法学争论中，有些参与讨论者所使用的词语、术语、概念往往是经不起严格的逻辑分析和经验验证的，它们或者是包含着一些自相矛盾的因素，或者是莫名其妙的、标新立异的杜撰，在这种情况下就要善于运用语义分析和语言哲学的方法，校正语言使用中的错误与不当。

　　历史上，很多思想家都强调语言对于思想表达的意义。马克思说过："语言是思想的直接现实。正像哲学家们把思想变成一种独立的力量那样，他们也一定要把语言变成某种独立的特殊的王国。"海德格尔曾经说过："语言是法律的存在根基。"蒂尔斯玛说："没有多少职业像法律那样离不开语言""道德和习俗也许是包含在人类的行为中的，但是法律却是通过语言而产生的。"英国法官丹宁勋爵也曾指出："要想在与法律有关的职业中取得成功，你必须尽力培养自己掌握语言的能力。语言是律师的职业工具。当人家求你给法官写信时，最要紧的就是你的语言。你希望使法官相信你的理由正确，所依靠的也是你的语言。"

准确、精练的语言表达是法律人必须具备的职业技能素质，而深刻的、雄辩的、创造性的语言表达则是法律人优秀的法律思维能力和高超的法律表达能力的具体体现。

在人类法律文明史上，楔形文字凝成了《汉谟拉比法典》的传奇，古拉丁文留下了"十二铜表法"的神话，汉字则铸就了《唐律疏议》等中华法系经典。每个民族的法律创作成了萨维尼所谓"民族精神"和孟德斯鸠"法的精神"的重要基础。古今中外法学大师们写就数以千计的法学经典，成为当代人取之不尽、用之不竭的思想精华和学术资源。当代中国的法科学生也应当有这种历史大作为。

逻辑。逻辑是写作的精髓。如果说语言是人们用来表达和交流思想的符号工具，那么，逻辑则是思想的规律、规则；如果说词语、术语、概念等语言元素是珍珠，那么，逻辑就是把珍珠串联在一起的金线。柏拉图曾把《荷马史诗》与"城邦法律"进行比较，称赞"城邦法律"才是最伟大的诗篇，因为法律体现了正义、理性、逻辑和语言的完美结合。

在法律生活世界，逻辑最鲜明地体现在法律推理之中。首先是形式推理。形式推理要获得有效性、合理性，即推理的确实性、无矛盾性，就必须遵循形式逻辑；而形式逻辑中，概念是最重要的构成要素，形式逻辑中的判断和推理是以严密、一贯、清晰、语义明白无误的概念为要素的，并从概念开始的，即由概念而判断（命题）而推理。其次，就是辩证推理。辩证推理是一种比较复杂的推理方法。与形式逻辑相比较，辩证逻辑更重视概念，它以哲学反思的方法对待概念的形成和发展、概念与现实、概念与概念的联系，转化概念自身的矛盾（也是对象自身的矛盾），并透过概念的这种思维形式反思思维内容的矛盾。法律推理是一种创造性的法律实践活动，也必定是一种创造性的法律写作活动。

修辞。这里的修辞，不只是写作技巧，也是哲学意义上的修辞。这种意义的修辞，对于写作而言，不是富丽的装饰或者炫彩的花边，它实际上是思想理路在语言中的绽放。通过修辞，思想的意义成为可理解的、可论辩的、可接受的；经过修辞，思想的维度能够被拓展、被深化、被升华；透过修辞，思想的真理才能有价值、有深情、有力量！

法律写作离不开透彻的思想，而思想要彻底、有说服力、能打动人，就不能没有修辞。一篇称得上佳作的文学作品，修辞可能是畅快的、飘扬的、婉转的，而一篇法学的精品力作，修辞该是理性的、规范的、可证成的。原因在于，文学之思求意境，而法学之思求正当，这便是思想与修辞的"门当户对"。所以，修辞构成了法律写作不可或缺的要素，因为它不仅是逻辑的外壳、知识的符号、语言的外衣，更扮演了思想的眼睛。修辞，如同礁石，充满力量的滚滚而来的思想浪涛只有撞上它，才成就真正的崇高和壮美！

那么，法科学生该如何提高写作能力呢？

第一，推进"三维融合"，提升法学思维能力。法学思维包括法律思维、法治思维和法理思维。长期以来，在法律实践和法学研究中，只有"法律思维"这个概念。党的十八大报告提出"提高领导干部运用法治思维和法治方式深化改革、推动发展、化解矛盾、维护稳定能力"的要求。十八大以来习近平总书记强调，各级领导干部要做遵法学法守法用法的模范，提高运用法治思维和法治方式的能力，努力以法治凝聚改革共识、规范发展行为、促进矛盾化解、保障社会和谐。

法治思维，作为一个创新性概念进入法治理论和法学理论体系。最近几年，随着良法善治理念的普及和法理研究以及法学方法论研究的深入，"法理思维"概念脱颖而出。"法理思维"概念的提出极大地开放了法学思维的空间。写作的过程也是法律思维、法治思维和法理思维"三维融合"的过程，能够把这三种法学思维方式有机地结合起来、融合起来，一定能够产生创新理论，能提高法学文本的学术品位和思想境界。

第二，注意法律写作的特殊性。法律写作不同于煽情的文学创作，而是有其独特风格与审美品位。法律语言逻辑严密、简洁明快、对称均衡，富有节奏韵律。法律语言经过提炼、加工，已经演变成不完全等同于日常语言的一套复杂的行业语言。拉德布鲁赫曾指出："法律的语言是冷静的：它排除了任何情感的声调；法律的语言是刚硬的：它排除了任何说理；法律的语言是简洁的：它排除了任何学究之气。"但也正是这种简洁冷峻、精确严格，形成了法律的清晰表达和独特的语言成就。尤其在西方法学史上，法律在历史的演进过程中曾经成为语言的范本之一。

《拿破仑民法典》甚至成为文学家的语言范本，据说，法国文学家司汤达每天早上工作前要读几段拿破仑法典，"以找找风格"与语言的节奏。茨威格特在《比较法总论》中说，我们在诵读法国民法典时，就可以感受到拿破仑的参与使法典

"渗入了他那种伟大气魄，而法典的语言也因之而充满力量并激动人心；直截了当一扫教理式的推断"。在法律写作中，要形成谨慎的文风、思辨的意识、批判的精神，以及对真理的追求，把思想写成定型的语言文字，提高严谨性、准确性。

第三，要关注社会现实，在实践中提炼智慧。法律写作属于非虚构写作，是以现实为基础的。不论是倾向于理论研究的学术论文，还是致力于解决现实困境的实务文章，都必须以问题为中心，以问题为导向，带着问题进行有针对性的研讨，再通过写作将问题体系化、层次化、清晰化。

霍姆斯说："法律的生命不在于逻辑而在于经验。"其实，对于法律写作也是如此。法律写作如同法律裁判，也要坚持"以事实为根据，以法律为准绳"。脱离社会实践，单纯依靠思维的推敲和形而上学的烦琐论证的作品无异于无源之水、无本之木，所得出的结论即使看似高深，也不过是屠龙之术、凌空蹈虚之言。法律不是居于生活世界之外，而是构成生活世界本身。这就决定了法律写作也必须深植于社会生活。

最后，法律写作要注重以文会友、交流汇通。法律写作不是孤芳自赏的吟风弄月，而是直面社会问题的公共书写，是"铁肩担道义、妙手著文章"的公共担当。"奇文共欣赏，疑义相与析。"写作必然是个反复思考、不断修正的过程，也是一个互相交流的过程。文章是私人的劳动产品，需要展示出来才能成为社会产品，达到其经世致用的目的。

在此意义上可以说，法律写作比任何写作更需要交流和讨论。这是我们主办全国法科学生写作大赛的目的与初衷。法学院作为培养法治人才的第一阵地，我们希望联合但不限于在场的中国所有的重要法学院，一起推动，共襄盛举，召唤四方法科学子，让他们自由思想、自由创作、自由评论、自由分享，在切磋琢磨中互助互进，并引导养成自由民主、平等理性、公开公正的学风学统。因此，大赛的成功举办也需要在座的每一位法学院的领导和老师们的共同努力。

我也希望年轻一代的法学学子们，不忘法治初心，牢记法学使命，立足当下、面向未来，为助推新时代良法善治、推动全社会的法治共识书写自己的锦绣答卷，贡献自己的力量！

杜甫有诗云："笔落惊风雨，诗成泣鬼神。"法律写作则是比"惊风雨""泣鬼神"更伟大的创作。我相信，在大家的努力下，我们即将看到的是全国各地法学才俊的百舸争流、百花竞放，迎来的是一场场高水平的法律写作竞赛，我们法学人才培养机制的这一重大创新，一定会开花结果，一定会春华秋实。

最后，预祝"全国法科学生写作大赛"启动仪式圆满成功！

专题研讨·湖湘法治文化

"湖湘法治文化"专题编者前言

惟楚有才，于斯为盛。三湘大地，人杰地灵，在法治舞台上，湖湘人士更是一道璀璨的风景线，成为世人所瞩目的"法治湘军"。湖湘文化天然就与法律伟业有着天然联系。"经世致用、实事求是"的湖湘精神契合于践履躬行、经邦治世的法治事业，湖湘文化"心系天下"的志向对应着"法者，天下之公器"的普适品格，湖湘文化"先忧后乐"的情怀鼓舞着湖湘法律人为民请命、追求善治，湖南人的"踔厉敢死"激励着湖湘法律人为法律而斗争、为权利而斗争，湖湘文化的"独立根性"也昭示着法律品格的卓然独立。法政传统是湖湘文化中最璀璨的一部分。古代有屈原、贾谊心忧天下的追求，有王夫之批判传统法统的呐喊；近代有郭嵩焘、魏源等开眼看世界、介绍西方法政思想的探索，更有谭嗣同、宋教仁、蔡锷等为法治改革而奔走而流血。民国期间，周鲠生、瞿同祖、张国华、周枏、黄右昌等湖南籍法学家成为法学界翘楚。毛泽东、刘少奇、谢觉哉等伟人奠定了中华人民共和国的法制框架。郭道晖、李步云、蒋碧昆等湖南法学家则是当代法治的见证者、推动者。湖湘法学家秉承着湖湘文化精神，为天地立心，为生民立命，书写着中国法治画卷上的不朽传奇。

本卷为"湖湘法治文化"专号，旨在传承湖湘法治文化传统，推进当代法治湖南建设。在专题文章中，《时务学堂与新时代法学教育——"新时代法治建设与法学教育"暨"时务学堂创建120周年纪念"学术论坛综述》《湖南时务学堂的创办始末及新旧之争》《近代湖南法政教育之肇始——时务学堂寻踪》《民国时期湖南大学法政教育风云传奇》四篇文章集中讨论了近代湖湘法学教育是湖南大学法科教育的滥觞——时务学堂西文教育，梳理了民国湖湘法律教育的辉煌；"湖南省法学会法治文化研究会"成立大会汇聚了众多学术名家，共论湖湘法治文化的历史传统与当代创新；《论传统君主批判思想的嬗变：从黄宗羲到郭嵩焘》《曾国藩的国际法思想与实践——以天津教案为例》《黄蔡国葬与民国首部国葬法》等几篇文章则聚焦湖湘法律人物，盘点他们的法政贡献；《论民初湖南高等审判厅司法改革之内容与成效》《清代湖湘地区民间诉讼文化特性的考察——以地方志为中心》则聚焦湖湘法政制度变迁，探索近代湖湘法政人士进行的制度设计、社会变革的伟大实践。专号文章主题集中、风格多元，呈现了湖湘法治文化从思想到制度、从个案到整体的立体画卷。

策划人：蒋海松

民国时期湖南大学法政教育风云传奇

程 波[*]

摘要： 在近百年社会巨变、转型的过程中，民国湖南大学法科是法学教育史上的典型个案。湖南大学法科前身可追溯到 1897 年的时务学堂。此外还包括湖南仕学馆、法政学堂官校、湖南公立第一法政学校、第二法政学校、湖南公立法政专门学校等。民国时期，湖南大学法学院及其前身的各法政学校俊才云集，所谓"硕博鸿儒，极一时之选"。黄右昌、李祖荫、周枏、李达、俞峻等民国时期湖南大学法科教师群体为民国的法学研究、法学教育和司法改革与法律发展，以及中国近代法学体系的创建等作出了重要贡献，成为中国法制近代化过程中一笔宝贵的财富。本文从教育制度史、人物传记史、都市政治社会史、文化史"文化场域"四个视角对湖南法政教育进行学理分析，追问清末以迄民国，湖南地域何以能作为一种独特的空间而出现于近代社会之中，探寻湖南法政人物从家到国的空间与时间心路历程，检视知识人的"文化场域"对个体的影响。通过对湖南大学法政教育百年历史的回顾，可以丰富与深化中国近代思想史、学术史的研究，为把握中国近代法学学术转型的经验教训提供历史启示。

关键词： 民国 湖南大学 法学教育 文化场域

在近代中国，湖南无疑是一个"但开风气又为先"的省份，诸如时务学堂的创办，晚清新政的诸多举措皆与湖南有关。至于湖南省在近代中国的作用及历史地位之宏观探讨，中外前辈硕学们已经积淀相当厚重的研究基础，也有许多优秀成果

———————————

[*] 程波，湘潭大学法学院、信用风险管理学院教授，博士生导师，"法治湖南建设与区域社会治理"协同创新中心研究人员。本文系 2018 年 1 月 11 日晚作者在湖南大学法学院所作讲座"民国时期湖南大学法政教育风云传奇"的文字稿，此次发表时略有修改。讲座由蒋海松副教授策划并主持。

问世。张朋园先生的《湖南（1860—1916）现代化的早期进展》，就是一部关于湖南现代化研究的开创性的佳作。近些年来，对湖南政治、法律的专题研究，也陆续开展起来。但有一个倾向，就是多集中在有关湖南省宪、湖南地方自治等方面。至于近现代湖南人物的研究，则多集中在军政或工商经济等领域，文化教育领域的人物研究亦偏重文史哲等学科的精英。相对而言，湖南法政人物的研究尚有不足，例如，除对宋教仁、杨度、章士钊等人的研究多有专题论及外，其他法政人物的研究几乎是暂付阙如。事实上，从法政人物的角度去书写民国湖南法政教育的风云传奇，许多近代湖南名家皆可入选。例如，葬在岳麓山上的谭延闿、覃振就特别值得一提。

谭延闿（1880—1930 年），字组庵，号无畏、切斋，清末长沙府茶陵人，华兴会成员之一。谭延闿还是清光绪进士，授翰林院编修，1904 年与龙绂瑞等倡建湖南图书馆，一贯重视文化教育工作。谭延闿 1907 年组织"湖南宪政公会"，积极推行立宪，1909 年被推举为湖南咨议局议长，成为湖南立宪派首脑人物；辛亥革命时附和革命，长沙光复后，被推举为湖南军政长和参议院议长，后三任湖南都督；1912 年加入国民党，任湖南支部长；后历任湖南省长兼督军、国民党中央政治委员会主席、国民政府主席、行政院长等职。谭延闿工书法、善诗联，蝇头小楷极精妙，书法作品兼有艺术和文物双重价值，国内民间所藏多集中于湖南。

覃振（1884—1947 年），湖南桃源县人，字理鸣，原名道让。覃振 1904 年留学日本，入东京弘文学院，次年加入同盟会，后就读于早稻田大学法律系；历任国民党政府立法院副院长、立法院代理院长、司法院副院长等职。覃振提倡组织法律改造委员会，提前修改民、刑诉讼法，试办陪审制度，提高法官待遇，试办巡回审判，改正法官制服，限制律师资格，酌采流刑，整理监狱等司法改革措施。他为废除领事裁判权做了大量工作。

从以上对谭延闿、覃振生平的一般性介绍中，我们可发现他们的活动事迹多与法政事务有关。作为湖南立宪派首脑人物的谭延闿，与"湖南宪政公会"、湖南咨议局的种种关联具体如何？这一问题值得进一步关注。而覃振留学日本，入同盟会的经历几乎就是"清末法政人的世界"（程燎原语）的一个缩影。特别是覃振在国民政府时期所从事的立法和司法工作，可与同一时期胡汉民、孙科主持订立民法、宪法的活动相媲美，无论他们当时的立场与我们今天有多的不同，其湖南法政人物的地位是不容忽视的。

在 1997 年前后，国内法学界开始整理民国法学著作，相继有以下系列图书出版："中国近代法学译丛""20世纪中华法学文丛""华东政法学院珍藏民国法律名著丛书""汉语法学文丛""中国近代法学经典"。随着这些民国法学著述的走俏，有心的读者也开始注意民国时期法政教育的起步。例如，王健的《中国近代的法律教育》，陈夏红老师的系列作品，包括我写的《中国近代法理学（1895—1949）》《湖南法政教育的早期展开及湖南法政先驱者事略考》《法意发凡：清末民国法理学著述九种》等，皆有涉及湖南法政教育之人物。

但至目前为止，国内外关于湘籍法学家的生平、时代及思想，尚未得到充分的发掘，这种状况与辉煌灿烂的湘籍法学家群体在中国近代法律文化史上的重要地位是不相称的。当然，这种状态近年来已经有了好转，湘籍法学家的研究也逐渐引起了现代学人的注意，湘籍法律人物相关专题研究正逐渐增多。特别是在湖南长沙和湘潭，专门成立的湘籍法学家联谊会，每两年开会一次，主题都是围绕着交流近代湘籍法学家的研究成果和如何推动湖南法学的发展。

这次湖南大学法学院蒋海松老师邀我来湖南大学法学院讲《民国时期湖南大学法政教育风云传奇》，就是因为海松老师有一种力图担负、传承湖湘法律文化的历史使命感。其实，在我们未来的发展中，人文及文化包括法律文化对国家来说是重要的资源和深刻的命脉，在近百年社会巨变、转型的过程中，湖南大学法学院在民国那段往事就是一个典型的学术个案，通过对湖南大学法政教育百年历史的回顾，能够展现出法律文化某种独特的魅力。今天很高兴来到这里，我感到历史承载的悠长，也感到今古对话的亲切，更感到在弘扬湖湘法律文化的道路上，我们任重道远。感谢今晚在座的肖洪泳老师、郭哲老师，他们与海松老师一样，皆对湖南大学法政教育风云传奇有一种真诚的感动，是他们一起促成了今晚的研讨活动。

晚清以来，特别是甲午战争之后的十余年间，新式学校、辞书和教科书这"传播文明三利器"（梁启超语），正在逐步兴起，在这一历史背景下，开始接受了新知识的人们共同构成了对现代中国民族国家的想象。至民国成立以后，逐渐形成和发展起了法律职业家这一个阶层。以法律为职业的群体的代表人物众多，除我在《湖南法政教育的早期展开及湖南法政先驱者事略考》（载《法律教育研究》2014年第10卷）提及的人物之外，以下湘籍法律人，亦皆是近代湖南法政教育的先驱。他们是黄右昌、雷光宇、王去非、戴修瓒、胡元义、陈瑾昆、罗鼎、刘钟英、郁嶷、王觐、江镇三、周鲠生、宁协万、李达、张西曼、张廷健、黄尊三、李祖荫、李怀亮、向哲浚、张以藩、张声树、王文豹、袁柳、吴崎沅、杨幼炯、杜元载、邱昌渭、管欧、瞿同祖等等。

由于受到民国政局动荡的政治形势和湖南这一特定地域、环境等因素的制约，上述这一法律职业群体的法律思想呈现出开放、多元、复杂的特征。由于旧的秩序已经解体，新的体系尚未形成，一些受"西潮"激荡的湘籍法律人开始运用西方法治理论来改造湖南，进而改造民族国家。在这一过程中，其研究触角已经涉及近代中国法制建设的方方面面，其理论思维已经将纯粹的西方法治理想与中国的现实相结合，但其主要的学术观点往往是不统一甚至是前后不一、相互矛盾的，展现出相当强的张力。也正是这种开放性和具有的强烈关注现实法制的学术责任感，使他们凭借自己的法律知识背景，或著书立说，成一家之言，或投身现实，矢志司法实践，或兴办学校，培养法律人才，为民国的法学研究、法学教育和司法改革与法律发展，以及中国近代法学体系的创建等都做出了贡献，成为中国法制近代化过程中的一笔宝贵财富。

通过对这一群体的集中考察，不仅能够丰富与深化对中国近代思想史、学术史的研究，而且也有助于我们更深刻地认识和把握中国近代法学学术转型的经验教训，为当前正在进行的又一次法治建设提供一些历史启示。例如，如果我们从教育制度史的视角来观察湘籍法学家，就能够发现他们中的许多人，原来也是湖南大学法学院兴办历史中的重要人物。

众所周知，甲午战败、变法维新，刺激了晚清学人开始把挽救国家危亡的寄望投注到一连串教育改革当中。在朝野人士的大力推动下，改书院、兴学堂之议，一时间蔚为风潮。向以守旧著称的湖南，在巡抚陈宝箴和学政江标的领导下，尚新学新政，一反昔日观念。在南学会、时务学堂后之数年间，湘人新思潮绽放异彩，走在全国前列。1898 年，清廷谕令各府州县将大小书院"一律改为兼习中学西学之学校"。1901 年，清廷诏令"各省切实筹设大学堂"，于是各省大学纷纷开办。

张百熙（1847—1907 年），湖南长沙人，进士出身，同情维新运动，戊戌变法后曾被革职，庚子事变后复出，应诏上言，主张革官制、财政、科举，兴学堂，设报馆。光绪二十七年（1901 年）六月，张百熙由礼部侍郎、都察院左御史转任工部尚书和刑部尚书，并于同年 12 月兼任管学大臣。1902 年，张百熙负责制定的《钦定学堂章程》颁布。至 1905 年科举之废，意味着新的教育体系相应而生，科举的废除的确带来了新式学堂的迅速推广与普及。1905 年所实行的新学制，首先仿效的对象是日本，分大学、中学、小学三级；其次，为了兴学，各省都成立了教育会，由地方士绅来主导，因为当时的政府当局显然没有这样的行政机构落实新教育。

　　在新学制下，"学而优则仕"的传统被打断了，传统书院中，士大夫把书院看作天下舆论的产生地，而产生舆论是一种"公天下"的行为，可以与朝廷颁布下来的、作为"一人一姓之私"的意旨相互抗衡。但进入民国以后，这一现象随着新学制的出现而消失了。民国时期有三种类型的法政教育，分别是国立大学（如京师大学堂传承下来的北京大学）、私立大学（如中国公学、复旦公学、朝阳大学等）、教会大学（如东吴大学），这些学校与国民政府办的广东大学、黄埔军校和1928年国民政府完成全国统一后成立的"中央大学"（在东南大学基础上成立的）、"政治大学"一样，皆是新学制下的产物。1928年之后，在学位与学程内涵上不再作政府与民间区分，两者都由政府管制。这一变化过程，我们可以从湖南大学及湖南大学法学院建制的历史中，看出某些端倪出来。

　　湖南大学前身为岳麓书院，近代则改为时务学堂。民国十三年（1924年），湖南省当局决定将省立之工业高等专门学校、商业高等专门学校和法政高等专门学校改组为省立大学，拟定岳麓为校址。民国十五年（1926年）二月，省立湖南大学成立，设理、工、法、商四科，组织行政委员会管理校务，八月改校长制，首任校长雷铸寰。民国十六年（1927年）四月，省府明令取消湖南大学，仅留理、工两科，更名为湖南工科大学。在这一段历史中，我们大体知道，1926年湖南大学成立之初，是为省立大学，并办有法科专业。

　　民国十八年（1929年）三月任凯南辞职，胡元倓为校长并改科为院。文学院分中国文学、教育、政治、经济四系；理学院分数理、化学、地质三系；工学院分土木工程、机械工程和电机工程三系。预科则办完已有班次为止，不再招生。民国十九年（1930年），胡元倓辞职，由理学院院长杨卓新代理。文学院增设商学系，合政治、经济两系为一。民国二十年（1931年）三月杨卓新辞代校长职，由曹典球代。民国二十一年（1932年）九月，理学院地质系停办，改设矿冶系，隶属工学院；十月，曹典球辞职，由胡庶华担任。民国二十五年（1936年）一月，胡庶华辞职，由黄士衡兼任。民国二十六年（1937年）二月，黄辞职，由皮宗石担任。民国二十六年（1937年）七月，湖南大学奉部令改为国立，分政治经济系为政治、经济两系，而将原有之商学系并入经济系，又改教育系为哲学教育系。从省立大学到国立大学，政府管制湖南大学只花了不到十年的时间。

　　民国二十七年（1938年）十月，武汉沦陷，湖南大学奉令迁到湘西辰溪，以龙头脑为校址。民国二十九年（1940年）九月，部令湖南大学校长皮宗石与国立西北大学校长胡庶华对调。民国三十年（1941年）三月，湖南大学改文学院为文法学院，原有之哲学教育系暂行停办，增设法律系（由李祖荫任法律系主任）。民国三十二年（1943 年），胡庶华辞校长职，部派李毓尧担任校长，湖南大学工学院增设水利工程学系，文法学院增设外国语文学系。民国三十三年（1944 年）八月，李毓尧辞校长职，胡庶华复任。民国三十四年（1945 年）八月，湖南大学文法学院分立为文学院、法学院，文学院除中国文学、外国语文学外，增设史学系，其余法律、政治、经济三系均隶法学院（由李祖荫担任法学院院长兼法律系主任）；又于工学院增设化学工程系及矿冶专修科。同月，日本投降，湖南大学迁回长沙岳麓山原址复课。民国三十五年（1946 年）八月，奉部令接办国立商学院，增开商学院，设会计统计、土地经济、工商管理、银行四系及会计与合作两专修科。民国三十六年（1947 年）三月，部令改为国立岳麓大学，嗣后准维持湖南大学原名。这一年度第一学期有教员 267 人，职员 123 人，学生 1813 人，其中男生 1671 人，女生 142 人。1949 年湖南和平解放。湖南大学法学院重新设置，乃是得人（李祖荫）而成。

述说湖南法政教育人物的风云传奇，离不开我们传统的对人物传记的书写。这种书写在时间上的延续总是伴随着空间上的切割。在"在地"与"离地"的张力中，在那些扮演"他者"角色的知识人的生命中，有了不同层面的展现：他们需要作出诸如"家"与"国"的选择。一方面，"男儿立志出乡关"（毛泽东语），非如此"离家"，也许就不能踏入中枢首府，成为国家民族运动中的一员；另一方面，一旦"踏出乡关"，难免会对故乡与故人产生文化上的疏离。然而，湖南法政教育先驱者们在追求新知识的过程中，又难免要跨出大门，这是个人成长、发展中非常重要的一环。因为离家可以开阔眼界，可以"始见轮舟之奇，沧海之阔"（孙中山语），可以增长知识。为了求知，就必须离家，走出父辈世代相传的"熟地"，而跨进异质空间，即所谓从"内地—熟地"到"省城—都会"。这个"异质空间"，既是地域上的也是文化上的。对个人来说，从所谓的"生地"而进入"异质空间"，就是一个经历反差、懂得差别、反思自身的过程，也是一个连续不断的"怀疑产生了，增长了，发展了"（毛泽东语）的过程。

然而，清末以迄民国，湖南省作为一个地域究竟以怎样的一种空间而出现于近代社会之中？在一般的观念中，湘省与全国其他省份一样，是历史形成的一个大聚落，这种大聚落的形态特征，不管是作为自然地理的布局，还是作为构筑物形成的城市，在形态上都与周围有不同的相貌。从社会学和法学的角度来考察，湘省作为与周边或其他地域区别开来的空间，又存在于某个更大更广阔的地域网络之中，如两湖地区、长江以南地区。还有湖南省内的城市与农村腹地的联结，省内城市与城市的联结，湖南省与其他省份的联结与呼应，除了有经济与政治的要素外，还有亲族关系、同乡关系等社会关系的要素，以及宗教、教育等文化的要素。此外，还与聚积地的物、人、信息等公共领域空间有密切的关系。这些社会的形态的一般属性，甚至规定了人物传记史研究的主要方向，正是在社会的形态和地域的空间意义上，本论题亦可导入对湖南法律人的研究创新。

"出关"之后，一般就是"进城"。因此，湖南法政教育的风云人物还可以从都市政治社会史、城市文化史的视域来考察。作为"求学""求知"和"求真"的知识人"进城"之后，同时也面临新的机会与挑战。城市资讯的流通，有利于社会意识与爱国行动的酝酿与发展，城市行业的分工也造成读书人队伍的分化。在知识的边缘地带，新兴政治思潮与风气可以产生。加上知识人在不同的"文化场域"（诸如大学、法学院、学生会、同人刊物、出版社等等）中渐次产生出所谓的"文化资本"，湖南法政教育的风云人物，事实上也深深地"嵌入"近代中国社会的结构性变化之中。基于此，我接下来要讲四个与湖南大学法科关联较深的法律人物，更多的是讲他们在"时间上的延续"和"空间上的切割"。如此讲述，或许可以更好地让我们去"看见""风云"，去"演义""传奇"。

第一个与湖南大学法政教育有关联的人物是黄右昌（1885—1970年）先生。黄右昌，字黼馨，光绪十一年（1885年）出生于临澧县新安镇一个书香门第家庭。其祖父黄道让（1814—1868年），清咸丰年间进士，著名诗人，有《雪竹楼诗稿》存世，其诗句"西南云气来衡岳，日夜江声下洞庭"，至今悬嵌在长沙岳麓山云麓宫，百年传颂。黄右昌先生早年入道水书院学习，17岁中举人后来省城长沙读书。1904年获公费留学日本，毕业于日本早稻田大学法律系，归国后任教于湖南法政专门学校，成为湖南法政教育的先驱人物。他一生研著法律，因对罗马法研究和罗马法教育成就卓著，时人称之为"黄罗马"。1917年11月，黄右昌出任北京大学法律教授兼系主任，同时兼任国立北平大学、朝阳大学、清华大学、中国大学、天津法商学院教授。

以下是黄右昌先生的法学著作目录及版本信息：《罗马法与现代》，1930年北平京华印书局出版；《民法亲属法溯源》《民法诠解物权篇》，1946年上海商务印书馆出版；《民法诠解总则篇补篇》，1947年上海商务印书馆出版；《民法亲属释义》，1936年上海会文堂新记书局出版；《民法诠解》，1946年上海商务印书馆出版；《罗马法讲义》，民国北京大学出版；《罗马法》1915年2月出版；《法律的革命》1929 年 8 月出版；《民法物权讲义》，民国朝阳大学印本；《法律的农民化》，1928 年北平中华印书局出版；《新民法一束》，1929 年北平中华印书局出版；《中华民国刑事诉讼法》，1929 年北平中华印书局出版；《罗马法》，1918 年北京大学出版；《梅花唱和集》一卷（辑），民国铅印本。其中，黄右昌先生的《民法诠解》，与《罗马法与现代》一样，均享有盛名。

黄右昌先生从年轻时代起就有一股爱国热忱，直至中年、晚年而不衰。1926 年，青年学生为反对八国联军的通牒而奋起请愿，3 月 18 日北京大学请愿学生中伤者 200 多人，壮烈牺牲者中有 3 名湘籍学生，黄右昌先生满腔悲愤，为"三一八"死难烈士写下了气壮山河的碑铭。在今天北京大学校史馆附近靠北的纪念碑正面、左面、右面分别刻着"三一八"遇难烈士张君仲超、李君家珍、黄君克仁纪念碑，下面有三人的传略；背后刻着"中华民国十有八年五月卅日立石"。以下是铭文。铭曰：

死者烈士之身，不死者烈士之神。
愤八国之通牒兮，竟杀身以成仁。
唯烈士之碧血兮，共北大而常新。
踏着三一八血迹兮，雪国耻以敌强邻。
继后死之责任兮，誓尝胆而卧薪。
北大教授黄右昌撰

黄右昌先生生性质朴、为人敦厚、情感真挚，极喜赋诗作词。他 7 岁丧母，20 岁丧父，这使他的心灵受到很大的创伤。"眷我读书堂，思亲泪两行。课经忘夜永，纺绩授衣忙。手泽今尤在，薪传永不忘。陇头来扫墓，一步一悲伤。"（《还山扫墓纪事抒感八首》之一），充分表现了他的这种情绪。

应聘北京大学法律系教授兼系主任之初，其心盖欲以言行学问兴邦。后受国民党元老胡汉民固请，任南京国民政府立法委员、大法官，仍孜孜矻矻于治学，始终以一个学者的身份行事，"万钟一品不足论，时来出手苏元元"。他讲真理、办实事，克己守职，正如他自己写道，"不斗繁华不斗奇，天然韵味迥然姿"。

1931 年"九一八"事变，继之热河、榆关相继沦陷，国难当头，其诗转作慷慨悲愤之声。如 1931 年《农历中秋愤东北之变夜不能寐》有"凄凉今夜辽阳月，国破家亡泪满襟"，1933 年《开岁闻榆关失守》有"痛哭长城风雪外，悲歌绝塞莽苍间"，1934年《初夏闷极感怀》有"胡尘滚滚归时靖，独为兴之百感伤"等语。

在长期的教学、著述、从政之余，黄右昌先生长年唯适志于山水之间，以故此时林泉诗最多；又因特别爱梅，1934年冬，黄右昌携家人去苏州探梅，激情迸发，《梅花十首》一气呵成。该诗在《新民晚报》发表后，名噪一时，时人踊跃唱和，公开发表的和诗达224首。南京梅花顿时因诗而贵，市民传唱黄右昌的咏梅诗篇，也更加喜欢梅花，南京政府为梅花加冕，定为"国花"，成为当时的一件盛事。

黄右昌先生与中共"延安五老"之一的林伯渠，既是湖南同乡，又是幼时同窗，两人颇多抗日诗歌唱和。其中，古体长诗《送林伯渠之陕北》，通篇洋溢着爱国激情。1948年，他不去台湾，选择回乡担任湖南大学法律系教授。黄右昌在湖南大学执教期间，林伯渠曾去信鼓励说："先生以革命观点，研著法律书籍，讲学湖大，教育青年，实际就是具体的为人民服务。今后希望，……继续研究新中国的法律。如此，则以先生才学与努力，对于新中国的法学界，一定会有更大的贡献。"黄右昌先生十分珍视与林伯渠的情谊，在战乱中保存林老诗稿二十多年，直到林老逝世，才将这批诗稿交中国革命历史博物馆编目保存。

1949年8月4日，湖南宣告和平起义，黄右昌先生参加了程潜、陈明仁湖南和平起义宣言的签名。中华人民共和国成立后，周恩来力邀黄右昌赴京，担任中央文史研究馆馆员。1970年，黄右昌病逝于北京。黄右昌先生有四子四女，都是大学毕业或留学欧美。现仍有子女健在。

第二个人物是俞峻先生。1926年2月，湖南大学成立法科时，俞峻先生任法律系主任。俞峻，字笏山，湖南著名律师。早年留学日本法政学校，1907年5月毕业回国。曾任湖南公立、私立法政专门学校的刑法教员。

俞峻有一篇《回忆湖南公立法政专门学校》的文章，载于《湖南文史资料选辑》（第20辑，湖南人民出版社1986年版）。该文系由俞峻本人口述，其子俞润泉记录，时间是1956年9月24日。1961年4月16日，湖南大学的老校长黄士衡鉴定该文时说："这篇回忆文章是俞峻（笏山）先生遗稿，公立法政专门学校也是湖南大学的前身的一部分，可供研究湖南大学历史和湖南高等教育历史的参考。"

关于湖南大学法律系第一任系主任俞峻本人，有以下几条信息与大家分享：

第一，1911年6月15日辛亥俱乐部成立后，即在各地建立支部，其中尤以湖南成绩显著。7月9日，湖南支部在长沙召开成立大会，选举常议员黄忠浩、张人镜、李达璋等12人，候补11人，评议员左学谦、殷泽龙、粟勘时等10人，候补

16 人。10 日，又召开职员会，选举黄忠浩为支部长，李达璋、俞峻为副支部长，左学谦为评议员长。

第二，有个名叫刘皓宇的人在博客中撰文说，大约在中华人民共和国成立前，他（她）的父亲在长沙南门外裕南街，从俞峻律师处买了一幢三开间两层楼的公馆，一家人住在里面还算舒适。到了 1959 年，在"大跃进"刮共产风时，全国实行私房改造。尽管 1956 年的宪法明文规定，私人的房屋、金银属生活物资，受到法律保护，但原来曾是俞峻的这幢公馆，却被认定超过"上面"规定的面积，都得进行改造，于是便收归公有了。中华人民共和国成立后，那位曾卖掉了自己公馆的大律师，即俞峻先生成了湖南参事室的一名参事。当时是否还活着？他是否早已知晓自己曾经住过的公馆会有这样一种结果？其时心境究竟怎样？晚生的我已经不便过度揣测，只是这一情节，使我想起余华先生的一本著名小说《活着》。

第三，据说俞峻之子俞润泉的远房姑母为著名的反清女侠秋瑾。俞峻之子俞润泉，曾入广西大学法律系学习。1949 年暑假期间，适逢长沙解放，俞润泉考入刚刚创刊的《新湖南报》新闻干部训练班，便肄业留在报社副刊工作。后与朱正、钟叔河、张志浩被打成"四人小集团"。俞润泉曾以"反革命罪"进行劳教的囚居之地，居然是秋瑾夫家的宅地。俞峻先生当年曾奔丧于此，半个世纪后在同地探望"罪犯"的儿子，并以诗赠子：

> 昔年怀愤埋忠骨，今日忧愁探逆儿，
> 应知此是非凡地，莫负春风化雨时。

第四，目前发现俞峻最早出版的书籍是《刑法总论》，该书由成应琼和俞峻编辑，东京九段印刷所出版，1913 年"政法述义"（丛书）再版。成应琼系湖南宁乡人，留日学生，曾以刑幕的身份参加晚清广西第一次司法官考试，该次考试共录取包括成应琼在内的最优等、优等和中等考生 32 人。这一考试由巡抚张鸣岐造具名册，向法部咨送、核准。

第三个要介绍的人物是李祖荫。李祖荫（1897—1963 年），字麋寿，湖南祁阳文明铺（今祁阳龚家坪镇）酒塘村人。祖父李蕊，同治十三年（1874 年）甲戌翰林。父承阳（号竹石老人），为清末秀才。李祖荫在其求学时代，"静默寡言"，"无少年浮华习气"，勤奋苦读，有家学渊源之根底。1927 年，"天资俊敏，嗜学不倦"的李祖荫，在北平朝阳大学法律系以"成绩卓越，今夏以第一人卒业大学法科"（汪有龄语），旋即东渡日本，就读于明治大学法律系，攻读民法。是年，"博学深思"的李祖荫，将其花了六年心血，"折中诸说，止于至当"的《法律辞典》，交由朝阳大学校内公开出版，并获得朝阳大学元老汪有龄、教务长夏勤及法学教师、学友程树德、李浦、郁嶷、胡长清等高度评价。李祖荫在日本明治大学法律系未及毕业又留学德国。后来，应北平燕京大学之邀请，于 1930 年回国，历任该校（专任）讲师、副教授。同时，兼任朝阳大学教授、名誉教授及《法律评论》总编辑。

　　从 1936 年起，李祖荫专任北京大学教授，仅在燕京大学兼课。民国三十三年（1944 年）二月，李祖荫先生的《法律学方法论》由国立湖南大学法律学会出版。该书亦是李祖荫在湖南大学任教期间出版的一本比较重要的法理学专题著作。

　　李祖荫是中国 20 世纪三四十年代成名的民法学者，他与楼桐荪、阮毅成、吴学义、周新民、郁嶷、李宜琛等先生一样，大多在国内接受新学教育，然后出国深造，成为中国近代民法学的第三代。这一代民法学者一般少有跨两个学科的，除非是修法学通论和一个部门法，最多是民法总则兼修一门债法或物权法。但李祖荫则是一个例外，他几乎涉猎所有的法学学科，这一点，仅从他最早编撰的《法律辞典》便可以看出。

　　李祖荫富有强烈的正义感和民族自尊心。1937 年冬，李祖荫逃出北平，绕道天津、香港、广州，抵达长沙，在由北大、清华、南开三校联合组成的临时大学工作。次年，该校西迁昆明，他因父亲年老体衰，便留在湖南，受聘为湖南大学教授，同时兼任民国大学教授，并出任湖南大学法律系主任。后来，又兼任湖南大学训导长、法学院院长等职，直到长沙和平解放。因此，前述 1941 年国立湖南大学重设法科，乃得人而成，此人便是李祖荫先生。

　　在湖南大学教授中，李祖荫为培养、爱护青年，殚精竭虑，有着很高的威信，在全国法学界也有着很高的威望。但是，他在旧社会从不做官，一心致力于教育事业，志在推进民主与法制。西安事变前，蒋介石召蒋梦麟、梅贻琦等著名教授去西安，李祖荫也是被召者之一，而他拒不受命。1944 年，李毓尧出任湖南大学校长，引起学潮。身为训导长的李祖荫，因反对迫害学生而被解聘。不久，国民政府任命李祖荫为某省高等法院院长，他一笑置之，不予理睬。在李毓尧去职后，湖南大学法律系全体学生一致要求李祖荫重新回到湖南大学主持法律系，并于 1945 年暑假、寒假两次派代表到祁阳，登门恭请。1945 年底，李祖荫重新回到湖南大学。

在《法律学方法论》的末尾，李祖荫还收入一段"答复客问"，讲述了他自己的治学态度和治学方法。第一要"争取时间"。以毕生的时间和精力来研究法律学中的某一门，无论如何艰难，总有成功的一天，若是玩时愒日，那是没有希望的。第二要"专心一意"。研究法律学，在静的方面讲，要具有研究数学的专心；在动的方面讲，要具有研究其他社会科学的兴趣。二者相和，始克成功。第三要"精选文献"。何书细读，何书浏览，何书有珍贵的参考资料，何书是世界的有名著作，须随时留心记录，最好编一参考文献详目，以备记忆。第四要"选定科目"。法律学的种类颇多，一一精通，势不可能，选定一种或两种为毕生研究的对象，最好在大学法律学系二年级时就要决定，固然别的功课也要明了，唯对于选定的科目，特别加以注意，搜集材料，近可开始，日积月累，自有成就的一天。

随着时间的流逝，时下的法律人多已不识民国法学家李祖荫，知道李祖荫的又难窥其全貌。以下几则关于李祖荫的文字，可以让我们对这位民国法学家又多一分认知：

"其才隽，其性良。观其风采，挹其谦光。家学渊源，肯构肯堂，是为高明沉潜之士而钟灵秀于湖湘。"（江都毓如李钟豫）

"读书读律两难言，讲学顿开聚讼门。自有兹书（指李祖荫编成的《法律辞典》）资考证，几多疑义破篱樊。"（李祖荫之父竹石老人）

"祁阳李子麋寿，博学深思，侪偶交推allows与清尤友善。读其法律辞典一著，提要钩元，了无胜义。而名词之难解者，则折中诸说，止于至当。用力之勤，可概见矣。近年以还，吾国法学，异常消沉，麋寿行将留学德国，其贡献于法林者，不仅斯著已也。中华民国十六年六月胡长清序于日本东京。"

李祖荫曾自述道："魏文有言：年寿有时而尽，荣乐止于其身，未若文章之无穷（朝阳大学程树德先生亦曾用此句勉励过编撰《法律辞典》的李祖荫）。青年们有苦于无出路者，出路是自己造出来的，研究学问，就是光明的出路，著者现在四十七岁了，还是过着此种有价值的生活，心广体胖，乐也陶陶。不敢自秘，愿贡献给有志学术的青年们。"

第四个要介绍的人物是李达。李达（1890—1969年）的政治实践和学术活动，开始于20世纪20年代。1920年夏，他从日本留学归来，在上海代陈独秀主编《新青年》，同时参加建党活动，努力宣传马克思主义的革命理论，成为我国第一批"普罗米修斯"式的播火者之一。中国共产党成立后，李达任党中央宣传局主任，主编《共产党》等刊物，成为党在思想战线上的"一员猛将"。当时，他对无政府主义思潮、改良主义思潮，以及各种反社会主义思潮的批判，锋芒所向，无不披靡。毛泽东曾因此赞扬他是"黑旋风李逵"，"不只两板斧，还有三板斧"，又称他为中国"理论界的鲁迅"。

1922 年秋，李达由沪回湘，在长沙主持湖南自修大学，开始专注于马克思主义理论的教学与研究。与毛泽东等创办《新时代》月刊，以宣传马克思主义、研究中国社会问题、图谋社会改造为己任，先后发表《何谓帝国主义》（1923 年 4 月）、《马克思学说与中国》（1923 年 5 月）等论文。自 1923 年 11 月到湖南法政专门学校（湖南大学前身）任学监和教授开始，至 1927 年到武昌担任中央军事政治学校代理政治总教官期间，李达集中研究马克思主义唯物史观，并以唯物史观为指导，力求联系中国社会现实，说明中国社会发展的问题。在 20 世纪 30 年代反文化"围剿"中，他更是坚毅不屈，不仅是国内外公认的马克思主义理论家，更是享誉南北的"红色教授"。

1940 年秋，李达从广西大学应聘到广东坪石中山大学任教，次年 7 月又被民国政府教育部电令解聘，不得不回家乡，继续从事著述。1944 年 8 月零陵沦陷，为躲避日军搜捕，李达携家人逃往大瑶山避难，直到抗战胜利，才重返家乡。从被解聘到 1947 年任湖南大学法律系教授止，失业 5 年有余。1947 年 2 月，李达经历5 年多的失业生活后，第二次到湖南大学法学院任教，校方害怕李达宣传马克思主义，不准他讲他所擅长的社会学，而要李达讲自己不太熟悉的法理学。李达则坚定地说："要我不宣传马克思主义，办不到！法理学中，不是同样可以宣传马克思主义吗？马克思主义的一些原理，不是同样可以贯穿到教学中去吗？"凭着这种信念，李达经过艰辛的创作，终于在 1947 年暑期，完成一部优秀的法理学著作——《法理学大纲》；当年，湖南大学分上、下两册石印出版，作为法律系的内部教材。李达逝世后，人们才从他遗留的文稿中发现这部讲义的上册。但这剩余部分自成一个法哲学体系，从今天来看，仍然是中国近代法理学领域的一份珍贵遗产。

在《法理学大纲》中，针对吴经熊"现行民法，是从德、瑞民法中选择了百分之九十五与中国民族心理相合的条文而成的创作，简直是天衣无缝"的说法，李达指出：吴氏这一"天衣无缝"论，对于我国民族心理所由产生的民族社会的实际状况，究竟如何，却不曾顾到。作为上层建筑的法律，已进步到了帝国主义国家法律的水准，而社会现实却落后到与殖民地状况相平行，这样大不相称的建筑，无疑是不合理的。李达深入地剖析"不合理"的中国法学的研究现状产生的原因，"肇始于清末的日本留学生，与日人冈田朝太郎、松冈正义所主讲的北京法律学堂"。随着舶来品的法律之输入，那注释法学、概念法学也同时输入了。在清末变法图强的初期，法律的概念及条文的注释，当然是重要的。所以外国的注释法学的翻译与介绍，从此开端了。法律既然是外国的，法律的注释，当然也是外国的。从此注释法学、概念法学之在中国，就由萌芽期而进入成熟期。于是，中国的法学家也能够写出很好的所谓"选择得当就是创作"（吴经熊语）的概念法学了。

正是针对能写出"很好"的概念法学，以及"精当赅博、注释工作，宜臻上乘"的法学研究现状，李达并不满意地说："至于说到这一套法律，是否与中国社会现实相适应，法学家却认为那是立法者所应答复的问题。他们分内的事，是就法论法，现有什么法条，就对那法条加以注释。若再问一问：为什么解释法律时，一定要采取新学说或新主义？他们必定说：泰西最新法律思想和立法趋势，和中国原有的民族心理相吻合。若更问一问：民法 1225 条中，现在通常适用的究有几多条，适用时有无困难？他们是不能答复的。"

法学对于法律，果然配合得好，这只是问题的一方面，而问题的另一面，却是法学对于中国社会的现实"是否也能配合"，这才是中国法学方面"最重要的根本的问题"。李达说："这个问题如不解决，中国法学自身没有生机，也不能促进法律的改造，因而也不能促进社会的进步。……在目前法学界各自独立，各自就其特殊部门专门注释工作的今日，恐怕只有法理学一门来做专门研究了。"

也正是在这里，李达深刻地指出，当时中国法理学的现状是"不能实践的"。这表现在：各大学法律系对法理学这门功课，主讲的先生们，如果"多采用外国人所著的原本或译本作教本"的话，那么连法理学也是舶来品了。至于所传播的法理学书籍也是译本居多，国人自己的著作，除了一两本之外，还有几篇片段的文章，社会法学和新分析法学，曾经有人似是而非地写过一些著作，那也不过是认为"泰西最新法律思想"和"中国原有的民族心理相吻合"，却并不曾对中国社会的现实给予一瞥。李达指出，从帝国主义国家的法律"照账誊录"过来的法律，虽然是"最新"的东西，却不是中国社会发展过程中所必需的东西。因为它不是中国社会发展过程中所必需的东西，所以就应当根据对于中国社会发展法则的认识，把法律加一番改造。……现行法律体系，绝不是中国社会现实的反映。……根据主观的见解……来就外国法律"改头换面"和"照账誊录"，对于中国社会现实，并不曾有什么认识，这是可以断言的。

以上是李达运用马克思主义"科学的法律观"分析同时代中国法律和法学实践的典型例子。李达从讨论中国法律、法学，以及与中国社会的关系出发，切入"法理学的任务"这一研究论题，为我国法学研究开辟一条新的路子。沿着这条新路，李达用他惯常朴实的写作态度和平易近人的叙述语言，表达了其关于中国法理学研究实践及其思想深处的忧虑。例如，李达关于"中国的法律前进而社会现实落后"的命题，关于"中国法理学的现状是不能实践的和不发达"的结论，无论在当时还是在今天，其思想深处的忧虑和问题的深刻性仍值得我们注意，至少对检讨当下"法理学的式微"的窘境，仍是有意义的。

总之，通过对湖南大学法政教育及法政人物百年历史回顾，展现出湖湘法治文化独特的魅力，不仅能够丰富与深化中国近代思想史、学术史的研究，而且也有助于我们更深刻地认识和把握中国近代法学学术转型的经验教训，为当下法治建设提供历史启示。

时务学堂与新时代法学教育

——"新时代法治建设与法学教育"
暨"时务学堂创建120周年纪念"学术论坛综述

浪　子　曹孝前*

摘要：1897年创办的时务学堂作为湖南乃至中国近代法学教育的源头之一，是新时代法学教育改革可资借鉴的样本，其法律教学内容、教学模式、教学方式值得挖掘。我国法学教育取得了重要成就，但存在注重理论教学、忽视实践教学和职业技能培养等问题。新时代给法学教育带来教育资源共享、合作交流、国际接轨、人工智能等诸多机遇与便利的同时，也带来诸多挑战。当下法学教育需要搭建理论教学与实践教学相融合的培养平台，注重跨界式综合培养，积极回应新时代从技术到理念等多方面的挑战，适当借鉴国际上追求职业化、专业化、精英化的法学教育模式，回应社会热点，推动法学教育变革。

关键词：时务学堂　法学教育　教育变革

2017年12月23日，由湖南大学法学院主办、湖南元端律师事务所协办的"新时代法治建设与法学教育"暨"时务学堂创建120周年纪念"学术论坛在湖南长沙成功举行。此次会议以纪念时务学堂法学教授120周年为契机，延伸讨论中国法学教育转型问题。

来自北京大学、中国社会科学院、中国人民大学、同济大学、武汉大学、西南政法大学、西北政法大学、华东政法大学、中南财经政法大学、北京师范大学、厦门大

＊浪子，法学博士，湖南大学法学院副教授。曹孝前，湖南大学法学院硕士，金州律师事务所律师。

基金项目：2015年度国家社科基金青年项目"'法律东方主义'的中国误读反思研究"（编号15CFX011）。

学、南开大学、华南师范大学、南京大学、中国海洋大学、海南大学、广州大学、浙江工商大学、上海财经大学、广西民族大学，以及湖南大学、中南大学、湖南师范大学和湘潭大学等三十多所高校和科研机构近百位法学专家参与了此次研讨。

与会学者探讨了时务学堂与近代法政教育开端、湖湘文化与湖南法学教育传统、法学教育模式改革与实务教育强化、法学教育的时代挑战与前瞻思考等重要主题，为当下法治建设和法学教育转型提出了不少前瞻性建议和意见。

湖南时务学堂诞生于 1897 年近代中国的维新变法运动之中，其存在不过短短一年，只是昙花一现，却在中国法政教育史上书写了璀璨一笔。时务学堂与北洋大学堂、京师大学堂等成为中国近代教育最早的弄潮儿，是近代新式教育的源头。但鲜为人知的是，时务学堂也是近代中国法学教育的开端之一，与近代湖南法政教育乃至近代中国法学教育都有着深刻的渊源，其法政教学内容、教学模式、教学方法值得深入挖掘。

一、时务学堂与近代法学教育开端

论坛开始前播放了蒋海松创作的《从时务学堂到湖大法科》的纪念视频，视频艺术化地勾勒了时务学堂的法政教育概况和从时务学堂以来湖大法学发展的大致线索，引起与会学者的浓厚兴趣。许多学者表示，还是第一次知悉时务学堂与近代法学教育肇启的深刻关联，对湖湘文化与法政教育的关联有了更鲜活的认识。

与会专家学者从各个角度阐释了时务学堂的历史贡献尤其是对近代法学教育的开端意义。湖南大学副校长谢赤教授提出，作为湖南大学重要的近代起源，时务学堂既是湖南近代化教育的肇始，也是中国近代高等教育的开端之一，标志着湖南教育由旧式书院教育向新式学堂教育的转变。时务学堂的教育以法律政治为重点，以开民智为要务，因此与湖南大学法科教育存在重要的传承关系。时务学堂是近代法学教育的开端之一，既将西方法政教育引入中国，又发扬了中国书院传统教育的优点，值得我们新时代法学教育借鉴。

湖南大学法学院院长屈茂辉教授提出，时务学堂虽然仅在历史舞台上存在一年的时间，但它却是近代湖南法政教育的开端，是中国近代法学教育的先驱之一，同时也是湖南大学法学院的前身。他倡导，既要回顾近代湖南法学教育传统，继承先贤历史遗产，也要对新时代法学教育发展进行前瞻性思考，回应时代的新挑战。

时务学堂研究会秘书长、时务学堂故址传人陈家书先生指出，时务学堂有三大历史贡献：第一，时务学堂是清末维新运动的摇篮，汇聚了梁启超、谭嗣同等优秀老师，尽管它只有 200 多名学生，但培养出了诸如蔡锷等大批优秀人才。第二，时务学堂是最早引进西方学堂教育的学堂之一，对传统教育方式做了很多超前的改变，如小班教学，师生之间的互动频繁，关系非常融洽，采用讲学制度，这和西方现在的研讨式教育方式很接近。第三，时务学堂是近代湖南法学教育的开端，其发展脉络很清晰，成为湖南大学法学院的前身。

要回到时务学堂去寻找新时代法学教育改革与转型的灵感，就必须深入地了解时务学堂法政教育的具体情况。湖南大学法学院副教授蒋海松就此做了专题报告《时务学堂法政教育探索》。他提出，时务学堂是近代法政教育变革的开端之一，并不仅仅在于其创办时间之早，也因为它在法政教育宗旨、教学内容、教学方式、教学影响等各方面的开拓性贡献。如，时务学堂的办学宗旨非常鲜明，旨在培育维新变法人才，以政学为主义，以开民智为要务。时务学堂法政教育的内容在于研公法、习律例，已初步具备了较为系统的法学课程，既包括中国传统文化的基础课，又有西方自然科学、法律、政治学的专业课。尤其是，开设的"公法学"课程影响了后世高等学府法科课程建制。其授课内容广涉中西方法政知识，既有《大清律例》、历代职官表等传统典章制度，更有《法国律例》《英律全书》《日本国刑律志》等，这是近代最早的比较法教育之一。教学内容广涉宪法、民法、刑法、商法、国际法等具体法律门类，还选用《万国公法》《公法会通》《佐治刍言》等最新潮的西方法政著作作为教学用书。时务学堂法政教育的精髓在于批判专制法统、倡导民权自由，尤其是师生答问中，广泛而犀利地探讨了民权自由、个人权利、限制皇权、君臣关系、西方议院等最新法政问题。时务学堂堪称近代法政教育转型最成功的先驱之一，是最早引入西方政治法律思想进行教育的成功探索之一，推动了湖南乃至中国的近代化进程，更是教育与社会互动的成功个案。

二、湖湘文化与法学教育之互动

一方水土养一方人，一个地方的法治建设和法学教育也会受到该地独特条件的影响。

法国思想家孟德斯鸠提出了"法的精神"理论，他认为，"人类受多种事物的支配，就是：气候、宗教、法律、施政的准则、先例、风俗、习惯。结果就在这里形成了一种一般的精神"[①]，这就是"法的精神"，其"存在于法律和各种事物所

[①] ［法］孟德斯鸠：《论法的精神》（上册），张雁深译，商务印书馆 1961 年版，第 305 页。

可能有的种种关系之中"①。以这个理论为参照，可以看出，湖湘文化对湖南法学教育也产生了深远影响，更为中国法学教育塑造了独特的精气神。

因为与会学者大多是湖南籍学者或者曾在湖南工作过，湖湘文化与法学教育之间的关系也是会上热议的主题。学界公认，湖南盛产法学学者，湖南籍法学学者数量之多、影响之大、精神气质之鲜明，构成了法学界独特的"湖南现象"。而这与湖南的历史文化有着密不可分的关系，经世致用、务实担当的湖湘文化，熏陶着、激励着历代湖湘法律人不断探索。

与会学者一致认为，法治文化是湖湘文化中最璀璨的一部分。湖湘文化与法治建设、法学教育存在诸多内在契合之处，如"经世致用、实事求是"的湖湘精神契合于重在践履躬行、旨在经邦治世的法治事业，"敢为人先"激励着历代湖湘法律人在法制探索上独领风骚，"心系天下"的志向对应着"法者，天下之公器"的普适品格，"开放创新"的视野带来了取法于外、变法图强，"先忧后乐"的情怀鼓舞着湖湘法律人为民请命、追求善治，"蹈厉敢死"的斗志激励着湖湘法律人为权利而斗争、为法律而呐喊，湖湘文化的"独立根性"也昭示着法律品格的卓然独立。湖湘文化是法治建设和法学教育的源头活水之一，法治湖南建设和法学教育的成就是湖湘文化在新时代的继承与创新。

著名法学家、中国社会科学院荣誉学部委员李步云教授指出，湖南法学学者群体影响颇大，莫不以喝湘江水成长起来的而自豪，这是法学界公认的一大独特现象。这跟"心忧天下，敢为人先"的湖湘文化深有关联，时务学堂"开风气之先"的探索精神也是湖湘文化的体现，新时代法学教育需要继续弘扬心系天下、担当使命的湖湘精神，做好传承创新工作。

厦门大学法学院朱福惠教授提出，湖湘文化具有深厚的哲学基础和文化底蕴，同时受传统文化的影响，这对湖湘法学教育的性格产生了巨大影响，其中有些经验值得我们吸取。比如，吃得苦、霸得蛮的精神气质，但缺点是，缺乏刚柔相济的性格；个人英雄主义色彩突出，合作意识有待加强，在研究湖湘法政思想时要能够区分优势和不足。如何弘扬湖湘法政思想文化提升法学教育、如何提升湖湘法学研究水平也是与会代表关心的话题。

朱福惠教授根据在中国知网上的不完全统计，指出近三年来，湖南法学界加强了对湖南法政思想文化的研究，但湖南四大高校法学院对湖南法政思想的现有研究

---

① ［法］孟德斯鸠：《论法的精神》（上册），张雁深译，商务印书馆1961年版，第307页。

论文成果只有 9 篇，研究仍然有很大的拓展空间。朱福惠教授又以 2015—2017 年湖南四大高校法学院发表论文数量以及核心期刊论文数量统计为基础，比较了湖南省内四大高校法学研究教育状况，更比较了湖南与北京、上海等地的高校法学院，坦陈湖南法学教育仍存在巨大的短板。朱福惠教授进一步提出，研究湖湘法政思想的同时，也要研究湖湘法学家，做好湘籍法学家口述史工作，联合举办学术研讨会议，重视对法科学生研究能力的培养，加强培养具有法学思维的人才。

中国政法大学冯晓青教授报告了湖南法学教育的人才培养与国际化趋势。他认为，要建设湖湘一流学科与做好湖南法学教育，需要：一流的人才培养，德法兼修，养浩然正气；一流的师资队伍，以学科带头人和学术骨干的建设为抓手；一流的科研成果，重视成果转化问题；一流的制度建设，开设一些制度化的平台，比如信息共享平台、资金资助等。更要走向国际化，既要让湖湘法学学子走出湖南，如时务学堂学子一样，同步学习世界上先进的法学知识，也要在国际舞台上弘扬中国传统的法律文化和湖湘法律文化。

中国海洋大学法政学院李晟教授以自己在湖南大学求学经历为例，阐述了湖湘文化对法学研究、法学教育所产生的影响，比如心忧天下的家国情怀更让湖湘法学学者们乐意于进行理论法学和宪政民权研究，学术风格偏向宏大叙事，喜欢大气宏大的主题。

武汉大学法学院江国华教授则从时务学堂和近代宪政历程出发，总结了湖湘法律人在近代民权宪政运动中"敢为天下先"的风采，探讨了法学教育中包含的精神、情怀、学问等三大维度。他提出湖南法学教育和湖湘法学学者的三大风格，即精神高昂、情怀深切、学问扎实。他提出，这对普通意义上的法学教育也有启示，即培养学生知识之前，必须培养其精神，法律职业伦理精神也是法学教育中最容易被忽视的内容。

西北政法大学刑事法学院邱昭继教授报告了"湘籍法学家与西北的法学教育"，介绍了出自湖南的西北政法大学刑法学科主要奠基人周柏森教授和法理学主要奠基人文钦明教授在法学教育上的贡献，分析了湖湘文化对两位学者的影响并延伸讨论了湖湘文化与西北文化的互动。比如周柏森教授一贯坚持法治，反对人治，提倡要科学研究刑法中的因果关系，只有加强社会主义民主和法制才能从根本上预防腐败。这种担当开拓的风骨带有浓郁的湖湘法律人品格。

湖南省法学会法学教育研究会会长刘定华教授总结了湖南法学教育的现状，认为湖南法学教育体系初成规模，富有影响，湖南的四大法学院都拥有一级学科博士点，但法学教育质量仍有待于提高。刘定华教授认为，良法善治需要一大批高质量的立法人员、执法人员、司法人员和法律服务人员，这些人员的素质取决于高校的法学教育水平，这就对从事法学教育的高校提出了更高的要求。刘定华教授倡议创建湖南法学教育展览厅，展览厅可分为两部分，其一是法学教育部分，由中华人民共和国成立前、中华人民共和国成立后至十一届三中全会、十一届三中全会至今这三个阶段构成；其二是法学家部分，对法学家进行口述史访谈，进行资料梳理。

西南政法大学科研处副处长周尚君教授指出，新时代的法治机遇和误区已经出现，时下流行的法教义学缺乏理论基础。法教义学虽然提升了法的独立性、科学性，但它从现行体制下的制定法出发，将法治简化为一种法的逻辑与解释的艺术，可能误解当前一些基本的政治和社会事实，遗忘了法学作为批判武器的作用。面对制定法，学者应当揭示制定法是在强化"善"，还是强化"恶"。在此问题上，湖湘文化熏陶出来的湖湘法学学者往往具有铁肩担道义、"经世致用"的风骨，这一传统值得挖掘。周尚君进一步指出，中国法学研究范式面临前所未有的挑战，因此迫切需要研究视角的创新和转型，也需要法学教育的不断创新。

厦门大学法学院徐国栋教授提出，要重视罗马法教育的独特价值，湖南几大法学院应赓续近代湖湘的罗马法课程。他指出，罗马法教育与近代法学教育几乎相伴而生。这次湖南大学时务学堂的纪念活动也提到了，时务学堂的课程中已经包括了艾约瑟（Joseph Edkins）编译的《罗马志略》，这是最早的汉语希腊罗马史专著，可见湖南近代法学教育一诞生就有着罗马法教育的基因。后来1898年的京师大学堂是中国的第一所大学，罗马法则正式成了一门大学的课程。后来，清末各种新式的法律学校纷纷设立，比如京师法律学堂等，都开设了罗马法课程。民国期间，著名的罗马法专家黄右昌先生、周枬先生都曾在湖南大学执教，湖南乃罗马法研究和教学的重镇之一。今天的湖南长沙也被业内称之为罗马法的"会都"，湖南大学成立了罗马法系研究中心，召开了"罗马法传统与现代中国：回顾与前瞻"国际研讨会、侧重于罗马公法的"宪政的源与流：中西比较的视野"国际研讨会。今天的罗马法教育已呈现出从二手资料到一手文献、从罗马私法到综合化的趋势，罗马公法、罗马商法的研究与教育开始兴起。

新时代的司法改革与法学教育改革是主线，但改革中如何坚持原则与底线、如何坚守法律思维是另一方面需要注意的问题。湖南大学法学院张智辉教授指出，我们正处在变革的时代，改革是时代的主旋律，它在带来无限的生机与活力的同时也带来巨大挑战。创新与坚持对于法学教育、法学研究是非常重要的。法律的生命力在于实施，实施就要求其具有稳定性。要警惕那些以改革、创新为名义而实际上是破坏法律稳定性的观念，要更审慎地对待法律，慎重地对待法律的权威性与稳定性，不可随便乱提立法建议。政治思维更侧重利益和策略，而法律思维注重程序与稳定，法学教育、法律改革中一定要有坚持、有底线。

四、法学教育的时代转型

新时代的网络信息技术、大数据、人工智能、司法改革、"双一流"建设等社会重大话题，在给法学教育带来机遇的同时，也对法学教育提出了新的挑战。这呼唤法学教育模式的转型，以适应时代发展。

湘潭大学法学院院长肖冬梅教授提出，法学教育面临着新的技术环境与技术变革。北京大学法学院姜明安教授指出，要重视人工智能、大数据、云计算、共享经济以及生态环境建设等新课题对法学教育的挑战。中国海洋大学法政学院副院长贺鉴教授报告了"双一流"建设背景下法学的中外合作办学改革。西南政法大学法学院王利荣教授探讨了职业法律人案例教学之于学院传统法学教育的优势。华东政法大学刑事司法学院邱格屏教授主张开展一种跨学科、跨领域的综合"跨界"培养模式。西南政法大学法学院高一飞教授介绍了西南政法大学刑事诉讼法教学的改革经验。华南师范大学法学院薛刚凌教授介绍了全球三种法学教育模式及其对中国法学教育的借鉴意义。中南财经政法大学法学院教授麻昌华探讨了统一法律职业资格考试后对法学教育的影响。北京师范大学法学院冷罗生教授探讨了法律硕士实务教育的困境与变革问题。浙江工商大学法学院古祖雪教授探讨了法学教育中的国际法定位问题。海南大学法学院陈秋云教授报告了"法学教育的特色"。厦门大学法学院刘连泰教授以宪法解释为例讨论了新时代如何打开旧文本，即新时代法治建设和法学教育中如何善待已有法律体系。中国人民大学法学院王旭教授以宪法教育为例，探讨了新时代法学教育如何回应时代命题。

此外，还有不少学者从新时代法治建设的热点、前沿问题入手，探讨其对当下法学教育带来的变革。如上海财经大学法学院王全兴教授探讨了新时代经济发展新常态对劳动法教育的挑战；湖南大学法学院谢佑平教授探讨了法学学者交流平台的构建与完善；南京大学法学院肖泽晟教授提出了新时代法学教育要回应公共资源公平分配、政府在公平分配资源问题上的职责的具体界定等时代课题；中国人民大学法学院朱大旗教授讨论了新时代的财政法治建设与财政法教育创新；等等。

经过研讨，与会代表一致认为，中国当前的法学教育模式尚面临诸多问题，尤其体现在培养目标不明确，教学环节重理论讲授、轻实践技能培养。法学不仅仅是一门理论科学，而且是一门实践科学，需要法学教育坚持理论教学与实践教学相结合。美国霍姆斯大法官说："法律的生命不在于逻辑，而在于经验。"

与会专家学者经过研讨，达成诸多共识。诸如时务学堂作为湖南乃至中国近代法学教育的源头之一，其法政教学内容、教学模式值得挖掘。我国法学教育取得了重要成就，但存在注重理论教学、忽视实践教学和职业技能培养等问题；新时代给法学教育带来教育资源共享、合作交流、与国际接轨等诸多机遇与便利的同时，也带来诸多挑战。当下法学教育需要搭建理论教学与实践教学相融合的培养平台，注重跨界式综合培养，积极回应新时代从技术到理念等多方面的挑战，适当借鉴国际上追求职业化、专业化、精英化的法学教育模式，回应社会热点，推动法学教育变革。

（综述全文发表于《法学教育研究》2018年第20卷，感谢《法学教育研究》授权本刊转载。因主题所需，本次只转载了其中有关时务学堂及湖湘文化部分，全文请参见原刊）

《湖南省宪法》中的地方自治制度研究

蓝文想*

摘要： 20 世纪 20 年代初，南北军阀混战，湖南寻求湘人自治，省宪运动顺势而起。风靡一时的省宪运动要求尽快制定《湖南省宪法》，实施地方自治。由于受到省内外的关注，《湖南省宪法》在制定时就地方自治的各种事务进行了热烈的讨论，最终形成了比较完备的宪法文本。《湖南省宪法》从基本纲领、宪政保障、基层落实三个层面对地方自治制度进行了架构。在宪法实施的过程中，虽然一开始选举议会、成立政府尚属顺利，但是因为时局变幻，战祸连连，行宪也经历了护宪、修宪乃至废宪等一系列曲折。最后，从宪政角度挖掘《湖南省宪法》中的地方自治制度乃至整个湖南省宪运动的价值。

关键词：《湖南省宪法》 地方自治 联邦

20 世纪以来，中国持之以恒地追求建立民主宪政国家。湖南省宪运动是清末民初地方自治潮流的升华，其成果《湖南省宪法》在中国宪政史上也发挥了先锋的作用。除了第一部省宪，湖南还进行了一系列行宪活动，这些地方自治的努力为当时其他省的自治运动以及现今中国的基层民主自治运动都提供了有益的经验。本文在回顾省宪运动历史的同时，希望总结其中地方自治制度的得失。

一、《湖南省宪法》出台的历史背景

《湖南省宪法》的制定深受 20 世纪之初中国时局之影响，辛亥革命无疾而终，袁世凯"洪宪"闹剧破灭，孙中山护国、护法运动高开低走，南北军阀混战，中国命途难以预料，皖系军阀张敬尧鱼肉湘人。湖南欲求一省之宁静，独善

---

* 蓝文想，南京大学法学院 2018 级硕士研究生。

于乱世之中，遂转而求"湘人治湘"。此时湖南省宪运动顺时而起，倡导者们试图从分权自治的视角探寻立国救民的新路径，并以谭延闿、赵恒惕等人的割据野心为推力。

（一）湖南省宪运动的缘起

20世纪20年代前后，中国处于南北军阀大混战的乱局之中。军阀之间摩擦不断，各派为了扩大自己的势力频繁发动战争，局势越发混乱。诉诸武力，自上而下统一全国看起来几无可能。如果武力统一无法实现，那么就只有往"平和的方向上走"[1]。"平和的方向"，简而言之就是走法统的道路。那么法统是否是当时中国统一的不二法门呢？首先，我们要弄清符合法律要求的大总统是谁，是黎元洪？孙中山？或者二者都不是？其次，我们要回答合法的国会是哪一个，是黎元洪在1917年解散的国会，还是1919年孙中山再成立的国会，抑或二者都不是？[2]

在武统和法统都破灭的时候，整个中国陷入困惑，同时也开始反思和新的探索。浙江都督卢永祥"先以省宪定自治之基础，继以国宪保统一之旧规，改弦更张，斯乃正本清源之道"[3]的电文，振聋发聩，拥护者犹如泉涌，联省自治运动迎来了生根发芽的最好机会。

在这场举世瞩目的省宪运动中，湖南人无疑是冲在最前面的。何以湖南人肇始揭竿自治，立全国之鳌头？这与当时湖南处于战争的漩涡之中有非常大的联系。"湖南的自治运动是在两个条件之下产生的，一个是张敬尧督湘时对湖南人的种种剥削，严重伤害湖南本地军人和士绅的利益；另一个是三次大的内战，尤其是1920年的内战，使湖南受到很大的损失，于是在驱逐张敬尧以后，湖南的军绅政权想超出南北之争。"[4]王无为在《湖南自治运动史》中解释自治何以首先发生在湖南时说，当时中国有22个省，湖南只不过为其中之一，何以湖南独多受政潮振荡的力量，独多负若干次讨逆护法救国的责任？因为地理位置的重要，所以才有若干次的战争。从辛亥革命时期革命派与袁世凯军阀拉锯，再到北洋军阀混战时期，

---

①坚瓠：《统一与公开》，载《东方杂志》1922年第19卷第12号。
②陈承泽：《法统问题的严正解释》，载《东方杂志》1922年第19卷第15号。
③《浙江卢督豪电建议之由来》，载夏新华、胡旭晟等整理：《近代中国宪政历程：史料荟萃》，中国政法大学出版社2004年版，第648页。
④陈志让：《军绅政权》，广西师范大学出版社2008年版，第69~70页。

据《湖南省志·军事志》的记载："湖南境内发生的具有一定规模的战争就有 41 次。"[①]在战祸中，湖南人民被北兵南兵侵扰得苦不堪言；停止战争，休养生息，自然是湖南人民期待的大事了。

当然湖南政治文化传统、西方联邦思想的传播及地方主义势力的兴起对省宪运动的推动作用也是不容忽视的。早在维新变法时期，湖南巡抚陈宝箴就希望通过以地方自治为核心的维新变法使湖南实现自强自立。以陈宝箴为首的省级大员从资金、政策上大力支持地方自治，绅士阶层通过积极出谋划策，大力兴教育办实业参与到地方自治的实践中。清末民初，湖南知识分子一改过去守旧的积弊，大力学习西方，创报刊、立学堂、开学会，致力于进步思想的传播。这种开启民智的努力是有一定成效的，1917 年、1919 年分别爆发了两次较大规模的工人罢工运动，工人阶级对自身享有的基本权利有了概念，社会公民逐渐触摸到政治参与的脉搏，一方面他们要求自己的权利得到保障，另一方面其社会治理主体的意识也逐渐被唤醒。在一次次运动中，湖南人民意识到要想扭转时局，单纯的反抗只是权宜之计，推翻昏暗的压迫，建立新政权才是根本的解决之道。于是"湘人湘事自决"的口号应运而生，自此湘人开始进行湖南自治运动，并积极的推动《湖南省宪法》的制定与出台。

（二）制宪前的自治讨论

1. 名流学者对湖南自治的讨论

在湖南宣布自治之前，熊希龄等名流就已经策动地方自治的讨论，谭延闿祃电一出，地方自治思潮又一次高涨，各界名流学者纷纷著书立言，表达自己的主张。《大公报》《东方杂志》等新闻媒介也顺应时势，开辟"自治"栏目，为社会各界人士讨论相关问题提供了平台。总的来说，讨论的焦点主要集中在四个方面，即地方自治的性质、目标、实现途径以及指导思想。

（1）地方自治的性质。对于地方自治的性质，"湘人自治"和"湘人治湘"的争论是值得我们关注的。龙兼公首先提出"湘人自治"，"要自治就不要倚赖官治……要谋湘人自治就不要完全依靠那些特殊阶级的少数人"。[②]徐庆誉则认为建设湖南应坚持"湘人治湘"，"湘事由湘人主之分析起来就是说：湖南是三千万人

---

①湖南省地方志编纂委员会：《湖南省志·军事志》。

②龙兼公：《湘人自治》，载《大公报》（长沙）1920 年 9 月 13 日。

的共有物，所以湖南的事，应该由三千万人共同主持，才算是'湘人治湘'"。[①]
彭璜对于"湘人自治"和"湘人治湘"发表过很深刻的见解，"'湘人自治'不
是'湘人治湘'……湘人治湘的样本，就是'湘官治湘'，移言之，我们硬反对
'湘人治湘'……凡是不妨碍发展本能的开明政治，就要具有独立、自由、自励、
自治四个原则。根据这个原则来谈政治，以言湖南，就是要湖南独立；以言个人
就是要个人自治。……个人自治，才可以发展个性，做个完人。集合许多个人自
治，而成'湖南独立'才可以发展群性，发展民族本能"。[②]"湘人自治"强调
的是"自"，而"湘人治湘"更多强调的是"湘人"。湖南自治不是简单的"驱
汤""驱张"，排去非湘人，而是不愿被外省人来治，也不愿被本省的少数特殊人
来治，主张的是完全的自治与民选。在这些讨论的基础上，王功炯将湖南自治的性
质总结为："第一，湖南是指湖南全体人民而言，有团结的意义；第二，自治是自
己治自己，有自己立法、司法、行政的意义；第三，湖南自治就是湖南人民团结起
来，共同活动，互相参与，有人人可能的意义。"[③]

（2）地方自治的目标。民国初年的中国，不仅地方自治思想、联邦思想盛
行，民族主义的思潮同样蔓延迅速，地方或区域独立建国的思想也受到热捧。这些
思想相互渗透，对于湖南建设模式主要有三种：其一，建一个地方自治政府，其
二，建一个联邦政府下面的一个邦或国，最激进的是其三，倡议建成一个独立的国
家。但三者如何抉择，从鼓吹者到民众都没有统一的答案。

毛泽东在《湖南建设问题的根本问题——湖南共和国》中提出，湖南自治的
目标就是建设"湖南共和国"。彭璜随后对湖南建设的目标做了详细说明："秉着独
立与合群的精神，秉着平等自由博爱的精神，次第的、浸润的建设一个非中国式
非美国式的共和国"；建设"湖南共和国"的原因在于"一是打破国家思想主义的
需要；二是实现民族独立的要求；三是湖南人脱离环境，解决中国政治困境的方法"。[④]
但是"湖南共和国"因其过于激进还是招致不少反对。徐庆誉认为建设"湖南

---

①徐庆誉：《怎么叫湘人治湘？》，载《大公报》（长沙）1920 年 9 月 28 日。

②彭璜：《"湘人治湘"不是"湘人自治"》，载《大公报》（长沙）1920 年 10 月 1 日。

③王功炯：《湖南自治的研究》，载《大公报》（长沙）1920 年 10 月 15 日。

④彭璜：《"湖南共和国"建设问题的根本问题——非中国式非美国式的共和国》，载《大公报》（长沙）
1920 年 9 月 6 日。

国""（一）违反现代潮流；（二）闭塞湘人思想"。^①龙兼公也不主张建立"湖南国"，提出"我主张省立宪，是主张造邦，不是主张建国，结果自然还应有个联邦国在省的上面，联邦国的政府就是联省政府"。^②面对中国分裂的现状，刘春仁认为"最好的办法是联邦制……联邦制即在各省自治的基础上，特于各自治政府之外，仍须组织一中央政府，以办理全国之外交、军政、交通等等，认为联邦议会组织包括邦平民议会，县平民议会，镇乡平民议会与市村平民议会"。^③这些主张，为后来"联省自治"运动的发展奠定了基础。

（3）地方自治的实现途径。关于如何实现湖南自治，学者们的意见大体可分为四类：第一，裁兵是地方自治的当务之急。张平子在《湖南建设问题的第一着》中提出，"就湖南现状看来，第一可先裁去其徒手，如输送卫生等队；第二可先裁并其营头，如虚立名目和兵不足额的；第三可先裁减训练不精的，如此次战役中途收缉的散兵等"。^④第二，下级地方自治尽快筹办。刘春仁认识到要加强自治深度，乡村运动必须规范开展，通过教育和"普法"宣传，尽快在湘民内心播下自治文化的种子，让大家都参与进来。陈飘飘从县自治的角度阐述自治的实现途径，认为三个部分至关重要，其一是自治组织，运用类似自治会的组织使得自治运动有所依托；其二是自治地域，有相应的自治领域才可能在此基础上设定实施自治规则；其三是基层教育，打破绅阀对政治的垄断。第三，明确自治主体是人民，自治的实现基石是省宪。徐庆誉认为要实现湖南自治，有四项工作必须实行："（一）地方自治；（二）尊重议会；（三）省长民选；（四）各县成立各界联合会。"^⑤第四，建议全方位改革湖南社会。冯祖英在《我之对于湖南之意见》中提出建设湖南的方法，概括起来就是在军事和治安方面，整顿军队，建立现代警察制度；在经济方面，鼓励办厂，发行新币，裁厘加税；在教育方面，多设学校，增加拨款。

（4）地方自治的指导思想。《湖南改造促成会对于"湖南改造"之主张》曾阐述："湘人自决主义者门罗主义也，湖南者湖南人之湖南，湖南人不得干涉外省

---

①徐庆誉：《怎么叫湘人治湘？》，载《大公报》（长沙）1920年9月28日。

②龙兼公：《联省政府》，载《大公报》（长沙）1921年2月5日。

③刘春仁：《对于"打破大中国建设多数小中国"的怀疑并表示"我的'联邦制'意见"》，载《大公报》（长沙）1920年9月29日。

④张平子：《湖南建设问题的第一着》，载《大公报》（长沙）1920年9月4日。

⑤徐庆誉：《湖南自治刍议》，载《大公报》（长沙）1920年10月3日。

事，外省人亦不可干涉湖南事，有干涉者仍抵抗之。"①龙兼公将"门罗主义"概括为三个方面："我们用心干我们自己应干的事情；我们绝对不干涉别人的事；绝对不许别人干涉我们的事。"②张平子进一步指出："门罗主义，即是这自决的方针，在内而力图自治，我看这就是救湖南的妙药。并希望各省都能照单各购一剂，闭着门好好吃了，再行出来合伙做那全国的事。"③当然，也有人指出"湖南门罗主义"的问题："湖南人现在把门罗主义作招牌挂在湖南，既有优点也有缺点。优点是湖南人可用这块招牌挤兑掉许多，由湖南人自己决定，缺点是湖南人放弃干涉湖南以外的特权……有些间接与湖南有密切利害关系的事，湖南人采取不干涉主义，那就是湖南自列于中华民国以外。"④当然，对于建设湖南的指导思想并没有统一于"门罗主义"，对于部分民众在"驱汤""驱张"时表现出来的"非我同类，其心必异"的狭隘的民族主义，也让越来越多的知识分子开始反思。

2.省外人士对湖南自治的反响

谭延闿祃电发出后，不但在湖南省内引起积极反响，同时也引起省外人士的高度关注。最先响应的是在京的湖南籍人士熊希龄和范源濂，"本省制定省自治根本法须由省会、省教育会、商会联合动议，集多数人联署举出代表，草定省自治会，再照欧美各国先例，交由全省各县人民总投票表决。……此举宜于南北统一以前办成，且须经过全省人民总投票，基础方能稳固。湘省能行，各省自可响应，然后联省立国。"⑤这篇电文可以说是湖南省自治的先声，因为它为湖南自治运动指引了一个基础的方向，即必须先制定自治根本法。

除了熊希龄、范源濂，孙洪伊也致电提醒谭延闿，想要实现分权仅仅凭借空洞的法律条文是不足够的。此时，北京开始出现各省自治联合会，直隶省议会牵头组织联省会议，电请省议会派代表到上海一起讨论省自治法。熊克武与刘存厚在论川省自治中说："今南北两方，皆久无宪法会议，亦永无召集能力，然即令一方勉强召集，则然后方亦必亟起抵制，于是南一宪法会议，北一宪法会议，宪法战争复起，即宪法施行无期。即使因战胜或妥协的原因，最后结果得于国中公布一种宪

①《湖南改造促成会对于"湖南改造"之主张》，载《大公报》（长沙）1920年7月6日。

②龙兼公：《湖南门罗主义》，载《大公报》（长沙）1920年9月5日。

③张平子：《湖南自决问题》，载《大公报》（长沙）1920年9月7日。

④徐庆誉：《怎么叫湘人治湘？》，载《大公报》（长沙）1920年9月28日。

⑤熊凤凰：《对于湘省自治之建议》，载《大公报》（长沙）1920年8月29日。

法，无论内容何似，而因历史之污秽，根据之薄弱，异时摧残破坏之机，即伏于此。此固为言辞假定，实则今日何有国宪可言。谁为制定之，谁为信仰之，则何不自稽美德诸国之先例，由各省自行制定省自治根本法以为将来制定民国宪法之基础。"①经过如此热烈的讨论，人们不但逐渐弄清楚了什么是自治，也明白了自治的真正含义，对于地方自治的推行，湘省人士也有了初步的目标，即制定《湖南省宪法》。

二、《湖南省宪法》地方自治制度的基本架构

《湖南省宪法》对于地方自治制度的规定主要集中在第三章至第十一章。大体可以分为三个部分，第一部分是第三章对省之事权的规定，其明确了省权的界限或者说自治的范围，可以说是地方自治的基本纲领。第二部分是第四章到第九章关于政府机构的规定，其明确的是地方内部立法、行政以及司法之间的运行规则，可以说是地方自治的宪政保障。第三部分是第十章到第十一章对地方自治组织的规定，其明确了地方内部县市乡自治的内容，可以说是地方自治的基层落实。

（一）省权与国权之划分：地方自治的基本纲领

省宪运动的核心就是解决好中央和地方的关系，《湖南省宪法》自然也尽可能明确地回答这个问题。清晰划定省之事权，一方面可以杜绝中央任性地干预省之事权，另一方面也可以防止地方军阀肆意扩张威胁到中央，从而影响了各省本应独立享有的权力。省和国之间的事权划分，可以分为美德体例和加拿大体例，前者运用的是列举法，美国和德国都是在联邦宪法中将中央权限一一列举出来，没有列举的权力则属于各州；而后者运用的是排除法，宪法中分别列举中央和地方的权限，没有列举的权限则根据事权性质决定权限归属。《湖南省宪法》参照的是美德的体例，不同的是，当时中国还没有国宪，所以其将省权界限尽可能明确，没有明确被列举出来的则留待国宪确认。愚厂先生解释道，因为当时自治运动的首要问题并非解决民治与官治之争，而是地方自治与中央集权之争，"省于事权上若无明了可守之界域，自治二字，空无所着，此主张列举省事权之说也"②。所以明确省权一方面解了自治开展的近忧，另一方面照顾了保持相对独立的远虑。

①《熊克武与刘存厚论川省自治》，载《大公报》（长沙）1921年1月18日。
②夏新华、胡旭晟等整理：《近代中国宪政历程：史料荟萃》，中国政法大学出版社2004年版，第672页。

省宪运动追求的是各个地方实施自治，并在自治基础上追求统一。湖南省从不强调自己是绝对独立的省份，反而非常注意树立中央的权威。省宪第一条开宗明义地强调"湖南为中华民国之自治省"，在第三章划定省权界限时对国政府与省政府权力的衔接做了比较合理的设计。例如第二十七条，"省政府受国政府之委托得执行国家行政事务，但因执行国家行政所生之费用须由国政府负担"，从此规定可以看出，委托授权是国政府和省政府之间事权衔接的重要方式，这显然和传统的垂直管理和直接干涉是不同的。对于省来说的"涉外事项"，省宪保持谦抑，将规则的设定权交给中央，这也可以间接体现"门罗主义"对湖南制宪的影响。不难发现，《湖南省宪法》"于发扬民治之中，仍寓维持统一之意"。①

（二）权力构架与权力分配：地方自治的宪政保障

权力分立原则可以说是架构自治组织与规范地方权力运作最重要的宪法原则。这里说的权力架构与分配单指传统的横式权力分立与制衡，至于垂直型的分权设计笔者将其归于县市乡自制大纲部分阐述。为了使立法权、行政权、司法权分立开来，省宪对省议会、省长及省务院、司法系统、审计院等机构的权限作了专章规定。《湖南省宪法》共 141 条，其中有 98 条与权力构架和权力分配有关，占比近70%，可以说其最重视和着力最多的就是权力的配置，制宪者希望通过立体、合理的权力配置保障宪政的实施。

1. 省议会

"省议会"规定在《湖南省宪法》的第四章，该章主要规定了省议会组成、议员名额分配、省议员选举与被选举资格、职权、任期、议员言论豁免权及人身保障、兼职限制、罢免与解散等。省议会职权于第三十九条从立法、议决、选举、质问、不信任投票和弹劾六大类十小款予以确立，从文本规定中不难发现制宪者非常重视对权力的监督，宪法对议会赋予的最重要的职权可能就是监督，这与当时限制军阀当政肆意扩张有直接关联。

要想实现宪政，良法是前提，如何立法就显得至关重要。因此《湖南省宪法》第六章专章对立法相关事项进行了明确规定，主要包括法律案的提出、省宪的复议及省宪的公布三个部分。

首先，法律案的提出。根据规定，三种情况可以提出法律案。其一，省议会议

---

① 《赵省长复汤斐予讨论自治电》，载《湖南筹备自治周刊》1921 年 10 月。

员或省务院以省长之名义；其二，法定之省教育会、农会、商会、律师公会，以及其他依法组织之各职业团体；其三，符合条件的连署动议。

其次，法律案的复议。《湖南省宪法》主要就省长否认省议会议决法案的两种情形进行规定，一方面在议决后十天的期限内赋予省长复议权，但另一方面又通过议员2/3多数对省长复议权进行限制。此外，省长的复议必须附带理由，即使省议会闭会或解散，省长的否决仍需要待下次开会或新议会复议才能生效。

最后，法律案的公布。公布程序分为议会通过和连署动议经投票表决后通过两种情况。值得一提的是，在连署动议的情况下，宪法规定了两个月的投票期，这就使得公民、县议会或者一等市议会的立法权得到实实在在的保障，这对限制省长的权力也起到了一定的效果。

2. 省长及省务院

《湖南省宪法》第五章主要就省长的产生、当选资格、就职宣誓、任期、职权；省务院的组成，省务员的选举、任期、政务会议、副署、解职等问题进行规定。省长由省议会选出四人，交由全省公民总投票决选，得票最多数者当选。省长被选资格为本省公民，年满35岁以上，在湖南连续居住满5年以上者：如果是现职军人，须解除本职方能就任。省长任期4年，不得连任；但解职4年后，得再被选。省长满任前3个月，须举行次任省长之选举。省长缺位，或因事故不能执行任期职务时，由省务院长代行其职权至新省长就职之日，或省长再行视事时为止。省长之罢免，得有省议会议员总额2/3之出席，出席议员2/3可决议案，交公民总投票，令其退职；公民总投票对此议案多数决时，省长即须退职；多数否决时，则省长回复其职位，省议会即须解散。

省长的职权可以归纳为：（1）法令公布权；（2）军队统率权；（3）官员任免权；（4）戒严宣布权；（5）临时省议会召集权。值得关注的是第五十六条，"省议会执行前款之职权，皆须由省务院长及主管之省务员副署负责"和第六十二条，"省长所发之命令及其他关于政务之文书，非经省务院长及各主管司长之副署，不生效力"的"副署"规定，一方面"副署"主体非常明确，即由"省务院长及主管之省务院"副署，另一方面"副署"的责任也是明确的，省长所发之命令及其他关于政务之文书，非经省务院长及各主管司长之副署，不生效力。对比《中华民国临时约法》第四十五条规定的"国务员于临时大总统提出法律案公布法律及发布命令时须副署之"，《湖南省宪法》的规定无疑明确得多。

接下来是关于省务院的规定，省务院设内务、财政、教育、实业、司法、交涉、军务七司，省务院由各司司长组成，各司司长皆为省务员。各司司长的产生由省议会选举二人，咨请省长择一任命之，省务院长由省务院互选一人，呈请省长任命。各司的组织及司长的选举与任期，以省法律定之。省务员全体或一员，受省议会之不信任投票时，即须解职。

省务院设政务会议，以省务院长为议长；各省务员皆列席，议决施政方针及关涉各司权限争议之事件，对于省议会，负连带责任。政务会议议决之结果，须由省务院院长报告省长。遇有特别重大事件，得由省长于省务院，开特别联席会议，但此种联席会议，省长不得以省务员不能负责制订议案，而强制其议决执行。省长及省务院长主要负责省行政权的运作，《湖南省宪法》第七章专章对行政权进行了较为具体的规定，其主要包括了财政、教育、实业和军事四大领域。

3. 司法

《湖南省宪法》第八章对司法制度进行了规定。首先是第九十条确立的"三级三审制"，省设高等审判厅为一省之最高审判机关，对于本省之民事、刑事、行政及其他一切诉讼之判决，为最终之判决。高等审判厅之下，设地方审判厅、初级审判厅。同样，检察机关也分为高级、地方及初级检察厅三级。缘何采取"三级三审制"？省宪起草委员会的解释是"民国原来采取的四级三审制，国土过广，交通不便，审级过繁，徒滋拖累而无实益，以后如果行联邦政制，更加没有必要采取四级三审制"[1]。法官的产生方式是选举制和任命制的结合。高等审判厅长及高等检察厅长，由省议会依法定资格选举之。选举方法，由省法律具体规定。高等审判厅长及高等检察厅长以下之各法官，均由省务院呈请任命之。为了保障法官独立审判，不受任何方干涉，《湖南省宪法》规定了一系列法官保障制度，包括高等审判厅长、高等检察厅长任期8年；高等审判厅长及高等检察厅以下各法官，非依法律，不得免职、降职、停职、减职或转职；法官之惩戒处分，由省法律具体规定。

尽管司法独立保障规定看似比较完备，但是从法官产生的途径看来，法官和检察官虽然是通过选举制和任命制相结合的方式产生的，由于经省议会选举的只有法院和检察院的最高长官，其他法官及检察官的产生全部倚靠省务院任命，司法独立的效果显然受到了很大限制。因为，法官的任免权是不能为行政权所左右的，行政权一旦把握了司法权的命脉，在社会运作中，司法权匍匐在行政权之下是不言

---

① 《湖南省宪法草案说明书》，载《大公报》（长沙）1921年4月22日。

而喻的。

4. 审计院

为规范财政秩序，《湖南省宪法》第九章专门规定了审计院的相关内容。第九十六条到第一百条的规定可以分为两个部分：第一是审计院长的产生规则、任期；第二是审计院的权力及职责。审计院主要有核准支出和调查收支簿据的权力。第九十八至第一百条本质上都是财政监督权，专设审计院监督财政，这种制度设计是非常超前的。尤其是第九十九条随时调查权的设立从制度上杜绝了政府机关的腐败。

审计院的设置，并通过其对省财政经费进行监督，有其特殊的时代背景。当时中国的财政混乱，中央的政令不出京城，各省也不指望中央的财政支持，地方自己把持财政。《湖南省宪法》制定者意识到，财政为一切庶政之母，无财政权则无地方自治权存在的空间。不同于防止国家或上级自治团体对财政权的侵害，这里审计院的设置更多是为了监督财政，防止浪费，禁止大大小小的军阀私自扩充军队，审计权得以在《湖南省宪法》中专章规定，与立法权、行政权、司法权并立，也体现了省宪制定者对限制军阀统治的良苦用心。

（三）县市乡自治制大纲：地方自治的基层落实

地方自治的基层落实主要有两种层次，其一是省民自治，其二是团体自治。在湖南的政治生态里，通过省民自治能否成功过渡到自治团体，甚至摆脱外来不当干预，这种实践可以为省宪运动能否发展到联省自治最后到全国统一提供参考。省宪运动使得省民有了实施自治的根据地，国宪未立，中央政府对地方的干预较为有限，此时是实现从省民自治到团体自治非常好的机会。想要一步到位实现省级层面的自治是极难的，先划分出不同等级的自治系统，产生县市组织，树立人民的自治意识，储备自治人才，调查户籍人口，清丈土地，整顿地方治安，通过地方自治的基层落实渐进式地实现全省的自治才能使省宪政价值真正生根，最终将宪政统一理想推向全国。《湖南省宪法》第十章、第十一章分别规定了县制大纲和市乡自治制大纲。

县制大纲。《湖南省宪法》首先对县的法律地位做了规定，即省地方行政区域。对于基层自治最需要规范的是自治领导者的产生程序，在湖南，各地区之间发展水平差异较大，对民主选举运作规则的理解也参差不齐，所以《湖南省宪法》花了很大精力致力于县长、县议会产生规则的设计。从一百零二至一百零五条规定了县长的产生、资格、职权以及弹劾。

县置县议会，议员人数根据县的大小为 16~50 人，议员由全县公民直接投票选出。第一百零七条列举了县议会的自治权，主要包括教育、土木工程、实业、公益慈善、公产处分等几个方面。可以看出，虽然没有省之事权列举的详细，但是制宪者似乎很有导向性的启发地方处理自治事务时的行事顺序。除此以外，县在省政府的监督下，在不抵触省法令的范围内，制定县税及附于省税之附加税并他种公共收入以充县自治事项的经费。

市乡自治制大纲。市乡根据人口数量分为三等，人口满 20 万的为一等市，直接受省政府的监督。一等市的自治事项与县大部分相同。市之行政方针由市委员会议决施行，该委员会委员为无给职，由市长为委员长，委员半数由市议会选出，半数由市长从各职业团体中择任。一等市受省政府监督，其享有征税和募集市债的权力。

二等市的组织、自治权和一等市类似，不同的是，二等市受县政府监督。第一百二十四条对三等市及乡之组织自治实施做了规定，主要依省法律而定，但在省议会认可下，享有一定因地制宜的自治组织权。

县市乡自治制大纲充分体现了《湖南省宪法》联邦自治、分权制衡、直接民主以及民权保障等基本精神，其中有三点是值得注意的：首先，县长和市长的产生方式不同。县长实行间接民主制，因为县域范围比较广大，交通又不甚方便，在全县范围直选县长很难实现，因此采用县议会推选、公民决选、省长择一任命的方式。一、二等市市长的产生实行直接民主制，全市公民直接参与。这种做法平衡了宪政理想和现实实际，设计得比较合理。其次，县市乡自治制大纲中加强了对政府权力的监督，设置了财务公开制度。最后，市委员会在组织层面的创新值得称道。市委员会半议员半职业团体选任的形式有益于扩大社会自治权，据此，市政方针的议决实施不再局限于上层阶级，普通公民的广泛参与也更加夯实了地方自治的基础。

三、《湖南省宪法》地方自治制度的实践与价值

（一）《湖南省宪法》地方自治制度的实践

1. 省宪实施与省政府的成立

1922 年 1 月 1 日，《湖南省宪法》公布，为了避免南北干涉、时局剧变，湖南非常迅速地进入了宪法的实践环节。姚中秋指出，"经由民主投票之认可，可以赋予此宪法以必要的合法性。然而，该宪法之正当性，归根结底有赖于民众的自

觉尊重，而其有效性，则来自在政治实践中被大量地运用"。①因此，实施宪政的起点就是宪法的施行，而实现宪政的过程，就是将地方自治深入人心，建立民主政治秩序的过程。

根据《湖南省宪法》，地方自治的第一步是产生省议会。依据省宪关于议会选举的规定，省选举事务所所长由彭兆磺担任，并成立全省议员选举事务所，赵恒惕则担任选举总监督。省宪规定，全省应选省议员 164 人，各县名额本应按人口多寡分配，但因为战乱时期无确切人口统计，所以暂且根据田赋缴纳数额，总体而言，较大县 3 名，中等县 3 名，较小县 1 名，4 名以上之县极少。"由于时间仓促，湖南省选举事务所才开展选民调查与名册的编造工作，由于户口调查向来缺乏精确统计，因此选民的登记较为粗糙"。②省议员选举的程序，自 1922 年 1 月 27 日展开，到 3 月 31 日投票结束，共选举出议员 164 人，组织起省议会。

当时的湖南政坛主要被谭延闿、赵恒惕和林支宇三股不同的力量所主导，因为省议会的选举结果直接影响接下来的省长选举，党同伐异成了他们必然的选择，公开与非公开的竞争也趋于白热化。公开竞争即为贿买选票，非公开竞争即通过关系取得内定，一旦内定，投票不过是一种形式。张君劢对此曾有分析，"以选民证书言，一万或三千之数，可由人抢夺焉，非经人民话责，便可不发焉，可以定价出卖焉以选举票言，一人可以包兑数十百票焉，可以伙通发票员一次兑换数百数千票焉以写票言，可以广雇书记，预各填写焉，可请书记员常驻写票室，占据数案，就地包写焉以人呸言，数十百票，可以由一人投入焉。若此武断乡曲，则卖官鬻爵，而何国民代表之可言哉。"③虽然省议会选举过程中敝相丛生，不正当选举方式大行其道，但毕竟民主政治的发展不是轻易一步到位的，就当时的社会条件而言，选举权并未深入人心，对选举腐败缺乏有效限制，干净的选举着实不易，甚至可以说即使是形式上的选举，往民主选举的方向上努力，就是宪政的开端。萧公权指出"在人民缺乏行宪经验，社会缺乏守法风尚，财富集中、民生凋敝的恶劣环境当中，我们难以实现平等、清洁和守法的民主选举"④。

---

① 秋风：《立宪的技艺》，北京大学出版社 2004 年版，第 151 页。

② 胡春惠：《民初的地方主义与联省自治》，中国社会科学出版社 2001 年版，第 193 页。

③ 张君劢：《宪政之道》，清华大学出版社 2006 年版，第 43 页。

④ 萧公权：《宪政与民主》，清华大学出版社 2006 年版，第 105 页。

　　地方自治的第二步则是选举省长及组建省政府。由于户口调查尚未完竣，全省公民信息尚处于不确定状态，无法实现直接选举，根据《湖南省宪法》第一百三十一条规定，省长的选举由省议会选出 7 人，再交给全省的县议员决选。"当时全省共有县议员 2761 人，在 9 月 15 日的省长选举中，出席者 2593 人，结果赵恒惕得 1581 票，谭延闿得 885 票，熊希龄得 91 票，宋鹤庚得 7 票，李以丞得 7 票，田应诏得 3 票，废票 19 张。"①赵恒惕以绝对优势赢得了选举，就任《湖南省宪法》实施以来的第一任省长。省长产生后，省务院的筹备也迅速展开。政府各司司长的选举自 1922 年 11 月 13 日持续到 23 日，按照省宪法的规定，首先由省议会初选人选两名，继而由省长择一任命，最后由省议会投票选举审判厅、检察厅等部门的领导者，整个流程按照省宪规定开展。省务院的成立，结合省议会选举产生的高等审判厅、检察厅厅长，审计院院长，意味着宪政层面上的地方政府的立法、司法与行政部门框架基本建立起来。

　　2. 护宪、修宪与湖南政局变化

　　省宪运动的开展，湖南并没有迎来想象中的和平，谭延闿与赵恒惕的矛盾在选举之后仍在延续，两人之间正面交锋也逐渐增多。1923 年，谭延闿与孙中山同赴广东，他对联邦建国的主张越发冷漠，北伐统一的主张最终取代了联邦建国的追求。之后孙中山与陈炯明交恶，谭延闿遣使希望联合赵恒惕对抗陈炯明，从湖南进攻广东。赵恒惕不愿合作，并利用省议会的名义，称湖南实行自治，只能以中立立场对待省外战争，不过他也暗示，如果孙中山支持联省自治，他可以考虑合作。与赵的合作难以开展，于是谭延闿策反湖南旧部蔡巨猷、陈渠珍，使其转投孙中山帐下。赵恒惕对此十分不满，派兵征讨谭氏，湘军内部陷入分裂。战火重燃，社会又陷入混乱的边缘，《湖南省宪法》岌岌可危。湖南各地出现省宪维持会，唐生智也率领一批实力派联名通电宣布誓死护宪。而赵恒惕也发表演讲，表示"省宪法为保障湖南礼仪之公器，有破坏者即为公敌，决力以武力驱除之"②，并借机讨伐谭延闿。谭氏早有准备，部署三路大军直指长沙，护宪战争爆发。该次护宪战争持续 3 个月，以赵恒惕的胜利而告终。这场战争，假借护宪名义，无疑对湖南产生了极大的消耗，湖南很多重要城市，如株洲、湘潭、郴州和长沙等均未躲过战祸的蹂躏，

---

①张朋园：《湖南省宪之制定与运作》，见《中国近现代史论集》（第 23 卷），商务印书馆 1986 年版，第 420 页。

②南雁：《湖战的持满待发》，载《东方杂志》1923 年第 20 卷第 14 号。

人民也因此遭受了巨大生命财产损失。更令人痛心的是，该次战祸使湖南上下对省宪的信仰受到了冲击，军阀吴佩孚更是直接无视《湖南省宪法》中不准外军驻扎的规定，趁战乱之机进入湖南。

护宪战争结束后，湖南的地方自治建设进入低谷期。一方面为了避免与吴佩孚正面对抗，另一方面北京政府向湖南施压，湖南于是妥协，以修改宪法的条件换取自治局面的维持和省宪法的保留。修宪会议于1924年10月10日开幕，同年11月20日修宪工作完成。修改重要部分如下：第一，立法方面：主要为直接选举改为间接选举，同时减少议员的名额。第二，司法方面：（一）实行四级三审制；（二）在国政府产生前，省长拥有法官任免权；（三）大理院总检察厅有专属管辖权的案件，必须移送其审理。第三，行政方面：首先是省长制取代省务院长制，司长直接由省长任免，不再由议会选举。从以上的修改要点中，不难看出修宪使湖南的地方自治走向发生了转变。第一个转变是省长权力更加扩大与集中，总统制逐渐渗透湖南省宪起初采取的内阁制，内阁制特色愈发黯淡。另一个转变是中央集权化趋势更加明显，《湖南省宪法》"合于国宪之处，极为显露。盖此次湖南修改省宪原有求符合国宪之用意"。[1]

（二）《湖南省宪法》地方自治制度的价值

1. 社会民主政治的超大型实践

毫无疑问，《湖南省宪法》地方自治制度的设定及其实践是很有意义的探索。中国自古以来一直强调中央集权，将国家统一置于第一要义，集权体制是维持国家统一的重要手段，若集权体制变得单一，没有分权的设置，权力不断收束以突出中央权威的趋势就不可避免。在此过程中，个体的民主和自由权利空间因此受到不当压缩是很有可能的，更遑论对国家和政府建立起有效的监督了。在中国，对国家权力纵向分权的探索是比较容易被忽视的，而湖南省以渐进的方式追求宪政民主化是非常值得肯定的。

湖南省宪运动历时6年，从其发动之时，湖南社会精英到普通民众就省宪命名、制宪主体、议员分配等问题展开了广泛讨论，纷纷建言献策。值得一提的是，《湖南省宪法》对全民总投票进行了一次大型宣讲活动，每个县派出12到16人为宣讲员，以3到4人为一组，在全县范围内轮回宣讲，持续了10天时间。随之

---

① 杨幼炯：《近代中国立法史》，中国政法大学出版社2012年版，第292页。

进行的公民总投票同样是一次民主政治的大实践。省宪法生效实施后，不管是省议会、省政府还是普通民众，都是言必称宪法，把宪法当成行动指南。虽然《湖南省宪法》在实施上仍存在很多不足，但是可以说，这样的地方自治实践在湖湘大地上种下了民主、法治、人权的种子。

2. 地方自治思想的宪政启蒙

"如果说君主政体需要的是荣誉，专制政体需要的是恐怖，那么民主政体需要的则是品德。"①品德的培养只有在参与公共事务中才能得到最好的实现。《湖南省宪法》的全民公决，省议会议员、地方议会议员的选举，《大公报》等媒体的宣传，都是湖南民众学习宪法的好机会。而《湖南省宪法》中地方事务由地方自己治理的规定也能促使民众认识自治，培养自治能力。托克维尔说："地方自治制度把民主的自由带进了封建的君主政体。"②所以说，地方自治制度同样也是最有效的参政议政教育制度。

清末的地方自治制度仍然囿于官治的范畴，而湖南省宪运动的地方自治则是更多的涉猎纵向分权问题。中央无权干预地方事权，无疑是对中国传统的集权思想的挑战，通过湖南省宪运动的实践，地方分权思想在全国范围内产生了更深远的影响，1923 年通过的《中华民国宪法》也明确规定了国权和地方权力。

3. 联邦建国道路的先锋探索

清末以来，关于统一路径是实行自上而下的武力统一还是由下而上的联邦建国的争论一直不休止。武力统一不必然走向宪政，而如果联邦建国若能成功，则有可能完成宪政与统一并举。毛泽东曾提出，"依我的观察，中国民治的总建设，二十年内完全无望……只在一省一省的人民各自先去整理解决（废督裁兵、教育实业）。假如这回湖南人做了一个头，陕西、福建、四川、安徽等有同样情形的省随其后，十几年二十年后，便可合起来得到全国的总解决"③。由于北洋军阀明争暗斗，中央政权几经易主，全国统一布局的宪政运动实际上已不可能。立宪派人士想要破除宪政坚冰只能自下而上，以局部带动整体。如此一来，以湖南为切入点，从局部宪政到全面宪政的道路便逐渐为世人所接受。

---

① [法]孟德斯鸠：《论法的精神》，张雁深译，商务印书馆 2004 年版，第 22~31 页。
② [法]托克维尔：《论美国的民主（上）》，董果良译，商务印书馆 1994 年版，第 4 页。
③ 毛泽东：《毛泽东早年文集》，湖南出版社 1990 年版，第 479 页。

在中央集权的传统下，制定并实施省宪进行联邦建国道路的尝试是空前的。周鲠生评价广东省宪时说："广东省宪草案，大抵取法于湖南省宪。"[1]在军阀混战、国弱民穷的背景下，总结省宪运动的自治实绩定缺乏绝对的说服力，但如果我们对废督裁兵、赈灾救荒、平民教育这些实际上还是给人民带来福利的自治努力视而不见，对我们客观评价整个地方自治制度运作的成效是不太公平的。"湖南是地方自治的首倡者，也是率先制定和通过省宪的第一省，特别应当提到的是，湖南还有一个形式上实施省宪实行'自治'的时期，这在当时确属绝无仅有的现象。湖南的自治运动，是当时影响最大的最具有典型性的地方自治运动。"[2]尽管这次探索还存在着很多不成熟的地方，但是正如严复先生所说："要自由，必先自治！"

---

① 何勤华、李秀清：《民国法学论文精粹》，法律出版社2004年版，第584页。
② 刘建强：《湖南自治运动史》，湘潭大学出版社2008年版，第2页。

论民初湖南高等审判厅司法改革之内容与成效

陈　兵*

摘要： 自1912年湖南高等审判厅（下文简称"高等厅"）成立伊始，到1927年被湖南控诉法院替代终止，短短十余年，湖南高等审判厅在本省逐步推进相关司法制度之改革，逐步完善司法审判制度。如建立各级审判厅的民刑事审判制度，创立不同于全国的"三级三审"制，建立独具特色的行政诉讼制度等；维系司法独立制度，高等厅力图通过法官保障与回避等制度来维护司法体系的独立审判；组织司法官选任，如组织承审员、书记官的选任考试，尤其是省治时期更是突破中央法律，通过考试在本省独立选任推事，推动了近代湖南司法的实质性变革。湖南高等审判厅对司法的革新取得了相应成效，具体表现为湖南司法体系部分创建、司法制度初步确立与司法观念缓慢形成。

关键词： 湖南高等审判厅　司法改革　司法选任　司法制度　司法观念

民国是我国历史上的特殊时期，西方入侵与西法东渐，促使中国传统司法体系与司法制度发生变革，逐步向近代转型。湖南正是在此背景下，逐步瓦解旧制度并创建新制度，虽同步于中央的司法变革，但湖南亦有自身独特的司法革新，尤其是省治时期，中央无力亦无暇顾及地方，此时湖南俨然成为一个"独立王国"，独立谋划着本省的司法改革。对湖南省高等审判厅司法改革之研究，不仅可以折射当时中国地方司法之真实现状，亦可以从侧面反映当时湖南这一典型地区之法治现状。

＊陈兵，湖南师范大学法学院博士研究生。

本文系2018年湖南省法学会法学研究重点课题"湖湘法治文化的传承与创新"（课题编号：18HNFX-B -003）的阶段性成果。

一、湖南高等审判厅之建制

民国湖南各级审判厅的筹设工作开始于 1912 年。该年 4 月，湖南在省城长沙组建起湖南高等审判厅和长沙地方审判厅、长善（长沙和善化）初级审判厅。湖南高等审判厅设于长沙藩后街，设置后的湖南高等审判厅由民庭、刑庭与书记室组成。全厅置厅长一名，①庭长两名，推事八名，候补推事两名，书记官长一名，主任书记官五名、书记官十名，学习书记官一名，并配录事、法警、庭丁等人员。②其中，厅长与庭长均由推事兼任，高等审判厅的行政事务由厅长掌理或监督；而各庭的行政事务则由各庭管理与分配。

成立后的湖南高等审判厅继承了司法筹备处的部分职权。③其独自办理的事项包括：一，关于未设法院各县④帮审员任免、惩戒事项；二，关于新法院审判职员呈请任用事项。归于高等审判厅与检察厅会同办理的事项包括：一，关于各级法院之设置及其管辖区域分划事项；二，关于司法教育事项。随着司法筹备处的裁撤，原《各县帮审员办事暂行章程》亦进行了相关修改，将司法筹备处的职权转移给高等审判厅与检察厅。⑤

---

① 1912 年 5 月，临时大总统袁世凯颁布任免令："任命陈尔锡为湖南高等审判厅厅长。"见《上海法曹杂志》1913 年第 14 期。

② 湖南省治时期，湖南高等厅对本厅配置进行了改革调整：改设庭长四名，推事十二名，书记官长一名，书记官十八名。

③ 1911 年 10 月 22 日，湖南在焦达峰与陈作新的领导下取得湖南起义的成功，湖南全省光复，当日，湖南成立军政府。同时撤销了前清提法使、布政使、巡抚衙门。10 月 26 日，湖南设立司法司，负责筹建审判厅、管理司法人员与监督司法审判等改革工作。1913 年 1 月，改司法司为司法筹备处。1913 年 9 月 23 日，袁世凯颁布大总统令，命司法部裁撤各省的司法筹备处。湖南遂依据该令裁撤了省司法筹备处。裁撤司法筹备处后，相关事项均由湖南省高等审判厅与高等检察厅办理。

④ 民初，湖南司法机关的基本格局是审判厅与司法署并存。未设法院的地方一般由司法署管理司法事宜。当时，湖南保留了永顺、靖州与凤凰 3 处二审司法署，以及 51 处一审司法署。其中，甲种一审司法署包括祁阳、道州、耒阳、常宁、南州、溆浦共 6 处；乙种一审司法署包括安化、新宁、东安、宁远、安仁、汉寿、临湘、华容、安乡、安福、石门、慈利、辰溪、黔阳、靖州、会同、永兴、宜章、兴宁、永顺、永绥共 21 处；丙种一审司法署包括城步、永明、江华、新田、郴县（今衡阳）、沅江、永定、泸溪、麻阳、晃州、龙山、保靖、桑植、古丈坪、绥宁、通道、桂东、桂阳、临武、蓝山、嘉禾、凤凰、乾州、锦田共 24 处。参见周正云，周炜：《湖南近现代法律制度》，湖南人民出版社 2012 年版，第 673 页。

⑤ 梁启超颁布部令，令各省高等审判、检察厅具知事帮审员，在各省司法筹备处裁撤后，该管事宜应分别改归各该厅继续办理，所有《各县帮审员办事暂行章程》内关于司法筹备部分亦应一律修正，开列清单。一、原章第三条属于司法筹备处长之监督修正为分别审判、检察属于高等审判、检察厅长之监督；二、

二、湖南高等审判厅司法改革之内容

从 1912 年 4 月湖南在省城长沙组建起湖南高等审判厅始，到 1927 年撤销湖南高等审判厅止，[①]短短十余年，湖南高等审判厅在立足自有职权下，组织践行司法制度改革，使得湖南近代司法制度逐步确立，促进了湖南近代司法文明的发展。这一改革在司法审判、司法独立、司法选任等制度上体现得尤为明显，反映了民初湖南司法制度从传统向近代的转型。

（一）司法审判制度

审判制度是司法制度的重要组成部分。民国初年，中央强调继续沿用清末所确立的四级三审制度，但湖南进行了相关变通。正如第二次司法会议指出的："法院编制定为四级三审，筹办未久，成立不多。民国初创，各省自为风气，稍涉纷更。"[②]尤其民国新造，中央尚未组织完备，湖南"不得不以高等审判厅为全省审判之最高机关"，实质上在湖南实行三级三审制。另外，三级三审制还一度出现在强调"湘人治湘"的湖南省治时期。

首先，湖南高等审判厅的司法审判制度。

其一，湖南高等审判厅是本省最高审判机关。湖南高等厅成立是湖南司法史上的重要里程碑，湖南高等厅的司法审判亦起着开风气之先的作用。湖南高等厅作为本省的第三级审判机关，审理不服地方厅第二审裁判的上诉与抗告案件，作出终审裁判；审理不服地方厅一审行政和重大民、刑事案件，作出二审裁判，很大程度上亦是终审裁判。尤其是在民国初立与湖南省治时期。[③]湖南高等审判厅在以上建制

原章第八条呈由司法筹备处委任之修正为呈由高等审判厅长委任之；三、原章第十条第一款由司法筹备处长会同高等审判、检察长官预先列表布告之修正为由高等审判、检察厅长预先列表布告之；四、原章第十三条由司法筹备处酌定之修正为由高等审判、检察厅酌定之。见《政府公报》1913 年第 513 期。

[①] 1925 年，依据《湖南省大理分院及总检察分厅编制暂行章程》，设大理院湖南大理分院，内设民事庭、刑事庭，在高等审判厅内办公。1927 年撤销湖南高等审判厅和湖南大理分院，成立湖南控诉法院。同年 12 月撤销控诉法院改设湖南高等法院。

[②] 参见《司法公报》第 71 期，第 24 页。

[③] 根据《湖南省宪法》规定：湖南司法制度为"三级三审制"。湖南共设立高等厅、地方厅与初级厅；初级厅是起诉机关，地方厅是上诉机关，高等厅是终审机关。其中第八章第九十条规定：省设高等审判厅为一省之最高审判机关，对于本省之民事、刑事、行政以及其他一切诉讼之判决，为最终之判决。见《湖南省宪法》，载《东方杂志》1922 年第 19 卷第 22 期。

下开展民、刑案件的审判工作。[1]

其二，湖南高等厅采取合议制审判。一般情况分别以推事三名共同合议审理各类民事、刑事案件；但遇某些案情繁杂者，得依当事人之请求或厅长之命令临时增加两名推事，共五人合议审理。合议庭审判时，一般由本庭庭长担任审判长；但庭长遇有某些情形无法担任时，得以审判中资深的推事充任审判长。同时，高等审判厅掌管湖南全省案件的终审权。高等审判厅受理案件的范围由法律明确规定，即专辖省城开会期间议员和州县以上在任官吏的犯罪、内乱罪、外患罪、妨害国交罪、泄露机密罪等国事犯案件。合议庭在案件审理过程中，若解释法令之意义同成案存在异议，则由厅长亲自开会审理。

其三，湖南高等审判厅受理行政审判。行政诉讼本由中央平政院管辖，但湖南省治时期，司法进一步脱离中央管辖，获得较多的独立。1922 年 12 月，赵恒惕省长将《湖南省行政诉讼暂行章程》提请省议会表决，以尽快公布。该章程规定：对省长之违法处分致损害人民权利者，可向高等厅提起行政诉讼。此外，对因行政官之违法处分损害人民权利者，而向地方厅提起行政诉讼的，对地方厅之判决不服，可上诉到省高等厅，高等厅作出最终判决。后又颁布《湖南省行政诉讼暂行条例》，规定：行政官署违法处分侵害人民权利的，诉愿到主管机关，但不服其作出决定的，可以向原处分事件管辖区域内的审判厅提起行政诉讼。各地方厅管辖第一审，湖南高等厅管辖第二审。依该暂行条例规定，1923 年 3 月，湖南高等审判厅厅长李汉丞发布布告指出："照得本厅受理行政诉讼，应用行政诉状。现在此种诉状尚待制定，在未经制就发售以前，所有行政诉讼案件，如系不服地方审判厅判决而上诉本厅者，暂用民事上诉状；其对于省行政诉讼法第一条一、二两款之处分或决定而向本厅提起行政诉讼者，概用民事诉状。"[2]当时湖南确有提起行政诉讼的情况，其中有代表性的行政诉讼便是发生在 1923 年的《大公报》[3]起诉湖南省政府

---

[1]截至 1917 年，湖南高等厅民、刑两庭共受理案件 2000 多件。具体情况如下：

署别	案别	收受案件总数	已结案件	未结案件
湖南高等审判厅	民事	1140	857	283
	刑事	932	729	203

参见《政府公报》1917 年 5 月 10 日，第 477 号。

[2]参见《湖南政报》1923 年第 9 期。

[3]该报是湖南本土所办的，是省治时期省内最具影响力之报纸，乃本省"人民之喉舌"，以直言不阿而著称。

违宪案。①随着 1926 年唐生智掌握湖南政权，"自治"随即被撤销。依据 1914 年中央公布的《行政诉讼法》规定：由中央行政法院专门管辖行政诉讼案件，实行一审终审制。此后，湖南的各级审判机关再未审理过行政诉讼案。

其次，各地方审判厅的司法审判制度。

其一，湖南各地方审判厅的建制。1912 年，湖南在府、州废除衙门体制，并同时设置地方审判厅。但民初湖南高等审判厅对地方审判厅的筹设进展并不大，其所遭遇的困境同清末一致，缺乏司法人才与经费。在两大困难面前，湖南的新式司法制度进展并不顺利。地方厅之人员配备亦不是十分充分，其人员配备一般为：地方厅置厅长一名，推事两到五名，书记官长一名，其他诸如书记官、承发吏、录事与法警若干。除长沙设立高等审判厅和地方审判厅外，仅有常德建有地方审判厅。也即是说，直到 1914 年湖南仅有长沙与常德两个地方厅。到 1923 年湖南高等审判厅才继续增设宝庆、岳州、永州、衡州、靖州等五个地方审判厅。1925 年以后，湖南的地方审判机关实行分区制，共分为八区，其中长沙、宝庆、常德、衡州、靖州、永州等六区设立地方审判厅。第四区与第七区分别为湖南高等审判厅第一、第二分厅附设地方庭，其级别并非地方厅。关于地方厅的名称与区别具体对应关系如表 1 所示：②

表 1　地方审判厅名称与区别对应关系

区别	单位名称	区别	单位名称
第一区	长沙地方审判厅	第五区	靖州地方审判厅
第二区	宝庆地方审判厅	第六区	衡州地方审判厅
第三区	常德地方审判厅	第八区	永州地方审判厅

其二，地方审判厅的民事审判制度。1914 年，经改革后湖南有长沙与常德两

---

① 该案之案情是，1923 年 5 月，湖南长沙本土报纸《大公报》对省内时事发表了相关看法，对政府与议会当局进行了批评，省议会咨请政府取缔《大公报》，咨请省长令审判机关以"内乱罪"来追究办报人的刑事责任。两日后，省长请检察厅处理，并照会警察厅勒令《大公报》停刊。该报不服向长沙地方厅提起行政诉讼。

② 参见《湖南省志·审判》。

个地方厅受理民事诉讼案件。①1923 添设了五厅，1925 年调整为六厅受理地方各辖区的民事诉讼案件。湖南的各地方厅作为第二审机关，受理不服初级厅的一审判决而提出上诉的民事案件，并作出二审裁判。此外，还受理本辖区发生的重大民事案件，并作出一审裁判。对地方厅裁判不服，可上诉到高等厅或高等分厅。地方厅审理民事案件以公开审判为原则，采取折中制审判制度。即第一审简易民事案件由推事独任审理，第二审由推事三人合议审理。当然，第一审繁杂民事案件，可应当事人要求合议审理。②简易案件经上告审被高等厅发回，亦以推事三人组成合议庭审判。民国初立，除与共和精神相冲突的清末民事法律制度外，均暂行援用。湖南各地方审判厅仍然援用清末民事法律制度——主要是《民律草案》——审理民事案件，亦适用中央政府颁布的法规与司法解释；此外，还遵循传统的民事习惯判处民事案件。事实上，在民初立法残缺的情况下，湖南地方审判厅在民事审判中较多地运用了民事习惯来处理相关民事案件。如长沙地方审判厅审理的李姓族产坟园案件，便是依照《民律草案》与湖南本土民事习惯来裁判的代表性案件。③

其三，地方审判厅的刑事审判制度。民国成立后，长沙地方厅援用清末四级三审制，受理第一审或不服初级厅而上诉的刑事案件。据该厅 1912 年 7~8 月的统计：已经审理完成一审刑事案件 50 件，其中分别包括同级检察机关起诉的 13 件与自诉的 37 件。1914 年，湖南的全部初级厅被裁撤后，对浏阳、宁乡等辖区内县知

---

① 1916 年，长沙地方厅受理民事案件共 1184 件，已结案件 948 件，未结案件 236 件，结案率为 75%；而同年常德地方厅受理民事案件共 847 件，已结案件 787 件，未结案件 60 件，结案率为 93%。见《政府公报》1917 年 5 月 10 日，第 477 号。

② 必须指出的是，虽然在初级厅与兼理司法中，遇繁杂案件，亦可依当事人请求合议审理，但几乎不可实行。实践中，初级厅一般均为推事独任审理；兼理司法中虽名为县知事与承审员共同审理，实则由知事一人决断。见余明侠：《中华民国法制史》，中国矿业大学出版社 1994 年，第 199 页。

③ 1913 年，长沙李克度等人私自卖掉本族坟园，李克晟等人向长沙地方厅提起诉讼。同年 12 月 9 日，长沙地方厅作出判决，认为："我国数千年来之习惯，祖宗坟墓视为神圣不可侵犯。"判决指出：坟园乃共有财产，而关于共有财产的法律关系问题，各国民律都有规定。而清末《民律草案》法理，自可援引。查该草案第 1065 条之规定：各共同共有人，非经全体一致，不得行其权利。律文所载，深切著明。即以习惯言，凡属公产，亦不能由私人任意处分。盖公理所在，无古今，无中外，莫不皆然。无论主张民律之共同共有，或主张财团法人，或主张湘省习惯，均须得全体或董事会之同意，决不能以私人与第三人缔结买卖契约，致损害其财产。长沙地方厅判决："李克晟等照旧保管，不得以少数人之意见擅自出售。"见《长沙地方审判厅判决书副本》1913 年 12 月 9 日，湖南省图书馆文献室，索书号 292.8/238。

事裁判不服的轻微刑事案件可以上诉到长沙地方厅，对决定、命令不服的抗告案件亦上诉到长沙地方厅。1915年长沙地方审判厅共受理浏阳、宁乡等县不服抗告案13件，审结11件，未结2件。对地方厅内简易庭裁决不服的，仍上诉到长沙地方审判厅合议庭，此为同一法院的"两审终审制"，但这种形式化"两审"制度遭到批评。长沙与常德两地方厅一审刑事案件审理情况，见表2。①

表2　长沙地方审判厅、常德地方审判厅一审刑事案件审理情况

厅别	年份	案别	收受案件总数	已结案件	未结案件
长沙地方审判厅	1916	刑事	1414	1238	176
	1918（缺7月数据）	刑事	2763	1340	1423
常德地方审判厅	1916	刑事	491	481	10

此后，湖南高等厅于1923年增设五个地方厅，1926实行分区制改革，后又变成六个地方厅，湖南的地方刑事审判系统方正式定型。湖南的各地方厅作为刑事案件的第二审机关，受理不服本辖区初级厅的一审判决而提出上诉的案件，受理初级检察厅不服县级审判机关而提起的抗告案件，并作出二审裁判。此外，还受理本辖区发生的重大刑事案件，并作出一审裁判。与民事案件审判制度相同，第一审由推事独任审理，第二审则由推事三人组成合议庭审理，且对地方厅的刑事裁判不服的，可上诉到高等厅或高等分厅。

其四，地方审判厅的行政审判制度。地方厅受理行政诉讼案件是湖南近代司法改革的重要内容。民国之后才出现专门的行政诉讼审判机关，据1912年《临时约法》第10条规定："人民对于官吏违法损害权利之行为，有陈述于平政院之权。"1914年，更是颁布《平政院编制令》，同年5月公布《行政诉讼条例》，7月公布并实施《行政诉讼法》。根据规定，行政诉讼由平政院实施一审终审，故此时湖南的各级审判机关并无行政诉讼的审判权。但是，湖南进入省治时期，强调"湘省自治"，故此行政诉讼亦被纳入本省的管辖之内。1922年12月，《湖南省行政诉讼暂行章程》公布。该章程明确规定各地方厅与湖南高等审判厅均有权管辖行政诉讼案件。同时，对向地方审判厅提起行政诉讼案件的范围进行了规定："除

---

① 1916年，长沙地方厅还受理上诉案91件，终结58件，其中撤销原判24件，驳回上诉31件，撤销上诉3件。见《政府公报》1917年5月10日，第477号。

法令另有规定外，行政官署之违法处分致损害人民权利者"可以提请行政诉讼。地方厅可对该辖区的行政诉讼作出一审裁判，对该裁判不服的，可上诉到省高等厅或高等分厅。后又公布《湖南省行政诉讼暂行条例》，该条例规定：行政官署违法处分侵害人民权利的，诉愿到主管机关，但不服其作出决定的，可以向原处分事件管辖区域内的审判厅提起行政诉讼，地方审判厅管辖第一审。可以说，关于行政诉讼审判制度的规定，是近代湖南司法改革的重要内容，亦是本省司法革新的一大特色。①

其五，县一级的司法审判制度。②一方面，是初级审判厅的审判制度。1912年民国初立，湖南便在长沙、善化两县设立初级审判厅，但不实行民、刑分庭。根据民初湖南关于审判厅编制暂行章程，初级审判厅作为第一审，凡是轻微案件由推事独任审理；重大案件则由推事合议审理。直到湖南省治时期，《湖南省法院编制法》规定：初级厅实行独任制，由推事一人行使审判。但省会、商埠等初级审判厅设推事两人以上的，对特大案件采用合议制，以推事三人组成合议庭审判。当时湖南高等审判厅在以下地区建设了初级审判厅实施上述审判制度，见表3：

表3　初级审判厅的建设情况

地区	初级审判厅厅名	地区	初级审判厅厅名
长沙	长沙、湘潭、湘乡、益阳、浏阳、岳阳	靖州	无
宝庆	宝庆	衡州	衡阳、衡山
常德	常德、桃源、澧县	桂阳	郴县
沅陵	沅陵	永州	零陵、祁阳

另一方面，是县知事兼理司法的审判制度。③其在湖南的广泛存在表明许多地

---

① 直到1926年湖南取消自治，湖南复遵照中央颁布的《行政诉讼法》规定，行政诉讼案件由中央行政法院实施一审终审，直到新中国成立，湖南的各级审判机关不再受理行政诉讼案件。

② 湖南的整个近代时期，县级司法的基本特征是初级厅审判制度与兼理司法制度并存。

③ 湖南近代县级司法系统的特色是兼理司法与初级厅并存，但兼理司法制度因为种种弊病而为人所诟病。如衡阳县知事谭震龙兼理司法工作，"审判既属不良，手续亦多紊乱，承审员勘案分取盈余费用，执行案件多方需索，虽经告发，长官亦置之不理，且谭震龙任用私人谭翼龙、谭耀民、周泳霖等分理司法部分之各项行政事务，经视察员察觉，浮收状价勘费、隐匿罚金、不贴印纸、吞没送达抄录解卷判词等费，居心贪枉。"参见湖南省档案馆馆藏，全宗号：28；目录号：1。第1151卷3期。

方的司法审判制度仍需改革。[①]如 1920 年 9 月，时任高等审判厅厅长的李汉丞提请司法部，主张改革兼理司法制度之弊端，并结合湖南具体情况提出解决方法。[②]

　　其六，司法复判制度。沿用兼理司法时，湖南的县级司法亦承继了前清以堂谕[③]代替判决书的判案习惯。针对县知事审理的简易案件可否用堂谕代替判决书，司法部给予肯定答复。[④]在此之前，益阳县知事毛庆年向湖南高等审判厅报告，前任周知事、承审员刘其泽判案，大率沿用前清习惯，不制作判决书。毛氏请高等厅予以变通。"凡周前任已结未制判词之案，概作为判决确定。"湖南高等审判厅就此请示司法部。司法部批示：该县已宣告堂判之民事案件及刑事无须复判，各案准予免制判词。是故，无论是在司法部下达该批示之前还是之后，湖南的县级兼理司法制度均广泛存在前清的堂谕制度。但由于适用堂谕的案件追求的是司法效率，对司法

---

①以下是湖南省宪时期兼理司法的地区分布：

地区	县知事兼理司法辖区	地区	县知事兼理司法辖区
长沙	湘阴、攸县、醴陵、茶陵、安化、宁乡、平江、临湘、华容	靖州	靖县、绥宁、黔阳、芷江、晃县、会同、通道
宝庆	武冈、新宁、新化、城步	衡州	耒阳、常宁、安仁、鄞县
常德	汉寿、沅江、安乡、石门、大庸、慈利、临澧、南县	桂阳	桂阳、永兴、资兴、宜章、桂东、汝城、嘉禾、临武、蓝山
沅陵	辰溪、泸溪、溆浦、乾城、凤凰、永顺、保靖、龙山、桑植、古丈、永绥、麻阳	永州	东安、道县、江华、永明、宁远、新田

②李汉丞厅长指出：人民直接之利害莫若诉讼。县为诉讼之初阶，又为一国之基础，一县司法不良即影响一省，随之推及全国，害难胜言。欲固国本而安民心，必自亟谋改良县司法始。针对兼理司法的种种弊端，非亟待改革不可，否则，"无以慰水深火热之人民，且无以望澄清诉讼之效果"。李汉丞厅长从湖南省的实际出发，提出了具体的办法。首先，将原定司法经费改为司法公署经费。其次，变通设官分职。再次，各县初级管辖的控告审仍归邻县司法公署受理。最后，出台关于审判官、知事兼理司法的奖惩章程以及司法公署诉讼章程。具体而言，湖南共 75 县，除已有长沙与常德地方厅外，剩下的 73 县，仍按照原来的甲、乙、丙等级创建司法公署，各级经费不同，以保障各县司法公署之建成。每个司法公署置审判员一至两人，县知事仅掌检察事务，不置司法警察，由知事派法警或警备队兵充当。计划先于湘南、湘西创建司法公署，后逐步扩展到全省。见《湖南政报》1920 年 9 月 9 日第 13 期。

③在传统社会中，县令审案中在庭上作出的批示。堂谕制度在民初的湖南还较为盛行，但只针对简易案件。直到 1914 年司法部才认可了这种判决方式。

④1914 年司法部呈请的公文指出：县知事受理的案件中，民事属于初级管辖，刑事毋庸复判者划为简易案件，准其得以堂谕行之。而对于堂谕，如当事人不声明上诉时，并准其得送执行，借收简捷清理之效。见司法部：《司法例规》1922 年，第 492 页。

公正可能存在某种程度的忽视。为此，民国初年，湖南便又承继改造了前清的复判制度，以加强对兼理司法的监督。据此，对县知事审判的刑事案件，未经声明上诉或撤回上诉，或上诉不合法、未经第二审者，"均应由高等厅或分厅复判"①。司法实务中，复判制度对监督县知事审判，降低错案的产生，维护未经上诉的当事人权益具有积极作用。如民国初年湖南发生的"丁泰三强奸杀害弟媳一案"，便通过复判纠正了其中存在的错误。②

（二）司法独立制度

民国成立后，国家对司法独立制度极为重视，如《中华民国临时约法》便明确规定："法官独立审判，不受上级官厅之干涉。""法官在任中不得减俸或转职，非依法律受刑罚宣告，或应免职之惩戒处分，不得解职。惩戒条规，以法律定之。"③1914年，即便是袁世凯一手炮制的《中华民国约法》也规定了法院独立审判，只是未规定法官独立审判。为使司法官公正执法不受干预，保障审判程序的公平公正进行，1916年司法部颁发训令指出："司法独立之意义，谓司法官独立审判，不受行政上干涉，不受监督长官指挥。"④1923年，曹锟主导的"贿选宪法"规定："法官独立审判，任何人不得干涉之。"⑤

民国初立，湖南的司法独立制度经过了反复变动。1912年，湖南全面废除前清的知县兼理司法体制，各县普设司法公署，置司法官一名，审理各种民、刑案件，同时筹设初级审判厅。1912年12月，撤销司法公署，成立初级审判厅。1913年2月28日，司法部颁布《各县帮审员办事暂行章程》，该规程规定未设审判厅的县设立审检所，审检所设帮审员审理民、刑等初审案件与邻县上诉案件。审检所设于县公署内，由县知事兼理检察事务。虽然审检所暗含相互制衡之原则，但审检所设在县公署内，始终未能脱离传统衙门的设置格局，帮审员只处于辅助地

---

① 参见《政府公报》1914年6月12日，第759号。
② 复核意见指出：查暂行新刑律第二百八十五条未遂犯之为罪规定于第二百九十三条，复判未将该条揭出，稍嫌疏漏，又强奸罪系强暴胁迫与奸淫两种行为而成立的，当该犯搂卧丁黄氏时，丁路氏登床在后扭住两手，复判即认为帮助强奸处一等有徒刑十四年乃于理由中称，女子不能共犯，强奸等语未免自相矛盾。详情参见《湖南高等审判厅复判汉寿县判决丁泰三等强奸杀人一案》，载《司法公报》1916年第64期。
③ 参见《中华民国临时约法》，载《江苏司法汇报》1912年第2期。
④ 参见《司法部训令》，载《政府公报》1916年11月1日。
⑤ 参见《中华民国宪法》，载《法学季刊》1924年第8期。

位，故县知事在掌理检察事务的同时还享有部分司法权，与近代司法独立相差甚远。1913 年 6 月 27 日，司法部以财政拮据为由，[①]决议缓设审判厅，而已经设立的初级审判厅和地方审判厅亦实施合署。这改变了原来的司法计划。[②]于是，便于1914 年，在地方厅内设初级审判分庭，称之为"地初合厅"。1914 年底，袁世凯命令撤销所有初级厅与部分地方厅。[③]受此影响，湖南仅仅保留长沙与常德两个地方厅，而县级司法又恢复到传统的兼理司法上来，司法制度发生了严重倒退。[④]正如某学者所言：裁撤大量审判厅和实行兼理司法，乃是民国司法的悲哀，是我国近代司法发展史上的重大挫折。[⑤]此阶段的湖南由于受国家政局之影响，[⑥]短短两年内湖南的司法变化太过频繁，[⑦]未能一贯地坚持改革，司法独立未能得到有效发展。

但在此期间，为维护司法独立，湖南颁布的《法官任用暂行章程》对法官的保障制度进行了明确规定。[⑧]另外，为改变本籍人担任司法官导致"流弊百出"，维

---

① 司法部指出：通盘筹算，财力异常困难，无论未设各厅拮注无资，即已设各厅，已觉支持不易，与其废弃半途，毋宁持满而发。本部深维财政艰窘之状态，不能不量于变通，实事求是。所有已设而未完备之法院与监狱，各该处长及高等审判、检察两长务须力图改良，责无旁贷。其有地方初级可以合设于一署内者，应即酌量办理，以纾财力。见《政府公报》1913 年 6 月 29 日，第 412 号。

② 1912 年，司法部制定计划：对于未设立各级审判厅的地方，决定在五年以内完成审判厅的建设。此计划拟从 1913 年正式筹备开展，以期到 1914 年 7 月 1 日完成五分之一的审判厅建设。改变后的计划称：1913 年计划筹设的审判厅，一律延缓到 1914 年度，逐步展开，依序办理。

③ 1913 年，袁世凯为扩张权力，专断擅权，全然不顾审判机关建设的计划，反而决议全面裁撤初级厅和部分地方厅。

④ 事实上，县知事取代初级与部分地方厅掌管审判，严重破坏了湖南原有的三级司法体系，亦改变了原有的三审制度。

⑤ 周正云、周炜：《湖南近现代法律制度》，湖南人民出版社 2012 年版，第 678 页。

⑥ 其主要是袁世凯实行独裁之需要，一步步地将司法作为行政之附属，司法独立在湖南以及其他各省逐步遭到破坏。

⑦ 从当时湖南安仁县一位承审员的辞职报告中，可发现这种真实变化。其报告称：1913 年 7 月，署理该县司法官，8 月 1 日接任。12 月 15 日，将司法署改成审检所，该员便继任为帮审员。1914 年 3 月 1 日奉命将审检所取消，归于县知事兼理，该员遂又变为承审员。见《为辞职省亲恳委员接充事》，载《湖南政报》1914 年 7 月 10 日。

⑧ 凡已委任的推事、检察官，无以下情形，不得违反本人意愿实施调任、借补、停职或免职等：司法官于职务外干预政事；司法官是政党党员、政社成员和议会议员；司法官担任报馆记者或律师；司法官经营商业或官吏不应为的业务；因交付惩戒而被调查或因刑事被控，依法应停职者。推事若因精神衰弱不能任事而免职的，应给予全俸一年。审判厅需裁减人员，对被裁减的推事应给予半俸，并"遇缺即补"。

护司法独立与公正，湖南规定了审判官的回避制度，明确规定："不得以本级区域人员充当初级审判厅的推事。"其实，当时无论是在初级厅，还是地方厅与高等厅，均比较完整地落实了回避制度。湖南高等审判厅组织对司法人员进行改组调任，早在 1914 年 10 月，湖南高等厅与长沙地方厅便已经改组完成。①湖南高等审判厅亦多次布告强调司法独立。如 1913 年 2 月 4 日，湖南高等审判厅在《长沙日报》刊文指出："司法欲求独立，首下扫除情弊。法律所定，断不能以说项之有无，势力之大小，或则以身份及地域上之关系左右裁判。""嗣后，除依法参讼外，若有以个人或全体名义关说词讼者，面陈固概置不理，书函则一体宣布，决不稍徇情面。"②这表明湖南高等审判厅决意要遏制干涉司法的行为，保障司法的独立行使。

司法独立始终是司法改革与近代司法发展所追求的目标。袁世凯下台后，司法独立再次被当局强调。1917 年 1 月，湖南高等审判厅出台两项规定，意欲消除相关影响司法独立之情形。此两项规定分别为厅内禁令与厅外禁令。其中厅内禁令规定，鉴于省城内各公私法政院校有律师担任校长，而当时的高等审判厅与长沙地方审判厅的在任法官的确于这些院校兼任教员。故湖南高等审判厅严令厅内各级司法官，若有上述兼职者，必须辞去双重职务。另外，湖南高等审判厅鉴于司法官员身兼多职，发布厅外禁令，指出各县承审员办理司法事务极为繁重，然多兼任警佐或科长等职务。司法官兼任行政官，不但有违定制，而且有亏职守，饬令各县承审员，一律不得兼任他职。而现有兼职者必须辞去，具报勿延迟。这是湖南高等审判厅力倡司法独立，整顿司法体系，防止有关人员干涉之明证。

湖南省治时期司法独立有相当程度的发展。湖南甚至有发展成独立于中央之趋势。③参照欧美国家，以三权分立为原则，在 1922 年 1 月 1 日公布之《湖南省

---

① 改组后的湖南高等厅厅长潘学海为江西人。高等厅刑、民两庭共有庭长、推事与代理推事八人，分别是江西、福建、直隶、四川等省人士；十名书记官中仅有一人是湖南益阳人。长沙地方厅长与推事亦分别是江西、广西人士，三名书记官全部为外省籍贯。

② 参见《长沙日报》1913 年 2 月 4 日。

③ 当时所谓的自治省就是一个小独立国，省长就是这个小国的总统，省议会就是国会一院制的雏形，省务院院长就是国务总理，司长就是部长。见陶菊隐：《记者生活三十年：亲历民国重大事件》，中华书局 2005 年版，第 41 页。

宪法》内明确了立法、行政与司法的分立。①《湖南省宪法》第八章对司法独立做出了明确规定，故湖南在"宪法"层面确立了司法独立制度。该法第九十条规定："省设高等审判厅为一省之最高审判机关，对于本身之民事、刑事、行政及其他一切诉讼之判决，为最终之判决。高等审判厅之下，设地方审判厅、初级审判厅。"显而易见，当时的湖南有一跃为"独立王国"之倾向。②第九十三条规定："法官独立审判，不受何方干涉。"第九十四条规定："高等审判厅长及高等检察厅长，任期八年。在任期内，非依本法第三十九条第八款之规定，不得免职。高等审判厅长及高等检察厅长以下各法官，非依法律，不得免职、降职、停职、减职或转职。法官之惩戒处分以省法律定之。"湖南在"宪法"层面明确规定审判之独立，并在任期、职务等方面予以保障，至少在制度上规定了本省的司法独立。③

　　司法独立还体现在湖南高等审判厅主持创建各级地方厅与初级厅上。事实上，湖南高等审判厅在本省建设地方厅与初级厅之初衷便是实现司法审判机关的独立审判，以改革传统的司法行政合一之局面。1923 年，湖南高等厅在宝庆、岳州、永州、衡州、靖州等五个地区设地方厅。1925 年以后调整为长沙、宝庆、常德、衡州、靖州、永州等六个地方厅。此外，省治时期的湖南，兼理司法虽是县级审判制度的主导，但亦出现了一批地方审判厅。如长沙等十六个初级厅，这些地方达到了司法独立的形式要求，一定程度上推动了湖南司法向近代的转型，这相对于前清已

①省议会是全省的立法机关，享有议决预算及决算案；选举官吏；受理人民之请愿；提出质问于省务院，或请求省务员出席质问之；对省务员投不信任票；对省长存在谋叛等犯罪行为提起弹劾等权利。而省行政权由省长及省务院行使，省长有权公布法律及发布执行法律之命令；统率全省军队，管理全省军政；任免全省文武官吏；遇必要时得召集省议会临时会。省务院由内务司、财政司、教育司、实业司、司法司、交涉司、军务司等组成，省务员全体或一员受省议会之不信任投票时，即须解职。而司法权属于湖南高等审判厅，高等厅掌管全省之司法审判，其下设地方厅与初级厅。见《湖南省宪法》，载《东方杂志》1922 年第 19 卷第 22 期。

②当时《法律评论》的文章从侧面反映了湖南司法独立于中央的事实。"叶开鑫入湘势如破竹，对于司法界人物亦已从新任命，司法司长为唐啓虞，高审厅长赵恒惕，高检厅长李况松，均已分别令派，将来该省法界当有振刷希望，查湘叶本属吴系（笔者注：吴佩孚），如果表示服从中央，则湘省上诉案件即可由北京大理院受理矣。"见《湖南司法界之新贵》，载《法律评论》1926 年第 4 卷第 1 期。

③但必须指出的是，在实际运作中，审判机关之审判人员得有省务院任命，无法避免行政权对审判权之干涉，故此时之司法独立乃有限之独立，常受行政机关掣肘。

算是取得了进步。①总的来说，湖南高等审判厅的相关司法革新在一定程度上改变了传统行政与司法合一的局面，西方司法独立制度在湘省得到了某种程度的确立与发展。

（三）司法选任制度

司法官选任制度是民国时期湖南司法制度的重要组成部分，除遵从中央的相关制度外，在司法选任上湖南亦具有自身特色。一般而言，民国时期的司法官范围较广，包括各类行使司法权的人员。具体指推事、检察官、帮审员、书记官等。②民国政府以建立"法治国"为目标，注重司法改良，将选任司法官作为改良司法的重要基点。1913年，司法部为慎选法官，对各省高等审判厅厅长训令道："法官苟得其人，则裁判必能公平；苟非其人，则裁判必至偏私。"法官"必学识、经验、道德三者具备，乃能保持法律尊严，增长人民幸福"③。但民国初期依旧决定对清末《法院编制法》暂时援用，遵循其中规定的选任制度。④湖南高等审判厅除了执行中央政府关于司法官的选任外，亦有自己的立法与实践。如受西方司法制度的影响，亦参照《法院编制法》的相关内容，湖南颁布了《法官任用暂行章程》。该章程为湖南在全省范围内选任法官提供了法律依据。⑤湖南高等审判厅以

---

① 但在广大的兼理司法地方情况就比较糟糕。正如毛泽东指出："湖南的司法制度，还是知事兼理司法，承审员助知事审案，知事及其僚佐要发财，全靠经手钱粮捐派、办兵差，在民刑诉讼上颠倒敲诈这几件事，尤以后一件为经常可靠的财源。"见毛泽东：《湖南农民运动考察报告》，载《毛泽东选集》（第一卷），人民出版社，1991年版，第30页。

② 司法官泛指各级审判厅的推事和各级检察厅的检察官，有府、厅、州、县时的一、二审司法署的司法官，民国二年（1912年）的各县审检所的帮审员，民国三年（1913年）实行县知事兼理司法后，各县的助理承审员，民国六年（1916年）以后的县司法公署审判官等。此外各级审判厅和检察厅的书记官与翻译官以及监狱官也称司法官。县知事办理司法事务时，也兼有司法官资格。参见周正云、周炜：《湖南近现代法律制度》，湖南人民出版社2012年版，第360页与第795页。吴冀原：《民国司法官职业化研究》，西南政法大学2015年博士学位论文，第7~9页。

③ 参见《政府公报》1913年2月20日第284号。

④ 故民初仍遵循清末的法官选任方法，据《法院编制法》规定；"推事及检察官照《法官考试任用章程》，经二次考试合格者始准任用。"见《法部奏定法官考试任用暂行章程施行细则》，载《国风报》1910年第12期。

⑤ 依《章程》规定，湖南对法官的选任有不考试与考试两种方式。不经考试委任审判官的条件是：曾经以推事或检察官身份分发到湖南省或外省者；曾经在国内、国外法律专门学校或法政学堂学习三年以上毕业，获毕业文凭或证书者；在速成法政科毕业，有毕业文凭，曾在州县任职，确有经验或在法律或法政学堂担任法律教师三年以上，有案可查者。而经过考试而被任用为法官者，必须符合以下条件：曾在外

法为据，强调司法官之职关系到人民生命财产，非深明法律、富有经验的人才，不足以胜任。

1912 年 11 月，湖南组织各府厅州县书记官考试。其考试科目：一、民刑法大意；二、诉讼法大意；三、公文程式；四、加减乘除。其考试资格分为四项：一、中学毕业生；二、法政三学期毕业生；三、曾充刑幕二年以上者；四、前清生员以上者。除法政一项准由省报名投考外，余均由各府、州、县选送，至多不逾三十名。大约在阳历十一月内考试，考生考取后专以派充各属审判厅之用。①这次考试分三批进行，最终录取符合条件的一百四十人为书记官。这些人员被湖南高等审判厅陆续安排到各级审判厅或司法公署。

1914 年 10 月，经司法部批准，湖南高等审判厅举行承审员考试。②司法部批示："该省各县承审员考试亟应举行，即派该厅长充典试委员长。所有考试事宜暂照二年部令二十四号公布之《地方帮审员考试暂行章程》③办理。"湖南高等审判厅组织了以厅长潘学海为委员长的典试委员会。该次考试有近两千人符合报名资格，经过笔试与口试，共有一百七十二人被录用。此外，民国初期湖南还举行了书

国或国内速成法政班学习一年以上毕业，有文凭或证书者；曾在法官养成所毕业，有毕业文凭者；曾充任刑幕三年以上，确系品学粹，有司法官或行政官二人以上报送者；曾经州县实职或代理或曾在基层审判机关当差，确有经验者。《章程》对审判人员的选任亦规定了相关限制性条件：吸食鸦片或褫夺公权者；曾处徒刑以上或监禁者；破产尚未清偿债务者；品德不端、确有证据者均不予委任。见周正云、周炜：《湖南近现代法律制度》，湖南人民出版社 2012 年版，第 366 页。

①参见《本省之部：考验书记之续闻》，载《湖南司法旬报》1912 年第 1 卷第 3 期。

②当时，各级审判厅的推事和检察官是由北京国民政府统一选任，而诸如帮审员，承审员，司法公署审判官、书记官和监狱官等则由各省选取录用。从 1912 年到 1921 年，依中央法律规定：各级审判厅的推事均由湖南高等厅长提请司法部审核，以"部令"任命之，但实际效果并不明显。直到省治时期，湖南的司法官选任进一步独立，直接在法律上脱离了上述限制。事实上，湖南在 1926 年之前，民、刑事庭长均由湖南高等审判厅厅长指定资历深、有经验的推事兼任。自 1929 起，民、刑事庭长才由湖南高等法院（此时高等审判厅已经改为高等法院）院长于推事中遴选呈请司法行政部审核，以"部令"派任。从 1912 年到 1921 年，湖南各初级厅长、地方厅长与高等分厅长，都是高等厅长提请司法部审核任命。而湖南高等厅长则由中央政府任命。省治时期，湖南各初级厅与地方厅的厅长，都由省司法司提请省长任免，高等厅长直接由省议会选举产生，高等分厅长由高等厅长指定监督推事担任。见《湖南省志·审判》。

③据此《章程》规定，帮审员考试分笔试与口试两种，笔试合格后再参加口试。考试的科目包括：中华民国约法、暂行新刑律、法院编制法、诉讼法大意、各类审判厅试办章程、民法大意、商法大意、法学通论、设案判断。见《地方帮审员考试暂行章程》，载《司法公报》1913 年第 7 期。

记官考试。据规定："书记官于考试合格者录用之。"①

1916 年，国民政府召开司法会议，决定在没有设立初级审判厅的各县建立司法公署。县司法公署设审判官一到两人专事审判。审判官考试由省高等审判厅为委员长的典试委员会主持。经过考试符合资格的，先派去检察厅实习一个月，再派去审判厅刑事庭、民事庭于执行处各实习一个半月，最后派去审判厅书记科实习一个月。1917 年 9 月，湖南省高等审判厅负责组织县司法公署审判官考试，报名人员近八百人。令人遗憾的是，后因政局变乱，以及湖南的财政预算没有包含司法公署审判官考试的预算，司法部并未批准。另外，湖南高等审判厅为了整顿司法人员，亦积极配合司法司的工作。②

进入省治时期，湖南通过甄拔与考试来作为司法选任资格之依据。推事在此前本应由司法部以"部令"任命，但省治时期的湖南事实上已经脱离中央政府之管辖，在司法上亦进一步的独立。在司法选任方面之独立体现为颁布本省审判官员选任的立法与独立进行审判官任免的实践。其中，关于考试的办法有《湖南法官考试暂行条例》③与《湖南法官考试暂行条例施行条例》；关于甄拔的办法有《湖南甄拔法官条例》与《湖南甄拔法官条例施行细则》。1925 年，湖南省的局势逐渐稳定，省当局决意对内政进行彻底整顿，加强治理，司法制度在此背景下亦取得了实质性的进展。1925 年 7 月，湖南对审判系统进行了改革④，经过整顿，裁减了一些不合法定条件的推事、候补推事。由另一部分司法人员代理上述被裁撤之推事与候补推事。⑤为对代理职务的司法人员进行甄拔，湖南制定了《湖南甄拔法

---

① 考试录取者应行实地学习，派往初级审判检察厅作为学习人员，但开办之初准其暂以考试成绩最优者派往地方以上审判检察厅学习书记官职务。见《法院书记官考试任用章程》，载《吉林司法官报》1911 年第 2 期。

② "以民国成立各属司法官署创办伊始，各法官听断勤明，认真筹办者，固不乏人。而援引失实，审理乖方者亦在所不免，特为整顿裁判起见，拟亲往各法庭巡视，并商请高等审判厅厅长就近调查，徐图改革，以重法权。"见《本省之部：亲巡法庭》，载《湖南司法旬报》1912 年第 1 卷第 3 期。

③ 该条例规定了审判官考试的资格条件与限制性条件。明确审判官考试分为甄录、初试与再试，甄录及格者进入初试，初试及格者授予审判官，再试及格者，授予审判官再试及格证书。此外该条例还对考试的科目与方式、及格后的选任等进行了具体规定。

④ 同时，湖南亦正式通过普设司法署计划，明确在以前未设立初级审判厅的地方，"先设司法公署，使县知事不再兼理司法。"见《政务会议通过普设司法署计划》，载《申报》1925 年 7 月 24 日。

⑤ 据湖南《大公报》之报道，当时共有 148 名代理推事与候补推事参加了此次甄拔。此外，还有 90 名被裁撤与暂留的各级审判厅学习推检没有经过甄拔，径直参加了初试。

官条例》。1925 年 10 月，湖南以本省司法人员资格未能一致，为借资甄别，决定在全省筹备进行一次较大规模的司法官考试，达到选拔优秀司法人才、满足司法审判实务的要求。这次考试得到湖南高等审判厅的高度重视，为谨慎对待，"电请法权讨论会会长张耀曾充当典试长，但后因时局不静，业已电辞矣。"[1]后来才从大理院与总检察厅聘请了江庸、陈瑾昆等权威人士担任典试长和委员。湖南各地方厅与初级厅参与了此次甄拔考试。[2]此次考试，应试者达两百余人，经过甄拔与初试之后，考取者为七十六人。[3]同年 12 月，这批司法人才被分别委派到各级审判机关。除此之外，1923 年 2 月，湖南公布了《湖南法院书记官考试任用章程》，对湖南书记官的选任资格条件进行了具体规定，亦明确了书记官选任的限制性条件，对考试的科目与方式等作了规定。据《大公报》报道，1925 年湖南组织了书记官的考试。总之，湖南高等审判厅依照本省颁布的相关法律组织司法官选任考试，的确选拔了一批司法人才，提高了各级审判厅司法人员的水平，在一定程度上加强了本省的司法建设。

三、湖南高等审判厅司法改革之成效

短短十余年，湖南近代司法改革可谓是跌宕起伏，由于经费、人才、地方政治局势，以及中央政治决断等诸多因素之影响，湖南近代司法改革或是遭遇阻碍，或是发生倒退，甚至被迫终止。但纵观湖南高等审判厅对相关司法制度之改革，总体上还是向前推进的，湖南的司法体系、司法制度与司法观念等均在经历从传统向近代的转型。经过十余年的艰苦奋斗，[4]湖南高等审判厅司法改革取得了相当的成效：湖南司法体系的部分形成、司法制度的初步确立与司法观念的缓慢形成便是其具体表现。

---

① 见《湘省举行司法官考试》，载《法律评论》1925 年第 17 期。

② 各厅应受甄拔及免受甄拔录试人员，业经分别饬知在案。所有续派暂充各厅候补及学习推检，除于法不得应甄拔试验及免甄拔录试外，仍得照普通投考手续报名应考。须知此次举行考试，务在博选真才，储备实用，仰各该厅长转饬应试人等，如期来回报名，听候考试。见《大公报》1925 年 9 月 25 日。

③ 参见《湘省举行法官考试》，载《申报》1925 年 10 月 16 日。

④ 如周正云先生所言，司法独立曾是民国初年司法改革的目标。无数先进的人们曾为此奔走呼号，甚至不惜牺牲，然而终未实现。究其原因，财力不敷和人才缺乏都是重要原因，而军阀专权，政治黑暗，乃是败坏司法的基本原因。见周正云、周炜：《湖南近现代法律制度》，湖南人民出版社 2012 年版，第 687 页。

（一）湖南司法体系之部分创建

民国以后的大部分时期，无论是中央还是地方，普设各级审判机关始终是施政方针。[1]在高等审判厅组织统筹下，湖南近代司法体系逐步建立，初级厅与地方厅部分建成，湘省出现了独立的司法审判机关。总体而论，湖南近代司法体系之部分创建主要表现在以下方面：

首先，是湖南高等审判厅的建立与完善。1912年4月，湖南在长沙藩后街组建起湖南高等审判厅，其由民、刑两庭与书记室共三部分组成。由厅长总理全厅事务，庭长掌管全庭事务。省治时期，湖南的司法建制进一步完善，湖南高等审判厅在本厅内设置行政审判庭，作为非常设机构，在审理行政诉讼案件时临时组成。此外，湖南高等审判厅分别于沅陵与桂阳筹建起第一、第二高等审判厅分厅，作为湖南司法体系的重要组成部分。到1927年，湖南高等法院成立前夕，湖南高等审判厅的组成系统已经比较完善。如表4所示：[2]

表4　1925年湖南高等审判厅组织系统

	大理分院	
湖南高等审判厅厅长	民、刑事庭庭长	推事
		书记官
	刑事庭庭长	推事
		书记官（行政庭）
		法警（临时组织之）
		庭丁
	民事庭庭长	推事
		书记官
		庭丁
	书记室 书记官长	主任书记官
		书记官
		学习书记官
		录事

---

[1] 中国自改革司法以来，各县普设审判机关，为始终一贯之方针。见汪楫宝：《民国司法志》，商务印书馆2013年版，第10页。

[2] 参见《湖南省志（第四卷）》。

续表

湖南高等审判厅厅长	第一、第二高等审判分厅监督推事（相当于厅长）	推事
		书记官长
		书记官（附设地方庭）
		录事
		法警
	管狱员	看守所长
		监狱看守

　　必须强调的是，1917 年 3 月，湖南于沅陵建立第一高等审判分厅。[①]置厅长一名，推事三名，书记官长一名，书记官三名，同时附带成立沅陵地方庭，并于 1917 年 5 月 1 日正式开庭。应当说，该分厅的设立改变了湘省司法机关之地域布局，为地方各县尤其是湘西人民提起民、刑诉讼奠定了坚实基础。1926 年 10 月，湖南高等审判厅又在桂阳设第二高等审判分厅，[②]其编制同于沅陵分厅。

　　其次，是湖南各地方审判厅的相继创建。1912 年，湖南全面废除前清州府衙门，于 4 月组建起长沙地方审判厅，并逐步在各州府设立地方审判厅。1914 年由于受中央"地初合厅"之影响，湖南仅保留了长沙与常德两处地方审判厅。1923 年，湖南高等审判厅又继续增设了宝庆、岳州、永州、衡州、靖州等五个地方审判厅。1925 年，按照《湖南省法院编制暂行条例及施行条例》规定，湖南将地方审判管辖分成八区，每区设地方审判厅，依旧为第二级审判机构。第四区由第一高等审判分厅附设地方庭替代；第七区由第二高等审判分厅附设地方庭替代；而岳州地方审判厅被撤销，故此时湖南省共有六个地方审判厅，基本涵盖了全省的大部分地区。湖南的八区六大地方审判厅基本奠定了民国后期湖南地方审判机关的布局，可以说，它们是后来长沙、常德、衡阳、零陵、邵阳等地方法院之雏形。就审判厅的编制来看，上述地方厅之内部组成亦较为完备。如表 5 所示：[③]

[①]第一高等审判分厅具体辖区为沅陵、泸溪、桑植、辰溪、永顺、绥宁、溆浦、保靖、会同、芷江、龙山、通道、黔阳、古丈、乾城、麻阳、靖县、凤凰、永绥、晃县等二十县。

[②]第二高等审判分厅具体辖区为桂阳、郴县、永兴、资兴、宜章、桂东、汝城、嘉禾、临武、蓝山、零陵、祁阳、东安、道县、江华、永明、宁远、新田等十八县。

[③]参见《湖南省志》（第四卷）。

表5　1923年湖南地方审判厅组织系统

地方审判厅厅长	民、刑事庭庭长（厅长兼任）	推事
		书记官
		承发吏
		录事
		法警
	行政庭（临时组织之）	推事
		书记官
	书记官长	书记官
		录事
	管狱员	看守所长
		监狱看守

　　由上表可见，当时湖南各地方审判厅一般分别由民事、刑事庭，看守所，监狱等组成。另外，根据需要亦可临时组织行政庭，作为非常设机构。[①]地方审判厅人员构成一般为：厅长（监督推事）、推事、书记官长，还有书记官、承发吏、录事与法警等。但各级审判厅具体人数配置较为复杂。[②]

　　再次，是湖南创建了部分初级审判厅。早在1912年4月，长善（长沙和善化）初级审判厅建立。1912年，湖南废除了县知事兼理司法的体制，开始于全省各县普设司法公署，并从省里派司法官往各县，每县置司法官一名，审理全县之民、刑案件。同时，计划逐步在部分县筹设初级审判厅。1912年12月，裁撤原设的司法公署，改置初级审判厅。1913年3月，又改审判厅为审判所。1913年底，袁世凯命令裁撤湖南全省的初级审判厅。到1914年4月，初级审判厅无一幸免，均被裁撤，湖南的基层司法体制又恢复到前清行政兼理司法的老路，湖南75个县均由县知事兼管司法事务。从1920年开始，湖南进入自治时期，逐步在全省开展

――――――――――――

① 事实上，行政庭的设置是湖南省治时期司法改革的重要成果，其突破了中央法律规定的"行政诉讼由平政院一审终审"。只不过此时湖南的行政庭是非常设机构，得于审理行政诉讼案件时才临时组成。

② 省治时期的湖南，其中甲种厅长沙设庭长一名、推事五名、书记官长一名、书记官六名。乙种有常德与宝庆两处，分别设推事三名、书记官长一名、书记官四名。丙种有永州、衡州与靖州，分别设推事两名、书记官长一名、书记官四名。

初级审判厅的建设。直到1923年，湖南在全省部分地区，如长沙、常德、沅陵、湘潭、益阳、岳阳、湘乡、衡阳、祁阳、零陵、宝庆、郴县、澧县、桃源、浏阳、衡山等16个县设立了初级审判厅。而这些初级审判厅由以下人员组成，如表6所示：[1]

表6　1925年湖南各初级审判厅组织系统

		承发吏
初级审计厅 厅长	推事	书记
		录事
		法警
	典狱官	看守所长
		监狱看守

最后，湖南还建立了处理涉外案件的审判体系。这亦是近代湖南司法改革的重要成果，其实早在民国初年，湖南便设有华洋诉讼裁判处作为处理涉外案件的审判机关。1914年，为便于诉讼之处理，湖南在各县一律附设有关华洋诉讼裁判处，以作为第一审涉外案件的处理机构。而交涉员署[2]则为上诉审机构。后又出台了《湖南省各县华洋诉讼裁判处暂行简章》，对湖南有关华洋诉讼做了规定。随后，湖南的第一批华洋诉讼裁判处在各县创建。[3]应当指出的是，上述裁判处之设立，表明列强享有的领事裁判权伸向内地，湖南的司法主权遭到破坏。但客观上亦表明湖南的审判机构逐步完善，司法制度逐步向近代转型。

总之，经过十余年的筹划，湖南高等审判厅在筹建司法机关、完善司法系统方面取得了相应成就。高等厅、地方厅与初级厅的建设经历了从无到有之变化，尤其

---

[1]当时初级审判厅的编制为：设厅长一名、推事一到三名和承发吏、录事、书记、法警等成员若干，并包括看守所与监狱的人员。参见《湖南省志》（第四卷）。

[2]交涉员署系指民国时期处理相关涉外事务的机构，由地方政府或外交部设立，相当于现今的外事部门，但交涉员署的名称十分混乱，有的亦直接称"交涉署"。

[3]即湘潭、益阳、安化、宝庆、常德、岳阳、平江、澧县、衡阳、桂阳、沅陵、辰溪、会同与新化，以上各县从1915年5月1日开始正式接受华洋诉讼案件。

是湖南高等厅改为高等法院之前夕，湖南司法审判系统已经形成 1 个高等厅、2 个高等厅分厅附设地方庭、6 个地方厅、16 个初级厅的审判格局，可见，湖南司法审判体系已经部分形成。[①]如表 7 所示：

表 7   1926 年湖南司法组织系统

湖南高等审判厅	第一区：长沙地方审判厅	初级审判厅（6 个）
		县知事兼理司法事务（9 个）
	第二区：宝庆地方审判厅	初级审判厅（1 个）
		县知事兼理司法事务（4 个）
	第三区：常德地方审判厅	初级审判厅（3 个）
		县知事兼理司法事务（8 个）
	第六区：衡州地方审判厅	初级审判厅（2 个）
		县知事兼理司法事务（4 个）
第一高等审判分厅	第四区：第一高等审判分厅附设地方庭	初级审判厅（1 个）
		县知事兼理司法事务（12 个）
	第五区：靖州地方审判厅	初级审判厅（0 个）
		县知事兼理司法事务（7 个）
第二高等审判分厅	第七区：第二高等审判分厅附设地方庭	初级审判厅（1 个）
		县知事兼理司法事务（9 个）
	第八区：永州地方审判厅	初级审判厅（2 个）
		县知事兼理司法事务（6 个）

（二）湖南司法制度之初步确立

无论从何种意义上说，现代法院制度都是西方文明的产物，在中国历史上，找不到这种对应物。[②]在构建新的司法审判体系时，湖南高等审判厅的相关改革，

---

①但还存在不足，如囿于经费与人才等问题，湖南的初级厅筹建便未能达到理想状态。尤其是 1914 年 4 月，袁世凯违背历史潮流，决意恢复前清旧制，湖南 75 县均回到兼理司法的传统老路，使司法建设发生了严重倒退。即便进入省治时期，湖南也仅在长沙、常德、沅陵、湘潭、益阳等 16 个县设初级审判厅。而其余 59 个县仍由县知事兼理司法事务。直到 1926 年，湖南高等审判厅被撤销前夕，湖南的县级司法体系格局仍旧是初级审判厅与县知事兼理司法并存，且后者占据了绝大部分。故湖南高等厅对初级厅的筹设并未取得理想效果，县级司法体制的改革依旧任重道远。

②左卫民、周长军：《变迁与改革：法院制度现代化研究》，法律出版社 2000 年版，第 20 页。

使本省的司法制度进一步建立与完善。尤其是司法审判、司法独立与司法选任等制度，更是对两千余年行政兼理司法的根本性否定，对传统司法具有颠覆性作用，是湖南近代司法制度的重要标志。

其一，司法审判制度的确立。自民国成立后，随着湖南各级审判机关的相继成立，司法审判制度亦逐步确立。无论是湖南高等厅、地方厅，抑或初级厅，均形成了近代意义上的司法审判制度，如审级制度、合议制、公开审判、辩论制度等等。自高等审判厅成立后，陆续成立了地方厅与部分初级厅，湖南的审级制度亦经历了相应变化。民国初期湖南名义上继续沿用清末的四级三审制度，但实质上在战乱年代，上诉到中央大理院的案件并不多。特别是 20 世纪 20 年代开始的湘省自治时期，直接违背了中央规定的四级三审制，《湖南省宪法》明确将本省的审级制度确定为三级三审制，湖南高等审判厅成为全省所有民事、刑事与行政案件的最终裁判机关，使得湖南的司法体系与司法制度进一步独立于中央。直到省治将要结束方有改变。[①]湖南高等审判厅实行合议制审判，地方厅与初级厅对于重大案件亦须合议审理。各级审判厅审理各类案件一般以公开为原则，实行辩论原则。[②]

其二，司法独立制度的发展。民国初期，湖南与中央的司法趋于统一，随着中央的改革而发生同步变化，故此民国初期湖南的司法独立过程曾几度发生波折。首先，民国成立后主张在湖南普设各级审判机关，也确实成立了湖南高等厅与长沙地方厅等机关，且计划逐步于各府、州、县分设地方厅与初级厅，以保障司法的独立运行，但随着袁世凯命令下达湘省，1914 年湖南已有的初级厅一概被裁撤，且部分已设的地方厅亦被裁撤，在州县一级传统的兼理司法制度又死灰复燃，故这些地区司法独立在形式上均遭到否定。司法独立是近代司法制度发展之潮流，随着袁世凯的下台，司法独立在湖南亦逐步确立，至少在形式上是如此。直到省治时期，随着湖南各级审判厅的相继设立，司法独立运行有了存在的前提与基础。此时，更是在"宪法"层面明确规定了司法独立制度，如"法官独立审判，不受何方干

①但 1925 年开始，复改为四级三审制。此时本省共建立大理院湖南分院、湖南高等审判厅、地方审判厅，少数县设初级审判厅，多数县仍为县知事兼理司法。

②当然，当时存在对特种刑事案件的审判，一般由各种军法审判机关及县知事兼理军法官审判，实行秘密审判，且不允许辩论和上诉。如 1914 年中国国民党党员黄孟养因参与反对袁世凯独裁、驱逐湖南查办使汤芗铭运动，被控为"乱党"，湖南省政府军法课长华世羲对黄施以"铁烙"等酷刑，致黄惨死。1923 年赵恒惕致电各县知事："一律兼任本指挥部军法官。凡遇拿获真实匪盗，准其先行处决。随即案情陈报"。见《长沙方志·审判》。

涉。""高等审判厅长及以下各法官，非依法律，不得免职、降职、停职、减职或转职。法官之惩戒处分以省法律定之。"另外，有关行政诉讼的《章程》与《条例》之颁布，使得高等厅与地方厅审理"民告官"的行政诉讼案件有了法律依据。如湖南省政府查封《大公报》，《大公报》复而向长沙地方审判厅起诉省政府违反宪法一案便表明，针对公权力之侵害，公民、法人至少可以依照法律向审判机关提起诉讼以维护自身权益。以上均体现了司法独立制度在湖南的确立。①

其三，司法选任制度的完善。湖南的司法官选任是当时司法改革的重要成果，除了执行中央政府的有关规定外，湖南亦积极主动地在司法选任的立法与实践上取得突破。在立法方面，湖南颁布了《法官任用暂行章程》，以此作为全省范围内选任审判官的法律依据。关于考试选任省治时期，湖南先后颁布了《湖南法官考试暂行条例》《湖南法官考试暂行条例施行条例》《湖南甄拔法官条例》《湖南甄拔法官条例施行细则》与《湖南法院书记官考试任用章程》等。在上述法律规定的指导下，湖南高等审判厅组织举行了承审员、书记官、推事等司法官的选任考试。

（三）近代司法观念之缓慢形成

湖南在经过近代司法革新后，就某种程度上而言，近代司法理念在湖南缓慢形成。司法改革离不开西方法律制度的影响，中国政治界与法学界精英怀着爱国热情，不断吸收西方的司法思想。近代湖南司法改革通过借鉴西方先进的司法制度与理念，经历了缓慢的本土化适应过程。比如司法审判、司法独立等观念均在湖南缓慢形成，并不断地深入人心。

司法审判观念的缓慢形成。制度变迁在一定程度上影响着观念变化，随着司法独立制度与司法审判制度在法律上被明确规定，在法律上非经审判机关的审判，不得处罚当事人，尤其是在刑事案件中更是如此。如民国初期，"湘省纸币之多，冠于各省；而伪币之充斥，亦为各省所不及。"②湖南对伪币案件的审理交给军法机关负责，将判处刑罚的罪犯交给陆军监狱执行。军法审判结案不制作判决书，只张贴"布告"，告示供证、罪状与判处的刑罚及其法律依据。事实上，此种军法审判不公开审理，不允许辩论，刑讯繁多，犯罪嫌疑人往往屈打成招，有的甚至不经

---

① 当然直到湖南省宪时期，就县级而言，本省还存在 59 处知事兼理司法，仅有 16 处初级审判厅。但就各府州而言，此时湖南已经建立起 6 个地方厅，另外还有 2 个分厅，即湖南高等审判厅第一、第二分厅。可以说，省宪时期的湖南，至少在省级与府州以及部分县级存在了独立的司法体系，确定了独立的司法制度。

② 参见《严办伪币犯（二月十二日）》，载湖南省图书馆藏《湖南省志资料·司法（四）1916 年 1 月 10 日起至 1916 年 2 月 29 日止》。

审判便由军法机关直接定罪并执行，严重违背了近代司法审判制度。1916 年，湖南对伪币案件的审理改为各级审判厅负责。湖南各级审判厅与县知事依据刑律和1916 年 3 月湖南颁布的《严办伪造纸币人犯办法》之规定判决伪币案件。在湖南省治期间，当局多次禁止私立单位印发市票，但仍不能禁绝。政府和议会要求审判厅追究这些企业主体的刑事责任。而各审判厅则认为现行新刑律无明文规定，不予受理。1923 年，江华县议会一致认为该县义昌当铺商王万镒等人擅自发行纸币，扰乱社会金融秩序，要求县知事对王万镒等人按伪造货币罪惩处。该县知事请示湖南高等审判厅。但该厅指令该知事：“查刑律第二百二十九条第三项规定：经政府命令允准或委托而发行之银行券，以通用货币论。是必伪造此种银行券者，方能与该条第一项伪造通用货币之罪同一处断。来呈所举情形，核与上开列条项规定不符，不能认为触犯刑律。”以上均表明司法审判观念在湖南的形成。

　　司法独立观念的缓慢形成。独立的司法审判观念在传统封建社会是不存在的，行政兼理司法，两者合一，是传统司法的主要特征。自清末改革始，司法才在一定程度上——即立法上或形式上——脱离行政，虽就整个国家而言，司法不免仍受行政的掣肘与干预。事实上关于司法与行政权限的争论直到民国亦未停止。但不可否认的是，经过司法改革，作为西方司法与宪制之核心观念的司法独立在湖南正逐步扎根。处在历史转型时期，司法独立观念的确立不可能一蹴而就，与存在数千年之久的行政司法合一的传统观念相冲突，亦是无可避免的。但无论是在政界、法律实务界，还是在理论界，均对司法独立进行了相应提倡与强调。如 1912 年，署名为友琴的人在《湖南司法旬报》上撰文分别论述了何谓司法与司法独立；传统司法体制之弊病；司法独立何以必要；司法何以独立等等。[1]这反映了当时的先进司法思想。如前所述，湖南高等审判厅就反复强调司法独立之重要性，并出台相关规定和发布有关禁令来保障司法的独立。另外，湖南高等审判厅亦对县知事兼理司法进行了批判。[2]

---

[1]关于司法何以独立，友琴从：对于自己；对于同事各职员；对于书记官以下之人；对于上级官厅；对于局外各界之人；对于诉讼当事人等方面阐述了观点，对当今的司法制度改革亦有重要借鉴意义。见友琴：《司法独立说》，载《湖南司法旬报》1912 年第 1 卷第 3 期。

[2]民国时期，县知事兼理司法系指自自袁世凯当政时期始，县知事集审判与检察于一体，独自掌管一县之司法事宜。虽设承审员助理，但其始终受到县知事的严格监督。县知事具有广泛的权利，诸如认为确系犯罪的可以径直提审；有发布拘传票之权。当时《县知事审理诉讼暂行章程》规定：“凡未设审检所各县，第一审属初级或地方厅管辖之民刑事诉讼，均由县知事审理。”见《司法公报》1914 年第 2 卷第 7 期；《法学会杂志》1914 年第 2 卷第 1 期、第 2 期。

认为县知事审理案件，得设承审员助理之，承审员性质既非旧时帮审员之得与县知事对立行其职务可比，亦非各厅推事之得独立行其职务者可比。[①]故而，人民的人身与财产等权利均掌握在县知事一人手中。由此遭到贤达人士之批评。[②]尤其是1916年，湖南高等审判厅与检察厅向省长递交《拟请废除县知事兼理司法制度，暂规复司法署办法意见书》，请省长转呈司法部及全国第二次司法会议，明确指出兼理司法制度的弊端与黑暗，其危害甚至比前清更烈，主张予以废除。言称：州县之黑暗，人民疾首蹙额，冤屈无伸，痛苦有不堪言状者。其情形各省大致相同，若不急为改革，将有国本动摇之虞。人心一散，不待外人瓜分，而内部已自分崩离析矣。[③]另外，1923年湖南《大公报》起诉省政府违宪案，针对地方厅与高等厅虚与委蛇之态度，使得省内民众纷纷支援《大公报》，指责政府破坏湖南宪法，干预司法；要求湖南的司法审判机关明辨是非，依法独立审理。以上种种，皆体现了司法独立观念已经传入湖南。

---

① 参见《湖南政报》1914年5月31日。
② 如1914年7月，湖南高等检察厅检察官王凤苞便痛斥，县知事兼理司法，使得当事人"含冤莫申"；上诉厅少，使"轻微事件必远千百里以外"；允许径向高等审判厅上诉，实际剥夺了人民三审之权，"不足以示公平"。转引自周正云，周炜：《湖南近现代法律制度》，湖南人民出版社2012年版，第679页。湖南高等审判厅厅长李汉丞亦指出："知事轻视诉讼、故意拖延；知事公务丛集，未遑兼顾；知事因办理行政事务，接触士绅多，曲徇关说之请而颠倒是非；知事甚至作威作福，违法殃民；知事干涉案件，使得承审员不得秉公判断。"各种弊端不一而足，导致判决难以合乎法令。见《湖南政报》1920年9月9日第13期。
③ 参见《湖南政报》1916年11月26日。

论传统君主批判思想的嬗变：
从黄宗羲到郭嵩焘

李勤通 *

摘要： 中国君主批判思想自商周时期就出现萌芽，其后不同学派的思想家在不同层面也认识到君主制的某些缺陷，有关否定君权神授、否定君主制的制度优势、否定把保卫君主制作为制度目的的思想断断续续出现。在集大成的基础上，黄宗羲进一步对君主制提出批判。他所建构的民主、君客观念既受到理学体用思想的影响，也蕴含某些契约论观念的影子。郭嵩焘则在考察西方政治体制的基础上更有突破性的思考，君民平等、政不在君、君主非所有人之君等思想体现出他超越黄宗羲的一面。政治理想与政治实践之间的张力推动了这些思想的出现，而这些思想对于近代革命有重要启发意义。

关键词： 君罪　君主制　黄宗羲　郭嵩焘　平等

　　君主制是中国传统政治制度的核心，被认为是中国古代政治制度最显著的特点。①天地君亲师中，君受命于天地而高于亲、师。②自商周时期，君主受命于天的

---

* 李勤通，法学博士，湖南大学法学院副教授。

① 参见刘泽华：《中国的王权主义：传统社会与思想特点考察》，上海人民出版社2000年版，第1页。

② 在历史发展中，君亲师的关系有亲大于师、师大于君的观念。《国语·晋语·武公伐翼止栾共子无死》载："成闻之：'民生于三，事之如一。'父生之，师教之，君食之，非父不生，非食不长，非教不知生之族也，故壹事之。"罗家湘注译：《国语》，中州古籍出版社2010年版，第144页。不过从先秦来看，亲高于君的思想具有很强的影响力，这也使得孝先于忠的观点一直被很多人认同。但是，君主的地位不断提高。其一，先秦时期孝先于忠的观念在秦汉移孝作忠，魏晋南北朝时期，忠先于孝的观念已经不断出现，但是两者仍处于胶着状态，甚至到唐代忠先于孝的观念仍然没有占据绝对主导地位，到宋代之后忠先于孝的观念才越发成为主流。见张继军：《先秦时期"忠"观念的产生及其演化》，载《求是学刊》

观念就已经出现，这意味着君主地位具有超越性。自秦始皇建立皇帝制度后，君主专制制度历经两千年，而对君主专制的批判不断出现。从老子、孟子开始，君主存在的理论依据出现世俗化倾向，君权神授观不同程度受到冲击。这些对君主制的批判成为近代民主革命理论资源。在传统君主观的转变中，明清之际的黄宗羲扮演着重要角色，其《留书》《明夷待访录》等成为革命者进行传统批判的重要武器。以黄宗羲为代表的儒家知识分子对君主制的批判意味着君主批判思想开始超越道教理念的范畴，即使主张依靠明君圣主治世的儒家也开始认识到君主制存在的内在问题。但对君主制的反思随着清代君主专制制度的强化而有所弱化，直到清末的中西碰撞才开始进一步让传统知识分子思考这一问题。作为近代开眼看世界的重要人物，郭嵩焘结合自身的政治体验及其对西方制度的观察，对君主制度提出了某些质疑。这些基于中西制度实践的经验对于中国人认识中国传统政治理念并进行革新具有重要意义，本文试图从黄宗羲和郭嵩焘的君主观出发，探讨中国传统君主观念的转变。

一、中国传统对君主观念的批判

在中国历史上，君主制出现得很早，且很早就成为政治关注的重心。君主成为身系政治稳定与百姓安居的关键，也不可避免地成为被批判的对象。这种批判是逐渐由君主走向君主制的，即中国人很早就开始批判自己的君主，但又经历了很久才开始对君主制本身展开批判。例如，在中国"罪"观念发展的早期，君主是被"罪"评价的重要主体之一。《尚书·西伯戡黎》载："王曰：'呜呼！我生

2009 年第 2 期；朱海：《唐代忠孝问题探讨》，载《武汉大学学报（人文社会科学版）》2000 年第 3 期；赵炎才：《中国传统忠德基本特征历史透视》，载《山东大学学报（哲学社会科学版）》2013 年第 4 期，等等。其二，君师关系很早就转变为君大于师，甚至来说，发展出帝师思想，强调以帝为师的观念，甚至强调皇帝集天地君亲师于一体。见张宝同：《略论汉代的师道》，载《许昌学院学报》2007 年第 1 期；刘泽华：《中国的王权主义：传统社会与思想特点考察》，上海人民出版社 2000 年版，第 224~244 页，等等。

① 《尚书·西伯戡黎》载："王曰：'呜呼！我生不有命在天？'"清华简《程寤》则记述了周文王受命于天的故事。见陈颖飞：《清华简〈程寤〉与文王受命》，载《清华大学学报（哲学社会科学版）》2013 年第 2 期。

② 参见方祖猷：《黄宗羲〈明夷待访录〉对孙中山民主思想的启蒙》，载《北京大学学报（哲学社会科学版）》2011 年第 5 期。

不有命在天？'祖伊反曰：'呜呼！乃罪多，参在上，乃能责命于天？'"①《逸周书·商誓解》载："今在商纣，昏忧天下，弗显上帝，昏虐百姓，奉天之命。上帝弗显，乃命朕文考曰：'殪商之多罪纣。肆予小子发，弗敢忘天命。'"②这些资料均能说明罪很早就成为对君主的评价标准，君罪观念很早就出现了。类似观点到春秋战国时期仍然存在。《国语·鲁语·里革论君之过》载："晋人杀厉公，边人以告，成公在朝。公曰：'臣杀其君，谁之过也？'大夫莫对，里革曰：'君之过也。夫君人者，其威大矣。失威而至于杀，其过多矣。且夫君也者，将牧民而正其邪者也，若君纵私回而弃民事，民旁有慝无由省之，益邪多矣。若以邪临民，陷而不振。用善不肯专，则不能使，至于殄灭而莫之恤也，将安用之？桀奔南巢，纣踣于京，厉流于彘，幽灭于戏，皆是术也。夫君也者，民之川泽也。行而从之，美恶皆君之由，民何能为焉。'"③君有罪而杀之，民不为过。然而随着德、公、忠等思想的发展，君主逐渐被排除出罪的评价对象。④君主专制主义的强化使得君主所犯的错误有了替代性承担主体，如臣下、围绕君主的女性等等。

君罪观念的消失并不意味着君主制度本身的缺陷就消失了，甚至随着君主专制制度的确立而愈发严重。宋末元初的道家人物邓牧在《伯牙琴·君道》中云："不幸而天下为秦，坏古封建，六合为一，头会箕，敛竭天下之财以自奉，而君益贵；焚诗书，任法律，筑长城万里。凡所以固位而养尊者，无所不至，而君益孤。惴惴然若匹夫怀一金，惧人之夺，其后亦已危矣。天生民而立之君，非为君也，奈何以四海之广，足一夫之用邪！故凡为饮食之侈、衣服之备、宫室之美者，非尧舜也，秦也。为分而严、为位而尊者，非尧舜也，亦秦也。后世为君者，歌颂功德动称尧舜，而所以自为乃不过如秦，何哉！书曰甘酒嗜音峻宇雕墙，有一于此，未或不亡。"⑤这一观点深刻指出自秦代而建立的皇帝制度聚天下之人、财、物而保皇帝之专利，并从根本上对皇帝制度所追求的政治目的进行否定。对君主的这种批评由来已久，如《国语·周语·芮良夫论荣夷公专利》曾经记载芮良夫谏周厉王专利

---

① 〔汉〕孔安国传、〔唐〕孔颖达正义：《尚书正义》，黄怀信整理，上海古籍出版社2007年版，第384页。
② 黄怀信、张懋镕、田旭东：《逸周书汇校集注》，上海古籍出版社2007年版，第454页。
③ 罗家湘注译：《国语》，中州古籍出版社2010年版，第120页。
④ 周东平、李勤通：《论传统治道中君罪的形成与消解》，载《原道》第29辑。
⑤ 邓牧撰：《伯牙琴》，清钞本。

称："夫利，百物之所生也，天地之所载也，而或专之，其害多矣。天地百物，皆将取焉，胡可专也……今王学专利，其可乎？匹夫专利，犹谓之盗，王而行之，其归鲜矣。荣公若用，周必败。"[1] 相较于邓牧，芮良夫对"专利"的批判局限于君主的层面，而未上升到君主制。邓牧的思想已经达到相当的高度。整体来看，中国古代对君主制的批评是渐进式的，而且分为以下几个重要层面。

第一，否定君主受命于天的君权神授理念。与受命于天的观念不同，一些中国传统思想以为君主的形成有其社会基础，如《墨子·尚同上》云："夫明乎天下之所以乱者，生于无政长。是故选天下之贤可者，立以为天子。天子立，以其力为未足，又选天下之贤可者，置立之以为三公……"[2]《吕氏春秋·孟秋纪》则谓："未有蚩尤之时，民固剥林木以战矣，胜者为长。长则犹不足治之，故立君。君又不足以治之，故立天子。天子之立也出于君，君之立也出于长，长之立也出于争。争斗之所自来者久矣，不可禁，不可止，故古之贤王有义兵而无有偃兵。"[3]《无能子·圣过》称："彼始无卑无尊，孰谓之君臣？吾强建之，乃君乃臣。彼始无取无欲，何谓爵禄？吾强品之，乃荣乃辱。"[4] 东传中土的佛教也有类似观念，[5] 其非君思想一度对中国传统产生相当大的冲击。最著名的就是有关沙门不敬王者论。早期印度佛教的理念就存在僧尊俗卑的基本伦理观，[6] 如此则君不在僧之上。同时，佛教的平等观更容易产生非君的观念。因此，佛教东传后，其伦理与中国传统伦理产生了沙门应否敬王者的争论。《广弘明集》卷二十五《僧行篇》甚至称："内经称：'沙门，拜俗损君父功德及以寿命。'"[7] 不过，佛教对君主的否定逐渐妥协了。[8]

第二，否定君主制的制度优势。对此，道教在无为思想下有一脉相承的批评。

---

① 罗家湘注译：《国语》，中州古籍出版社 2010 年版，第 25 页。

② 孙怡让撰：《墨子间诂》，孙启治点校，中华书局 2001 年版，第 75 页。

③〔战国〕吕不韦：《吕氏春秋全译》，关贤柱等译注，贵州人民出版社 1997 年版，第 209 页。

④ 王明校注：《无能子校注》，中华书局 1981 年版，第 2 页。

⑤ 王永会：《佛教政治哲学简论》，载《社会科学研究》2000 年第 3 期。

⑥ 圣凯：《印度佛教僧俗关系的基本模式》，载《世界宗教研究》2011 年第 3 期。

⑦〔唐〕道宣：《广弘明集》，收入大正新修大藏经刊行会编：《大正新修大藏经》第五二册，新文丰出版股份有限公司 1986 年版，第 291 页。

⑧ 周东平：《论佛教礼仪对中国古代法制的影响》，载《厦门大学学报（哲学社会科学版）》2010 年第 3 期。

《老子》第七十五章云："民之饥，以其上食税之多，是以饥。民之难治，以其上之有为，是以难治。民之轻死，以其上求生之厚，是以轻死。"①《老子》第十九章又云："绝圣弃智，民利百倍；绝仁弃义，民复孝慈；绝巧弃利，盗贼无有。此三者，以为文不足，故令有所属：见素抱朴，少私寡欲。"②《庄子·盗跖》称："尧舜为帝而雍，非仁天下也，不以美害生；善卷、许由得帝而不受，非虚辞让也，不以事害己。此皆就其利、辞其害，而天下称贤焉，则可以有之，彼非以兴名誉也。"③《昌言·理乱篇》云："豪杰之当天命者，未始有天下之分者也。无天下之分，故战争者竞起焉。于斯之时，并伪假天威，矫据方国，拥甲兵与我角才智，程勇力与我竞雌雄，不知去就，疑误天下，盖不可数也。"④阮籍《大人先生传》云："昔者天地开辟，万物并生；大者恬其性，细者静其形；阴藏其气，阳发其精；害无所避，利无所争；放之不失，收之不盈。亡不为夭，存不为寿；福无所得，祸无所咎：各从其命，以度相守。明者不以智胜，暗者不以愚败；弱者不以迫畏，强者不以力尽。盖无君而庶物定，无臣而万事理；保身修性，不违其纪；惟兹若然，故能长久。"⑤再如前文所引《伯牙琴》的观点。在主张无为的道教政治理念下，君主的作为被认为并非总能带有好的治理效果。⑥因此，很容易由之引申出道家对君主治理效果的否定。所以，尽管道家观念并不完全反对君主制，但其对于有为之君是否能够导致好的政治效果持显著否定态度。

　　第三，否定以维护君主制作为政治治理的主要目的。随着君主制的发展，维护君主统治被认为是政治的核心目的。如《唐律疏议·名例律》云："王者居宸极之至尊，奉上天之宝命，同二仪之覆载，作兆庶之父母。为子为臣，惟忠惟孝。"⑦但是道高于君、立君为民的思想恐难为任何思想家乃至统治者所否定。⑧因此，与对君权神授和君主治理效果的否定不同，反对以君主制为制度目的的思想家仍有很

①〔魏〕王弼注：《老子道德经注校释》，楼宇烈校释，中华书局2008年版，第184页。
②〔魏〕王弼注：《老子道德经注校释》，楼宇烈校释，中华书局2008年版，第45页。
③〔晋〕郭象注、〔唐〕成玄英疏：《庄子注疏》，曹础基等整理，中华书局2011年版，第527页。
④〔东汉〕崔寔、〔东汉〕仲长统：《政论校注·昌言校注》，孙启治校注，中华书局2012年版，第257页。
⑤陈伯君校注：《阮籍集校注》，中华书局1987年版，第169~170页。
⑥胡昌升：《道教治世思想研究》，山东大学2003年博士学位论文，111~115页。
⑦〔唐〕长孙无忌等撰：《唐律疏议》，刘俊文点校，中华书局1983年版，第6页。
⑧张分田：《中国帝王观念》，中国人民大学出版社2004年版，第446~447、554~566页。

多，儒家知识分子对之也十分认同。①尤其以孟子为代表的思想家对这一观念有极为深入的阐述，并为后世所认同。《孟子·尽心下》云："民为贵，社稷次之，君为轻。"②《左传·文公十三年》载："苟利于民，孤之利也。天生民而树之君，以利之也。民既利矣，孤必与焉。"③《荀子·臣道》则曰："传曰：'从道不从君。'"④不仅儒家，道教也有同样的认识。例如，《淮南子·诠言训》称："民有道所同道，有法所同守。为义之不能相固，威之不能相必也，故立君以一民。君执一则治，无常则乱。君道者，非所以为也，所以无为也。何谓无为？智者不以位为事，勇者不以位为暴，仁者不以位为患，可谓无为矣。"⑤尽管道家主张无为思想，但其立君为民的观念仍然存在，只是对君主的功能持无为的观点。不过，民本思想并未完全否定君主功能的目的性，随着思想观念的发展，传统民本观为政治制度设计了维护君主和保障百姓的双重目的，并且具有了一定的实践性。"大量事实表明，中华帝制明确无误地将'以民为本'作为统治思想。其根本原因就在于儒家的'以民为本'，一方面论证了帝制的政治制度和社会法则，保证了统治阶级在政治上、等级上、经济上、法律上、道德上的特权，并使君主得以以民众利益代言人的名义实行统治；另一方面又为广大臣民提供了一定限度的利益和权利的保障。"⑥相较于孟子的民本思想，这种折中性的民本观更有影响力。

这种对君主制的批判在中国以君主制为主要政治体制的背景下显得有些格格不入，而且忠孝观念在中国古代逐渐形成忠先于孝的基本序列，儒家伦理又建立起为尊者讳的理念。实际上，希望找到一位天生圣人带着整个社会走向繁荣，这自先秦

---

①当然这并不是说儒家知识分子就没有否定君权神授和君主治理效果的观点。如皮日休《读司马法》云："古之取天下也以民心，今之取天下也以民命。唐虞尚仁，天下之民从而帝之，不曰取天下以民心者乎？汉魏尚权，驱赤子于利刃之下，争寸土于百战之内，由士为诸侯，由诸侯为天子，非兵不能威，非战不能服，不曰取天下以民命者乎？"《全唐文》卷七百九十九。〔清〕董诰：《全唐文》，中华书局 1983 年版，第 8382 页。不过，皮日休的观点对君主的权力来源进行了反思，但是并未触及君主制的根本。有学者以为，皮日休的观点体现出否定君权神授的一面。见赵俊：《晚唐思想界三杰》，载《中国社会科学院研究生院学报》1999 年第 6 期，第 68 页。这一观点值得参考，但从内容来看，应该并不典型。

②杨伯峻译注：《孟子译注》，中华书局 1960 年版，第 328 页。

③李学勤主编：《十三经注疏·春秋左传正义》，北京大学出版社 1999 年版，第 628 页。

④〔清〕王先谦：《荀子集解》，沈啸寰等点校，中华书局 1988 年版，第 250 页。

⑤〔西汉〕刘安：《淮南子全译》，许匡一译注，贵州人民出版社 1993 年版，第 67 页。

⑥张分田：《儒家的民本思想与帝制的根本法则》，载《文史哲》2008 年第 6 期。

就是中国传统政治理念之一，^①而且一直是主流政治观念。但中国也很早就从自身政治实践中孕育出以德配天、民本等基本的政治理念，这意味着百姓也是政治实践的主要目的。"除无君论者外，中国古代思想家都把'立君为天下'命题视为其政治理论体系的本原性、本体性的依据。"^②尽管这些观念具有内在局限性，却能在一定程度上使得政治理念的目的论呈现多元性，保民与保君之间的冲突与不兼容意味着对君主与君主制进行批判的可能。在君主制作为主流政治理念与政治现实的同时，这些思想显得尤为可贵。同时，这些思想的发展还推动了明君思想的发展，尽管明君思想本身并未对君主制形成冲击，但是其所建立的标准潜在地对君主进行评价，从而能够为人们更加合理地、现实地理解君主制的利弊奠定了认识基础。^③而随着君主制度发展，对君主制的认同在唐宋有加强的趋势。但是，君主专制的强化必然会带来制度弊端，尤其是随着明代君主专制制度的加强，君主一人身系国家兴衰的制度形态愈发明显，政治实践中君主本身的素质对国家、社会的发展也越来越重要，深处其中而深感君主制局限的黄宗羲、郭嵩焘等传统知识分子不可避免地会思考这一制度本身存在的问题，中国历史上对君主制进行批判的观念也必然成为其思想资源。

二、明末黄宗羲对君主观念批判的集大成

黄宗羲，浙江余姚人，生于明神宗万历三十八年（1610年），卒于清康熙三十四年（1695年），历经明神宗、明光宗、明熹宗、崇祯帝与清顺治、康熙等两朝六帝。他师从明代大儒刘宗周，其政治理念在延续前儒的基础上有进一步的发展。他在《留书》《明夷待访录》中深入地表达了其政治理念，《留书》侧重于分析明亡的原因，而《明夷待访录》侧重于理想制度的制度建构。在此著作中，黄宗羲建构了相对完整的理论体系，其中包括他的君主批判思想。

黄宗羲的父亲是著名的东林党人黄尊素，因东林党祸而被处死。黄宗羲侍父极

①《史记》等。如《史记·五帝本纪》所展现的思想。
②张分田：《论"中国古代模式"的政治学说体系》，载《天津师范大学学报（社会科学版）》2013年第3期。
③可能正是因为对现实政治的反思，而使阮籍创造了《大人先生传》，并在其中表达了非君的思想。见韦凤娟：《阮籍〈大人先生传〉辨析》，载《文学遗产》1983年第4期。政治理想与政治现实之间的差异能够使人进行反思。

孝，父亲的蒙冤而死对他的思想当有极为重要的启发。《明夷待访录·学校》云：
"东汉太学三万人，危言深论，不隐豪强，公卿避其贬议；宋诸生伏阙捶鼓，请起
李纲；三代遗风，惟此犹为相近。使当日之在朝廷者，以其所非是为非是，将见盗
贼奸邪慑心于正气霜雪之下！君安而国可保也。乃论者目之为衰世之事；不知其
所以亡者，收捕党人，编管陈、欧，正坐破坏学校所致，而反咎学校之人乎！"①
从这里可以看出，黄宗羲对东林党祸的思考使之认识到现实政治的弊端。尽管东林
党祸由阉党而成，但是他很清楚地认识到"在朝廷者"（当为君主）对东林党人忠
言直谏的忽视是带来国家灾难的发端。正直的士人与昏庸的君主在明末政治实践中
形成鲜明对比。大概就是面对这种现实环境，黄宗羲才能更深刻地认识传统君主制
度，思考其利弊得失，并因之对君主专制展开深入批判。黄宗羲对君主批判的深入
思考，既对传统有所继承又有所突破。

　　黄宗羲对君主制的批判也从以下三个角度展开。第一，他否定受命于天的君
主观。《明夷待访录·原君》云："有生之初，人各自私也，人各自利也；天下有
公利而莫或兴之，有公害而莫或除之。有人者出，不以一己之利为利，而使天下受
其利，不以一己之害为害，而使天下释其害。"②从这一观念来看，君主的出现乃
是基于社会的客观需求。也有学者认为黄宗羲是以君主职能说去掉君主天命说。③
第二，他否定君主制所带来的政治实效。《明夷待访录·原君》甚至提出："天下
之大害者，君而已矣。"④第三，他否定政治制度的目的在于维护君主利益。《明
夷待访录·原君》谓："古者以天下为主，君为客，凡君之所毕世而经营者，为
天下也。"⑤从这三个角度可以看出，黄宗羲对传统批判君主的观念有着内在继承
性。不过，黄宗羲并未局限于古人，而是有所突破。他历经明后期的东林党祸、崇
祯败亡、南明复败，其中君晦臣暗的政治形态对其君主观难免有影响。儒家所鼓吹
的君主制与其政治理想之间的裂痕莫此为甚。黄宗羲对政治理想与政治实践之间的
冲突有深刻认识。儒家也深以为立君为民，《明夷待访录·置相》亦云："原夫作

①〔清〕黄宗羲：《明夷待访录》，中华书局1981年版，第11页。
②〔清〕黄宗羲：《明夷待访录》，中华书局1981年版，第1~2页。
③孙宝山：《黄宗羲与孟子的政治思想辨析》，载《孔子研究》2006年第4期。
④〔清〕黄宗羲：《明夷待访录》，中华书局1981年版，第2页。
⑤〔清〕黄宗羲：《明夷待访录》，中华书局1981年版，第2页。

君之意，所以治天下也。"①但政治理想落实到实践中的结果却是君主成天下之大害，专天下之利、揽天下之财、以天下奉一人，民主君客的政治理想在实践中变成民客君主。因此，黄宗羲对明代君主也不假辞色，不为尊者讳。如《明儒学案》卷四十三《诸儒学案上一》谓："成祖天性刻薄。"②天性刻薄本是司马迁形容商鞅之语。《史记·商君列传》云："商君，其天资刻薄人也。"③将儒家评价极低的商鞅的词评价明成祖，从中可见黄宗羲的政治理念。而如果要真正实现政治理想，政治制度设计极为重要。④整个《明夷待访录》最后的落脚点也主要在于制度设计，试图找到一条重现三代之治的道路。

　　黄宗羲君主观的重要性不仅在于其强烈的批判精神，而且在于其建构性。或以为黄宗羲《明夷待访录》的思想主线在于其对公、私的辨别，由此君民、君臣关系形成一种新的结构。⑤但事实上，国公、君私的对立，君臣之间的同事而非人身依附关系其来有自。《礼记·礼运》则载："天下为公。"郑玄注："公，犹共也，禅位授圣，不家之。"孔颖达疏："'天下为公'者，谓天子位也。为公谓揖让而授圣德，不私传子孙，即废朱、均而用舜、禹是也。"⑥天下为公、君为私的观点甚至内含禅让的正当性。而《孟子》《白虎通义》等早就对君臣之间的同事合作关系有所论述。《明夷待访录·置相》即引孟子之语。《白虎通义》卷一则云："天子者，爵称也。爵所以称天子者何？王者父天母地，为天之子也。故《援神契》曰：'天覆地载谓之天子，上法斗极。'《钩命决》曰：'天子，爵称也。'帝王之德有优劣，所以俱称天子者何？以其俱命于天，而王治五千里内也。"⑦虽然此处有君权神授之意，但考诸其语义背景，天子与公、侯、伯、子、男之间似乎无实质区别，之所以天子命于天，可能是因为天子之上再无高爵，无人能够承担授爵的职能，而只能寄托于虚拟的上天。因此，公私之辨并非黄宗羲独有，尽管这一观念

①〔清〕黄宗羲：《明夷待访录》，中华书局1981年版，第7页。

②〔清〕黄宗羲：《明儒学案》，沈芝盈点校，中华书局1985年版，第1045页。

③〔西汉〕司马迁：《史记》，中华书局2014年版，第2718页。

④梁一群：《黄宗羲关于社会治理的政治构想》，载《浙江社会科学》2006年第4期。

⑤张海晏：《公私之辨——黄宗羲〈明夷待访录〉的思想主线》，载《浙江社会科学》2016年第12期。

⑥〔东汉〕郑玄注、〔唐〕孔颖达正义：《礼记正义》，吕友仁整理，上海古籍出版社2008年，第874~878页。

⑦〔西汉〕班固等撰：《白虎通》，中华书局1985年版，第1页。

对其理念的展开具有极为重要的作用。不少学者指出黄宗羲的政治理念是民本思想的极限，[①]并从这一角度来看其合理性。但黄宗羲极为重要的思想贡献在于民主臣客的观点，这一点也为很多学者所认识到。[②]

《明夷待访录·原君》谓："古者以天下为主，君为客，凡君之所毕世而经营者，为天下也。"[③]或以为，所谓主、客意味着，"相对于天下来说，君主不过是客体，君主的更换伴随的不再是天下的灭亡。"[④]但对于主、客之分，或可从两个层面展开。第一，儒学层面。宋明儒家知识分子对主、客有较为系统的阐述。张载《正蒙·太和篇》曾云："太虚无形，气之本体，其聚其散，变化之课形尔。至静无感性之渊源，有识有知，物交之客感尔。"蔡仁厚认为，"客者，过客之客，是暂时义。客形，意即暂时之形态，亦即气之变化所呈现的'相'。"[⑤]《明儒学案》卷二《崇仁学案二》则载："盖静者体，动者用；静者主，动者客。故曰主静，体立而用行也。"[⑥]在主、客关系中，主为体，客为用，也即主意味着主体，客意味着外在形态。如《明儒学案》卷二十一《江右王门学案六》云："要之，人心是客感客形耳，总只是箇道心，故用功全在惟精。"[⑦]这又意味着主是修养的目的，而客是实现主修养的手段。主客关系意味着民、君之间是目的与手段的关系，也是本体与外在的关系。而且，客是不稳定的。如《明儒学案》卷十一《浙中王门学案一》云："此道体也，此心也，此学也。人性本善也，而邪恶者客感也，感之在于一念，去之在于一念，无难事，无多术。"[⑧]客是不稳定且可能带有危害的，主则可以一念感之，一念去之。以之比对民、君关系，可能意味着民可以择君，君不善则去之。这相对于民、君之间的公、私之辨

①张师伟：《民本的极限——黄宗羲政治思想新论》，中国人民大学出版社 2004 年版；允春喜：《"民本之极限"还是"民主之萌芽"——黄宗羲政治思想定位》，载《北京科技大学学报（社会科学版）》2009 年第 3 期。

②程志华：《儒学民本思想的终极视域》，载《哲学研究》2004 年第 2 期；吴光：《论黄宗羲新民本思想的性质、内容、渊源及其现代意义》，载《孔子研究》2009 年第 2 期。

③〔清〕黄宗羲：《明夷待访录》，中华书局 1981 年版，第 2 页。

④允春喜：《黄宗羲"君臣"观辨析》，载《道德与文明》2011 年第 1 期。

⑤蔡仁厚：《宋明理学·北宋篇》，吉林出版集团有限责任公司 2009 年版，第 86 页。

⑥〔清〕黄宗羲：《明儒学案》，沈芝盈点校，中华书局 1985 年版，第 31 页。

⑦〔清〕黄宗羲：《明儒学案》，沈芝盈点校，中华书局 1985 年版，第 507 页。

⑧〔清〕黄宗羲：《明儒学案》，沈芝盈点校，中华书局 1985 年版，第 223 页。

又更加深入，何况黄宗羲对于私本身并不否定。①第二，社会层面。自宋代以来，主、客关系常常适用于民间田地租赁的表达中，并为官方所认可。如《容斋续笔》卷七《田租轻重》载："言下户贫民自无田，而耕垦豪富家田，十分之中以五输本田主，今吾乡俗正如此，目为主客分云。"②《宋会要辑稿·食货六》载："依供具税租隐匿不寔罪赏施行外，欲候人户供到，从本县将保正账并诸乡主客保簿参照，若非系保伍籍上姓名，即是诡名挟户。"③在主客关系的表述中，黄宗羲以"经营"来表达君主的职能，极有可能也是以租赁关系中主、客比拟民、君关系。由此产生两种意义：其一，民为田主，君为田租，君虽主导田地的耕营，却并非田主且应为前者的利益活动，这可能也是对"普天之下，莫非王土"④观念的反对；其二，田主与田租之间以约为建构关系的基础，从某种意义上这与西方社会契约论的观念内在相似，君主的权力不是来自自身而是来自民的授予，且存在某种抽象意义上的契约关系。当然，这种以土地财富的所有权与使用权为契约内容的理解与西方的社会契约论有很大差异。

　　这两个层面意味着黄宗羲对君主制的思考已经远超时人。有学者曾经指出，孙中山在黄宗羲思想的基础上进一步推进出君臣为民所役的观念，而前者更为进步。⑤但事实上，如果从社会层面来看，黄宗羲的主客关系论中已经蕴含君为民所役的观念，而且相较于孙中山更为丰富，田主、田客之间的契约性关系从某种意义上也是对人身依附性的否定，君臣为民所役的观念则不仅带有人身依附性的思考且具有某种不平等性，这与现代民主观念是相悖的。如果从这一角度出发，黄宗羲对于民、君主客关系的思考并未被孙中山所超越，或者说孙中山可能也只认识到黄宗羲思想中某些浅层次的东西。但是，黄宗羲的思想仍然存在局限，他对于理想政治制度的设想仍然存在较重的中国传统印记。或以为，"黄宗羲《明夷待访录·原法》篇之精义，一是在法度精神上完成了从君主'一家之法'到'天下之法'的扭转。二是

---

① "黄宗羲认为，不过是因为君主所代表的政治权力系统能够实现天下人的各自私利，如此而已。"见
　梁一群：《黄宗羲关于社会治理的政治构想》，载《浙江社会科学》2006年第4期。
② 〔宋〕洪迈撰：《容斋随笔（全二册）》，孔凡礼点校，中华书局2005年版，第297页。
③ 〔清〕徐松辑：《宋会要辑稿》食货六之四二，中华书局1967年版，第4900页。
④《诗经·小雅·谷风之什·北山》。
⑤ 方祖猷：《黄宗羲〈明夷待访录〉对孙中山民主思想的启蒙》，载《北京大学学报（哲学社会科学版）》
　2011年第5期。

以六经所承载的三代法度精神与典范性制度作为高于君亲的根本政治规范，并以太学师儒为创制立法者。"①黄宗羲《破邪论》则云："余尝为《待访录》，思复三代之治。昆山顾宁人（炎武）见之，不以为迂。今计作此时，已三十余年。"②但自宋代以来，回到三代、不尊汉唐就是儒家知识分子的共识，③而黄宗羲的制度设计本质上并未超越这一设想，当然他重视权力制约、主张道统与政统并立的观念较之前儒有极大进步。从这种意义上来看，黄宗羲的君主观相较前人有进步之处，但也有内在局限性。

　　黄宗羲的君主批判思想虽然超越前人，但是也并非无本之木。明末清初是一个传统思想禁锢有所松动的时代。其一，与等差有序的礼教秩序截然不同的平等思想开始传播。④传统中国虽然有生命平等观念，但限制于自然生命而非社会生命。⑤不过，明末清初的许多知识分子对平等的理解产生了某种突破。如在唐甄的观念中，君臣、夫妻都应当是平等的。⑥李贽则以为孔子与他人并无分别，也即圣人与平常人平等，其云："夫天生一人，自有一人之用，不待取给于孔子而后足也。若必待取足于孔子，则千古以前无孔子，终不得为人乎？"⑦这一观点比"人人皆可为尧舜"的潜能平等观更为进步。⑧其二，君主制政治实践的缺陷使得时人开始了普遍性反思。如唐甄《潜书·任相》载："当是之时，非无贤才也。袁崇焕以间诛，孙传庭以迫败，卢象升以嫉丧其功。此三人者，皆良将，国之宝也。不得尽其才而枉陷于死。使当日者有一张居正之相，则间必不行，师出有时，嫉无所施，各尽其才，而明之天下犹可不至于亡。然而迹庄烈之所为，虽有居正，不能用也。"⑨唐甄将明末败亡的责任归之于庄烈皇帝（即崇祯帝），而不再仅仅思考这是为有无名臣的结果。其三，唐代之后，忠先于孝观念的定型开始重新受到检视。如王夫之

①顾家宁：《法度精神与宪制意识》，载《浙江社会科学》2015 年第 2 期。

②顾家宁：《法度精神与宪制意识——〈明夷待访录·原法〉篇再探》，载《浙江社会科学》2015 年第 2 期。

③〔清〕黄宗羲：《黄宗羲全集》第一册，浙江古籍出版社 1985 年版，第 192 页。

④陈宝良：《论晚明的平等观念》，载《社会科学辑刊》1992 年第 2 期。

⑤李勤通：《中国古代法律中生命价值的双重性解析》，载《北京社会科学》2015 年第 11 期。

⑥张磊：《唐甄政治批判思想研究》，南开大学 2010 年博士学位论文，第 49、86~87 页。

⑦〔明〕李贽：《焚书》，中华书局 1961 年版，第 16 页。

⑧李勤通：《中国古代法律中生命价值的双重性解析》，载《北京社会科学》2015 年第 11 期。

⑨〔清〕唐甄：《潜书》，四川人民出版社 1984 年版，第 350 页。

云："君臣、父子，人之大伦也。世衰道丧之日，有无君臣而犹有父子者，未有无父子而得有君臣者也。"[①]这种观点有回到先秦时期的意味。《郭店楚简·六德》载："为父（绝）君，不为君（绝）父。"[②]这一观点可以代表先秦忠先于孝的基本观点。尽管这些观点在对君主制的批判上相较于黄宗羲尚嫌乏力，但是这些思想背景的存在意味着黄宗羲的君主批判观念有其深厚的时代基础。

但是清代之后，严密的思想控制使得君主批判思想很难找到自己的生存空间。君主批判思想受到禁锢。当君主批判思想无法因内部动力而发展时，外来力量成为突破性发展的重要推进力。鸦片战争前后，船坚炮利的西方列强最终打破了中国传统知识分子的思想局限。在富国强兵、救亡图存的追求下，知识分子阶层开始逐渐认识到西方的技术优势乃至制度优势，西方列强的成功之道也成为近代中国的学习内容。洋务运动、戊戌变法、辛亥革命等一系列活动与斗争都展现出中国人的开放精神与危机意识。而中国传统知识分子在认识到西方政治制度后，对君主制的反思也逐渐上升到新的层次。当此之时，传统君主批判思想才逐渐发生根本性变化，不仅君主制的制度弊端更多地被认识到，甚至君主制存在的意义都受到挑战。在这一发展脉络中，郭嵩焘是其中一位极为重要的人物。对西方政治制度的推崇使他能够更深刻地反思中国传统君主制度的优劣，这些观念是近代革命与政治制度改革的先驱思想，值得进一步研究。

三、清末郭嵩焘对传统君主观的进一步批判

郭嵩焘，湖南湘阴人，生于清嘉庆二十三年（1818 年），卒于清光绪十七年（1891 年），历经嘉庆、咸丰、道光、同治、光绪五帝，其仕途曾经三起三落，并作为中国最早的驻外公使担任清廷驻英、法大臣。在近代开眼看世界的中国人中，郭嵩焘是一位对西方评价较高的人物，甚至为此给自己带来许多非议。[③]但是，在不断经历清末的腐朽政治运作，并亲眼见识西方政治实践后，像郭嵩焘这样具有家国情怀的时代精英，不可避免要对中国传统政治观展开思考。从某种意义上来说，黄宗羲对君主制的批判已经到达中国传统观念的极限，如何突破这种观念，

---

①〔明〕王夫之：《读通鉴论》，中华书局 1975 年版，第 2372 页。

②武汉大学简帛研究中心、荆门市博物馆：《楚地出土战国简册合集》（一），文物出版社 2011 年版，第 125 页。

③熊月之：《郭嵩焘出使述略》，载《求索》1983 年第 4 期。

或许只能通过吸收外来因素才能做到。郭嵩焘不仅身处谋求富国强兵的清末思想多元时代，而且担任驻外公使数年，因此对国外制度有了直接的观察。透过制度之间的直接对比，中国传统君主制的缺陷就进一步展现出来，其对君主制本身的思考也会变得更加深刻。不过，郭嵩焘是受儒学教育出身的传统知识分子，因此他早期对清末现实政治的思考主要还是围绕传统思维展开。

作为洋务运动的重要推手，郭嵩焘的思想相较于同时代的精英知识分子更加开放，富于突破性。无论是早期的林则徐，还是魏源，再到张之洞，师夷长技以制夷、中体西用的基本观点意味着他们对西方政治制度采取较为谨慎的态度，而且还存有以天下观为基础的"夷夏"之别。而郭嵩焘不仅很早就对"夷夏"之别的传统观点进行了否定，①而且用更加开放的态度对待西方政治制度，也正是因为他能够更加深刻地观察和反思西方政治制度，郭嵩焘才能真正反思传统君主制。

作为传统知识分子，郭嵩焘早期对于传统文化与政治观念存有深度认同。其在《读〈论语〉二则》中称："往读《论语》'父在观其志，父没观其行，三年无改于父之道，可谓孝矣'，求之不得其义。父之道果是耶，终身无改可也，何必三年？果非耶，知而改制，善述人之事者也，何待三年？及历观汉、唐以来之治，讫于今日，喟然曰：'呜呼！是言也，尽万世之变而无以逾焉者也。'三代之制，传于今者鲜矣。"②这种对三代的向往在郭嵩焘的认知中是贯穿始终的。③但与黄宗羲利用三代否定现实政治不同，郭嵩焘在早期仍然主要围绕人展开。④例如，他在日记中写道："天下者，人情之积也。两人相与而情顺，足以治天下国家矣。"⑤他又在同治五年（1866 年）上奏的《包举实学人员疏》中称："奏为方今要务，莫急于崇尚实学，振兴人文，敬举所知，以隆圣化，恭折仰祈圣鉴事……我圣祖仁皇帝冲龄践祚，值三藩之乱，征调频仍，而急延访儒臣，诏书征聘，不绝于道。耆儒宿学，聚集京师，用以成一代人文之盛，而开亿万年治平有道之基。"⑥这种

---

① 成晓军：《试论郭嵩焘世界意识的产生形成》，载《贵州社会科学》2003 年第 5 期。

② 〔清〕郭嵩焘：《郭嵩焘诗文集》，杨坚点校，岳麓书社 1984 年版，第 6 页。

③ 王俊桥：《晚年郭嵩焘》，南开大学 2014 年博士学位论文，第 227~233 页。

④ 关于郭嵩焘的人才思想，见蒋晓丽：《郭嵩焘的人才救世思想》，载《西南民族学院学报·哲学社会科学版》1997 年第 5 期。

⑤ 〔清〕郭嵩焘：《郭嵩焘日记》（第一卷），湖南人民出版社 1982 年版，第 162 页。

⑥ 〔清〕郭嵩焘：《郭嵩焘奏稿》，杨坚点校，岳麓书社 1983 年版，第 283 页。

主张与要在得人的儒家传统思维一脉相承，崇尚"有治人，无治法"①。这一思想的进步性显然远不及黄宗羲"有治法而后有治人"②的思想。但其中已经透露出郭嵩焘的实学精神，③他以为"循实以求之，考求名物象数，其制行必皆卓绝。"④因此，郭嵩焘十分支持洋务运动，希望通过实际行动来推动与世界的交往，达到富国强兵、抵御外辱的目的。也正因为求实，他很清楚地认识到，为适应当时的政治情况，必须对西方有准确的了解，谓："能知洋情，而后知所以控制之法；不知洋情，所向荆棘也。吾每见士大夫，即倾情告之，而遂以是大招物议。为语及洋情，不乐，诟毁之。然则士大夫所求知者，诟毁洋人之词，非求知洋情也。"⑤从这些角度来看，他对当时的士大夫阶层多有不满。因此，当因出使英国招致非议时，他不顾群议，毅然出使，颇有"天将降大任于斯人也"之感。⑥所以，相比当时的许多传统知识分子而言，他对西方政治制度有更强的接受度。

在出使之前，郭嵩焘已经通过与西方列强的接触了解到一些关于西方社会包括其政治制度的情况。例如，他刚刚接触洋务时，就为西方人的礼节所折服，谓："道遇利名、泰兴数夷目，与予握手相款曲。彼此言语不相通晓，一面之识而致礼如此，是又内地所不如也。"⑦这可能也是他否定"夷夏"之别的原因。再如，他很早就认识到西方大社会、小政府的政治形态。其《条陈海防事宜》云："西洋立国，在广开口岸，资商贾转运，因收其税以济国用，是以国家大政，商贾无不与闻者。嵩焘前署广东巡抚，与英领事罗伯逊等商制造轮船之方，罗伯逊言西洋机器，惟舟车外轮机器最巨，各国多者不过数具，国主不能备，则富商备之，国主兵船亦多假商人机器用焉。"⑧大概也因为此，郭嵩焘在后来的《铁路后议》中指出："今殚国家之利兴修铁路，所治不过一路，所经营不过一二千里，而计所核销之数，视所用数常相百也。是其意将以为利也，而但见其费，未睹其利。又一切行

①〔清〕王先谦：《荀子集解》，沈啸寰等点校，中华书局1988年版，第230页。

②〔清〕黄宗羲：《明夷待访录》，中华书局1981年版，第7页。

③湖湘之学即以经世致用为中心，郭嵩焘深受这种理念的影响。见李新士：《郭嵩焘洋务观研究》，南开大学2013年博士学位论文，第21~29页。

④〔清〕郭嵩焘：《郭嵩焘诗文集》，杨坚点校，岳麓书社1984年，第26页。

⑤〔清〕郭嵩焘：《郭嵩焘日记》（第三卷），湖南人民出版社1982年版，第11页。

⑥熊月之：《郭嵩焘出使述略》，载《求索》1983年第4期。

⑦〔清〕郭嵩焘：《郭嵩焘日记》（第一卷），湖南人民出版1981年版，第35页。

⑧〔清〕郭嵩焘：《郭嵩焘奏稿》，杨坚点校，岳麓书社1983年版，第341页。

以官法，有所费则国家承之，得利则归中饱；积久，无所为利焉而费滋烦，于是乎心倦而气益馁。"[1]他向李鸿章提供的这一意见充分强调社会力量对政府力量的超越，并且更加相信社会本身对于自我革新能够起到更大作用。当然，此时已经是他的晚期观点，且其中透露出对国家权力的不信任，不过从中可以看到其思想在某些意义上的一惯性。出于进一步了解西方的期待以及舍我其谁的责任担当，郭嵩焘不顾非议担任驻英大使，这对他的思想产生进一步影响，而在多方面接触西方制度与思想后，他对中国传统的君主制本身也产生了怀疑。

　　从根本上来说，郭嵩焘对君主制的理解仍然并未摆脱中国传统政治理念，所以他对中外政体的评价很大程度上建立在传统政治理想的基础上。因此，下情上达、民生增益等均是郭嵩焘的价值坐标。而他对君主制的重新认识也建立于在这种价值体系下对西方政治制度的全面观察上。通过早期与西方人在中国的接触，尤其是出使英法后，郭嵩焘在多个层面上对当时的西方政治制度有了深入了解。第一，西方大社会、小政府的状态。这一点前文已经有所论述。再如在与日本驻英大使上野景范讨论博物馆设立方式时，郭嵩焘就对西方国家以民间为主体的设立方式深为佩服，认为"西洋以商务为本，君民相与崇尚如此"[2]。甚至他提出："今言富强者，一视国家本计，与百姓无与。抑不知西洋之富专在民，不在国家也。"[3]第二，西方议会政治的实际运作。[4]他多次进入西方议会会场进行观察，并做了相关记录。他对西方政治制度的优势进行了反思。如他认为"巴力门君民争政，互相残杀，百数年久而后定，买阿尔独相安无事，亦可知为君者之欲易逞而难戢，而小民之情难拂而易安也。中国秦汉以来二千余年适得其反。能辨此者鲜矣"[5]。通过对英国资产阶级革命的观察，他指出英国设立独立于议会或君、民的镇长等可以回避政治纷争，达到长治久安，这是中国传统政治制度所无的。第三，开始认识到民主制在西方国家的根基性意义。在与刘云山讨论西方税制过程中，刘云山提出"此法

① 〔清〕郭嵩焘：《郭嵩焘诗文集》，杨坚点校，岳麓书社 1984 年，第 555 页。

② 〔清〕郭嵩焘：《郭嵩焘日记》（第三卷），湖南人民出版 1982 年版，第 328 页。

③ 〔清〕郭嵩焘：《郭嵩焘诗文集》，杨坚点校，岳麓书社 1984 年，第 255 页。

④ 郭汉民：《郭嵩焘对西方的认识及其思想超越》，载《湖南师范大学社会科学学报》2000 年第 2 期；〔日〕小野泰教：《郭嵩焘与刘锡鸿政治思想的比较研究》，载《清史研究》2009 年第 1 期；余冬林：《试析郭嵩焘〈伦敦与巴黎日记〉中的议会形象》，载《理论月刊》2012 年第 1 期；等等。

⑤ 〔清〕郭嵩焘：《郭嵩焘日记》（第三卷），湖南人民出版社 1982 年版，第 373 页。

诚善，然非民主之国，则势有所不行。西洋所以享国长久，君民兼主国政故也。"
郭嵩焘以为刘"此论至允"。①他曾经提出："西洋政教以民为重，故一切取顺民
意，即诸君主之国，大政一出自议绅，民权常重于君。去年美国火轮车工匠毁坏铁
路，情形与此正同，盖皆以工匠把持工价，动辄称乱以劫持之，亦西洋之一敝俗
也。则用人行政一与民同，而议绅得制其柄，则又有可为程式者。"②民主、民权
说法的提出及郭嵩焘对之的赞誉，意味着他已经认识到民主制度的内在优势，这显
然会对其君主制观念造成挑战。

　　通过对西方的深入观察，郭嵩焘明确认识到西方政治制度相对于中国传统制
度的优势。如他曾经提出："吾谓西法学、仕两途相倚，不患无以自立，此较中
国为胜。"③又如他认为西方的财政制度，"三代制用之经，量入以为出，西洋则
量出以为入，而后知其君民上下，并心一力，以求制治保邦之义，所以立国数千
年而日臻强盛者此也"④。在此基础上，郭嵩焘还认为西方在很多层面都远在中国
之上，如他参观伦敦某学馆的乐团表演后，提出"三代礼乐，无加与此矣"⑤。再
如，他认为源自西方的万国公法是三代之礼在当代的具体体现。⑥总的来说，他以
为，"三代盛时，不过曰吏效其职、民输其情而已，其道固无以加此也"⑦。事实
上，将三代之制类比于西方制度是郭嵩焘评价西方政治与社会的重要标准。"西
洋君德，视中国三代令主，无有能庶几者；即伊、周之相业，亦未有闻焉。而国
政一公之臣民，其君不以为私。其择官治事，亦有阶级资格。而所用必皆贤能，
一与其臣民共之，朝廷之爱憎无所施。臣民一有不惬，即不得安其位。自始设立
议政院，即分同、异二党，使各竭其志意，推究辩驳，以定是非，而秉政者亦于
其间迭起以争胜。于是两党相持之局，一成而不可易，问难酬答，直输其情，无
有隐避，积之久而亦习为风俗。"⑧也因此，"西洋一隅为天地精英所聚，良有由

①〔清〕郭嵩焘：《郭嵩焘日记》（第三卷），湖南人民出版社1982年版，第179页。

②〔清〕郭嵩焘：《郭嵩焘日记》（第三卷），湖南人民出版社1982年版，第506页。

③〔清〕郭嵩焘：《郭嵩焘日记》（第三卷），湖南人民出版社1982年版，第543页。

④〔清〕郭嵩焘：《郭嵩焘日记》（第三卷），湖南人民出版社1982年版，第466页。

⑤〔清〕郭嵩焘：《郭嵩焘日记》（第三卷），湖南人民出版社1982年版，第159页。

⑥范广欣：《从三代之礼到万国公法：试析郭嵩焘接受国际法的心路历程》，载《天府新论》2016年第4期。

⑦〔清〕郭嵩焘：《郭嵩焘诗文集》，杨坚点校，岳麓书社1984年，第191页。

⑧〔清〕郭嵩焘：《郭嵩焘日记》第三卷，湖南人民出版社1982年版，第393页。

然也。"①甚至在某些方面，郭嵩焘认为西方政治制度已经超越了三代的。如他提出："即我朝圣祖之仁圣，求之西洋一千八百七十八年中，无有能庶几者。圣人以其一身为天下任劳，而西洋以公之臣庶。一身之圣德不能常也，文、武、成、康，四圣相承不及百年，而臣庶之推衍无穷，愈久而人文愈盛。颇疑三代圣人之公天下，于此犹有歉者。"②在此，他明确提出制度对于培养人才乃至发展国家的重要意义，尽管尚未明言，但其中显然有法治优于人治之意。三代且如此，匡乎当代。郭嵩焘又言："三代以前，独中国有教化耳，故有要服、荒服之名，一皆远之于中国而名曰夷狄。自汉以来，中国教化日益微灭，而政教风俗，欧洲各国乃独擅其胜，其视中国，亦犹三代盛时之视夷狄也。中国士大夫知此义者尚无其人，伤哉！"③这与中国士大夫的"夷狄"之辨形成反方向的认知，即他认为西方政治与社会制度的优势从某种意义上使得中国成了真正的落后者。

在不断的观察与反思中，郭嵩焘对中国传统的君主制也有了更深刻的了解。他在光绪六年（1880 年）称："孟子言政曰：'民为贵，社稷次之，君为轻。'天生民而立之君，所以为民也。三代圣人所汲汲者，安民以安天下而已。自战国游士创为尊君卑臣之说，而君之势日尊。至秦乃竭天下之力以奉一人而不足，又为之刑赏劝惩以整齐天下之人心。历千余年而人心所同拱戴者，一君而已。因是以推及三代，因是而并衰周之世责以大一统之义，且以是苛及孟子，其大旨反复归宿惟在于此。虽余隐之之辨，亦不敢直讦其不然也。此宋以来论古者之一大蔽也。"④仅从这段话来说，他的君主观念并未超越黄宗羲。但他在其他与君主制相关的论述中已经充分认识到以下几个命题：第一，君民之间具有平等性。如他曾经考察说："法国官职视他国为简，不设宫官，以其国主亦称统领，君民相视平等，故无所事朝仪也。"⑤这种君民平等观念甚至影响到其对礼学的思考，如其《礼记质疑》解"丧不贰事，自天子达于庶人"，一反郑玄注而称："专心一志于亲之丧以尽其哀，则自天子至庶人同也。"⑥这在君、民等级森严的礼教思维中是特立独行的。

---

① 〔清〕郭嵩焘：《郭嵩焘日记》（第三卷），湖南人民出版 1982 年版，第 393~394 页。

② 〔清〕郭嵩焘：《郭嵩焘日记》（第三卷），湖南人民出版 1982 年版，第 548 页。

③ 〔清〕郭嵩焘：《郭嵩焘日记》（第三卷），湖南人民出版社 1982 年版，第 439 页。

④ 〔清〕郭嵩焘：《郭嵩焘日记》（第四卷），湖南人民出版社 1983 年版，第 69 页。

⑤ 〔清〕郭嵩焘：《郭嵩焘日记》（第三卷），湖南人民出版社 1982 年版，第 491 页。

⑥ 〔清〕郭嵩焘：《礼记质疑》，邬锡非等点校，岳麓书社 1992 年版，第 156 页。

第二，国家兴衰在政府制度、社会资本而不在君主圣心。如他在考察英国政体时曾经指出："推原其立国本末，所以持久而国势益张者，则在巴力门议政院有维持国是之义；设买阿尔治民，有顺从民愿之情。二者相持，是以君与民交相维系，迭盛迭衰，而立国千余年终以不敝，人才学问相承以起，而皆有以自效，此其立国之本也。"①有学者还以为，郭嵩焘希望能够在中国建立君主立宪制。②郭嵩焘还极为推崇西方国家通过社会资本发展商业的做法。在某种程度上黄宗羲的民、君体用论，到郭嵩焘转变为政、商本末论。第三，君不必为所有人之君。尽管郭嵩焘没有明确表达这一观点，但是他在某种意义上暗示过。《礼记·郊特牲》载："朝觐，大夫之私觌非礼也。大夫执圭而使，所以申信也；不敢私觌，所以致敬也。而庭实私觌何为乎诸侯之庭？为人臣者无外交，不敢贰君也。"③关于私觌，郭嵩焘《礼记质疑》云："嵩焘案：《仪礼·聘礼》宾及上介、士介皆有私觌，郑注：'以臣礼见也。'盖聘礼致命以宾礼为君致敬，私觌者，所以自致其敬也，皆有庭实。《觐礼》无私觌。诸侯北面觐天子，自执臣礼，无所容其私觌也……诸侯之大夫不纯臣于天子，故亦为之私觌；而从其君以朝觐则义系之其君，而以私觌上干天子，故曰'非礼'。"④所谓诸侯不纯臣天子且"私觌上干天子"，其意当以为臣子之臣非天子之臣，这与先秦的君主观颇为相似，⑤而与君主制主张君主的无上权威有别。

从这些内容来看，在深入了解到西方政治制度后，郭嵩焘开始对君主制本身产生怀疑。从内容来看，郭嵩焘的君主批判观念与黄宗羲颇有相似之处，都对秦汉以来"以天下奉一人"的专制制度存在强烈质疑，而且都主张政治制度设计要回归三代。从根本上来说，黄宗羲与郭嵩焘都承继宋儒的政治理想，并且认识到儒家政治理想与现实政治实践之间存在巨大张力。但是黄宗羲仍然试图从传统政治实践的思路中找寻突破路径，而郭嵩焘通过对西方政治制度的考察找到三代之制的现实版，从而试图为儒家政治理想走向现实找到具体路径。而且，郭嵩焘在根本理念上已经超越黄宗羲。尽管他并未如黄宗羲般提出相对系统的君主制批判思想，但是以君民平等甚至民权观念、大社会小政府为基础的思想使得他能够超越黄宗羲去思考良性

①〔清〕郭嵩焘：《郭嵩焘日记》（第三卷），湖南人民出版社1982年版，第373页。
②黄启昌：《郭嵩焘法制思想探论》，载《求索》2008年第12期。
③〔清〕孙希旦：《礼记集解》，沈啸寰、王星贤点校，中华书局1989年版，第677页。
④〔清〕郭嵩焘：《礼记质疑》，邬锡非等点校，岳麓书社1992年版，第300页。
⑤朱子彦：《论先秦秦汉时期的两重君主观》，载《史学月刊》2004年第2期。

政治体制所具有的要素。其中，君主所扮演的角色不仅不那么重要，甚至完全可以被取代，而且民间可以自立自强，国家主要应该发挥辅助性作用。这些思想中有很多甚至是超越早期资产阶级革命者如孙中山的部分观念的。当然，他的思想仍然有局限性，例如他仍然把政治制度的变革寄托于变风俗、通民情之上。但这些无损于其思想的伟大，只是体现了时代的特点。

　　事实上，对君主制的思考在中国早期外交使节的群体中具有相当程度的普遍性。[①]面对闻所未闻的西方政治制度及其效能，真正开眼看世界的中国传统知识分子受到的冲击可以想见。甚至，郭嵩焘的这些君主批判思想相较于一些驻外使节尚嫌保守。如薛福成通过观察认为："地球万国内治之法，不外三端：有君主之国，有民主之国，有君民共主之国。凡称皇帝者，皆有君主之全权于其国也。中国而外，有俄、德、奥、土、日本五国；巴西前亦称皇帝，而今改为民主矣。美洲各国及欧洲之瑞士与法国，皆民主之国也，其政权全在议院，而伯理玺天德（译作总统）无权焉。欧洲之英、荷、义、比、西、葡、丹、瑞典诸国，君民共主之国也，其政权亦在议院，大约民权十之七八，君权十之二三。"[②]这一观点将民权与君权对立起来，在这种观念下，尊重君权的政治体制可能就会对民权造成侵害。这种观点非止一例。再如马建忠认为："各国吏治异同，或为君主，或为民主，或为君民共主之国，其定法、执法、审法之权分而任之，不责于一身，权不相侵，故其政事，纲举目张，粲然可观。催科不由长官，墨吏无所逞其欲；罪名定于乡老，酷吏无所舞其文。人人有自主之权，即人人有自爱之意。"[③]这就从根本上否定君主存在的必要性，他与薛福成的观点颇有相似之处。由于这些驻外使节能够在一定程度上接受西方政治理念，他们在清末制度革新中扮演了一定角色。而且，他们的开放精神使其能够有现代思维。如在清末改制的争论中，"驻外使节设计的宪政蓝图中，宪法、三权分立、责任内阁、国会占据核心位置"[④]。现代政治体制的基本要素都具备了。这充分说明了这群知识分子在接受西方理念后达到的高度。当然受时

---

①祖金玉：《论早期驻外使节对西方民主政体的认识与传播》，载《南开学报》2000 年第 6 期；马一：《晚清驻外公使群体研究（1875-1911）》，暨南大学 2012 年博士学位论文，第 175~176 页。

②丁凤麟、王欣之编：《薛福成选集》，上海人民出版社 1987 年版，第 586 页。

③郑大华译：《采西学议：冯桂芬 马建忠集》，辽宁人民出版社 1994 年版，第 156 页。

④祖金玉：《清末驻外使节的宪政主张》，载《南京社会科学》2005 年第 4 期。

代限制，这些驻外使节对中国制度的改革还没有超出君主制范围，至多如君民共主，①但这并不影响其重要意义。

　　以郭嵩焘为代表的近代驻外使节们，通过对西方政治体制的切身关切，深刻感受到现代政治制度的魅力及其成就。直接观察良法善治的西方政治制度，可能就是郭嵩焘的君主批判思想之所以较之黄宗羲更为尖锐的原因。而且，这些知识分子有着浓厚的危机意识、深刻的救世情怀。这样，他们中的很多人才能真正突破传统意识形态的局限性。这些观念也被近代革命者所继承。当这些君主批判思想逐渐成形后，整个社会对君主制的接受程度就会降低。例如，沈家本等人在《大清新刑律（草案）》中已经不再主张给予君主特别保护，②尽管这种法律主张受到张之洞等礼教派的反对，后者要求刑法对君臣之伦予以保障，并且草案最终得以修改。但是随着清帝逊位，君主制在中国终于失去存在的制度基础。之所以无论张勋复辟还是袁世凯称帝都遭到强烈反对而最终失败，恐怕也不仅仅是因为军事或政治原因，还起于郭嵩焘等人的君主批判思想恐怕早就奠定了消灭君主制的理念基础。

余论

　　自有历史记载以来，君主制就被中国古人认为是最为重要的政治制度之一。天生圣人以育万民成为重要的政治理想。几千年来，中国的有识之士为能够实现国泰民安而冥思苦想，但是终究没有摆脱对君主制的制度依赖。专制制度的禁锢、传统思想的路径依赖、政治伦理的不断强化使得绝大多数中国政治家与知识分子认识不到君主制存在的巨大弊病。然而，政治理想与政治实践的巨大鸿沟并不因理想本身的美好性而被遮蔽。因此，仍有少数人对君主制本身提出质疑，其中黄宗羲、郭嵩焘是传统知识分子中的佼佼者。面对政治现实，他们不再仅仅从人的角度出发，而是从制度层面思考现实问题存在的原因，对君主制的批判也就油然而生。黄宗羲与郭嵩焘的不同之处则在于，前者试图从传统政治理想中寻找解决现实问题的道路，

---

①见祖金玉：《论早期驻外使节对西方民主政体的认识与传播》，载《南开学报》2000年第6期。

②《大清新刑律（草案）》第八十八条规定："凡加危害于乘舆、车驾及将加者，处死刑。"第三百条规定："凡杀尊亲属者，处死刑。"其立法理由则为："五伦君亲并重，故杀直系尊属，援第八十八条处惟一死刑。"对于这规定，张之洞直指其有害君臣之伦。见高汉成主编：《〈大清新刑律〉立法资料汇编》，社会科学文献出版社2013年版，第71、142~143、188页。

后者则通过对西方政治实践的观察寻求政治理想的现实可能。从某种意义上来说，他们对君主制的反思最为重要的并非提出一种摆脱传统政治模式的路径选择，而是充分认清了中国传统政治理想与政治实践的张力，也即中国传统政治模式并非实现自身政治理想的最佳途径。进而，他们的思想都走向对政治制度变革的期待。这些不仅成为我国近代资产阶级乃至社会主义革命的宝贵财富，而且对于我国今天进行打破制度禁锢、实现改革开放都有重要的启迪意义。时至今日，有些学者提出复古式的政治制度设计思路，实际上并未真正意识到政治理想与政治实践之间往往存在巨大的鸿沟，解决相关问题的关键可能不在于透过政治理想不断说理，而是通过反思两者的关系找到真正的出路。

曾国藩的国际法思想与实践

——以天津教案为例

李　晶　唐全民[*]

摘要：曾国藩国际法思想是曾国藩法律思想的重要组成部分，产生于清末特定的历史时期，带有显著的时代特征。曾国藩国际法思想在其处理天津教案的过程中得到了集中体现，"和戎"是曾国藩国际法思想的基本原则与立场，"诚信"是其国际法思想的具体实施与运用，"据理力争"则是其维护民族利益的具体方法。研究曾国藩国际法思想，对于正确认识和评析曾国藩法律思想具有一定的学术价值与历史意义。

关键词：曾国藩　天津教案　国际法思想

鸦片战争以后，中国与西方的交流越来越频繁，西方国家进入中国已成必然，中国社会面临着重大的社会转型。在此种重大变局之中，晚清政府以及士大夫的"天朝上国"观念在处理对外事务中不再适应时势变化的要求，如何处理好中国与西方国家的关系，为晚清政府赢得一个相对和平安定的国际环境，成为当时的首要任务，外交的重要性也就不言而喻了。作为晚清重臣之一且为洋务派代表人物的曾国藩在实践过程中提出了一系列处理对外关系的主张与原则，他的国际法思想，在当时轰动一时的天津教案中得到凸显。

一、天津教案的基本案情

天津教案是一起震惊中外的涉外案件，发生在同治九年（1870 年）6 月，其具

* 李晶，湖南人文科技学院法学院讲师；唐全民，湖南人文科技学院法学院讲师。

　本文系湖南省教育厅一般项目"曾国藩刑事法律思想研究"（项目批准号：14C0600）；湖南省哲学社
　会科学基金项目"曾国藩法律思想研究"（项目批准号：16JD33）的阶段性成果之一。

体情形如下所述：

（一）天津教案的发生与经过

1870 年四五月间，天津发生多起儿童失踪绑架的事件。6 月初，天津望海楼法国天主教堂的育婴堂中有三四十名孤儿因患病而死。民间关于外国教堂"迷拐"与"折割"幼童的传闻盛行。同时天津拐骗幼童案迭起，拐犯均供与教堂有关，社会反洋教情绪高涨。

6 月 21 日，天津地方官吏带同拐犯前往天主教堂对证，数千名群众齐聚法国教堂和领事馆前抗议，情势紧张。法驻天津领事丰大业及其下属西蒙直奔通商大臣崇厚的衙门，以枪逼迫崇厚出兵镇压，并在崇厚对其规劝时对崇厚开枪射击，但均未击中，又举枪狂奔出门。遇上赶到现场的天津知县刘杰，遂又妄图枪击刘杰，并打伤刘杰的随从。丰大业的嚣张气焰，致使民众群情激愤到无法压制的程度。民众遂将丰大业打死，并鸣锣集众乘势焚毁"法国领事馆一所，法国天主教堂两处，毁损英、美教堂四处"①，伤毙人口包括法国人 13 人，俄商 3 人。②

（二）天津教案的处理结果

天津教案发生后，震惊中外。法国公使罗淑亚联合英、美、俄、德、比、西等国提出强烈抗议，各国军舰云集天津、烟台示威，对清政府进行战争恫吓，要求清政府立即处斩地方官员和暴民，如不照办，扬言要将天津化为焦土。在此等压力之下，清政府立即派直隶总督曾国藩到天津与崇厚会商办理此案，不久曾国藩调任两江总督，李鸿章接任直隶总督赴津，与曾国藩会同办理。面对着当时错综复杂的情势，为了使事态不再恶化，清政府最终将天津府县官员发遣黑龙江进行赎罪，判死刑 20 人（最终处决 16 名人犯，涉及俄国的 4 名人犯得以免除），流放 25 人，赔银共计 50 余万两，派崇厚为中国特使赴法赔礼道歉。③

二、曾国藩在处理天津教案过程中体现的国际法思想

天津教案发生之后，曾国藩遵照清政府旨意赶往天津处理此案，他认识到天津教案的棘手，也预测到此案处理的难度之大是前所未有的——无论是打死外国传

---

① 张力、刘鉴唐：《中国教案史》，四川省社会科学院出版社 1987 年版，第 409 页。
② 〔清〕李翰章编纂、〔清〕李鸿章校勘：《曾文正公全集》（四），中国书店出版社 2011 年版，第 151 页。
③ 〔清〕李翰章编纂、〔清〕李鸿章校勘：《曾文正公全集》（四），中国书店出版社 2011 年版，第 413 页。

教士、其他外国人的数量，还是捣毁教堂的数量，都是鸦片战争之后 30 年间最多的。①但恰恰因为天津教案的涉外性与复杂性，又比较完整地体现了曾国藩的国际法思想。

（一）"和戎"为处理中国与西方国家之间关系的基本原则

"和戎"的外交思想是曾国藩总结自道光以来外交得失经验的所得，其中"和"是儒家思想的重要组成部分，是传统外交中长期坚持的基本原则，也是曾国藩处理中国与西方国家之间关系时所适用的基本原则。

天津教案发生后，法、英、俄、美等国军舰聚集天津、烟台抗议，要求清政府严惩地方官员及参与该案的群众；天津城内"士民与洋人两不相下，其势汹汹"②。军机处也给皇帝上奏，要求下旨令曾国藩"速同各国使臣与法国理论，明晓以窒碍难行之故，撤去传教一条，将各处教堂尽行毁废，传教之人尽行撤回，庶可讲修睦而利通商"③。情势复杂，曾国藩感到办理全无头绪，但他仍上奏朝廷，阐明其处理天津教案的基本原则是"立意不欲与之开衅，准情酌理持平结案"④。提出要"善全和局，兵端决不可自我而开"⑤，"即彼欲借此开衅，我亦止宜坚持本意，曲全和好，未暇遽及其他"⑥。曾国藩也清楚地知道他主张"和戎"将会导致的后果——"余所办皆力求全和局者，必见讥于清议。但使果能遏兵，即招谤亦听之耳。"⑦"如果保定和局，即失民心，所全犹大。"⑧为何曾国藩不顾一切坚持"和戎"呢？究其原因有三：

其一是清政府在鸦片战争后，对"和戎"的逐渐认同。两次鸦片战争期间，对外，清政府与西方国家签订了一系列丧权辱国的不平等条约，在面临战争过后的割地赔款时，传统的"天朝上国"观念逐渐崩溃；对内，农民起义让清政府的政权朝不保夕。在此内忧外患之际，在国家处于灭亡的边缘之时，清政府开始调整其外交

① 杨帆：《〈纽约时报〉视野中的天津教案》，载《东岳丛论》2016 年第 4 期。
② 〔清〕曾国藩：《曾国藩家书（下）》，岳麓书社 2015 年版，第 527 页。
③ 〔清〕曾国藩：《曾国藩全集·奏稿（十二）》，岳麓书社 2011 年版，第 6995 页。
④ 〔清〕曾国藩：《曾国藩全集·奏稿（十二）》，岳麓书社 2011 年版，第 7067 页。
⑤ 〔清〕曾国藩：《曾国藩全集·奏稿（十二）》，岳麓书社 2011 年版，第 6998 页。
⑥ 〔清〕曾国藩：《曾国藩全集·书信（十）》，岳麓书社 2011 年版，第 7200 页。
⑦ 〔清〕曾国藩：《曾国藩全集·书信（十）》，岳麓书社 2011 年版，第 529 页。
⑧ 〔清〕曾国藩：《曾国藩全集·书信（十）》，岳麓书社 2011 年版，第 537 页。

政策。曾国藩一生刚好经历了两次鸦片战争，尽管没有亲历战争，但始终关注着战争的进展与结局。曾国藩对侵略者深恶痛绝，希望能够将其赶出中国国土，但是现实却没有朝着曾国藩的愿望发展，清政府最终与侵略者签订了条约。条约的内容令曾国藩感到痛苦，但在条约签订后，侵略者悉数撤退，实现了"和局"。两次鸦片战争的最终结局，使曾国藩形成了处理外交关系的基本原则，即通过签订条约实现"和戎"。

其二是中西军事实力悬殊。这是曾国藩在天津教案处理中坚持"和戎"的实际原因。曾国藩在其奏折中明确提出："臣查此次天津之案，事端宏大，未能轻易消弹。中国目前之力断难速启兵端，惟有委曲求全之一法，臣于五月二十九日复奏折内曾声明，立意不与开衅。……伏见道光庚子以后，办理夷务失在朝和夕战，无一定之至计，遂至外患渐深，不可收拾。""津郡此案，因愚民一旦愤激致成大变，初非臣僚有意挑衅，倘即从此动兵，则今年即能幸胜，明年彼必复来天津即可支持，沿海势难尽备。"①此外，当时的社会中，农民起义不断，在此期间，中国生产力倒退，经济萧条，人口锐减，国力衰退到不允许再进行大规模的战争了。加之海上没有海军，没有防备，曾国藩也在奏折中明确指出"海上之师与江面之水师，截然不同"，在此种情况之下，实在不宜再以战争的方式来处理天津教案。我们不能否定曾国藩在处理天津教案的过程中有妥协也有退让，最明显的是将津府县长官交予刑部治罪，惩治民众 40 余人，支付了高额赔偿金。但也要看到曾国藩在做出这样抉择的过程中其内心之痛苦。

其三是天津教案的爆发清廷需要承担责任。引发天津教案的原因在于外国教堂"迷拐"与"折割"幼童，那么查清"迷拐"与"折割"幼童是否与教堂相关则成为处理天津教案的关键。曾国藩经过一段时间的调查后，在其所上奏的"查明津案大概情形折"中得出的结论是："王三虽经供认授药与武兰珍，然尚时供时翻。……亦无教堂主使之确据。"据此无法确认拐卖幼童出自教堂的主使。"至仁慈堂查出男女一百五十余口，逐一讯供，均称习教已久，其家送至堂中豢养，并无被拐情节。""询之天津城内外，亦无遗失幼孩之家、控告有案者。"②据此"迷拐"与"折割"幼童均系谣传，毫无实据。"迷拐"与"折割"幼童事件子虚乌有，那么为什么会引发天津教案呢？曾国藩在其奏折中进一步解释导致该教案发生

---

① 〔清〕曾国藩：《曾国藩全集·奏稿（十二）》，岳麓书社 2011 年版，第 6998 页。
② 〔清〕曾国藩：《曾国藩全集·奏稿（十二）》，岳麓书社 2011 年版，第 6980 页。

的"五疑"。既然关键证据无法查实，对天津教案的处理方向就基本明了。

综上所述，曾国藩认为，在天津教案中津民理屈而洋人理直，加之中西实力悬殊，敌强我弱，清政府也没有能力再支撑起以战争的方式来解决天津教案问题，权衡之下，曾国藩坚持"和戎"也就不难理解了。

（二）"诚信"为处理中国与西方国家之间法律关系的立足点

诚信是儒家处理人际关系的基本伦理规范，是中国传统外交的立足点。曾国藩在处理对外事务中讲求诚信、遵守条约是其诚信外交的表现。在他看来，"夷务本难措置，然根本不外孔子'忠信笃敬'四字"。曾国藩在与洋人交涉的过程中，从现实出发，认为洋人实际是讲求诚信的。在此基础上，曾国藩提出了与洋人在交际过程中，"要言忠信，行笃敬。忠者无欺诈之心，信者无欺诈之言，笃者厚，敬者谦。无论其顺或逆，我常常守此而勿失"[1]，反对以欺诈和蒙骗的手段来处理对外关系。

在天津教案发生后，如前所述，当时的情势非常紧张，七国军舰抵达天津以武力相威胁，要求严惩津府县地方官员以及参与教案的群众；朝堂大多数官员提出在处理天津教案的过程中不可退让，甚至可以以战争的方式解决。在此种情势之中，曾国藩在其奏折中指出："皇上登极以来，外国盛强如故。惟赖守定和议，绝无改更，用能中外相安，十年无事，此已事之成效。"[2]他认为当时的中国正处于"渐图自强"的阶段，为了赢得自强的时间，切不可轻言开战，应当在"恪守条约"的前提下予以力争，这说明曾国藩在处理天津教案的过程中既有抗争也有妥协。[3]

（三）"据理驳斥"为维护民族权益的重要手段

天津教案涉及多国的利益，也关系到中国的民族利益。在处理天津教案的过程中，曾国藩并没有一味地妥协退让，他清醒地认识到"固为消弭衅端委曲求全起见，惟洋人诡谲性成，得步进步，若事事遂其所求，将来何所底止？"[4]他坚持"彼所要求，苟在我稍可曲徇，仍当量予转圜。苟在我万难允从，亦必据理驳斥"[5]。以

---

①〔清〕曾国藩：《曾国藩全集·书信（四）》，岳麓书社 2011 年版，第 2714 页。

②〔清〕曾国藩：《曾国藩全集·奏稿（十二）》，岳麓书社 2011 年版，第 6998 页。

③罗光宇：《曾国藩法律思想研究》，湘潭大学 2007 年硕士学位论文，第 23 页。

④〔清〕李翰章编纂、〔清〕李鸿章校勘：《曾文正公全集》（四），中国书店出版社 2011 年版，第 157 页。

⑤〔清〕曾国藩：《曾国藩全集·奏稿（十二）》，岳麓书社 2011 年版，第 6997 页。

事实为依据，为维护民族利益而据理力争。

曾国藩主动将天津知府张光藻与知县刘杰革职后，拒绝了法国认为其处理太轻，而要求将天津提督陈国瑞以及张光藻、刘杰抵命的无理要求。法国使者罗淑亚宣称中国欲求和局，必先杀府县，如若不杀，即兴兵，并公然进行武力威胁。曾国藩针对法国人的这一要求，立场坚定，没有一丝一毫的退让，在事实的基础上与法国据理力争。他指出，当时"陈国瑞不在事中，府县也非有心与洋人为难"①。

在天津教案的查办过程中，洋人要求严惩参与天津教案的群众，提出"凶手数千"都要捉拿，都要惩办。曾国藩对此坚定地予以拒绝，回复"断难允办"，坚持"一命抵一命"这一惩凶的基本思想。曾国藩认为天津教案属于群体性案件，"当时群忿齐发，聚如云屯，去如鸟散"②。即使在清政府的压力下，曾国藩在捉拿案犯以及确定主犯的过程中仍坚持以事实为依据，不随意捉拿群众，也不随意断罪施罚、草菅人命。曾国藩的这一惩凶原则，使洋人最终只好无奈地接受。由于天津教案是群体性案件，在惩凶的过程中，曾国藩也采取了变通，即"事后追究，断不能辨其孰先孰后，孰致命孰不致命，但求确系下手正凶，不复究其殴伤何处"③。

三、对曾国藩国际法思想的认识

曾国藩并不是专职的外交官员，却对中国近代的外交史产生过深远影响。他在处理外交事务的过程中，尽管他自己都没有意识到，在处理清政府与西方国家事务中所运用的原则、方式方法与近代国际法之间有着相通之处。我们在认识曾国藩的国际法思想时，不能脱离当时的时代背景，不能僵化地因其处理的某一外交事件而忽视历史研究的客观性与理性，不能用现代的国际法观点对其处理的外交事务进行解读，要从曾国藩接受的文化背景、一生的经历以及他所处时代对他的国际法观点来进行整体的认识。

（一）曾国藩的个人阅历对其处理对外事务的影响

曾国藩从六岁开始进私塾学习中国传统文化，于1838年考上进士后，入翰林院，此后的十多年时间深受程朱理学的影响。曾国藩自此以维护封建纲常礼教为己

① 〔清〕李翰章编纂、〔清〕李鸿章校勘：《曾文正公全集》（四），中国书店出版社2011年版，第156页。
② 〔清〕李翰章编纂、〔清〕李鸿章校勘：《曾文正公全集》（四），中国书店出版社2011年版，第156页。
③ 〔清〕李翰章编纂、〔清〕李鸿章校勘：《曾文正公全集》（四），中国书店出版社2011年版，第164页。

任，强调礼是国家统治的根本的思想，这是曾国藩法律思想的基础。曾国藩生活在清王朝末期，他的一生经历了道光、咸丰和同治三个朝代，这个时期是清王朝走向衰败的时期，也是中国发生巨变的时期。如何解救清王朝所面临的危机以及维护清王朝的统治，成为曾国藩为之奋斗的政治目标。曾国藩的一生都致力于维护清王朝的统治，传统文化对其影响根深蒂固。

和与战都是解决天津教案的方法，但曾国藩清醒地认识到清政府当时所处的境况，实在不宜以战争的方式来处理，这也是为什么他一开始就以"和戎"作为处理天津教案的原因所在。在这个战争一触即发而我国完全没有胜算的时候，爱国需要理智来导航，骨头的软硬不能以反洋人的嗓门大小来厘定，也不能以主战还是主和来衡量。[1]作为洋务派的代表人物，曾国藩更希冀以和平处理天津教案的方式为清政府争取一个和平的国际环境，以期为自强赢得时间。曾国藩处理完天津教案之后，通过对中美新立合约的研究，发现第七条内载有"嗣后中国人欲入美国大小官学，学习各等文艺，须照相待最优国人民一体优待"[2]之内容，并与李鸿章一起同美国和英国公使就派遣留学生一事进行商谈，之后上奏了"拟选子弟出洋学艺折"，奏折中还特别拟定了《挑选幼童前赴泰西肄业酌议章程》。在曾国藩与李鸿章的支持下，清政府先后派出了四批幼童赴美学习，这些幼童学成归国后，成为近代中国社会的中坚力量。

曾国藩在处理天津教案中，坚持"和戎"的处理原则，为此做出了诸多妥协与退让，但同时也要认识到，他在对津府县官员处理以及参与教案群众处理上所作出的"据理力争"，因此不能简单地将其妥协与退让行为评判为卖国行径。事实上，对于曾国藩在处理此案过程中的评判，要从其所接受的文化背景，一生的经历，如四拒洋兵、支持兴办洋务、处理天津教案过程中的抗争和痛苦心境等，以及当时清政府所处的国内与国际环境等方面进行综合考量。

（二）曾国藩国际法思想与 19 世纪国际法规则的联系

19 世纪的国际法规则认为：即使是在被逼的情况之下所签订的不平等条约，也要承担条约义务。这在丁韪良翻译惠顿的《万国公法》阐述的观点中也得到了印证，即"至于各国相待，有被逼立约者，尤必遵守""各国立约，不能因利害迥异

---

[1]陈世：《论曾国藩外交思想的功利原则》，载《邵阳学院学报》2007 年第 1 期。
[2]〔清〕李翰章编纂、〔清〕李鸿章校勘：《曾文正公全集》（四），中国书店出版社 2011 年版，第 183 页。

而废也，虽曾被逼，犹必谨守为是"。①由此可见，起源于欧洲的近代国际法本身就承认"不平等"。《万国公法》还强调了不遵守合约将造成的后果："如此被逼立约，倘不遵守，则战争定无了期，必至被敌征服尽灭而后焉。"②因此，在近代国际法中，条约并不因条约内容本身的不平等或不对等而无效，只强调"条约必须恪守"。反之，如果没有通过国家之间的谈判同意这一修约程序来改变条约的内容，或者通过战争胜利后的渠道来废约，则需付出惨重的违约成本。就当时清政府的国力而言，只有可能通过修约程序来改变条约内容。

曾国藩在处理对外事务的过程中，发现其实在清政府与西方国家相处的和平时期，遵守条约对中国是有益的，据此他明确提出了"诚信外交"原则，试图在遵守条约的前提下，拒绝承认条约以外的其他权益，防止西方国家在华特权的进一步扩大。在处理天津教案的过程中，如前所述，曾国藩也是将"诚信"作为处理西方国家关系的立足点。

综上所述，尽管曾国藩不是专职的外交官，也没有系统地学习过近代的国际法规则，但就他在处理对外事务中，力图以遵守条约的形式来维护国家利益，限制西方国家在华特权的进一步扩大化而言，又与当时的国际法规则有着高度的契合性。

（三）曾国藩国际法思想对晚清外交名臣的影响

曾国藩的"和戎"与"诚信"思想被李鸿章、曾纪泽、郭嵩焘等晚清外交名臣视为处理对外事务必须遵守的准则。如曾纪泽在处理伊犁交涉时，在与俄国谈判的过程中坚持采取"和戎"方针，并主张对待俄国要以诚相待。李鸿章、郭嵩焘等人在对待清政府与西方国家已经签订的条约的态度上也与曾国藩一致，认为为了维持"和局"，避免战争，条约必须恪守。李鸿章在处理"马嘉理案"时，面对英国的讹诈与无理要求以及武力恐吓，在谈判之初，根据国际法准则而据理力争，毫不退让；而在谈判陷入僵局后，为了维持和局，又作出了一定的让步。可见，近代晚清外交名臣在处理国际事务的过程中，处理原则有发展有变化，但总体来看，并未完全脱离曾国藩国际法思想的基本框架。曾国藩国际法思想介于中国外交思想由传统向近代演变的转折阶段，对晚清外交大臣处理外交事务影响深远。

---

① ［美］惠顿：《万国公法》，［美］丁韪良译，中国政法大学出版社2003年版，第163~164页。
② ［美］惠顿：《万国公法》，［美］丁韪良译，中国政法大学出版社2003年版，第163~164页。

（四）曾国藩国际法思想的局限性

曾国藩国际法思想是其所处时代的产物，"和戎""诚信"等思想也主要来源于传统外交处理的原则，尽管他根据时代的需求做出了一定的变通，甚至还与19世纪的国际法规则相契合，在一定程度上也体现了近代外交的需求。但曾国藩作为传统中国儒家文化的集大成者、封建士大夫的代表，他的认识能力会受到传统文化的束缚。加之自身也没有系统全面地学习过国际法规则，他对于国际法规则的认识主要来源于他在经历两次鸦片战争以后对西方国家一些行为的思考，他自己都说"至中外交涉，臣素未讲求""国藩于中外交涉事件素未谙究"。这些都决定了曾国藩的国际法思想对后世影响的有限性，只能说他的国际法思想与19世纪中后期至20世纪初期中国的"变"与"不变"，"传统"与"近代"的过渡阶段相一致。

四、结语

曾国藩在查办天津教案的过程中，审时度势，通过和平的方式解决了此起震惊中外的涉外事件，虽然其中有不尽如人意之处，但从整体来看，曾国藩态度鲜明，所采取的措施合乎情理。曾国藩的国际法思想是传统中国文化与晚清时代背景相结合的产物，在他身上，能够看到晚清外交嬗变的痕迹，他在查办天津教案过程中所体现的"和戎""诚信"外交原则，对李鸿章、曾纪泽、郭嵩焘等近代外交名臣的影响尤为深刻，也对晚清外交产生了深远影响，并形成了清政府处理外交事务的基本模式。

清代湖湘地区民间诉讼文化特性的考察

——以地方志为中心

丁广宇 *

摘要： 本文就清代湖湘地区各府县的地方志中关于诉讼文化的记载，探究清代湖湘地区诉讼风气的特征与成因。地方志中对"多讼"或"少讼"的记载反映湖湘地区普遍的诉讼心态，其产生是由于社会变革、民间调解、官府综合治理、商业自治等多方面因素的综合作用，为当下中国的纠纷解决机制提出了借鉴价值。

关键词： 湖湘地区　地方志　诉讼文化　纠纷解决

近些年来，对于中国传统法律制度中有关纠纷解决的经验与智慧正不断引起学者重视，以解决当下司法审判中"案多人少"等一系列问题。总体来说，中国传统法律文化中的诉讼文化用"息讼"来概括似乎已成为通说。然而在"息讼"这一较为宏大的指导思想之下，各地究竟有哪些各具特色的诉讼习惯与文化，其成因又是如何等问题，却不能笼统地用"息讼"这一概念去掩盖之。众所周知，中国地域广袤，各地文化各异，一句"百里不同风、千里不同俗"精确地总结出中国多元的文化现象。在研究法律文化的时候，我们一定要对各地不同的文化现象给予充分尊重和关注，以求得中国传统理想中"和而不同"的境界。基于此，笔者通过对清代湖湘地区地方旧志中的相关记载的梳理，力图展现中国近代前后这一历史时期中湖湘地区较为具体的诉讼现象与诉讼文化，并结合旧志中描述的社会现象分析其成因，进而对我国民间传统诉讼文化产生更加全面、深刻的理解与认知。

★ 丁广宇，中国人民大学法学院硕士研究生。

　　基金来源：湖南省社科规划重点项目《湖湘地方旧志中民商事习惯史料的整理与研究》（项目编号：15ZDB034），2018 年湖南省法学会法学研究重点课题"湖湘法治文化的传承与创新"（课题编号：18HNFX-B-003）的阶段性成果。

需要说明的是，本文所采用的史料全部来源于《中国地方志集成·湖南府县志辑》（江苏古籍出版社 2002 年影印版）。笔者认为，在诉讼文化的研究中不能仅仅局限于有关"诉讼"的单独记载，也要以广阔的视野去研究诉讼背后的社会原因。地方旧志能够较为全面地展现一地的经济、文化现象和特点，故而可以作为研究诉讼文化的理想史料。另外，由于地方旧志为官方所编纂，故而能够增加史料的完整性和系统性。当然，正如徐忠明教授在研究江苏、上海、山东、广东四地的地方志时所言，地方志作者大都为所谓"精英阶层"，对于诉讼现象的描述大多会加上自身的主观感受，或者对材料进行筛选、加工，从而影响我们判断的准确性。[①]但是从整体上看，清代湖湘地方志的记载能够为我们研究湖湘地区民间诉讼文化带来极其重要的帮助。

一、清代湖湘地区民间诉讼风气概览

为了对清代湖湘地区民间诉讼情况进行宏观把握，笔者对湖南省在清朝和民国初年的 84 县（府）的 109 本旧志进行了系统梳理，通过"风俗志（卷）"中对诉讼现象的直接记载得出清代湖湘地区民间诉讼风气的大致情况。其中，共 41 地的旧志对本地诉讼风气进行了类如"健讼""多讼""嚣讼""少斗讼""不好词讼"等大致的概括，占所有府县的 48.8%。在这 41 地中，通过"健讼""多讼""嚣讼"等词汇形容诉讼多发的地区有 23 地，占所有府县的 27.4%，占有记载府县的 56.1%。通过"少斗讼""不好词讼"等词汇形容诉讼少发的地区有 18 地，占所有府县的 21.4%，占有记载府县的 43.9%。其余 43 地的旧志没有对本地的诉讼风气进行概括，但或多或少有对本地诉讼缘由的简单记载。

从以上的统计中，我们当然很难对清代湖湘地区整体的民间诉讼风气下一个比较统一的定论。但是笔者在阅读"风俗志（卷）"中"民风"一节时，发现绝大部分旧志都通过"性淳朴""尚质朴""柔懦畏法""易治"等用语，对本地民风给予了正面评价，而没有直接指出当地的诉讼风气。在未直接指出当地诉讼风气的 43 地的旧志中，对本地民风给予正面评价的共有 31 地，占所有府县的 36.9%，占未记载诉讼风气的府县的 72.1%。如：

---

①徐忠明、杜金：《清代诉讼风气的实证分析与文化解释——以地方志为中心的考察》，载《清华法学》 2007 年第 1 期。

其民朴而醇，其性决烈而劲直，火耕水耨，渔猎山伐，人多高年，士无奔竞，退恬于势利，有张司空之遗风焉。①

与之相反的是，若修志者认为一地为"多讼"之地，即便此地也是"民风淳朴"，也会将"多讼"现象作为一种特例而重点说明。如：

……性谨愿，敬畏官府，以理役之，虽劳不怨。然不能忍小忿，每以争斗兴讼，四邑皆有之，而龙山为盛。②

又如：

土民素淳朴，有垂老不见长吏者。嗣因各府州县民移家于此，往往以口角之嫌，辄兴讼端。然遇乡党老成排解即止。③

而若一地民风刁蛮、难于治理，则"多讼"自然是一个再好不过的佐证现象。当地方修志者对一地的民风给予负面评价时，大都将"多讼"的情况重点指出，如：

乡居穷僻，不谙科法，庹理乞胜，强于竞讼，视纠众劫斗为故常。④

从上述分析中可以看出，虽然许多旧志没有对本地诉讼风气进行概括性评价，但是其民风大多淳朴，修志者并未将诉讼情况作为重点注意的对象，故而没有在地方志中加以体现。故而笔者认为，从清代地方志中可以看出，湖湘地区总体民风淳朴，"多讼"地区比例不高。

二、清代湖湘地区民间诉讼特点

（一）诉讼风气发生变化转折

许多地方官注意到，其所辖区的民风在一段时间内出现了值得注意的变化。如桂阳县的修志者就旧志中记载的民风与如今所见的民风进行了一番对比：

旧志翁继荣云：某常闻古之先达曹桂山先生，本县地广民寡，事简俗朴，

① 《嘉庆长沙县志》，载《中国地方志集成·湖南府县志辑》，第1255页。
② 《同治永顺府志》，载《中国地方志集成·湖南府县志辑》，第354页。
③ 《同治桑植县志》，载《中国地方志集成·湖南府县志辑》，第47页。
④ 《光绪龙山县志》，载《中国地方志集成·湖南府县志辑》，第108页。

古称易治。盖田有定主，贸易则执券以为信，婚必及时定聘，则托媒以先通。间有强梁牵亲旧之贤者，犹能折中。亦有寡弱，赖亲友之仁者，必能扶助。至于昧心以争乖义以斗者，亦多有之。然尝见邑庭每月限日放告，受诉状不越三五纸，多不越十纸。中间又见有逞忿，而讼忿消□悔，谓之讼简，不亦可乎？此盖桂山先生所目□也。今则大有不然者。人心不古，诈伪日滋。无情之徒相率□□而觊觎侥幸，是风俗之流弊也。①

此处修志者将旧志中记载的桂阳县诉讼情况与当下情况进行对比，发现官府当时所受诉状数量极少，且撤案较多，对比当下"诈伪日滋"的情况，将原因归结为"人心不古"。然而修志者没有指出导致"人心不古"的原因。笔者在湖湘旧志其余记述中可发现影响"人心"的社会因素。

其一，人口增多和流入使得诉讼风气发生变化。在若干地方志中记载了由于人口增多和迁入导致民间争端增多的事例，如：

鄞俗尚淳朴，敦礼让，以耕织为业，不事商贩。急公税，无抗粮、积逋之习。贫不兴讼狱，无系囚。近因四方杂处，土僻人蛮，各自为俗，好斗健讼亦在所不免。②

曩者云贵未辟，澧非通途，谿洞尚阻。澧多旷壤，今则尽入版图，萃十五国之民，而车驰马骤于澧。田畴渐广，山泽之利日饶，耳濡目染，醉浓沃鲜，宜其事易。而言庞骄侈相胜，讼狱繁而诈伪生也。③

桑民素号济朴，有垂老不见长吏者。近多客家寄籍，或引诱滋事。然加之惩创，亦不至于长奸而蠹善类。④

外来人口在清代大量进入湖南地区，由于不同地方的民俗、民风、语言、习惯等诸多差异以及本地乡民常有的"排外"心理，民间纠纷不断增多。湖南地区普遍"地无异产，市无奇货"⑤，且大部分地处山区，交通闭塞，在清朝这样一个变革时代自然会出现民情上的变化，以诉讼增多为明显表现。

---

① 《同治桂阳县志》，载《中国地方志集成·湖南府县志辑》，第283页。
② 《同治鄞县县志》，载《中国地方志集成·湖南府县志辑》，第442页。
③ 《同治直隶澧州志》，载《中国地方志集成·湖南府县志辑》，第191页。
④ 《同治永顺府志》，载《中国地方志集成·湖南府县志辑》，第355页。
⑤ 《同治绥宁县志》，载《中国地方志集成·湖南府县志辑》，第412页。

其二，商业发展使得诉讼风气发生变化。明清处于经济转型时期，由于资本主义萌芽的出现，虽然有官方"重农抑商"政策的限制，湖南各地的商业仍然出现了一定程度上的发展。商业沟通了不同的地区，增加了陌生人之间的交往，使得人与人之间发生的社会关系更为多样，从而增加了发生纠纷、导致诉讼的情形。

> 士耽经术，重清议，小民职勤治生多不治，商贾户口日增，民渐殷富，彼鼠此雀，未免讼狱繁兴。①
>
> ……后户口日增，民薄殷富，彼鼠此雀，未免讼狱繁兴。②
>
> 土著民多简朴，亦少健讼者。惟市井以华靡相耀，差役近尤侈横，平民多受欺枉。③

从中可见，当商业发展使得贫富差距明显时，贫民会因为"民薄殷富"而出现争端，较富裕的商人也会"以华靡相耀"加剧贫富之间的冲突。

（二）诉讼事由大多轻微

从诉讼事由的角度看，湖湘地区民众提起诉讼的事由大多比较轻微。大多数修志者不会罗列民众具体的告状事由，而仅仅用"鼠牙雀角"等词汇形容事件的轻微。在地方志中我们可以经常看到这样的记述：

> 风气质朴，不喜争讼。故邑中无大讼狱。然睚眦亦起争端者，半由局中之拙强，半由局外之刁唆。盖相让则无争，相执则不下。此骨肉分析之讼，乡里买卖之争，雀鼠口角之衅所在，多有惟一家有一明理人，则讼少。一乡多一明理人，讼亦少也。④
>
> 人多纯朴，古志之矣。然亦为乡曲言之耳……若夫鼠牙雀角无邑无之。明镜不疲，彼健讼者，又安所施其技哉？⑤
>
> 民性谨愿，重乡里，敬畏官府，以理役之，虽劳不怨。然不能忍小忿，以争斗兴讼，其愚良可悯也。⑥

---

① 《同治新化县志》，载《中国地方志集成·湖南府县志辑》，第 802 页。
② 《同治新化县志》，载《中国地方志集成·湖南府县志辑》，第 201 页。
③ 《光绪龙阳志》，载《中国地方志集成·湖南府县志辑》，第 77 页。
④ 《光绪善化县志》，载《中国地方志集成·湖南府县志辑》，第 297 页。
⑤ 《乾隆湘潭县志》，载《中国地方志集成·湖南府县志辑》，第 176 页。
⑥ 《同治沅陵县志》，载《中国地方志集成·湖南府县志辑》，第 432 页。

可以看出，不论是形容一地"兴讼"还是"不喜争讼"，修志者均提到了其诉讼事由的轻微性。修志者认为，人在日常生活中因遇到"鼠牙雀角"的小事而争斗是正常的，是由于民众的"愚良"，只需要有明理的人去排解、讲理即可。所以，修志者并没有将这种轻微的诉讼事由当成一件很严重的事情。当然，也有部分地区的修志者对本地诉讼事由进行了较为细致的分析，将地方诉讼事由总结为田土、婚姻、债务三大方面：

> 大要有三，曰田土，曰婚姻，曰债负。田土之衅，起于回赎，翻赎不能，因而掘塍拔苗强割，且藉牵牛马，以抗讼者。婚姻则为赖婚，为抢亲，为拐逃，而抢亲之衅，又生于地方之豪右，游民□斗□服毒，命案之□由起，必严禁其□悍之习，而后渐可杜也。至于债负，则行户之拖欠尤多。潭俗行户，皆背客找账，掣银入手，移乙填甲。及其败露，彼不过赤手空拳，一无赖之人而已，追比连岁，迄无归着，清讼之源□始其一。[1]

此段叙述的田土、婚姻、债务三方面争端是清代各地普遍存在的三种诉讼事由。在争端发展到严重威胁封建统治秩序（如抢亲、抗讼、服毒等）时，地方官员会对此给予高度重视，并且采取各种方式惩治顽劣、维护社会治安。官府维护社会秩序的具体方式，将在下文予以分析。

（三）讼端常由民间调解处理

民间调解争端在中国传统纠纷解决机制中占有举足轻重的作用。正如上一段所述，由于讼端轻微，地方官府并不倾向于让这些"鼠牙雀角"之事成为其管辖对象。否则，一方面会使本地呈现出诉讼增多、治安不良的现象，另一方面也浪费了地方司法资源。同样，民众也不倾向于将民间细故告至官府处理。因为一方面免不了遭受官员的呵斥和衙役的勒索，另一方面也耽误了农业生产，付出较大的成本。故而我们可在旧志中看到许多土民一辈子不进城市、见不到官吏的记载，如：

> 土民素淳朴，有垂老不见长吏者。嗣因各府州县民移家于此，往往以口角之嫌，辄兴讼端，然遇乡党老成排解即止。[2]
> 辰郡最为稀简，乡民有皓首不至城市者。然亦有为讼徒奸胥所愚教□升，

---

[1]《乾隆湘潭县志》，载《中国地方志集成·湖南府县志辑》，第177页。
[2]《同治桑植县志》，载《中国地方志集成·湖南府县志辑》，第47页。

蔓延不止。诚得廉能接踵而至，澄源塞流，固可卧而治矣。[①]

　　虽有争端但不见官吏，往往通过民间调解的方式化解纠纷。大多数情况下，民间调解往往受到地方官员的肯定，也能取得积极的成效：

　　……近来大宪论设乡团、团总之能得人者秉公排解争讼，庶可少息。[②]

　　邑风称愿厚，本无嚣嚣之习，然睚眦小忿，多由地棍挑唆成讼……所赖邑有师儒乡有善良论之以守分循礼畏法，此风将自息矣。[③]

　　爱惜身家，不健讼。衣食稍丰之户，遇有争端，亲友劝解即息，绝不轻诉公庭。其畏事愿谨如此。[④]

　　相反，官府的处理有时不一定能起到积极的效果，官府有时"不辨曲直"的处理反而会使得矛盾进一步激化：

　　浏多山少泽，民质朴，俭而近啬。性劲直，多尚气轻斗。很官不辨曲直，则险健而讼滋。[⑤]

　　通过以上分析我们可以发现，民间细故往往不入官府而由调解解决，特别是在山区众多、交通闭塞的湖南地区更是如此，故而产生了官府对民间细故不需要给予太多重视的情况，由此得出"易治"的结论。

（四）对少数民族采取特殊诉讼政策

　　湖南属于少数民族聚居区，尤其在湘西的永顺府、辰州府、凤凰厅、永绥厅、古丈坪厅（今张家界市、湘西州、怀化市等），少数民族的治理是地方重大事项。因为这些地区中苗族居多，所以在地方志中，将少数民族事务放在"苗猺"一章中予以详细记载。总体来说，苗猺与汉民有着不同的性格、风俗和习惯，不同民族杂居时也会产生一系列的社会问题，如交易习惯不同导致纠纷、汉苗交往成仇导致纠纷、汉民强买苗人田产导致纠纷等等。

---

① 《乾隆辰州府志》，载《中国地方志集成·湖南府县志辑》，第270页。
② 《光绪善化县志》，载《中国地方志集成·湖南府县志辑》，第297页。
③ 《嘉庆安仁县志》，载《中国地方志集成·湖南府县志辑》，第78页。
④ 《光绪乾州厅志》，载《中国地方志集成·湖南府县志辑》，第111页。
⑤ 《同治浏阳县志》，载《中国地方志集成·湖南府县志辑》，第340页。

苗民入市与民交易，驱牛马，负土物如杂粮布绢之类，以趋集场。粮以四小碗为一升，布以两手一度为四尺。牛马以拳数多寡定价值，不任老少……初犹质直，今则操权衡，较锱铢，甚于编氓矣。与亲党权子母，以牛计息，利上加利。岁长一拳至八拳，则成大牛。至数十年即积数十百倍，有终身莫能楚者，往往以此生衅。①

苗俗既与民俗异殊，即其产业，民苗各有分解，不相混杂。是民与苗原无事关涉也。进来苗猺向化，乐与民人亲近。而民人亦因其亲近，遂与之交往。或认干亲，或结弟兄，彼此绸缪。及至偶有参差，苗性刚愎，即成仇怨。更有奸民因苗猺愚直，易于笼络，故为恩结，以图有事听其指挥。亦有奸苗，平日恩结民人，遇事异其报效，久之必致构衅。②

查民苗交易有干例禁。况其田产大都坐落峒寨，岂容民人买卖，以致民苗混杂。即或当买苗产，而仍给苗耕。其收租取课，谅难免于缠扰滋事。且苗猺生齿日繁，所有峒寨内之薄产，尚不敷耕种养赡，再使民人又占其产，苗猺何以糊口资生？令速照原价赎回，并示令民人不许擅买苗产。③

一旦此种争端增多，往往会导致较为严重的社会秩序问题，要通过诉讼途径解决纠纷，若诉讼不能解决，则会演变为民族之间的武装冲突。故而，地方官员在处理涉及少数民族的诉讼时，采用了一些特殊政策。

在实体方面，重点究查苗人诉讼的起因。

苗猺风俗尚属朴实，不知构讼。后因属隶州县一切户婚、田土、鼠牙雀角之事，头人理处不结，许某在该管地方官处告理，乃有唆讼。刁民窥知，苗人有隙，从中为之播弄，主使讼控代为作词，暗地扛帮把怂恿，任其所为，欺诈诓骗，不厌不休……遇有苗猺告案，务先究明，何人所使，何人作词，然后理其所控之事，如究出唆讼之人，立即严拿通详，痛加处治，毋得稍为姑徇，贻害苗疆。④

在地方官员看来，苗人风俗朴实，不知诉讼，苗人提起诉讼是因"刁民"教唆而起，故而惩办唆讼的"刁民"方能真正解决问题。

---

① 《宣统永绥厅志》，载《中国地方志集成·湖南府县志辑》，第118页。
② 《同治永顺府志》，载《中国地方志集成·湖南府县志辑》，第376页。
③ 《同治永顺府志》，载《中国地方志集成·湖南府县志辑》，第377页。
④ 《同治桑植县志》，载《中国地方志集成·湖南府县志辑》，第48页。

在程序方面，对涉苗案件的状纸严格审查，同时加快涉苗案件的处理效率。乾州厅一位地方官员总结出了治理苗务经验的"治苗十三条"，其中有两条涉及处理涉苗案件，即为"凡审理苗案，以清白爽快速结为是，不可拖累以滋煽惑也"和"放告宜少收状纸，不可滥准词讼，以起撞骗之弊也"。[①]这名地方官员鉴于苗民的诉讼大多因汉族"刁民"挑唆而起，为了防止讼棍从中挑唆渔利，故而要求对涉苗诉讼的立案严加审查。在受理案件之后需要尽快审结，防止为讼棍提供进一步的榨取空间，也防止纠纷进一步扩大。这些都是在处理少数民族关系时，地方官员在诉讼领域提出的特殊政策。

三、清代湖湘地区民间诉讼文化成因分析

（一）好争斗的社会风气

所统计的地方志中，关于诉讼情况的记载大多集中在"风俗卷"中的"民性"一节，故而观察一地的民风对于探究其诉讼文化的成因有着重要的意义。在有关湖湘地区民风的记载中，"好争斗"是反映出的典型特征。关于"好争斗"，各地有如下记载：

> 浏多山少泽，民质朴，俭而近啬。性劲直，多尚气轻斗。若官不辩曲直，则险健而讼滋。[②]
>
> 颇尚气轻生，喜斗好讼。黠猾之徒，以人命为奇货。每一案发生，株连至数十百人。[③]
>
> 乡居穷僻，不谙科法，庚理乞胜，强于竞讼，视纠众劫斗为故。[④]

甚至有醉酒之后争斗增多导致诉讼的记载：

> 城乡肆味薄，而值贱农夫、贾竖人市多酒，往往醉归争斗，诸案率由此起。[⑤]

在分析湖湘地区的社会风气时，我们一定要注意到其对诉讼文化形成的正反两

---

① 《光绪乾州厅志》，载《中国地方志集成·湖南府县志辑》，第 115 页。
② 《同治浏阳县志》，载《中国地方志集成·湖南府县志辑》，第 340 页。
③ 《民国醴陵县志》，载《中国地方志集成·湖南府县志辑》，第 179 页。
④ 《光绪龙山县志》，载《中国地方志集成·湖南府县志辑》，第 108 页。
⑤ 《同治清泉县志》，载《中国地方志集成·湖南府县志辑》，第 128 页。

方面内容：一方面，好争斗的性格确实导致争端增多，进而导致诉讼数量的增多；另一方面，大多数争斗的起因并不是因为追求利益，而是因为百姓不能忍让、喜好斗气的性格，甚至是醉酒之后大脑不清醒产生的争执。这种争执的特点是发生快，但是容易消解。一般只需要亲戚族人调解讲理，或者由地方上专门负责调解纠纷的长老处理即可。即便是告到官府，洞察民情的地方官员可以通过"一言剖决之"，即可"贴首而服"。中国封建社会长期形成的民间纠纷解决方式，如亲族调处、保甲制度和民间习惯法，使得官方制定的国家法在不出现特殊情况时不需要深入平民百姓之中，也就有了地方志所记载的"垂老不见长吏"的现象。经过民间调处，当事人在头脑冷静之后，怒气大多消去，便可顺利解决纠纷。

（二）地方官员重视社会秩序的综合治理

在面对轻微的民间纠纷时，地方官员往往不用将国家法介入百姓的民间生活中。但是当这些纠纷演化成为危害社会稳定、扰乱社会秩序的行为时，官员们便会给予高度重视，以维护当地的统治。这些案件往往表现在强占田土、坟山引发的争执甚至械斗，诬赖良善诈取钱财，拖欠债务演变为人命事件等，例如：

> 至田土如霸庄掘塍，强占强砍坟山，如强葬强掘，冒口婚姻，如抢亲毁盟，拐逃命案，如捏故牵诬图诈贼案，如诬害良善，每经良有司摘奸发伏，此风渐消。[1]

> 按平邑讼牒，在楚南尚非甚繁，然地错三省，岁多拐窃之案，而田地口口，售卖价媠，翻赎之风，滋讼尤甚。翻赎者，春则阻耕毁塍，夏秋拔苗强割，或藉牵牛马，甚有塍棺于田，以荒耕作，及服毒图赖者。则清理翻赎，殆移风之首务。[2]

> 黠猾之徒，以人命为奇货。每一案发生，株连至数十百人。咸同间邑人有思豫堂之设，即为官府相验命案，预防流弊者也。后贤有司加以禁剔，不累无辜。杀人者抵，诬罔者罪，一洗旧习。则轻生陷害之风为之一变。[3]

这类社会纠纷的严重性在于，其危害基本的农业生产和百姓生命安全，是对封建统治秩序的公然反抗。官府必然要想方设法防止此类事件的发生。在处理这些问题时，官府往往在惩治和预防上都有其举措，而在预防措施上投入的精力显

---

① 《光绪善化县志》，载《中国地方志集成·湖南府县志辑》，第297页。

② 《乾隆平江县志》，载《中国地方志集成·湖南府县志辑》，第90页。

③ 《民国醴陵县志》，载《中国地方志集成·湖南府县志辑》，第179页。

然更重。

在惩治纠纷方面，封建官员在处理民间纠纷时往往是将情理法综合考量，得出让双方都能接受的结果。但是在这类案件中，官府此时考虑的社会效应不仅仅限于"劝和"带来的"息讼"目标，而是打击犯罪带来的惩戒效应。此时，官府更多地承担了"惩奸除恶"的刑事目的，将惩罚犯罪作为移风易俗的重要手段，以维持社会秩序。故而在这类案件中，我们看到的不再是父母官"一言以剖之"解决争执，而是以"摘奸发伏"的强制手段惩罚刁民。

在预防纠纷方面，官府在对民众的教育上花费了较多的心思。中国的地方官员清楚，如果想要彻底解决纠纷，就需要找出可能产生纠纷的社会原因并进行革除，同时将良好的社会风尚传递给百姓并让他们接受，此所谓"道之以德，齐之以礼"。这些教育既有温和的讲理性教育，也会发布具有强制力的禁令告示以禁止某些不良的社会风气。由于乡村百姓普遍的文化水平不高，要对一些道理进行阐释和解读，让百姓能够接受。清代地方有成为制度的"讲约"活动，在固定的时间和地点聚集百姓进行宣讲教化，以达到移风易俗的社会效果。地方官员对这种活动高度重视，例如：

> 如果膺民牧者能教以大义于国家，设立科条，摘其大端，凯切宣示。俾圉听之民，知所领悟，则不但循谨良善闻，而忻慕即桀骜不驯之徒，亦当知所敛戢。况地方大小官员，有教育斯民之责，岂可视为迂阔，置之不讲。嗣后不但朔望宣读圣谕广训，当明切讲谕及公堂听狱，赴乡劝农时，皆可随时训导，启发颛蒙，庶默化潜消，可渐收易俗移风之效。①

地方官员也会发布告示，劝谕百姓改正不良习气：

> 为严禁赌博，以除民害，以正人心事。照得士农工商，各有当业。朋当诱赌，例禁森严，丧害人心，莫甚赌博，一入其中昏迷莫返。迨至身家尽荡，放辟邪侈，无所不为。天伦由此乖离，夫妻因而反目，其弊不可胜穷，其害于人为最。我桂邑僻处边隅，风俗向称淳古。近十余年来，渐趋浇薄。有一种丧尽天良之辈，明不畏典刑，幽不虚报应，逞其狼贪之性，设为井陷之机。一遇丰腴子弟，引诱多方。或于酒肆之中，或于集场之所，□托知交，饮以醇酒。初以要玩为乐，复以奔北为囮。无识少年，不知是饵，利心既动，云阵斯迷，而

---

① 《民国祁阳县志》，载《中国地方志集成·湖南府县志辑》，第1484页。

奸徒耽耽得志矣。深房密室，朋奸共嚼，现钱既尽，更行执纸勒田。千金之子，畏触兄威，中人之家，不难破散。更有一种为富不仁，惯行谋卖，串同赌棍，专放赌债，五借十偿，叠利书契，问田若履，方敌势均。姑俟数年身后，或争蚀以试其端，或强护而速其讼到官，则称言有契折辩，以为告赔无凭。不知水落终有石出之时，妄思行阴，间成侥幸之举，伤风败俗，言之殊堪发指。本县廉访，有素本应按名拿究，除姑宽访名犯档外，合亟严禁为此示，仰阖邑人等知悉。自示之后，宜痛改前非，洗除肺腑，各谋生业，莫罹法纲。且刻薄成家，理无久享，谋卖田园，多生败子，报应至之，理如鼓应桴，可为烔戒。至丰腴子弟尤当借鉴覆车，痛绝匪流，免致事后决裂。其父兄尊长，更须严加约束，杜其萌药，不使出入自出，则诸棍伎无所施，而身家可长保矣。倘示之后，仍敢怙恶不悛，设局勾引良善，或经告发，或被访拿，定行按例分别严行详究治罪，决不姑宽。凛遵毋违，特示。[①]

以这篇《禁赌博示》为例，湖湘地区素来赌博风气严重，这名知县首先阐述赌博的危害，着重强调了被赌棍带入赌博陷阱的后果；又指出赌棍放债诈骗的诸多方法，让民众对此有所警醒；进而劝勉民众尤其是富家子弟千万不能涉赌，一方面为自己的前程考虑，另一方面使赌棍无利可图，自然收手；最后指出惩戒措施，警告赌徒如果被官府拿住，则从严治罪。这样，百姓既能知道赌博产生的危害，也能对赌棍产生警觉，从而减少赌博行为，实现地方官社会治理的目的。其他尚有地方官发布的《劝息讼示》《妄信风水示》《禁健讼唆讼示》等，其目的和教育方法与此篇基本相同。这些地方官员对社会秩序的综合治理起到了一定的社会效果，从引起讼端的根源上化解了一些问题，使得本地诉讼风气呈现出较为积极的一面。

（三）民间自治条规的发展

如前文所述，清代商业的发展使得发生社会关系的种类和次数增加，传统的"熟人社会"格局逐渐被打破，争端也逐渐增多。但是值得注意的是，清代商业团体形成了具有较强组织性的商行或商会，这些商行或商会有着自己的组织结构和管理制度，能够以较强的公信力去解决民事纠纷。即便是无法形成完整组织的商人，也会由团体的头目订立相应的交易和管理规范。如邻近的两个县的商人共同制定的买卖条规：

---

① 《同治桂阳县志》（2），载《中国地方志集成·湖南府县志辑》，第288页。

买卖米粮，买客凭行掺样，随即登船，上凭眼力，下凭掺筒，看定货色，三而估价，书立行票已妥，包样。下河量米时，买客不得故意复擢样米。如样不符，听其另买另卖，客不得故意潮佺减价。由买行户亦不得扶同。客商买米，行户与卖客交代验明，必九九七制钱，如毛不用，如少照补。银必布平，以九二足色。直行如低毛，概行不用。卖米一石出行用钱二十五文，永无增减。交易谷米、豆麦，买卖二比凭行平斛过扬，不许浮鸡窝。其斛十足制斛，每月朔归庙较准火熨称，以法码较定，以昭画一。行伙或有奇盘夹账以肥己，这行主查出，立即出发辞退。客商查出，投经行主，照议处罚。交易后开明清单图记，载明行用厘金数目、实得钱若干，以杜弊端。买卖米粮货物，银钱当即现兑，行户不得支扯拖延。船户运米不许装头盖面、泼潮等弊。如违，行户断不劝客买受。船户卖米不得因货难卸，求货急卸，致私须行伙钱文。船户代人卖米，不得向行伙私索钱文，欺瞒米客。运米船户，每石开仓钱二文。宁邑与靖市捐建水神庙，原为船户及各商往来祀神祈祷并寄存货物之所。看守庙宇人须当心照管。以上各条宁邑、靖市共同酌议，日后永无更改。如有违者，二比公同分别轻重处罚，决不徇隐。①

　　这篇买卖条规由宁乡、靖州两地行会共同制定，对市场交易中双方的权利义务进行了详细的规定，包括进行买卖的各项流程、使用的货币、交付的规定、祭祀水神的规定和违反条规的处理方式等。至于形成完整组织的商会，更有一套完整的规定，涉及组织机构的设置和职能、管理人员的选举与考核、收纳学徒的流程、统一价格以及销售货物中选拣、交付、退货等流程的注意事项、税收缴纳、违规责任等内容。在清末社会转型期间，由于国家重农抑商的传统，国家立法无法跟上商业的发展步伐。在缺乏国家强制法的调控之下，商人们用自己的智慧制定相应条规，以维护当地的商业秩序，促进市场的发展。这样的制度能够补充国家法的不足，是民间自治的充分体现。在这样的自治环境中，民众可以合理解决商业活动中出现的各种纠纷，从而避免到官府提起诉讼，减轻地方官员的负担。

四、清代湖湘地区诉讼文化对我国纠纷解决机制的启示

　　正如清代处于中国近代化变革的特殊历史时期一样，当下中国正处在深刻的社

① 《民国宁乡县志》，载《中国地方志集成·湖南府县志辑》，第223页。

会变革时期。在经济上向城镇化和市场经济过渡的同时，传统思想和文化依旧深深植根在人民的脑海中。因此，在纵览湖湘地区民间诉讼文化之后，笔者认为在纠纷解决方面，无论是从民间自治的角度还是从国家治理的角度，湖湘民间诉讼文化都为我们提供了广阔的思考空间。

首先，人民调解和法院审判时应当充分了解地方风气与习俗。解决民间纠纷，最重要的是体现"案结事了"的社会效果，实现和谐稳定的社会秩序。为达到"案结事了"的目的，人民调解员应当思考发生纠纷的社会原因，以及百姓希望达到目的的正当性。不同地区的民风不同，就要求解决纠纷时结合当地民风解决纠纷。如湖湘地区刚烈好斗的民风要求调解过程中首先要缓和当事人情绪，待当事人冷静后再进行调处，否则会造成适得其反的后果。尤其是在处理涉及少数民族案件时，更要充分了解少数民族地区的民性。同时，也要尊重各地特有的习俗，如湖湘地区以"好巫鬼"著称，在处理涉及祭祀、丧葬等问题的纠纷时要予以足够重视。

其次，应当重视和鼓励商业自治的发展。市场经济时代，商业相对于封建时期具有更加重要的社会地位。然而，由于我国目前民间的非政府组织发展相对薄弱，商业自治组织尚不能很好地承担起解决商事纠纷的职能，商事纠纷的当事人还是尽量选择司法途径作为纠纷解决的手段。反观清代，许多商业部门建立了完善的商会组织，订立了完备的条规和解决纠纷的办法，使得商事纠纷在商会便可以得到妥善解决。故而一方面我们需要完善我国的商事仲裁制度，尤其是完善《仲裁法》的立法内容、创造快捷高效的仲裁程序；另一方面我们要为更多的民间自治组织提供生存和发展的土壤，使得民间自治组织能够以专业的、充满活力的、令人信服的态度解决相关领域出现的问题。

最后，司法机关在审理案件时应当加强判决的说理性。民间纠纷的当事人将纠纷诉至法院，除了胡搅蛮缠的"讼棍"之外，大多数人的目的是在一个足够权威的第三方居中处理之下与对方讲清楚道理。古代真正有水平的"父母官"可以"秉公排解"甚至"一言以剖之"便可让当事人满心欢喜地回家，其根本原因在于司法官员用一种符合道理且当事人都能理解的语言化解矛盾。在最高人民法院推广裁判文书公开后，我们发现许多基层民事案件裁判文书的"本院认为"部分仅仅将案件事实与相关法条进行对应，既没有阐述为何运用相关法条，也不去解读法条背后的合理性，造成当事人无法准确理解判决，进而增加了上诉率。笔者认为，学习古代司法官员重视说理的特点，对当下法院审判有非常重要的意义。

黄、蔡国葬与民国首部国葬法

杨锡贵*

摘要： 国葬属于国家奖赏制度之一，是以国家名义为有特殊功勋者举行的一种最高规格的葬礼。我国的国葬制度，系民国初年从西方国家移植并改造而来的。黄兴、蔡锷两位辛亥元勋逝世后，各方纷纷要求为黄、蔡二公举行国葬，并制定国葬条例；在国葬黄、蔡的建议案提出后，国会迅速起草了《国葬条例》并交付审查、表决，最后以《国葬法》的形式予以公布，成为民国时期同时也是我国历史上的第一部《国葬法》；《国葬法》颁布生效后，北京政府当局按照该法之规定，在湖南长沙相继为蔡锷、黄兴举行了隆重的国葬典礼，黄、蔡成为民国时期首次享受国葬这一待遇的国民。

关键词： 黄兴　蔡锷　民国首部国葬法

"一国有特勋的人，死后由政府拨给治丧费及举行非常的政治礼仪或安葬，谓之国葬"①，即以国家的名义为有特殊功勋的人举行一种最高规格的安葬典礼，实际上是一种国家奖赏制度。民国时期，黄兴、蔡锷的逝世催生了首部《国葬法》。

一、黄兴、蔡锷逝世，各界纷纷提出国葬黄、蔡请求

黄兴（克强）一生与整个辛亥革命相始终，以策动和领导武装起义著称于世，有缔造共和之功，是中华民国的建国元勋，堪当章太炎"无公乃无民国，有史必有斯人"②之评价。蔡锷（松坡）在武昌起义后，因领导重九起义而被推为云

---

* 杨锡贵，湖南省长沙市开福区教育科研培训中心，副研究员。
① 乐天：《名词解释·国葬》，载《自修》1941年第179期。
② 黄、蔡二公事略编辑处：《黄克强先生荣哀录》，1918年长沙出版。

南都督；袁世凯帝制自为，蔡锷抱病组织武力讨袁，以"为四万万人争人格"①，有再造共和之功，是中华民国的护国元勋。

因长期为民主革命事业奔波而积劳成疾，黄兴于民国五年（1916年）10月31日在上海不治而逝，年仅42岁；同年11月8日，因喉癌医治无效，蔡锷在日本福冈病逝，年仅34岁。

黄、蔡两位元勋相继仙逝之际，正值中华民国建立不到六年之时，且刚刚经历了一场因袁世凯复辟帝制而造成的严重国体危机，各界深为震悼悲痛，其丧事如何办理，尤为各方所瞩目，多主张行国葬之典，以表彰他们对创建民国和再造共和的卓越贡献。11月3日亥刻，北京专电称，章士钊主张"黄兴国葬，择北京宏旷之处营墓，使后之殁于国事者得附焉"②；4日，《新闻报》报道，孙中山、唐少川、胡汉民先生昨接谢良牧来电，谓已与刘人熙、黎尚雯、郭人漳谒大总统黎元洪，会商黄克强先生丧葬典礼办法，共开列了十件事，国葬即被列为第一件事；③10日亥刻，北京专电称，两院有人提议国葬蔡锷；④22日，《时报》报道，张謇、熊希龄此前曾分别致电大总统黎元洪，请为蔡松坡举行国葬典礼，熊希龄并称湘省官绅及梁启超等均同此请求。⑤

为黄、蔡举行国葬典礼的请求提出后，各方大多认为应依法而行，其中章士钊建议由"国会规定通过，或以国葬费提出承认"⑥，汤化龙、王家襄、陈国祥、王正廷等认为应议定国葬典礼办法，"由院提出《国葬条例》，公决颁行，勒诸久远"⑦。

二、中华民国北京政府迅速制定《国葬法》

既然依法为黄、蔡举行国葬典礼的共识已经达成，议员们便积极行动起来，依《临时约法》第十九条第八项规定，由议员傅梦豪提出、邵瑞彭等连署的国葬黄、蔡的建议案便摆到了大总统黎元洪和议员们的案头。该建议案指出，黄、蔡二公

---

①蔡锷著、曾业英编：《蔡锷集》，北京文史资料出版社1982年版。

②《时报》1916年11月4日。

③见《黄克强丧葬礼之会商》，载《新闻报》1916年11月4日。

④见《时报》1916年11月11日。

⑤见《张、熊为蔡松坡请国葬》，载《时报》1916年11月22日。

⑥《时报》1916年11月4日。

⑦《国葬条例之起草员》，载《时报》1916年11月13日。

"手造共和，丰功伟烈，无待赘言。凡我同胞，饮水思源，义难恝置。而国家崇德报功，亦当有时别酬庸之典，方足以慰英魂而示来兹"；世界各国均有为有殊勋于国者举行国葬典礼的先例，其策至良至美，"黄、蔡二公，为国元勋，此次丧礼，宜仿而行之"；《临时约法》第二十九条有"大总统有颁给荣典之特权"的规定，国葬当然为荣典之一，于法有据。因此，应当"从速颁布国葬命令，派员举行，以彰盛典，薄海喁喁所仰望焉"。①

　　建议案提出后，包括马君武、王正廷、吴冻、刘景烈、彭静仁等在内的《国葬条例》起草班子随即组成。11 月 11 日上午 10 时，起草人员在众议院第一审查室开会，进行了讨论研究。经过一段时间的努力，代表官方意见的《国葬条例》文本完成，共八条，即："第一条，中华民国人民有殊勋于国者，身故后经国务会议议决，呈请大总统准予举行国葬典礼。第二条，国葬经费五千元，由国库支出。第三条，国葬墓地由国家于首都择定相当地址建筑公墓，或于各地方择定相当地址修造专墓，或由死者遗族自行择定茔地安葬，均由国家建立碑铭以表彰之。第四条，关于葬仪及修墓一切事宜，由内务部派员办理。第五条，予国葬典礼者，由大总统亲往或派员致祭。第六条，举行国葬之时，所在地之官吏及公共团体职员均往致祭。第七条，殡葬时，所在地及经过地方之官署均下半旗，并由国家派遣军队、军乐护送。第八条，本条例自公布日实施。"另，张善与等议员则提出了《国葬法案》草案，其内容共九条，即："第一条，有左列资格之一者，得享国葬典礼：一、有大勋劳于国家，经国会议决者；二、对外战死者。第二条，举行国葬典礼时，中央大总统为主席，地方由各地方长官主席。第三条，举行国葬典礼时，各友邦得派代表与之。第四条，国葬典礼，中央及地方同时行之。第五条，国葬礼坛，中央设于先农坛，地方由各地方长官于相当地点行之。第六条，国葬日期及仪式，由大总统以指令定之。第七条，死骸得由死者遗族葬其私茔。第八条，国葬经费四千元，由国库支给。第九条，本法自公布之日施行。"该案第一条说明为："第一项，国葬本为国家大典，缺固不可，滥亦非宜，故当以有大勋劳于国家者为限，惟必须若何种程度始得谓之为有大勋劳，其标准颇难确定，故又限以国会之通过。盖既能得大多数之同意，必其人之政绩昭昭在人耳目可知。第二项，包括战斗员、非战斗员而言，且不分品级，于每次战争终了，举行一次，看似过滥，其实不然。因对外战死

---

① 《国葬建议案之提出》，载《时报》1916 年 11 月 20 日。

者，既以国家为前提，杀身成仁矣，其人格诚可钦佩，其事功亦不至湮没而不彰；且每次战争公同举行一次国葬典礼，并非每人举行，何烦之有。"该第四条亦有说明："查日本公爵伊腾博文及有栖川官行国葬时，欧美各国均派代表，东京及各县均同时行遥拜礼。盖国葬与私葬不同者，私葬时与祭者必至灵右，国葬不然，不过国家对于死者行一种奠礼而已，固不问其灵在何处也。不然海战死者索尸终不得，又将若之何？"①

《国葬条例》草案出来后，即以大总统的名义提交国会众、参两院审议，同时亦将《国葬法案》列入审查事项。11 月 16 日，众议院将《国葬条例》提交参议院议决，参议院为此多次开会，进行讨论。众议院将《国葬条例》更名为《国葬法》（应该是吸收了张善与等议员的建议），并将全案内容修正后，又于 12 月 5 日依《议院法》第五十五条之规定，将该法全文移付参议院表决。12 日，参议院开会举行初读，交付法制委员会审查。14 日，法制委员会向参议院大会报告审查结果，认为"原案甚为妥善，多数赞成通过"②；随即依《议院法》并《参议院议事细则》第二十三、二十九之规定，进行二读和三读，获得全体同意通过。《国葬法》获得通过后，除按照《议院法》第五十六条通知众议院及《约法》第二十二条咨请大总统外，并按照《约法》第二十二条之规定，抄录原案，咨请大总统公布实施，同时将结果备文通知了众议院。

议员们在审议的过程中一致认为，"举行国葬典礼，无非为表彰勋劳、风励人民为国效忠起见，意至善也。先进如英、如法，行之最久，史有明证"，因此制定有关国葬典礼方面的条例或法律十分必要；"国葬乃极重大之典礼，与寻常祭典不同"，决定将条例形式改为法律形式，以示尊重之意；至于内容方面，最重要的修正是第一条，将原《国葬条例》"经国务会议议决，呈请大总统准予举行国葬典礼"之规定，修改为"大总统咨请国会同意或国会之议决，准予举行国葬典礼"，因为"国葬非比寻常祭典，如尽由政府一面之意思准予举行，不免有滥行之弊，转起社会轻视之心，有失立法本意"；其余原文，也略加增易，"俾归完整而利施行"。③

12 月 14 日，经议员们讨论并审议后的《国葬法》法律文本如下："第一条，

---

① 《〈国葬条例〉交议》，载《中华全国商会联合会会报》1917 年第 4 期第 1 号。

② 《参议院公报》1916 年第 2 期第 24 册。

③ 《国葬条例之审查报告》，载《新闻报》1916 年 11 月 30 日。

中华民国人民有殊勋于国家者，身故后经大总统咨请国会同意或国会之议决，准予举行国葬典礼；已经私葬者亦得依前项之规定，补行国葬典礼。第二条，国葬经费五千元，由国库支出。第三条，国葬墓地由国家于首都择定相当地址建筑公墓，或于各地方择定相当地址修造专墓，或由死者遗族自行择定茔地安葬，均由国家建立碑铭以表彰之。第四条，关于葬仪及修墓一切事宜，由内务部派员办理。第五条，予国葬典礼者，由大总统亲往或派员致祭。第六条，举行国葬之日，所在地之官吏均往与祭，同时全国官署及公共团体均下半旗设位遥祭。第七条，殡葬时，所在地及经过地方之官署及公共团体均下半旗，并由国家派遣军队、军乐护送。第八条，本法自公布日实施。"①12 月 18 日，《国葬法》作为法律第一号由总统黎元洪予以公布生效。中国有史以来的第一部《国葬法》由此诞生。

由上可以看出，在国葬黄、蔡的建议案提出后，从起草《国葬条例》到交付审查、表决，最后提升为《国葬法》予以公布，前后仅仅一个多月时间，北京政府和国会议员们的行动十分积极，国会众、参两院的运转十分高效，这在民国初年的立法史上并不多见。

三、湖南奉令依法为黄兴、蔡锷在长沙举行国葬典礼

制定《国葬法》，本为使国葬黄兴、蔡锷有法可依，既已公布生效，国葬黄、蔡之典礼自应遵照该法而行。

黄兴"缔造共和，首兴义旅，数冒艰险，卒底于成功，在国家薄海同瞩"，蔡锷"才略冠时，志气宏毅，年来奔走军旅，维护共和，厥功尤伟"，②无疑具备"有殊勋于国家者"之国葬资格。满足国葬资格这一条件之后，还须履行正式的法律手续，即"经大总统咨请国会同意或国会之议决"。12 月 19 日，张善与在众议院常会上提出动议："谓《国葬法》已公布，而二公已定期归葬，不过四五时间，应速议决，以便成礼。众赞成。于是有主张不必二读、三读者。褚辅成云：必须经此手续，以昭郑重。乃经二、三读，咨参议院。"③众议院随即移咨参议院称，"故上将黄兴、蔡锷创造民国，恢复共和，伟烈丰功，照耀寰宇……应准予举行国葬典礼，

①《参议院公报》1916 年第 2 期第 24 册。
②《咨呈国务总理请将前上将黄兴、前中将蔡锷予以国葬交会决议文》，载《政府公报》1916 年第 319 号。
③《时报》1916 年 12 月 23 日。

亟应变更议事日程，尽先开议会议"，请依法办理。①是日，参议院正召开第二十六次常会，接获咨文后，"当由主席按照本院《议事细则》第十三条之规定，提起变更议事日程，经众赞成，将该案付议，均经次第可决通过"，随即依照《议院法》第五十六条之规定，将准予黄、蔡国葬典礼的决议通知众议院并咨达政府、大总统"查照施行"。②12月22日，黎元洪颁布《大总统令》："国会议决故勋一位陆军上将黄兴、蔡锷应予举行国葬典礼，着内务部查照《国葬法》办理。"③这是中华民国成立后，首次作出的国葬典礼决定。此前，大总统已发布命令，定国葬费五千元。④

由于黄兴、蔡锷均系回湘安葬，湖南省政当局奉令后，一方面积极进行各项筹备工作，一方面等待中央制定颁布国葬仪式礼节。

黄、蔡国葬墓地，择定长沙河西岳麓山。1917年1月1日，蔡锷灵柩运抵长沙，暂停设于陆军测量局蔡锷营葬事务所内；约2月上旬，经湖南官绅议决并征得蔡锷遗族同意，蔡锷国葬墓地选定岳麓山万寿寺前山。1月5日，黄兴灵柩抵达长沙，停放学院街黄兴营葬事务所，其墓地的选定则经历了一番曲折。先是准备葬岳麓山，但因已有焦达峰、陈作新、禹之谟等伟人葬于此，"坟冢累累"，当地居民不甚乐意；黄一欧亦对其父葬于岳麓山持异议，曾往湘潭昭山之黄氏祖山勘察墓地，但其家族又不赞成，因"系族间祖山，似属家葬名义"；遂又提出葬北门外陈家垅，但此处"地势低陷，又恐日后水灾"；选择来选择去，终无妥当地点，最后政界要人发话，"黄公葬地将来仍是麓山，舍此别无他处"。⑤最终择定岳麓山万寿寺后山为黄兴墓地。这样，万寿寺左、右、前、后之山，后来便分别出现了焦达峰、陈作新、蔡锷、黄兴四座近代名人墓冢。

至于碑铭，湖南督军兼省长谭延闿"以黄、蔡二公为民国元勋，万流共仰，同人等患难相依，情谊恳切，拟仿华盛顿纪念塔成例，各省区制石一方，缀置墓亭，借表前微而示后嗣"，得到各省督军、都统赞同。制石的具体要求是："一、石质择坚美耐久者；二、长广各二尺，厚四寸，用工部尺；三、撰石字深宜在三分以上。"⑥

---

① 《参议院公报》1916年第2期第26册。

② 《参议院公报》1916年第2期第26册。

③ 《政府公报》1916年12月24日第349号。

④ 《时报》1916年12月20日。

⑤ 《新闻报》1917年2月11日。

⑥ 《新闻报》1917年3月10日。

各省碑文赍送来湘后，湘省即购石制造，雇工刊发，其书写亦多谭延闿手笔。[1]此即我们今天所看到的黄、蔡纪念塔及墓地碑石的由来。黄兴墓志系请章太炎主稿，蔡锷墓志则请梁启超主稿。

当黄兴、蔡锷两公墓地均选定岳麓山以后，黄兴营葬事务所与蔡锷营葬事务所开始联合办公，统一协调黄、蔡国葬事项。

为方便灵柩和送葬人员上山，营葬事务所决定开辟一条长约十里、宽约二丈的上山马路，起自湘江河岸（即今岳麓书院前靠江处），绕出青风峡外，止于响鼓岭；添修码头；均委派时任长沙知事姜济寰督办。此两项工程极为浩大，工期一月有余，耗资约二万元。[2]

为保证过江的顺利，营葬事务所决定"委派姜济寰、杨子卿等八人，在大西门外水码头设立黄、蔡国葬渡河筹备处，呈请军、民两署，饬令水警厅预备舢板船一百只，民划二百只，及榷运局缉私船二十只"；黄、蔡灵柩"均由小西门渡河，借用华昌公司拖轮乘载，另用湖南银行轮船拖绕猴子石，经过水陆洲，直达对河牌楼口起坡到山"。[3]各送葬人员渡河船只，则借湖南第一纺纱厂小轮拖送。

至 3 月下旬，中央政府已确定出葬仪式和日期。黄用西式，则尚黑色；蔡则沿用清制，概尚白色。确定 4 月 12 日、4 月 15 日，为蔡、黄出殡日期。由于葬期已近，黄、蔡营葬事务所分别于 3 月 28 日、31 日及 4 月 3 日、6 日、9 日召开联席会议，研究黄、蔡国葬事宜，要求认真做好通告国民、坟茔建筑、渡河安排、行经路线、外宾招待、葬仪预定、马路修竣等各项准备工作，确保万无一失。

蔡锷出殡之日，天幕低垂，大雨滂沱，行止不便，但送葬队伍仍有千人以上。黄兴出殡之日，因天气放晴，城内送葬队伍排列约有五六里，达五六千人。蔡、黄灵柩分别运抵墓地后，受总统黎元洪的委托，督军兼省长谭延闿率同送葬人员，查照中央颁定礼节，敬谨祭葬。在 17 响葬炮鸣放声和哀乐声中，蔡、黄二公灵柩分别徐徐落下，稳稳地安置于墓穴之中。蔡锷、黄兴遂成为民国时期首次依《国葬法》而享受国葬典礼殊荣的国民。此后，为表尊荣而兴瞻仰，湘省当局特别发布非奉有国葬明令者，不能进葬岳麓山的命令，并为后来诸多政府所遵守，此即今岳麓山几无平民墓地的原因；作为国葬之地的岳麓山，也因此得到更好的

---

① 《新闻报》1917 年 5 月 12 日。

② 《新闻报》1917 年 4 月 4 日。

③ 《新闻报》1917 年 4 月 4 日。

保护，声名更为显赫。

《国葬法》第五、六、七条之规定，系举行国葬典礼之日的礼仪要求，亦均得到切实遵循。如"大总统亲往或派员致祭"，系由黎元洪于 4 月 1 日指令"派谭延闿前往致祭"①，同时副总统冯国璋、总理段祺瑞亦分别派代表陈调元、温寿泉致祭。又"所在地之官吏均往与祭，同时全国官署及公共团体均下半旗设位遥祭"，在蔡、黄国葬之日，除湖南军、民两署全体职员往与祭外，北京政府内务部发布通告，要求蔡、黄国葬之日，"所有京内各官署、各团体是日均下半旗，并派员前往先农坛致祭"，其具体安排："一、上午十时，各官署致祭人员在先农坛招待室齐集。二、下午二时至五时，为各团体致祭时间，则本部派员招待。三、是日先农坛公园开放，任人游览参观。"②上海"淞沪卢护军使昨已饬副官处遵照日前蔡上将国葬办法，在官署设位遥祭，并传谕所属军警各机关，均下半旗；沪海王道尹昨亦知照沈知事及各局所团体，一律下旗致哀"③。再如"殡葬时，所在地及经过地方之官署及公共团体均下半旗，并由国家派遣军队、军乐护送"，湖南以警察厅名义，向全市发出二公出殡通告，规定出殡日各居民店铺、住室均应一律下半旗，各居民停止嫁娶，各戏团停演戏剧，各经过街道禁止人力车及轿车通行，各酒馆停止宴会，各妓户禁止弦歌。至于派遣军队、军乐护送，营葬事务所决定，除预备警察队、学生队外，并请"督军饬令第一、二两师，每师派仪仗队一营，送葬队一营，并预定蔡公葬日以第一师为仪仗队，第二师为送葬队；黄公葬日则以第二师为仪仗队，第一师为送葬队"④。

综上所述，民国初年，虽国葬黄兴、蔡锷成主流呼声，因国葬为非比寻常祭典，故均认为应于法有据；首部《国葬法》的出台，虽有为黄、蔡量身定做之意，但立法有据，且严格遵循了立法程序；《国葬法》的公布生效，为黄、蔡国葬典礼提供了法律依据，而国葬黄、蔡二公，无论是中央政府层面，还是承办此次国葬事宜的湖南省政当局，均系依法而行。在今天提倡全面依法治国，强调遵循法治思维的背景下，此事不无借鉴意义。该《国葬法》也存在有失严密和不完善之处，如国葬者资格的规定失之于宽等，因系首次制定，经验缺乏，似亦难免。

---

① 《大总统指令第 573 号》，载《政府公报》1917 年第 440 号。
② 《内务部通告》，载《政府公报》1917 年第 447 号。
③ 《时报》1917 年 4 月 15 日。
④ 《时报》1917 年 4 月 8 日。

近代湖南法政教育之肇始

——时务学堂寻踪

夏新华　陈仁鹏　章家好 *

2017 年 12 月，"新时代法治建设与法学教育"暨"时务学堂创建 120 周年纪念"学术论坛在长沙举行。这次学术会议可谓是湘籍法学家的盛会。中国自古便有无湘不成军的说法，这一论断用在今日之法学界也是极为准确的描述。湖湘法学人才济济，名家辈出，他们跻身于大江南北，推动着中国法治伟业的发展。法治人才的培养有赖于法政教育，言及湖南法政教育，必先谈到坐落于长沙的时务学堂。就在时务学堂纪念论坛举办前夕，湖南省法学会法治文化研究会亦于长沙正式成立。研究会致力于深入发掘湖湘法治本土特色，以繁荣和发展湖南法治文化研究为主要职责。成立伊始，会长夏新华教授即开启了湖湘法治文化寻踪之旅。也许是机缘巧合，我们寻踪的第一站便是探寻时务学堂故址，试图走进近代湖南法政教育的肇始之地。

唐才常的胞弟、时务学堂的学生唐才质曾在《湖南时务学堂略志》中提到："时务学堂设于长沙小东街刘文恪公旧邸。"经查，长沙小东街今为开福区中山西路三贵街。当时，熊希龄等士绅本拟在长沙北门外侯家垅兴建校舍，而校舍未建成前需寻找临时校舍，故熊希龄便找到同榜进士、益阳翰林周桂午（历史学家周谷城叔祖父）租得一套五进二层宅第权作校舍。周宅原来的主人是清乾嘉年间任礼部尚书、协办大学士、授太子少保衔的刘权之，即刘文恪。1898 年戊戌变法失败，时务学堂停办，改为求实书院，后与岳麓书院合并为湖南高等学堂，成为湖南大学的前身。小东街宅邸物归原主。

---

* 夏新华，湖南师范大学法学院教授、湖南省法治文化研究会会长、湖南师范大学法治文化研究中心主任；陈仁鹏、章家好，湖南师范大学法学院法律史专业硕士研究生。

本文系 2018 年湖南省法学会法学研究重点课题"湖湘法治文化的传承与创新"（课题编号：18HNFX-B -003）的阶段性成果。

后周桂午的儿媳将宅第租予湘潭人言某，办起了"泰豫旅馆"。抗日战争爆发后，该旅馆于文夕大火中荡毁。1945 年，陈云章先生向周桂午后人购得小东街大片地皮，在时务学堂废墟上建起了中原兴业股份有限公司的三层楼房和自己的住宅。1949 年，湖南和平解放后，公司楼房转给了粮食部门。至 2004 年，陈云章公馆被公布为长沙市重点保护历史旧宅，2010 年被确定为开福区不可移动文物，2014 年升格为长沙市文物保护单位。

由此观之，时务学堂的原有建筑早已尽毁于抗战的炮火中，现存故址"天倪庐"乃于 20 世纪 40 年代所建，且其面积也不可与时务学堂的同日而语。2018 年元月，我们循着上述线索，前去拜访三贵街 29 号"天倪庐"。欣然前往却略有遗憾，与网上新闻《长沙时务学堂研究会成立 故址陈云章公馆正式开放》的时间不符，当天"天倪庐"并未开放。后经询问街坊邻里和查阅网上资料得知，此处虽然宣布对外开放，但只设为"不定时开放"，或许只是针对一些重大文化活动才开放罢了。

遗憾之余也略感庆幸，因为三贵街正值棚户区改造施工，周边环境破败不堪，围挡横幅四处可见，大门两侧的横幅上写着"权衡征收利弊，认清政策归心""积极配合政府，推进城市建设"等标语。然因"时务学堂故址"为长沙市文物保护单位，故其置身闹市却静若处子，仿佛在浅声向过往行人诉说着盛极一时的时务学堂往事，倾诉着那一段荡气回肠的维新历史。"天倪庐"大门旁镶有小块石牌，上刻"吾友陈君云章以其学翁之名名其庐所，欲贻厥子孙，永世念之，诚孝思不匮者也。夏承焘书"；门楣上镶有石牌，上刻"天倪庐，一九八八年夏周谷城书于北京"；两叶门扇上分别挂有"长沙时务学堂研究会"和"长沙市不可移动文物"的标识牌。

为弥补首次寻访留下的遗憾，我们经多方联络，最终约定于 5 月 3 日上午前往探访。与 4 个月前不同的是，此时三贵街附近的棚户均已拆迁，只留下施工的轰鸣声和一片片残垣断壁，这也使得时务学堂故址的踪迹更加难觅。我们行车于古老的中山路，稍不留神便会错过三贵街这条不起眼的小巷，恐怕不了解这段历史的人即使与时务学堂故址擦肩而过也不会留意这座隐于陋巷的老宅。

当我们师生一行五人到达时务学堂故址时，恰遇管理员黄浩先生。在其引导和介绍下，我们走进这座古色古香的老宅。刚迈过门槛，一片青葱翠绿便映入眼帘，繁茂的绿植布满宅院，连墙壁上都裹着一层爬墙虎，苍幽之感扑面而来。原本五进二层的时务学堂现在已变成只有两座房屋的小四合院。正对宅门的是"天倪庐"。

据悉，陈云章为陈天倪第四子，陈天倪老先生是著名的经史学家，曾任教于东北大学、湖南大学、中山大学、国立师范学院（今湖南师范大学）等学府，并曾在 20 世纪 20 年代担任过湖南省长赵恒惕的秘书。1947 年 7 月，陈天倪赋闲居于陈云章家，云章先生为尽孝心专门建起"天倪庐"供父亲居住。时过境迁，现在"天倪庐"已被陈氏后人修缮为纪念堂，以彰祖上荣光。宅院北侧立有"时务学堂碑坊"，碑坊主体嵌有四块白玉石碑，从右至左依次为：梁启超题"时务学堂故址"；李肖聃跋、李况松跋和陈云章所记的由时务学堂变迁至"天倪庐"的始末。李肖聃先生是民国时期的文学大家，曾任梁启超秘书，著有《湘学略》《星庐笔记》《中国文学史》等；其女李淑一与毛泽东、杨开慧皆为好友。李肖聃先生题写的跋较为详细地阐述了当时的情况，跋为：

光绪甲午之战，吾国败于日本，割地输币，群士同愤，争言与兴学自强。丁酉岁，湖南巡抚陈宝箴、学政江标，奏设时务学堂于长沙，聘新会梁任公先生为中学总教习。其年十月，先生与李维格、叶觉迈、韩文举四人来学堂，以《公羊》《孟子》、英文、算学教授诸生。湘阴范涟源、邵阳蔡艮寅（后更名锷）、长沙杨树达、浏阳唐才中辈，号为高第弟子。明年戊戌三月，先生入都，与其师南海康有为，参赞新政。中外汹汹，故旧大臣仍拥西太后训政。八月十三日，杀谭嗣同、杨锐、杨深秀、刘光第、林旭、康广仁六人于菜市。先生亡命日本。至民国二年，乃始归国，任熊希龄内阁司法部总长。未半岁而辞职。中经三年袁世凯之帝制，六年张勋之复辟，先生起，率蔡锷、段祺瑞督师定之。十一年，先生谢政，主讲金陵东南大学。湘人士请其重游长沙，至则往寻小东街讲堂故址，时易为"泰豫旅馆"，周览校舍，感怆于中，盖距先生讲学时，已阅廿有六年，旧日先生徒，泰丰殇故乃泫然命笔，书此以为记。今先生即世，又已廿年。益阳陈子云章买此产新造中原建业公司，因得先生手书墨迹属余题字，余谓先生事业学术具在近史，及竹著书，书法初师小欧，旁参诸家，劲质有力。吾宗衡山况松君，述其师承甚详，今人得其双字奉为珍宝。云章竺古而尚慕英贤，其益珍藏此卷而勿失也。

时务学堂碑坊左上方的石碑，记载了陈云章将梁启超的手迹捐赠给湖南大学，并请其泰籍好友罗武子捐美金一万元在岳麓书院建时务轩的情况。碑坊东侧是陈云章的住处，现已改造为陈云章纪念厅。

睹物思人、睹物思史，我们的思绪不禁飘回到百余年前。19 世纪中叶，华夏大地风云诡谲，清政府面临接连不断的内忧外患，就连"中兴名臣"曾国藩也不由发出"数千年未有之变局"的感叹。面对西方列强坚船利炮的入侵，有识之士开始睁眼看世界。1895 年，日本逼迫清政府签订《马关条约》，康有为闻此消息发动在北京应试的 1300 多名举人联名上书光绪皇帝，痛陈民族危亡的严峻形势，提出拒和、迁都、练兵、变法的主张，史称"公车上书"，由此揭开了戊戌变法之序幕。维新变法虽始于北京，其影响却波及全国。杨度曾在《湖南少年歌》中写道："中国如今是希腊，湖南当作斯巴达；中国将为德意志，湖南当作普鲁士"[1]，体现出湖南人心忧天下、敢为人先的精神。湖南人在维新变法中更是如此。

陈宝箴就任湖南巡抚后，慨然以开发湖南为己任，锐意整顿，他是地方督抚中唯一倾向于维新的实权派风云人物。陈宝箴与按察使黄遵宪，学政江标、徐仁涛，候补知府谭嗣同和唐才常等人倡办新政，使湖南维新风气大开，成为全国最有生气的省份。1897 年 9 月，时务学堂创立并进行第一次招生考试，在考前 7 天，陈宝箴将《招考湖南时务学堂学生示》刊发于《湘学新报》，并在省城大街小巷张贴，吸引了 4000 多名考生报考。陈宝箴在"招生简章"开篇写道："照得国势之强弱，系乎人才，人才之消长存乎学校"，并评价创办时务学堂乃"先事而发、创开风气"之举。时务学堂中文总教习梁启超亦对此举充满希望，他在《湖南时务学堂公启》中写道："吾湘变，则吾中国变；吾湘立，则中国存。用可用之士气，开未开之民智，其以视今日之日本宁有让焉。"

时务学堂第一次招考录取了 40 名；到第二年 4 月，又根据学生平日功课分数及性情举动合校互勘，对第一班 40 名同学甄别完之后，只剩下 27 人。[2] 可见时务学堂招考、招录之严格，成功考入的学生本身实为少年才俊——杨树达是年龄最小的学生，当时不满 13 岁，蔡锷年方 15 岁，范源濂、林圭也仅 22 岁。此外，教习们也非常年轻——灵魂人物梁启超时年 24 岁，主管行政校务的熊希龄时年 27 岁，

---

① 见杨度：《湖南少年歌》，载刘晴波编：《杨度集》（一），湖南人民出版社 2008 年版，第 92 页。
② 《时务学堂的第一次入学考试》，载湖南大学网。

学堂的重要筹建者谭嗣同时年32岁。一群血气方刚的青年人，基于救亡图存、变制修法的现实需要，以法政之学为主义，以变法维新为己任，正如熊希龄所言"揽湖海英雄为维时局，勖沅湘子弟再赞中兴"。

梁任公曾说"新旧之哄，起于湘而波动于京师"。时务学堂在维新变法中诞生，它的改革与救亡图存、变法图强紧密联系，不论是教育宗旨的变化，还是教学内容、形式等的变化，都是与时代同步前进的，在湖南近代法政教育史和思想史上都占有极重要的地位。

办学质量还需由教育成果来加以评价，毋庸置疑，时务学堂培养了诸多救国救民的栋梁之材，如护国战争的组织者和领导者蔡锷、中央研究院院士杨树达、北洋政府教育总长范源濂、黄埔军校代校长兼教育长方鼎英、中国第一位物理学博士李复几，自立军起义烈士李炳寰、林圭、唐才中等。许多学生都成为自立军起义和辛亥革命的骨干分子。梁启超在《湖南省立第一中学讲演》中曾回忆说："予在时务学堂虽仅半年，所得高才生甚多。自我亡命赴日，一班四十人中有十一人随我俱去后唐先生才常在汉口实行革命，十一人中死难八人。"毛泽东主编的《湘江评论》也撰文道："时务以短促的寿命，却养成了若干勇敢有为的青年。唐才常汉口一役，时务学生之死难者题不乏人。"著名文字学家杨树达先生也曾说："一千九百年庚子反清之役，民四倒袁之役，皆时务师生合力为之，以一短命之学堂而能有如此事业者，古今罕见也。"

本以为理清时务学堂发展脉络，寻其故址便可以解开心头的诸多疑惑，但寻访至此，反而引发了我们更多思考：一所地处三湘的学堂何以能汇聚众多名家大师？一所存在不到两年的学堂何以能培养出众多国之栋梁？一所消逝于硝烟中的学堂何以为百年之后的人们所追忆？

窃以为寻根溯源还需从时务学堂的办学理念开始分析。梁任公在《湖南时务学堂公启》中写道："凡我同志，远念敌王所忾之义，近思维桑与梓之情，大为强国保种之谋，小为育子克家之计，其诸有荣于是欤。维持大局，提倡盛举，食毛践土，咸有责焉已耳。"纵使百年逝去，今读之仍感任公之豪情，不愧为时代之风骨。任公在1922年回忆时务学堂时曾言："时务学堂，以形式与知识而论，远不如现在的学校。但师弟同学间精神结合联成一气，可以养成领袖人才，却比现在的学校强多了。现在的学校，表面虽好，却如做买卖的杂货店，教职工是卖货者，学生是买货者，师弟间不发生关系，造就一般水平线的人才即可，要想造就特别人才，是难能的，希望以后的湖南教育界注意现在时事的需要，采取新式的完备的办法，不要丢却了从前的精神。"①一褒一贬之间，彰显了梁任公的教育态度，也显示出时务学堂教育方式之独到。

时至今日，相隔已近百年，每每读到任公此语，仍不免感慨：当下诸多学校仍未脱离"杂货店式"教育模式，只把学生当成流水线上的产品进行装配加工，许多学生也自甘如此，学生与教师之间未能进行卓有成效的互动。时务学堂存在时间虽短，但师生之间的教学互动实为常态。例如，时务学堂有完备的札记制度和问难制度，学生备有两本札记册，"每日将专精某书某篇共几页，涉猎某书某篇共几页，详细注明。其所读之书有所心得，皆记于册上"②，每隔五日，教习便会详细批答札记册。梁启超曾写道："每日在讲堂四小时，夜则批答诸生札记，每条或千言，往往彻夜不寐。"学堂还设有"待问匦"，学生遇到疑难问题便会写在待问格纸上，投入匦中，教习会详细解答后交给学生。这种教学互动才是积极的、有效的。

从师资力量上分析，时务学堂组织健全，容纳了诸多进步人才，而且很多老师本身就是当时引领潮流的法学家。陈宝箴委熊希龄担任学堂总理，主持校内一切行政事务。另委绅董九人，即谭嗣同、熊希龄、王先谦、蒋德钧、李维翰、黄自元、张祖同、陈海鹏、邹代钧等组成时务学堂的董事会。梁启超担任中文总教习，谭嗣同、韩文举、叶觉迈、欧榘甲、周大列为中文分教习，李维格担任西文总教习，王史、许应垣为西文分教习，许应垣为数学教习，邹代钧为舆地分教习，杨自超为管堂兼测量分教习，杨福严为管仪器兼体操分教习。依今天分类来讲，梁启超涉猎的法学领域包括法理学、宪法与行政法学、法律史学和国际法学，其法学著述在三百万言以上，《中国法理学发达史论》《论中国成文法编制之沿革得失》《论中国宜讲求法律之学》等都是非常专业的法学著作。时务学堂的另一位创办人黄遵宪被誉为"近代中国走向世界第一人"。他曾任清朝驻日参赞、旧金山总领事、驻英参赞、新加坡总领事等职务，著有《日本刑法志序》等法学专业著作。谭嗣同更是以冲决罗网的精神从学理上对封建法统进行了批判。正是在这些法政先锋的培养下，时务学堂的学生们展示出对法律浓厚而独特的兴趣，并且研究了诸多先进的法学问题。《湘报》自创刊以来就发表了大量时务学堂师生的文章，师生

---

① 梁启超：《湖南教育界之回顾与前瞻》，载《长沙·大公报》1922年9月3日。
② 《时务学堂功课详细章程》，载湖南大学网。

们已经可以用学到的国际法知识点评世界大事并作出比较专业的分析。①蔡锷在旅日留学时撰写的《国际公法志》更是一部独具创新性且适应当时国家需要的国际公法学著作。

此外，从教学内容上分析，时务学堂"以政学为主义，以艺学为附庸"，十分重视法政之学。《时务学堂功课详细章程》中明确规定，课程分为两类：一曰溥（普）通学；二曰专门学，专门学即包括公法学、掌故学和格算学，其中与法政教育密切相关的课程是公法学和掌故学。《时务学堂第一年读书分月课程表》中记载道，公法学用书几乎涵盖了古今中外、政法历史各个领域。具体而言，包括《公法会通》《公法总论》《万国公法》《各国通商条约》《通商约章类纂》《各国交涉公法论》《希腊志略》《罗马志略》《欧洲史略》《法国律例》《英律全书》等；单从课程设置上分析，时务学堂即无愧于"近代湖南法政教育之开端，中国近代法学教育之先驱"的美誉。

反观与其同时代的诸多书院，实质上已经沦为科举的附庸，"山长不通时务、互相排挤，经年累月不道院。生徒有赌博嬉游者，有争端斗殴者，有伪姓诡名者"。两相对比，时务学堂的先进性可见一斑。事实上，通过《湖南开办时务学堂大概章程》、陈宝箴所书《招考湖南时务学堂学生示》、梁启超所书《湖南时务学堂公启》、唐才质所书《湖南时务学堂略志》、熊希龄所书《上陈中丞书》等文献，均可发现时务学堂在教育改革上不遗余力、敢为人先，确实做到了"先事而发、创开风气"。梁启超曾在《湖南时务学堂学约十章》中勉励学生要有孟子"欲平治天下，当今之世，舍我其谁"的宏远抱负，要有范文正"以天下为己任"的志向，要有顾亭林"天下兴亡，匹夫之贱，与有责焉"的责任感，还要在"于中国经史大义，悉已通彻"后，以其余力"肆力于西籍"，融会中西学问。由此可见时务学堂办学定位之高，亦可见其培养出众多法政人才的必然性。

俱往矣，维新变法的中流砥柱早已湮没在历史的尘埃中，盛极一时的时务学堂也随着变法失败而伦落。在时务学堂任教时，梁启超经谭嗣同介绍结识了唐才常。初次见面，唐才常赠梁启超一方菊花石砚，谭嗣同为其题诗，诗曰："空华了无真实相，用造蒻偈起众信。任公之砚佛尘赠，两君石交我作证。"学政江标看到后，认为如此好铭"岂可委石工"。于是他专门将船票改签，连夜将铭刻于砚上。可惜

---

① 蒋海松：《时务学堂与近代法政教育革新》，载《湖南大学学报（社会科学版）》2017年第6期。

后来任公流亡海外时将此砚遗失，他在《饮冰室诗话》中写道："戊戌去国之际，所藏书籍及著述旧稿悉散佚，顾无甚可留恋。数年来所出入于梦魂者，惟一菊花砚。今赠者、铭者、刻者皆已殁矣，而此砚复飞沉海，消息杳然，恐今生未必有合并时也，念之凄然。"

1922 年 8 月 30 日，时任金陵东南大学教授的梁启超应湖南省长赵恒惕之邀来湘讲学，次日专程寻访时务学堂故址，应泰豫旅馆言老板之请题写了"时务学堂故址"。遥想梁任公题写时一定百感交集，从 1896 年戊戌变法时创立时务学堂到辛亥年清帝逊位、民国成立，再到 19 世纪 20 年代湖南省宣布自治、颁布省宪，作为这一系列重大历史事件的参与者和贡献者，梁启超势必深知民主法治之得来不易。

遥念在时务学堂与学生们穷理学文、经世传教的往昔，以及十一名学生追随他亡命赴日和八名学生身亡于汉口革命的惨状时，任公的内心也许五味杂陈，千言万语汇聚成他对时务学堂的无限追思，于是他含泪挥毫写下"时务学堂故址，二十六年前讲学处"这些苍劲有力的大字。随梁任公东渡日本的十一名时务学堂的学生亦英年早逝，如蔡锷逝于 1916 年末，范源濂逝于 1927 年末。蔡锷逝世后，任公的卧室便一直挂着爱徒的照片。1929 年初，梁启超也走完了他 56 年的风雨历程。我们抚今追昔，不禁潸然泪下。

任公亦未曾料到，这所仅存一年的学堂其影响力却能延续百余年。2018 年 9 月 2 日"时务学堂故址陈列室"揭牌仪式暨"长沙学者话长沙"讲坛首讲在"天倪庐"举行。百余年前，时务学堂书声琅琅，时雨春风，弦歌之声传颂三湘；百余年后，在时务学堂故址，嘉宾咸集，共襄盛举，缅怀致敬时务先贤。杨树达先生嫡孙杨逢彬教授专门发来贺词，林圭烈士后裔林利女士向时务学堂研究会呈递"时务学堂故址陈列室"印，陈云章先生之子陈家书、湖南时务学堂研究会会长陈书良、长沙市社科联主席吴安定以及湖南大学的专家教授代表均致辞。揭牌仪式毕，我们步入时务学堂故址陈列室参观。陈列室通过时务学堂至湖南大学沿革图等图片资料、时务学堂大事记展板等文字资料、《林圭革命烈士证明书》等实物资料、"纪念时务学堂创建 120 周年"等视频资料，较为详细地介绍了时务学堂主要发起人、主要教师、优秀学生的生平事迹，展现了时务学堂划时代的进步意义。诚如陈列室的简介所言：

湖南时务学堂被誉为湖南维新运动时期的最高学府，是维新运动的直接产物，近代湘籍士人多与之有关。时务学堂见证了中国近代史上一代人革故鼎新的教育理想。她是湖南从传统守旧转变为激进开放的关键力量。时务学堂影响深远，她引发了近代新旧剧烈之争与思想裂变，之后由学堂师生发起的自立军起义、护国战争更是在其直接影响下的重大政治军事事件。这座湖南大学的前身学堂，是近代史上一次最激烈的碰撞，更点燃了从维新变法到辛亥革命的火光。

三寻时务学堂故址，我们不禁感慨，有幸于百余年后与时务学堂的师生神交，与学堂故址共度一段光阴，见证其抹去岁月的尘埃，再一次面向普罗大众，将那段风云激荡的历程诉说给后人。然而寻踪至此，我们心中仍未能平复，存有两点遗憾。

一是感慨时务学堂承载的法政精神未能得到充分有效的宣传利用。法政精神、家国抱负、精英意识、布衣情怀正是时务学堂精神之所在。仁人志士在深度转型的时代遍览古今中外历史寻求济世良方，在内忧外患的时代致力于法政教育，培养国之栋梁，专注于时务学术而笃定前行。这种重视法政的教育、高洁傲岸的情操、为国为民的情怀都是对当今大有裨益的。故而理应如习近平总书记所言："把跨越时空、富有永恒魅力、具有当代价值的文化财富弘扬起来。"

然而遍览时务学堂陈列室，却鲜有与法政直接相关的介绍。例如陈列的梁启超的展品为《梁启超家书》《饮冰室合集》等常见著作，但其所著的《中国法理学发达论》《论中国成文法编制之沿革得失》《论中国宜讲求法律之学》等法学专业著作却未被陈列。在介绍黄遵宪、蔡锷时，也未谈及其在国际公法领域的成就与贡献。窃以为陈列室既然为公众开放，不仅应介绍通识性的知识，也应弘扬时务学堂的法政精神，将其打造为湖湘法治宣传教育的阵地。时务学堂作为近代湖南法政教育肇始之地，蕴含着湖湘本土法治文化基因。秉承悠久历史、体现湘人精神面貌的时务精神有必要也完全可以在新的历史背景下熔铸法治精神。近年来，湖南省委、省政府从战略和全局的高度，把加强社会主义法治文化建设作为深入贯彻党的十九大精神的重要任务，作为推进法治湖南建设的有效措施，摆在重要位置上。湖湘法治文化也应当从本土历史中汲取营养，在新时代的指引下找寻前行的康庄大道。

二是感慨物是人非、踪迹难觅。时务学堂曾鼎盛一时，耶鲁大学裴士锋博士曾在《湖南人与近代中国》中写道："湖南境内，竟有人讨论这些想法，乃是很值得注意的现象，更值得注意的乃是讨论这些想法者，是一群年轻学生和他们24岁的老师，其中竟无一人超过30岁，他们破天荒的自愿抛开传统并讨论政治变革，好像那是自己的责任一样。在这所独一无二的学校里，师生的讨论正是一个早期且重要的例子，表示主动权和权威正逐步转移到年轻人手上，而这一转移则代表即将到来之革命年代的开端。"时务学堂这座承载着湖南法政教育精神的历史丰碑，屹立于喧嚣尘世中，时光之尘可以她掩盖，却无法抹去她的荣光。湖南大学法学院在院史墙上也注明其发端于时务学堂，因而号称"千年学府、百年法学"。

我们期待着更多人穿越繁华的都市丛林，于闹市中寻得近代湖南法政教育的肇始之地，寻得湖湘法治文化的历史基因。然而时务学堂故址却隐匿于陋巷之中，未曾为广大群众所知晓。据悉，2001年著名画家黄永玉造访已九十高龄的陈云章先生时，曾建议重建时务学堂，并向湖南省领导汇报。2005年，陈云章先生逝世一年后，重建时务学堂提上了长沙市政府的议程，后因故未果。随着潮宗街棚户区改造，时务学堂故址周边均被征收拆迁。如今故址外的围栏、标语虽已拆除，街道却变得泥泞难行。时务学堂故址身处于老城改造的隆隆轰鸣中，仿佛在向世人诉说着百余年前那段荡气回肠的历史……

湖南时务学堂的创办始末及新旧之争

张维欣 *

湖南时务学堂创办于 1897 年 11 月 29 日，这座戊戌变法期间成立的新式学堂，是当时湖南最高等级的学府，亦是湖南大学的重要前身。

中山路，是一条横贯长沙东西方向的马路。作为一条承载着老长沙历史记忆的重要轴线，它将中山亭、国货陈列馆、船山学社、小吴门连为一线。在清代，它名为小东街，时务学堂的正门就位于这条并不算宽阔的马路西段。而现如今，时务学堂故址已在 80 年前的那场"文夕"大火中灰飞烟灭，只留有一个纪念院落，人口位于中山路旁一条名为三贵街的小巷中。

这座被爬山虎掩映的小院，在历经了 1938 年的"文夕"大火之后，早已不复当年的模样。左边的墙面上嵌入"时务学堂旧址简介"碑匾，右边是绿色琉璃瓦盖顶的"时务学堂碑坊"，梁启超于 1922 年手书的"时务学堂旧址"嵌在其中，学生李肖聃的题记紧挨其后，李况松的跋、陈云章的补记也都依次排列，四块碑石连成一排，仿佛在诉说着一百二十年前的往事。

（一）

时务学堂人才汇聚，由湖南巡抚陈宝箴亲自批准创办，两任学政江标、徐仁铸，按察使黄遵宪鼎力支持。熊希龄为总提调，也就是校长；谭嗣同为学监，相当于负责管理学生的领导职务；梁启超为中文总教习，等同于今天的中文教务主任；李维格担任西文总教习，即为外语教务主任。谭嗣同、唐才常、韩文举、叶觉迈、欧榘甲、杨毓麟担任中文分教习；王史担任西文分教习；许奎垣担任数学教习；邹代钧担任舆地分教习；杨自超担任测量教习。

在学堂筹备之初，为了能让年轻的学子用到更加先进的教学设备，熊希龄和蒋

★张维欣，机械工业出版社编辑，历史学者。

德钧特意前往江浙沪着力进行图书和仪器的购置等工作。对各类精密仪器非常熟悉且曾开办过中国近代第一个测量学会的谭嗣同，曾热心襄助他们的仪器购买事宜，并将杨仁山从海外购买的各类仪器卖予时务学堂。

杨仁山曾任驻英法大使曾纪泽的参赞，他及两个儿子杨自强、杨自超均出身测量学以及工程学专业。在国外时，杨仁山将自己几乎全部的薪水都花在了购买天文镜、子午仪、经纬仪等科学仪器上，并亦练就了一手亲自制造仪器的功夫，他所制造的地球仪一度在当时被争相购买。谭嗣同在杨仁山寓所亲自验看各类仪器，并表示由时务学堂人员先行选购，方才应允将其余仪器售予其他求购之人。

为防售罄，谭嗣同自行出资为时务学堂购买数百张图纸，并代时务学堂订购了一批几何模型。他亦推荐熊希龄在上海洋行购买度时表、寒暑表、水银风雨表、空气风雨表、燥湿表、量风器、量雨器等十余种测量所需仪器，以及天文图、地学图、矿石图、电学图、化学图、百鸟图、百兽图、百虫图、百鱼图、重学图、植物图等二十余种图表。

教育家朱经农曾回忆，当时湖南第一架大天文望远镜就在时务学堂阁楼上，学生们可以在镜中观测各类行星。学堂中的学生可以享用到如此先进的教学设备，与谭嗣同、熊希龄的努力不无关系。除此之外，谭嗣同还推荐杨仁山之子杨自超担任时务学堂测量教习兼仪器管理员，将其从英国学到的测量知识传予年轻的湖湘士子们。

正是因为筹办者与教习的尽心竭力，时务学堂所培养出的学生出类拔萃。晚近中国的重大历史事件和政治、军事、思想、实业、学术等领域中，无一不有他们的身影。林圭、秦力山、蔡钟浩、田邦璇、李炳寰等人发动自立军起义，虽因事败而被清廷杀害，却成为辛亥革命枪声的前奏；蔡锷在袁世凯悍然称帝之后起兵反袁，发动护国战争以维护共和，成就了近代史上的不朽传奇；范源濂投身于教育救国，担任中华书局总编辑部部长与北洋政府教育总长，后又参与创办南开大学；杨树达学贯古今，孜孜以求，一生专注于研究汉语言文字，成为著作等身的文字语言大家。

时务学堂的三位教习之间，还发生过这样的故事。1897年12月的一个傍晚，学堂中文教习谭嗣同邀请时任《湘学报》主笔的唐才常来时务学堂做客，在这里，唐才常第一次见到中文总教习梁启超。对于这个虽只有24岁但早已声名远扬的青年学者，唐才常心生敬慕，一见如故。他拿出一方提前准备好的菊花砚赠予梁启超，以示订交。看到这方石砚之后，谭嗣同非常欢喜，他立马口占了一首砚铭诗：

空华了无真实相，用造荊偈起众信。任公砚佛尘赠，两君石交我作证。

其中，任公是梁启超的号，佛尘是唐才常的字。

正在此时，即将卸任的湖南学政江标来到此处。江标一向擅长金石与雕刻，且与谭、梁为莫逆之交。他即将离湘之时前往时务学堂与旧友话别，正巧看到石砚与诗铭，认为如此好铭理应刻在砚上，并且"岂可委石工，能此唯我耳！"于是当晚，江标身穿貂裘抱着一只猫来到了学堂，一边刻砚，一边与谭嗣同、唐才常和梁启超侃侃而谈，还时不时玩笑逗乐一番。刻完之时，已快到第二日晨曙，谭、梁、唐三人于是送别江标于舟上，但几个人却并不知晓，这将是他们的最后一次会面。

多年以后，谭嗣同、唐才常、江标均已不在人世，梁启超十分思念这方见证着四人友谊的菊花砚。然而，戊戌政变后，他东渡日本临行匆匆，竟将此砚遗失。他为此而遗憾地感叹道："数年来所出入梦魂者，惟一菊花砚。今赠者、铭者、刻者皆已殁矣，而此砚复飞沉海，消息杳然，恐今生未必有合并时也。念之凄然。"

这方菊花砚的遗失，竟成为他一生的遗憾。

（二）

然而，关于时务学堂后期的维新派与保守派两派相争，也可窥见戊戌变法激烈化程度与其中更深层次的矛盾。开办不久，时务学堂就受到了其内部和外部的压力，关于"新旧""中西""古今"等问题成为学堂内部与外部各种不同群体之间激烈而持久的讨论焦点，甚至互相攻讦，屡屡达到了剑拔弩张、水火不容、无可逆转的白热化程度，其纷争一直持续到北京的戊戌政变发生之后。

第一个重要的导火索事件是南学会会员易鼐于 1898 年 3 月发表在《湘报》上的《中国宜以弱为强说》，首次在公开场合激烈抨击清政府政治制度。这一文章引起了湖广总督张之洞的注意，文中公开抨击清政府政治制度的言论令他大为光火。于是，张之洞当即致电湖南巡抚陈宝箴，要求对该言论给予极为严厉的批评和责难，甚至停止了《湘报》的兄弟报《湘学报》在湖北境内的发行。《湘报》与《湘学报》是当时维新运动的重要阵地，亦是谭嗣同、熊希龄、唐才常等人的舆论阵地，但经此一事，两份报纸再未刊登谭、唐等人的文章。王先谦等人亦屡次说服陈宝箴关停《湘报》，这一举动险些使得《湘报》彻底被封。

维新派此时处于极为不利的局势，先是梁启超于 1898 年 3 月初因病离湘调养，再是 5 月间陈宝箴趁谭嗣同回浏阳的十多天中下令调阅时务学堂学生的札记批语，熊希龄听闻此事，立刻将写有激烈批语的札记连夜更换为言辞温和的札记以应对检查。

　　情势已经显得有些危急，时务学堂最初的参与筹办者王先谦已从最初对梁启超的欢迎和认可完全转化为敌对面，而一向支持维新的湖南巡抚陈宝箴亦在新旧势力之间有了动摇。面对上级的责问批评和省内保守势力的咄咄相逼，陈宝箴有了变动时务学堂人事的打算。他免去熊希龄时务学堂总提调一职，同时批准了韩文举、叶觉迈、欧榘甲三位中文分教习的辞职申请。

　　送别三人时，唐才常曾写下一首名为《侠客篇》的诗作以表达其不愿向顽固派低头之意，其中有言："丈夫重意气，孤剑何雄哉。良宵一灯青，啼匣风雨哀。不斩仇人头，不饮降王杯。仰视天沉阴，揽衣起徘徊。民贼与乡愿，颈血污人来。"最后他毅然表示："生死何足道？殉道思由回"，"要当舍身命，众生其永怀"。

　　唐才常于1898年4月以添聘形式进入时务学堂，他与谭嗣同素来服膺王船山思想，正是他，将谭对王船山民主思想的诠释带进了时务学堂的教室里。据他的胞弟唐才质回忆，唐才常带头于教室里激烈讨论王夫之的《噩梦》和《黄书》，以"发挥民主、民权之说而引申其绪，以启发思想"，向学生灌输以天下为己任的志向。然而这样的行为引发了保守派的强烈不满，也为之后遭受攻讦留下了证据。

　　雪上加霜的是，维新派阵营内部亦出现了分歧。先是陈三立、邹代钧与谭嗣同、熊希龄、唐才常等人关系的破裂，让整个事态更为紧张。紧随其后的是，谭嗣同和唐才常的老师欧阳中鹄时任陈宝箴的幕僚，在陈宝箴的要求下，他在为时务学堂出题的过程中，以出时文题和批阅试卷的方式对维新派倡导的民权和平等思想进行了指责。这一行为引发了以谭嗣同为首的维新派的极大不满，使得维新阵营内部的矛盾迅速激化。

　　面对这种状况，谭嗣同由浏阳返回长沙后，便与唐才常一起对欧阳中鹄进行了言辞强烈的交涉。在两日内，他们往来信件达到十一封之多，谭嗣同声称出题之事引发了维新派极大的公愤，并谓"所愤者初非区区一题，盖愤把持一切，新政不得展布"。并在信中据理力争，表示自己宁死不愿低头，"宁可杀身以成仁，不能曲学而阿世""平日互相劝勉者全在'杀身灭族'四字，岂临小小利害而变其初心乎？"

　　一波未平，一波又起。5月间，岳麓书院一名名为宾凤阳的学生在无意中拿到了一些时务学堂学生的札记，并呈递给山长王先谦过目。这份被宾凤阳收录并汇编成册的札记为《翼教丛编》，它成为攻讦维新派之证据。其中所收录札记中关于去跪拜、变服饰、兴民权、开议院等方面的激烈言论引起了"全湘哗然"。看过札记后，王先谦大为震惊，他写道："是何肺腑，必欲倾覆我邦家也。"在他看来，时务学堂倡导民权和平等的教育之法严重败坏了湖南学风，他认为这些激烈的言辞中存在着倾覆清王朝的思想倾向。于是，王先谦立即联合叶德辉等 10 人，于 7 月 10 日拟好《湘绅公呈》呈递给陈宝箴，要求解散该校，并辞退该校老师。

学生们产生这样的言辞，并非空穴来风。谭嗣同和梁启超在授课之余，常将王夫之的《噩梦》《黄书》、黄宗羲的《明夷待访录》、王秀楚的《扬州十日记》等宣扬民主思想、反对封建专制的著作印成小册子，加以按语并在学校里秘密散发，学生们为之而热切地拜读。君主立宪的改革呼号，在暗中已经演变为废除君主制度、启蒙革命思想的本质。这样言辞激烈的批语和行为，为水火不容的湖南新旧党争乃至之后的戊戌政变的发生，都埋下了伏笔。

鉴于此，王先谦在《湘绅公呈》中对维新派进行大肆攻讦："谭嗣同、唐才常、樊锥、易鼐辈，为之乘风扬波，肆其簧鼓。学子胸无主宰，不知其阴行邪说，反以为时务使然，丧其本真，争相趋附，语言悖乱，有如中狂。"在此之前，皮锡瑞亦由于遭受叶德辉攻击而被迫离开长沙，情势更加不利。自此，两派纷争达到了白热化。

为积极采取补救措施，按察使黄遵宪特意在《湘报》上发表公示，指出书局刻卖的时务学堂课艺有伪，并郑重宣布，以后"核准批示，方许翻刻"。熊希龄和唐才常又赶忙收集了一部分札记中的"平正之作"呈递给陈宝箴阅看。加之宾凤阳等人之前对学堂学生有一些不实之丑诋和污蔑，称他们"身染花露，肆性鸡奸"。这种捕风捉影的恶意言辞引发了陈宝箴极大不满，被斥为"自处下流败类，为众论多不齿耳"，因而陈宝箴的天平又稍稍偏向了维新派。

同时，熊希龄亦于 7 月 15 日以个人名义登报发文，表示与顽固派抗战到底。甚至，他公开声明自己愿为新政杀身成仁，但仇深难解，如若自己死于非命，则必是王先谦、张祖同、叶德辉三人之所为。但熊希龄屡次以《湘报》发声的行为，致使该报成为守旧派的眼中钉，于是《湘报》在 7 月 20 日被转向保守势力的陈宝箴勒令停刊。

面对熊希龄等人的以死相抗，王先谦、叶德辉等人不甘示弱，他们鼓动岳麓、城南、求中三书院的山长以及学生，于长沙学宫订立所谓《湘省学约》，要求严加整顿时务学堂，并驱逐熊希龄、唐才常等人。

在这种情势下，就连一向态度温和、并不激进的黄遵宪都被逼无奈离开了长沙，他在后来致陈三立的信中说："长沙卑湿，日汲白沙井寒水，致生积冷。"这可谓时一语双关，道尽了他对新政无奈而又寒心的心情。

（三）

湖南政治局势的突变，让这群血气方刚的青年人极为愤懑。在这种情势下，谭嗣同率先意识到了口舌之争并不能解决问题，实力薄弱的维新派必须依靠武装力量方能自立。于是，他派唐才常与毕永年前往汉口，秘密会见了哥老会的有关首领。

之后，会党首领又专程来到长沙，拜谒了这位在江湖上鼎鼎大名的巡抚公子。谭嗣同叮嘱会党众人勤习武艺，静候时机。会党首领亦应允择取数十名壮勇彪悍的猛士听候谭嗣同的调遣。

这次具有极大风险的行动，是维新派士人第一次试图使用武装力量进行变革的重要事件。谭嗣同这位在维新派阵营中承担着中流砥柱作用的关键人物，亦具备了早期革命派的思想倾向。

正当湖南的维新运动危机四伏、停滞不前之时，北京的维新运动却如火如荼、渐入佳境。在这一年的 6 月，光绪皇帝下"明定国是诏"，正式宣布变法的开始。

变法之初，急需人才。正在这时，学政徐仁铸的父亲侍读学士徐致靖上书保荐了谭嗣同、康有为、梁启超、黄遵宪等几位维新派中的重要领袖人物入京参与新政。

谭嗣同入京后被授予四品军机章京衔，但就在他担任军机章京短短 13 天之后，慈禧太后重掌大权，发动戊戌政变，四下搜捕维新派。梁启超和 11 名时务学堂的学生逃亡日本，而不愿出走的谭嗣同却于 9 月 28 日遭到清政府处决。第二天，学政徐仁铸被清廷革职。10 月初，陈宝箴、江标、熊希龄亦被革职。时务学堂交由守旧派接管，新政彻底破产。

1899 年，随着戊戌变法的失败，时务学堂被更名为求实书院，迁往长沙落星田一带。

在时务学堂被取缔的 26 年后，梁启超重回长沙，专程重游学堂旧址。他曾伫立良久，回顾往昔而至于泣不成声，并题写了"时务学堂故址"六个大字，后署"二十六年前讲学处 民国壬戌八月重游泐记 梁启超"。

他亦曾在一篇名为《护国之役回顾谈》的文章中写下这样椎心泣血的句子："这段历史，是由好几位国中第一流人物，且是我生平最亲爱的朋友，用他们的生命换出来的，他们并不爱惜自己的生命，但他们想要换得的是一个真的善的美的中国民国。如今生命是送了，中华民国却怎样，像我这个和他们同生不同死的人，真不知往后要从哪一条路把我这生命献给中华民国，才配做他们的朋友。六年以来，我每一想起，那眼泪便在肚子里倒流。"

1903 年，时务学堂和岳麓书院合并为湖南高等学堂，并于 1926 年定名为省立湖南大学，1937 年正式升为国立湖南大学。

1938 年，时务学堂故址毁于"文夕"大火中，片瓦无存。然而时务学堂之教育精神却传承至今，依然以其敢为天下先的理念教育着一代又一代青年人。

麓山巍巍，湘水泱泱。宏开学府，济济苍苍。承朱张之绪，取欧美之长。华与实兮并茂，兰与芷兮齐芳。楚才蔚起，奋志安壤。振我民族，扬我国光。

这首被湖南大学的学子们传唱了近九十年的校歌，也正是时务学堂革故鼎新、敢为天下先的精神写照。

直到今天，被湖南大学的学子们所津津乐道的还有这样一句话："我们曾经有过一位叫熊希龄的校长，有过一位叫梁启超的教务主任，有过一位叫谭嗣同的老师，有过一位叫蔡锷的学长。"

湖湘法治文化的历史传统与当代创新
——湖南省法学会法治文化研究会成立大会学术综述

研究会秘书处 *

　　湖南省法学会法治文化研究会成立大会暨"新时代中国特色社会主义法治文化"学术研讨会于 2017 年 12 月 16 日在湖南省长沙市湖南宾馆隆重召开。此次会议由湖南省法学会法治文化研究会主办，湖南师范大学法学院、湖南云端律师事务所共同承办。华东政法大学前校长、全国外国法制史研究会会长何勤华，湖南师范大学副校长廖志坤，湖北省法律文化研究会会长、中南财经政法大学法律文化研究院院长陈景良，湖南省法学会办公室主任夏鸽翔、副主任罗良方，湖南师范大学法学院党委书记于烽等出席了开幕式。来自省内外高校和司法实务单位的专家学者130 余人参加了此次盛会，共同见证了湖南省法学会法治文化研究会的成立和湖南师范大学法治文化研究中心的揭牌，并针对"湖湘文化与法治文化""司法文化与司法实务"等主题进行了深入研讨。会议进程由研究会成立大会、研究中心揭牌仪式、主题报告、专题研讨会和闭幕式等五个单元组成。

一、高端论坛：何勤华和陈景良教授主题演讲

　　主题报告会由研究会新任会长夏新华教授主持。何勤华教授与陈景良教授分别进行了题为《论中国特色社会主义法治文化》和《汲取传统中国的法治资源》的主题报告，研究会学术顾问李交发教授、王晓天研究员、张兆凯教授和湖南省法理学研究会会长胡平仁教授共同担任与谈人。

　　何勤华教授首先对社会主义法治文化的内涵进行了概括。他认为社会主义法治文化是中华人民共和国成立以来，中国人民在中国共产党领导下，在进行社会主义法治建设中不断探索、勇于创新而取得的各项物质、制度和精神成果的总和。其

---

* 2018 年湖南省法学会法学研究重点课题"湖湘法治文化的传承与创新"（课题编号：18HNFX–B–003）的阶段性成果。

次，他概括了社会主义法治文化具有以下特征：第一，坚持中国共产党的领导。第二，法治文化建设与德治文化建设相互融合，共同为全面依法治国方略营造积极向上与和谐宽松的环境和氛围。法治文化建设强调他律和法律至上，强调国家强制力的正确运用。德治文化强调领导干部的自律与以身作则，营造领导干部遵纪守法的舆论氛围。第三，对中国古代本土法治文化的梳理和继承。我们应当发扬中国传统法律文化的许多现代要素，如民本、德主刑辅、中庸和谐、尊老爱幼、保护环境等等。第四，中国特色社会主义法治文化对外国法治文化进行了极大的继承、发展与融合。第五，社会主义法治文化需要对当下社会发展中的热点问题进行回应。第六，社会主义法治文化需要通过顶层设计进行自上而下的推进。作为法治后进国家，必须通过顶层设计进行弯道超车，快速推进。何勤华教授还谈到了继承中国传统法律文化与吸收西方先进法治文化如何有机统一的问题，他提供了以下四个路径：第一，吸收西方的法治观念，包括法律是公益的体现、法律的目的是为人民谋幸福、法律至上、国家是社会契约的产物、主权在民、生而平等并享有不可剥夺的权利、法律面前人人平等、自由就是做法律允许的事情、权力分立并互相制约、罪刑法定、罪责刑相适应、刑罚人道、司法独立、无罪推定、人权的基本保障。第二，吸收西方法治话语体系与法治文化传统之精华并为我所用。第三，学习西方法律中优秀的制度。第四，吸收并融合各国在法律职业、法律教育与法律学术方面的成果。最后，他认为在推进社会主义法治文化建设方面，要做到：第一，推进全民普法；第二，树立宪法、法律至上的理念，落实法律面前人人平等；第三，推动党组织和党员带头尊法、学法、守法、用法。

陈景良教授代表湖北省法律文化研究会对兄弟研究会的成立表示祝贺。他首先从如何认识中国传统法治文化谈起，提出了"中国文化怎么样看待'人'"的问题。他认为，在当下社会转型、矛盾综错的时代，人的本质属性是遵守伦理道德，将"德"放在第一位。习近平总书记做出了"新的时代从本民族文化当中提取资源比学习西方更重要和急迫"，我们更应该践行总书记的要求。中国共产党执政思想是中国传统文化中"民本"思想的体现，在当下诸如监察制度改革中也充分体现了中国古代巡视制度的智慧结晶。其次，他以宋代司法官员审理案件的故事切入，讲述了如何从中华法治汲取智慧。面对在座的实务专家，他阐述了中国古代的优秀法官会查明案件的事实真相，做到依法判决，平衡天理、国法、人情，这是一门极高的艺术，而非不讲法律的专制式审判。最后，他阐述了法律史学科的重要性。他认为，法律史是一块值得深耕的阵地。法律史研究者必须有研究文献的功底，通过文献研究体现法律人的专业素养，并以习近平总书记视察中国政法大学并听取中国法律史学泰斗张晋藩教授报告为例，论述法律史学对于国家和社会发展的重要意义。

李交发教授、王晓天教授、张兆凯教授、胡平仁教授作为与谈人先后发言。李交发教授表达了对本土法治文化的重视。他认为，"中国特色"的法治文化要靠挖掘和调查本土法治资源才能体现，民间调查是一个必不可少但极为缺乏的环节。同时，当下法治文化研究应当更加重视市民社会下的非正式法律制度与文化的研究，而这是我国法治资源非常重要的来源。尤其是在家族法方面，因我国古代是一种家国一体、家国同构的社会模式，二元社会组织结构决定中国社会既靠国家法，也靠家族法的二元法律制度，故必须重视家族法的研究，且家族法中有很多理论和制度都可以在当下直接使用。

王晓天教授从自身的研究经历中得出，法律史研究要睁开两只眼睛：一只盯着历史，另一只盯着现实的法律实践。他提道，社会主义民主体制的优越性表现在适当集权，只有适当集权才能抵御市场经济中的部分问题，其本质是发扬社会主义民主。他同时提道，要充分从中国法律史中汲取营养并为法治建设服务，如中国古代的监察体制等。

张兆凯教授认为，我国构建社会主义法治文化应当以现代和西方法治文化为基础，同时吸收传统文化的精华部分。

胡平仁教授代表湖南省法学会法理学研究会全体同仁对法治文化研究会的成立表示祝贺。他提出了以下几个观点：第一，对于法治与德治是否能够统一的问题，他认为在学理上还有研究空间，在法理上用"依法治国和以德育人"更为妥当。第二，以"中国古代法律维护王权"之理由对中国古代法制进行过度批判是不公平的，因为王权也要受法律约束，在古代维护王权为核心的法律制度中也可以挖掘出许多值得当下学习的内容。第三，他对民本与民主进行了区分，提出了民主的三大核心要素，即"人民主人""人民主权"和"人民自主"，其根本区别在于是否以人民为归宿。

夏新华教授进行了简单总结。他认为，何勤华教授和陈景良教授的主题报告切合"新时代中国特色社会主义法治文化"主题，分别从中国传统法治和现代法治建设两方面进行了阐述，内容翔实，高屋建瓴，为新时代中国特色社会主义法治建设指明了方向。与谈人的发言进一步拓展了视角，不愧为一场精彩的"高端论坛"。

会议第四单元的议程为专题研讨会，分为"湖湘文化与新时代法治文化建设""司法文化与司法实务"两大专题，采取主题发言＋评议的研讨模式，分别就湖湘法治文化与司法实务文化开展研讨。

二、湖湘文化与新时代法治文化建设

第一专题由新任副会长、湘潭大学法学院张全民教授主持。湖南大学法学院蒋海松副教授、邵东县人民检察院吴青山检察长、湖南师范大学法学院卓越班本科生丁广宇同学、湘潭大学法学院张小虎博士、湖南师范大学法学院吕宁副教授分别进行了主题发言，怀化学院马克思主义学院院长李伟迪教授和湖南省人民检察院检察官李江发博士担任评议人。

蒋海松的主题发言题目是《湖湘法治文化的历史传统与当代创新刍议》。他系统总结了湖湘法律文化的特征：第一，湖湘法律人敢为人先、独领风骚的性格特征；第二，湖湘法律人善于"取法于外"，开放创新的精神；第三，湖湘法律人"心系天下"与将法律视为天下公器的普世品格；第四，湖湘法律人具有"先忧后乐"的奉献和担当精神；第五，湖湘法律人具有踔厉敢死、敢于斗争、敢于牺牲的品格；第六，湖湘法律人具有卓然独立、刚性、方正、认死理的精神，与法的运作精神相一致；第七，湖湘法律人具有不尚空谈、经世致用的法律实践品格。在湖湘法律文化通变求新、与时俱进的创新精神中，法治湖南的制度创新应从法治模式、依法行政、依法执政、立法模式、法治观念和发展动力六大方面进行创新。

吴青山的主题发言题目是《论近代湖南检察制度的借鉴意义》。他总结出近代湖南检察制度的发展演变具有检察机构设立曲折反复、检察制度运作步履维艰、检察制度变革受传统文化影响深的特点，在运作中存在检察工作效率迟缓、人浮于事、职权与法治观念欠缺等问题，我们必须吸取实行行政与司法分离、贯彻控审分离与检察独立、一般监督与司法监督分离的历史经验。湖南检察制度的历史发展对当今有以下借鉴意义：第一，要坚持党对检察改革的绝对领导；第二，要制定统一的宏观改革路径；第三，要加大对检察机关的办案保障；第四，要构建高效有序的检察权运行机制；第五，要健全检察权运行的外部保障机制；第六，要健全全程透明的自我监控机制；第七，要适当保留必要的侦查权；第八，要健全检察机关提起公益诉讼制度。

丁广宇的主题发言题目是《清代湖湘地区民间诉讼文化特性的考察——以地方志为中心》。他首先阐明了为什么要研究湖湘文化、为什么要研究诉讼文化、为什么要以地方志为主要史料等问题，得出清代湖湘地区诉讼文化具有诉讼风气发生转变、诉讼事由大多轻微、讼端常由民间调节处理等特点，其产生原因包括好争斗的社会风气、地方官员重视社会秩序的综合治理、民间自治条规的发展。在面对当下农村自然经济向市场经济转型、熟人社会向生人社会转型时期，应当注意了解地方风气习俗、重视和鼓励商业自治的发展、加强判决说理性，以切实解决法院"案多人少"难题，构建和谐的法治社会。

张小虎的主题发言题目是《依法治国语境下的中国传统诉讼法制——略论中国古代家族司法及其当代价值》。他对中国古代家族司法进行了分析，认为其孕育出了具有传统中国特色的三维诉讼运作模式。第一种为正式诉讼制度的正式行使，指以国家法律条文为依据，严格遵循诉讼程序，区分民刑，分别担责的国家法诉讼制度。第二种为正式制度的非正式行使，指司法官变通或背开国家法律条文，适用其他法律渊源化解矛盾，恢复原有状态的国家诉讼制度。第三种是非正式诉讼制度的正式行使，指由家族长主持，以家法族规为依据，拟制国家诉讼程序，无严格区分民刑的家族法诉讼。中国古代的家族司法能够弥补县级以下国家司法资源的缺口和基层诉讼的空白，使家族司法成为国家司法的重要补充和延伸。虽然古代家族法在近现代走向衰落，但是在面对我国当前基层社会的新问题时，家族法能够发挥化解基层社会矛盾、弥补国家司法疏漏、促进和谐与弘扬美德的功能。

吕宁的主题发言题目是《中国社会转型时期的宪法文化功能》。她首先指出宪法与文化的关系，文化是宪法的重要内容，宪法是文化制度化的基本表现形式，宪法文化又是广义文化的组成部分。宪法通过设立文化目标，循序渐进地改变民族文化心理结构，推动社会文化转型。在中国社会转型时期，由于处在"旧辙已破、新轨未立"的状态，宪法文化功能的内在意涵为通过宪法使中国社会达到"生存秩序"与"意义秩序"的统一，使转型社会文化规范体系化、多元文化观念有序化，以确认、规范和引导中国社会文化转型，具体表现为对国家文化制度、体制、政策和权利的确认、规范、引导，通过宪法对国家文化制度的建构、国家文化职能的明确、对权力的划分和对宪法主题的权利保障的方式展开。

李伟迪教授对发言人的发言进行了评议。针对蒋海松老师的发言，他认为蒋老师追踪湖湘法治文化的历史传统与创新，具有非常开阔的视野，可以被当作研究湖湘法治文化的入门指南。他建议蒋老师可以更加翔实地梳理湖湘法治文化的特点，将湖湘法治文化的特点从湖湘文化的特点中提炼出来。针对吴青山检察长的发言，他认为吴检察长将目光对准本土检察文化的研究具有重要意义，运用的史料丰富，论证翔实。针对张小虎老师的发言，他认为关于家族法的研究观点有深度，但提出了以下几个问题：第一，家族法本质上是道德、习惯还是法律？第二，家族法制的合法性来源是什么？第三，族长权威的来源是道德权威还是经济权威？他建议张小虎老师可以对家族司法与人民调解制度的关系做进一步研究。针对吕宁老师的发言，他建议从文化的核心和各个元素去考察宪法的功能。

李江发博士在评议中认为蒋海松老师的论文紧紧围绕"是什么，来自哪里，去向何方"，系统阐释了湖湘法治文化的精神内核；吴青山检察长填补了关于民国政治研究和司法研究的空白，并且突出了民国检察制度对于当代的借鉴意义；丁广宇同学的文章在文献来源方面可以更加广泛。他建议张小虎老师对古代家族司法在现代为何走向衰落的问题进行探索，建议吕宁老师明确文章论题为宪法的文化功能。最后李江发博士以"如果看不懂现在，就去看历史，因为历史曾经发生；如果看不懂历史，就去看现在，因为现在正在演绎"的格言与与会代表共勉。

三、司法文化与司法实务

第二专题由新任副会长、湖南云端律师事务所袁军主任主持。长沙市中级人民法院叶子龙法官、郴州市中级人民法院执行局陈建华局长、湖南师范大学法学院硕士研究生陈兵同学、益阳市人民检察院研究室刘勇主任、新田县人民法院王彦平法官和湖南仁本律师事务所李炎辉主任分别进行了主题发言，长沙市中级人民法院研究室龙兴盛主任和湖南省人民检察院研究室刘拥副主任担任评议人。

叶子龙进行了题为《我们需要什么样的法院文化》的主题发言。他从当前对法院文化定义片面的现象出发，指出法院文化应当是关于法院的文化，在长期审判实践和管理活动中逐步形成，是人民法院共同的价值观念、行为方式、制度规范以及相关物质表现的总称，并体现鲜明政治性的文化形态。近年来，经过长沙各级人民法院的努力，法院文化形成了许多优秀成果和宝贵经验，但依然存在功能定位不准确、与审判工作联系不紧密、传播和影响力不够强等问题。故而，我们所需要的法院文化应体现在以下几个方面：第一，法院文化应当适应审判实际，推动形成法院文化建设"四位一体"的整体格局；第二，要将法院建成弘扬公平正义的法院文化阵地，在法院内外大力弘扬社会主义法治精神；第三，应当打造凝聚精神力量的法院文化内核；第四，要形成符合司法规律的法院文化制度；第五，法院文化要起到回应司法现状的作用。

陈建华进行了题为《司法礼仪：法院文化的表达与实践》的主题发言。他从十九大报告中的"文化自信"、司法礼仪研究成果匮乏和个人兴趣三个方面讲述了文章的写作背景。他梳理了中华传统法治文化语境下、古代司法官员视野下、当代中国法官视野下和域外文化视野下的司法礼仪，认为其核心大致为公平正义、清正廉明、公信权威，但在人民心目中的位置和表征内容差异较大。接着，他以符号学的视野，从法袍、法徽、假发、法槌、判决书等符号得出司法礼仪具有解决纠纷、维护司法权威和文化传播的功能。然而，司法礼仪在实践中需要面对形式与形式主义、传统与现代、文化与宗教、法官角色与其他角色之间的冲突。我们既要从历史中探寻支持，又要从域外移植中寻求认同，最后在现实构建中实现我国司法礼仪的特色。

陈兵进行了题为《论民初湖南高等审判厅司法改革之内容与成效》的主题发言。他从司法审判制度、司法独立制度和司法选任制度对民初湖南高等审判厅司法改革的内容进行了介绍。司法审判制度包括确立高等审判厅是本省最高审判机关、采取合议制审判、受理行政审判。代表司法独立制度的《湖南省宪法》体现了民初湖南高等审判厅的司法独立状态，甚至有独立于中央的趋势。湖南省司法选任制度也体现出湖南省的自身特色，提高了各级审判厅司法人员的水平，加强了本省司法建设。民初司法改革使得湖南高等审判厅得到完善，各级地方审判厅相继创建，建立了处理涉外案件的审判体系，并使得司法审判制度、司法独立制度、司法选任制度得以创建和发展，也缓慢形成了近代司法审判观念、司法独立观念等先进司法观念。

刘勇进行了题为《检察机关提起行政公益诉讼的理论与实务》的主题发言。他指出，检察机关在提起行政公益诉讼中面临主题资格不清、缺乏法律依据、程序不完善的难题。域外有较为完善的检察机关提起行政公益诉讼的制度与经验，而国内在民事公益诉讼中也有较为完善的法律规定，并且由检察院提起公益诉讼具有独立性更强、法律素养更高、优化司法资源、推动法治政府建设等不可比拟的优势。应当从完善相关法律，在案件受理与立案审查、调查核实与举证责任、执行等方面完善流程设置、完善机制建设，完善检察机关提起行政、公益诉讼的制度设计。

王彦平进行了题为《防微杜渐：司法场域中"亚腐败"问题的反思与防治》的主题发言。他指出，自党的十八大以来，反腐的现状说明中央对反腐的坚强决心，腐败现象得到了有效遏制。然而，司法领域中"亚腐败"现象值得我们高度警惕。"亚腐败"指权力的廉洁状态和腐败状态之间所形成的一种尚未达到触犯刑律的地步，但权力本身却又不那么干净的现象。司法"亚腐败"指人民法院法官和其他工作人员违法违纪行为严重程度较低的腐败行为，表现形式主要有以情牟私、雁过拔毛、贪图享受、懒散乱为、不学无术等。其原因主要在于思想滑坡、官本位意识作崇、权力运行透明度不够、纪检监督方式落后等。防治司法"亚腐败"，要构建惩治和预防腐败法律体系、强化政治教育、重视和支持纪检监察工作、加强廉洁自律意识。

李炎辉进行了题为《律所的强文化管理》的主题发言。他代表律师行业感谢研究会对律师文化的重视。他结合自身经历认为，由于法律服务属于智力型服务，需要依赖律师本身的智慧，故而必须重视律师队伍的管理。当前很多律师事务所的情况与农贸市场相似，缺乏团队性。然而当下许多法律服务需要团队合作，故而对律师事务所管理要求越来越严。一体化管理是未来管理的必然要求。律所管理的一般路径是制度管理，但存在无法管理人、无法管理律师服务的弊端，这就要求律所进行强文化管理，加强文化管理在律师中的地位，打造强大的律所文化。主要体现在以下几个方面：加强律所的使命感；梳理律所的共同价值观；贯彻博弈文化与公正文化。最后他指出，加强文化建设是体现律所核心竞争力的关键。

龙兴盛主任针对以上发言进行了评议。他认为叶子龙法官对法院文化建设有很多思考，对法院文化的理论反思与未来构建都提出了自己的看法，并认为法院文化建设还有进步的空间。陈建华副局长对司法礼仪的历史变迁进行了非常详细的描述，对司法礼仪的功能也提出了很好的看法。陈兵同学的研究成果体现了学术研究的庄严精神，同时建议文章对当前的司法改革提出建议。刘勇主任从检察机关在行政公益诉讼的职能问题进行了创新，有较强的现实意义，建议他进行一定的实证研究，结合具体案例进行分析。王彦平法官的"亚腐败"是一个新颖的提法，建议可以以国际视野进行比较研究。李炎辉主任所谈的律所文化与企业文化更相近，是一种独树一帜的法治文化。

刘拥主任在评议中谈到了法治文化研究会带给他的一些启发。他认为司法文化建设不仅应当体现在办公楼、标语、格言、门联、活动等，还应当包括司法价值、伦理、行为、制度等方面。司法机关要通过以下四个载体搞好文化建设。第一是制度载体，包括司法文化制度与司法管理制度。第二是行为载体，包括司法行为与司法仪式。第三是活动载体，例如"两学一做"、业务学习活动等。第四是物质载体，例如假发、制服、法徽、报刊、法律文书等。同时，司法文化建设也应当与制度建设相结合，既不能空谈文化，也不能只讲制度。

法学专论

YUELU LAW

REVIEW

论法律渊源和法律起源的界分

——基于法律方法论视角的分析

王　亮[*]

摘要： 学术界存在法律渊源和法律起源混用的情形。法律渊源和法律起源要放在法律方法的视角来审视，法律渊源是一个法律方法论的概念，法律起源是一个法学本体论的概念。法律渊源和法律起源在文化因素、制度形态和方法技术方面都存在较大差异。从法律方法论角度区分法律渊源和法律起源，是理性探讨法律渊源概念、克服出现法律渊源概念虚无化的重要方面。

关键词： 法律渊源　法律起源　法律方法论

在学术界，人们不可避免地会为概念而争论，而对概念的理解不同就会导致人们对某一个事物的规范性质认识也不同。法律渊源的概念就属于那种"公说公有理，婆说婆有理"的争论之词，并在长期的学术史中获得了褒与贬截然对立的学术评价。法律渊源概念的不一致，导致其所蕴含的诸多价值功用无法得到正常的发挥。法律渊源概念的混乱，突出表现在其与诸多相关概念的混同上，如与法律起源概念的混同。将法律起源概念置于法律渊源概念研究的视域中，虽然获得了对某些问题的清晰认识，却在更大程度上出现了"一叶障目不见泰山"的问题。所以，要理性探讨法律渊源概念、克服将法律渊源概念虚无化，就必须解决法律渊源和法律起源的相互关系问题。在学术上，有关法律起源的研究已经比较多见，很多的学者作出过比较认真的学术努力，马克思主义经典作家们更是给出过高度的关注。但是，其学术共识却没有从根本上达到一致。所以，人们也经常忽视对"法律渊源"和"法律起源"这两个概念的区别使用，因此需要对二者的区别进行系统的梳理和

＊王亮，中共湖南省委直属机关党校讲师。

反思。只是，有关法律渊源和法律起源的问题，在学术界上的讨论可谓比较多见，因此，我们需要转换讨论视角，从法律方法的角度对此二者进行全新的反思。

一、有关法律渊源和法律起源的混用

由于法律渊源和法律起源概念只有一字之差，很容易让人们误以为二者是可以混用的法学概念。这种现象在中国的法学教材中比较多的存在。当然，还有一些学者并没有明确指出法律渊源就是法律起源，但是他们却将法律渊源分为终极来源、效力来源和形式来源，而在终极来源的概念却又犯了将法律渊源和法律起源等同的毛病。

中国学者将法律渊源和法律起源等同的观念，可以追溯到西方学者的一些思想。《牛津法律大辞典》对"法律渊源"一词介绍了五种观点。第一，是指法律的历史渊源，即在过去上升为特定的法律行为和事件，例如在英格兰国王和贵族们之间的冲突下产生的大宪章，17 世纪国律原则和法律规则的行为和事件。在英国和西欧的法律体系中它们通常包括罗马法、教会法、封建原则和封建法律、商法、西欧海商法，以及在一些特定国家的特定势力和议会之间发生的宪政纠纷，如 1906 年由争议导致的贸易仲裁法等等。第二，"渊源"一词经常被用于指影响法律、促进立法和变化的理论原则和哲学原则。因此，平等原则的渊源是自然正义思想，在 19 世纪许多变革性立法体制是功利主义的，功利主义哲学追求多数人的最大幸福。在东欧，马克思列宁主义哲学是整个法律体系的渊源。第三，"法律渊源"一词被用来指形式渊源，因为公认的权威和授予来自他们的规则和原则以效力和力量。第四，"法律渊源"一词还被用来指文件渊源，文件包括了法律规则的权威声明。第五，"法律渊源"一词还被用来指文字渊源，如法律文献、法律学说著作等。[①]其中第一种观点所指出的法律的历史渊源实际上与法律的起源有某种相通之处。这种观点为一些学者从法律起源意义上使用"法律渊源"一词提供了"合法"依据，并试图将其变成通说，如我国一些法理学教科书中大量存在将《牛津法律大辞典》所介绍的法律渊源的第一种意义与法律起源混同的现象。

著名法学家保罗·维诺格拉多夫（Paul Vinogradoff）也是从法律起源的意义上来讨论法律渊源的。根据 H.A.L.Fisher 的考察，在德语中，Recht 意味着在社会关系中权利是什么，以及什么应该是被社会组织确立和支持的权利。权利是什么，以

[①] David M.Walker，The Oxford Companion to Law，Clarendon Press，1980，1156–1157.

及相类似的权利概念包含了正义观念。因为正义需要优势和负担的公平分配，所以它似乎是中世纪时期的术语和平等的概念和名词的连接。^①所有的这些概念和术语不仅仅属于法律的范畴，而且也属于道德的范畴。权利这一表达作为法律术语与在道德习惯范畴中使用的词语有关联。^②因此所有的法律都被视为建立在权利的基础之上。现代学者们称之为法律或者有客观权利的东西意指权利和公正的社会秩序。应该注意到，法律从道德习惯中剥离出来并不意味着它是从纯粹的利他观念中构想出来的。对待他的邻居要像对待自己一样，暗含着相反的观点——一个人可能要求他的邻居像对待邻居自己一样对待他。德语中"渊源"一词帮助我们理解为什么法律以及它的拉丁文"lex"是用这种方式表达的。法律起源的原意是某人占据了一个特定的位置。因此该词语有特定的主观权利要求的意义，尽管它被普遍地使用于由社会制定的客观规则中。"权利"这个词语本身是法律含义和道德含义紧密不可分地融到一起的：个人权利请求和社会秩序都来源于道德观念——在社交礼仪的伦理意义上。^③在考察实证法的时候，相比较于祈克（Gierke）意义上的国家，法律所涉及的伦理标准减弱了。^④教会在这个方面施加了强大的影响，但是在公共的非专业人士的眼中，以及在大学教学过程中和教皇的法令集中，道德和他们所制定的法律之间出现了协调的过程。^⑤保罗·维诺格拉多夫从权利起源的意义上来看待法律问题，同时又将法律问题和法律起源的问题结合起来讨论，最后又将其归之为法律渊源所讨论的范畴，所以说，维诺格拉多夫所谓的法律渊源只不过是在讨论法律的起源罢了。

罗纳德·R.福克（Roland R.Foulke）也是从法律起源的意义理解法律渊源的。他说："法律是心理的抽象观念，是行为的法理上的说明，所以是由思想者的心理

① H.A.L.Fisher, The Collected Papers of Paul Vinogradoff with a Memoir（VOL.II JURISPRUDENCE）, OXFORD AT THE CLARENDON PRESS, 1928, p466.
② H.A.L.Fisher, The Collected Papers of Paul Vinogradoff with a Memoir（VOL.II JURISPRUDENCE）, OXFORD AT THE CLARENDON PRESS, 1928, p466–467.
③ H.A.L.Fisher, The Collected Papers of Paul Vinogradoff with a Memoir（VOL.II JURISPRUDENCE）, OXFORD AT THE CLARENDON PRESS, 1928, p467.
④ H.A.L.Fisher, The Collected Papers of Paul Vinogradoff with a Memoir（VOL.II JURISPRUDENCE）, OXFORD AT THE CLARENDON PRESS, 1928, p467–468.
⑤ Bryan A.Garner, Black's Law Dictionary（8th ed.2004）, West Publishing Co., 4358.

所构成，这即是法律的起源。"①但是，法律上的各种要素，尽是抽象观念，故思想者的心理即是法律的渊源。通常一般忽视了这点，"而说各种法令，法庭判决的先例，专家的意见，以及习惯，都是法律的渊源，这是不对的。照一般法学者的意见，上述数种是法律知识的来源。可是习惯与法令是外因，盖前者为舆论的结晶，后者为政权的行使，但是说他们是外因的来源，则是等于说一事物本身就是一事物的来源，同一滑稽。"②罗纳德·R.福克批判法律渊源等同于法律形式是错误的观点，他自己陷进了一个新的错误。

将法律起源当作法律渊源，并不是个别现象，也不能将这种不恰当归纳的责任归结到某个具体的学者身上。该种混乱现象的产生具有较为深厚的历史原因。反思其产生的原因，就能为我们认识二者之间的异同获得直接基础。

二、法律渊源和法律起源混用的成因

对于法律渊源和法律起源混用的现状，从中文来看，因为人们都会觉得二者仅是一字之差，而且本身词义相差不大，再加上法律渊源概念本身含义模糊，所以同法律渊源混用也情有可原。但是，需要追问的是，法律渊源和法律起源在西方社会却是用不同的词汇来表达的（法律渊源的英语表达是 source of law，而法律起源的英文表达则是 origin of law）。但为什么也会出现混用的现象呢？这恐怕还得从西方历史文化的传统中去寻找原因。

早在西方文化起源的时候，人们对法律的认识就已经比较深刻了。西方早期学者对法律的认识形成了一种古老的自然法意识，即认为法律源于自然。之所以强调法律源于自然，这与西方早期人们对自然现象的观察有关。那时候的人们很难回答为什么会产生风雨雷电，为什么会出现大旱洪涝，为什么会有太阳的东升西落，于是这些现象对人们的观念造成了重大影响，他们想当然地认为自然是神圣的，所以在诸多学者的哲学理论中，出现了对自然的理论崇拜。哲学中对自然理论的崇拜就导致了最早的有关法律起源的理论，这就是自然法学对法律从哪里来的认识。自然法学派的一些思想家认为，人类社会的法律尽管是人们自己制定的，但是从根本上来看，却是自然界给人们制定的，人们只不过是按照自然界的规律制定成文法罢了。如古希腊早期的赫拉克利特是最早将自然比作为"神"，并在思想上将法律和

---

① Roland R.Foulke：《法律哲学 ABC》，施宪民译，魏琼校，中国政法大学出版社 2005 年版，第 168 页。
② Roland R.Foulke：《法律哲学 ABC》，施宪民译，魏琼校，中国政法大学出版社 2005 年版，第 169 页。

自然联系起来的学者，他认为"人类的一切法律都因那唯一的神的法律而存在。神的法律从心所欲地支配一切，超过一切"①。当时的人们还认为，"法律被认为是由神颁布的，而人则是通过神意的启示才得知法律的。海希奥德指出，野兽、鱼和鸟之所以互相捕杀，乃是因为它们不知道法律；而奥林匹斯山众神之首宙斯却把法律作为他最伟大的礼物赐予了人类。"②自此起，自然法学家们都深信宇宙中有一种普遍的力量。他们宣扬法律渊源于自然，是自然理性的产物。这不仅进一步巩固了法律作为判准的权威性和神秘性，也促使人们对法律的向往和追求有了更为稳固的基础。实际上古代自然法学派的这种将法律源于自然的观点对于后世的影响是非常巨大的，产生了自然法学绵延千年的传统。由此，我们从中分析出了为什么会有部分人将法律渊源与法律起源等同起来的原因。

最主要的原因是，自然法学家们在讨论法律起源的时候，喜欢使用"法律渊源于什么"之类的表达，而从其所讨论的内容来看，却是对法律在何时何种条件下以及法律如何来的这种观念的讨论，实际上讨论的是法律的起源。如古代自然法学家们经常说法律源于自然，实际上就表明了法律起源于自然，是人们从自然规律中发现了法律。斯多葛学派就是这种思想的主要代表者。斯多葛学派把自然的概念置于他们哲学体系的核心位置上。所谓自然，按他们的理解，就是支配性原则，它遍及整个宇宙。这种支配性原则在本质上具有一种理性的品格。自然法是人类法律正义的基础。③斯多葛学派代表人物芝诺认为，宇宙是一个单一的活着的生命，具有一个也许可以称之为"神"或者"理性"的灵魂。作为一个整体，这个生命是自由的。"神"从一开始就决定了他自己要按照固定的普遍的法则而行动，但是他选择了那些能够产生最好的结果的法则。④"神"与世界是分不开的；他就是世界的灵魂，而我们每个人都包含有一部分神圣的火。一切事物都是那个叫作"自然"的单一体系的各个部分；个体的生命当与"自然"相和谐的时候，就是好的。就一种意义来说，每一个生命都与"自然"和谐，因为它的存在正是自然律所造成的；但是就另一种意义来说，则唯有当个体意志的方向是朝着属于整个

①北京大学哲学系编译：《古希腊罗马哲学》，商务印书馆 1961 年版，第 29 页。
②［美］E. 博登海默：《法理学——法律哲学及其方法》，邓正来译，中国政法大学出版社 1999 年版，第 3 页。
③［美］E. 博登海默：《法理学——法律哲学及其方法》，邓正来译，中国政法大学出版社 1999 年版，第 13 页。
④［英］罗素：《西方哲学史》（上），商务印书馆 1963 年版，第 337~338 页。

"自然"的目的之内的那些目的时，人的生命才是与"自然"相调和的。①与宇宙相和谐的生命才是美好的东西；而与宇宙相和谐又与服从"神"的意志是一回事。芝诺强调了个体的人只能在服从自然律的时候，才是对自然的正确归属和认识。正是基于人类对自然的理解，人们才开始对自然的感恩戴德。理论家的概括，把世界万物的起源都归于自然。这既是一种方法，也是一种仰慕的哲学之花。所以，正义作为一种美好的追求和向往，它的渊源不可能是人的臆造，而是自然馈赠给人类的美好的事物。

这种法律起源于自然的观念同样在西塞罗的思想中存在，他深受斯多葛学派的影响，相信宇宙中有一种普遍的力量，这种普遍的力量就是自然。他坚持只有符合自然的法才能够称之为正义的法律。西塞罗指出："实际上有一种真正的法——即正确的理性——是符合自然的，适用于所有的人，是永恒不变的。这种法用它的命令召唤人们履行其义务，根据它的禁令，阻止人们做错事。……它不会在罗马制定一项规则，在雅典又制定另一项规则，也不会朝令夕改。只有一种法，永恒不变的，在任何时候对任何人都有约束力；并且，过去如此，将来依然如此。"②所以，"我们区别好的和不好的法律只能凭自然，我们遵循自然，不仅区分合法和非法，而且区分高尚和丑恶。在提出的理解力使我们认识了事物，并把它们烙印在我们的心灵之后，我们便把高尚的视为美德，把丑恶的视为罪恶。认为一切看法基于看法，而非自然，这是愚蠢人的想法。"③在《论共和国 论法律》中，他指出："如果正义在于服从成文法律和人民的决议，如果正义像那些哲学家们所断言的那样，一切应以是否有利来衡量，那么这些法律便会遭到任何一个人的反对和破坏。"④正义是一种与自然相符合的自然理性，它具有普遍的适用性，而人民的决议等制定出的法律，只不过是占有政权或优势的人，用法律达到统治目的的一种"民主"借口下的非正义统治。真正的法律"不是人的才能想出来的，也不是什么人民的决议，而是某种凭借允许之智慧管理整个世界的永恒之物"。因为"如果愚蠢的人民的意见和决议具有如此巨大的力量，以至于他们的表决能够改变事物的自然法则，那么为什么他们不能认为是有害的和有备的？或者如果法律能使非法变成

---

① ［英］罗素：《西方哲学史》（上），商务印书馆 1963 年版，第 322 页。

② 张乃根：《西方法哲学史纲》，中国政法大学出版社 1993 年版，第 55~56 页。

③ ［古希腊］西塞罗：《论共和国 论法律》，王焕生译，中国政法大学出版社 1997 年版，第 202 页。

④ ［古希腊］西塞罗：《论共和国 论法律》，王焕生译，中国政法大学出版社 1997 年版，第 201 页。

合法，那么为什么同一法律不能使恶变成善？"①因此，用人民的决议来衡量正义是不恰当的，因为正义是自然的理性。虽然"正义感"可以发展和改进，但确实所有理性人都具有一种普遍品格。西塞罗指出："由于人具有一种共同智识，而这种智识使人民知晓许多事情并且阐明于心，所以人们将正直的行为认作是善，将不正直的行为认作恶；只有疯子才得出这样的结论，即这些判断是一个见仁见智的问题，而不是自然先定的问题。"②

由此可见，古代自然法学家们关于"法律渊源于什么"的命题本身讨论的是一个本体论的问题，讨论的是法律从何而来的问题，却有意无意地被一些学者从中吸取了一些错误的思想，认为他们实际上讨论的就是"法律渊源"，因此也就顺势将二者等同起来看。而且，从法律渊源已有的观点来看，其中一种观点是"有关法律的历史来源"，这实际上也在给予人们暗示，法律从历史中来，要从历史中发现和寻找法律的踪迹，这也导致了人们将法律渊源等同于法律起源。如历史法学派的思想是最容易引起这种混用的思想之一。萨维尼在《当代罗马法体系》的开篇就对法律渊源进行过具体的研究，他说法律渊源"不仅包括法律制度的产生根据，也包括根据法律制度通过抽象而形成的具体法规则产生的根据"，并认为"具体的法律关系具有其产生根据，法律关系与法律制度之间的密切关系导致法律关系的产生根据与法规则的产生根据之间的混淆。""另外一个混淆是法律渊源与法学的历史渊源之间的混淆"③。在这里，萨维尼严格区分了法律渊源和法学的历史渊源，但是，让人们在这里获取法律渊源就是法律起源观念的是历史法学派思想家们的具体思想。如萨维尼说："当法律起源于民族意识之时，很快，在民族的历史发展之中，便达到了一个职业法学家阶层出现这一阶段。这一阶层出现以后，法律开始以一种不同的方式发展。"④"法律和语言一样，没有绝对中断的时候，它也像民族的其他一般习性一样，受着同样的运动和发展规律的支配；这种发展就像其最初阶段一样，按照其内部必然性的法则发展。法律随着民族的发展而发展，随着民族力量的加强而加强，最后也同一个民族失去它的民族性一样而消亡。""法律如同一个民

①［古希腊］西塞罗：《论共和国 论法律》，王焕生译．，中国政法大学出版社1997年版，第201~202页。
②［美］E.博登海默：《法理学——法律哲学及其方法》，邓正来译，中国政法大学出版社1999年版，第14页。
③［德］萨维尼：《当代罗马法体系》（第一卷），朱虎译，中国法制出版社2010年版，第17页。
④［英］沃顿：《历史法学派与法律移植》，许章润译，载《比较法研究》2003年第1期。

族所特有的语言、生活方式和素质一样，就具有一种固定的性质。这些现象不是分离地存在着，而是一个民族特有的技能和习性，在本质上不可分割地联系在一起，具有我们看得到的明显的属性。这些属性之所以能融为一体是由于民族的共同信念。"然后萨维尼得出结论："历史是一位崇高的女教师，只有通过她，才能够与民族的原始生活维持活生生的联系。如果这项联系丧失了，则民族的精神生活中最优秀的部分将被剥夺。"[①]他将法律的产生归结于历史因素，而法律渊源如果被认为是研究"法律从何处来"的思想的话，那么历史法学派所说的法律渊源自然就成了法律起源。

三、法律渊源和法律起源界分审视

对于法律渊源和法律起源的问题，尽管上述学者提出了表示等同的观点，但是也有学者对此进行了区分。这些区分论者对法律渊源和法律起源的研究还是比较深入的。区分论者对于将法律渊源和法律起源等同的反思主要是从概念出发的。尽管从汉语来看，二者只有一字之差，但是在概念上确实存在巨大差别。有关法律起源的概念，如马尔琴科所言："研究国家与法的起源过程，不仅具有纯粹的认知性、学术性，而且还具有政治实践性。""无论过去还是现在都从来没有在对国家与法的起源过程的看法上实现统一甚至达成共识。"[②]但是，从整体上来看，人们都会同意法律起源研究的是法律是在何种条件、何种形式下产生的。恩格斯是对法律起源研究比较深入的学者之一。他指出："唯物史观是以一定的历史时期物质经济生活条件来说明一切历史事实和观念，一切政治、哲学和宗教的。"[③]恩格斯对法律起源有过明确的定义："人们往往忘记他们的法权起源于经济生活条件，正如他们忘记了他们自己起源于动物一样。"[④]这是因为，有些学者对于法律的起源认识是不到位的。恩格斯在著作中列举了学者拉萨尔在其法学专著《既得权利体系》中的观点，即"要证明法权不是起源于经济关系，而是起源于'仅以法哲学为发展和反映的意志概念自身'"[⑤]。这是拉萨尔对法律起源的一个误读。所以，对法律渊源

① ［德］萨维尼：《论立法和法学的当代使命》，许章润译，中国法制出版社2001年版，第5~15页。

② ［俄］M.H. 马尔琴科：《国家与法的理论》，徐晓晴译，中国政法大学出版社2010年版，第69页。

③ 《马克思恩格斯选集》（第2卷），第537页。

④ 《马克思恩格斯选集》（第2卷），第539页。

⑤ 《马克思恩格斯选集》（第2卷），第538页。

和法律起源的界分还有待于深化。笔者拟从法律方法的视角对此进行深入分析。

第一，从概念本身来看，法律渊源是法官在司法裁判过程中裁判规范和裁判理由来源的规则集合体。所以，陈金钊教授认为，法律渊源是一个法律方法论的概念，因为它构成了法官寻找和发现法律的逻辑起点。如果我们不将法律渊源放置于法律方法论的视角来看，我们就很难看清楚其本质和真正的含义。有了法律渊源，法官发现法律有了场所和出处，法律解释有了基本对象，法律论证有了可比较的视域，法律解释就有了基本目标。可见，脱离了法律方法的视域，我们就看不到法律渊源的真正价值和功用。相反，法律起源是对法律从何处来的研究，因此它是本体论意义上的概念，是与法律渊源截然区分开来的。也就是说，尽管法律渊源中的"渊源"带有寻求来源的意思，但是它不是在本体论意义上讨论法律是如何产生的。因此二者尽管都有相同的"来源"的字面意义，但是差别却是巨大的。法律渊源是方法论的概念，而法律起源则是本体论的概念。

第二，从适用和实践来看，法律起源和法律渊源有着不同的志趣和追求。前面已经指出，法律渊源是一个法律方法论的概念，尽管法律渊源概念具有浓厚的文化因素——从古罗马的话语中就已经看到了法律渊源的适用，但是，从更本质的问题上来看，它还是法学实践概念，描述了法官适用法律的方向，并能够与其他法律方法结合起来相得益彰地适用。法律渊源通过对法官进行必须适用的、应该适用的或者可以适用的法律或者非法律规则的描述，为法官裁断案件提供裁判依据和正当理由来源，其中有文化因素，但是更多是实践因素。但是，相比之下，自然法学家们所讨论的"法律渊源于什么"主要是要为法律寻找合法性，一方面要论证法律对于规范人的生活是必要的，但是同时也要强调国家制定的法律必须符合某种价值规则，并接受其检验，否则就是不合法的。因此，其所讲的"法律渊源于什么"又变成了一种衡量的标准，成为标准的发源地。而从历史来看，这种寻求历史文化标准的法律起源是人们对法律认识的一个维度，甚至还变成了各个不同学派之间认识法律的一个基本标志。如自然法学派谈到法律起源时都是以自然或者理性或者正义等为起源的，这包含了自然法学家们对正义理念的向往，对可能会出现的残暴的法律的积极防御。但是规范法学派在谈论法律起源的时候，主要是从主权者的命令或者国家的角度来谈论法律概念的，为法律的执行和保障提供了公权力思路。而历史法学派在谈论法律起源时，主要强调法律是民族精神的体现，从进化论的角度来看待法律从何处来的问题。所以，在法律起源背后，包含的是浓厚的文化因素。正如福柯所说："寻求起源就是努力收集事物的确切本质、事物最纯粹的可能性以及精心加诸事物之上的同一性，以及先于所有外在的、偶然的和继替的东西的不变形式。寻求这样一种起源，就是要找到'已经是的东西'，而这个东西的形象足以反映它自身；这就是把所有本来能够发生的转折，所有诡计和伪装当作偶发的东西；这就要求摘掉面具，最终揭露出一种源初的同一性。起源的故事总是如同神的谱系那样被广为传颂。"①毕竟研究法律的起源就是要研究已有存在的历史，从历史的文化考古中去发现有关法律在与不在的真实状态，这已经不是法律问题，而是文化属性的问题了。在文化的意义上探讨法律起源问题似乎成了学者们的专利。不管是恩格斯的《家庭、私有制与国家起源》、霍贝尔的《原始人的法》，还是摩尔根的《古代社会》，都是文化意义上的考察。所以，二者在这个方面所面向的方向是不一样的。

第三，从制度的角度来看，法律渊源涉及的是一个国家的司法制度和司法方法的选择问题，是法律生活实践意义上的制度内容，而法律起源却是一个意识形态味道较浓的概念。法律渊源不仅承担了丰富的制度意义，而且具有实用意义。法律渊源作为法官裁断案件的裁判依据的来源，表现的是这个国家是以何种规则作为裁判的依据以及在何种意义上可以适用何种规则作为依据。这是一个具体法律制度规定的问题，也是法官知识和方法使用的问题。从制度层面来看，法律渊源强调法官在裁断案件时应该优先适用何种规则，在规则发生冲突或者竞合时又该如何取舍，在没有规则进行裁断时又该选用何种规则。而从方法的选择来看，当法律渊源内部的规范发生冲突和竞合之时，需要法官结合其他法律方法（如法律解释、法律推理）综合考虑。但是，与此不同的是，法律起源涉及的是意识形态意义上的制度内容。有关法律起源的研究，恩格斯做过深入的论述，其中有一句话最为著名："在社会发展某个很早的阶段，产生了这样一种需要：把每天重复着的生产、分配和交换产品的行为用一个共同规则概括起来，设法使个人服从生产和交换的一般条件。这个规则首先表现为习惯，后来便成了法律。随着法律的产生，就必然产生出以维护法律为职责的机关——公共权力，即国家。"②这段话的主题思想就是法律起源于国家。据一些学者的考察，"《家庭、私有制与国家起源》在考察国家产生的典型形

---

① ［法］福柯：《尼采·谱系学·历史学》，载刘小枫等：《尼采在西方》，上海三联书店 2002 年版，第 235 页。

② 《马克思恩格斯选集》（第 2 卷），第 537 页。

式——雅典国家的产生和发展的同时，也详细地阐述了其法律的产生和发展。提修斯为解决氏族同族共居与不同氏族成员杂居的矛盾，在雅典设立中央管理机关，把从前由各部落处理的事务移交给这一机关管辖。这样便开创不以氏族组织和血缘关系，而以地区和财产来划分、管理居民及规定权利与义务的先例，显示出雅典国家的雏形。与此同时，也就产生了凌驾于各个部落和民族的法权习惯之上的一般雅典氏族法。"①这样，法律的产生同国家的产生联系在一起，并与统治阶级的意志和利益联系在一起，形成了建立在马克思主义之上的特殊的法律起源论。这种法律起源被赋予了一种超出学术探讨范围的政治意义，并被作为与非马克思主义对立的基本标志。同时，有关法律起源的研究还涉及了一个国家整体的思想源流的问题，国家意义上的法律起源观就成为思想正确与否的标准。所以，法律起源的意识形态意义比较明显。只是随着人们思想认识的提高，有关法律起源的研究也越来越先进，特别是随着人类社会学等各个学科知识的兴起，法律起源问题上所承担的意识形态的内容才逐步消失。

第四，从效果来看，法律渊源追寻可以作为裁判依据和正当理由的规则来源，但是法律起源在一定程度上强调了法律的效力来源。法律渊源是法官求法的地方，法官可能将目光落在法律规则上，也可能将目光落在非法律规则上，这是一个搜索和论证的过程，需要通过说理的方式来追求判决结果的正当化和合理化。因此，法官除了在规则的选出方面会遵循制定法优先的要求之外，在使用其他非法律规则时，就会根据自己的判断和认知来衡量案件的裁断，"法律人需要使用'渊源'一词告诉他什么是法或者法是什么。在当代国家中，从原则上看，渊源的区分已经不是一个问题，因为法律一般是在成文法中寻找。法律渊源已经附属于法律规则而存在，也超越了法院的决定和其他推定成文法和其他法律真实含义的授权机构。"②所以，法律渊源的效果也有可能就局限在制定法的范围之内，从而出现了与法律起源的意义相同的形态和可能。然而，在自然法学家们讨论法律起源于自然、公正的时候，赋予了法律规则相应的合法性和合理性，实际上是强调法律的效力来源，即符合自然、公正的法律是具有效力的，能够成为法官判案的标准，因此，法律起源在一定程度上等同于效力渊源。同样，当实证法学家在谈论法律起源于国家的时

---

① 周长龄、李名：《恩格斯关于法律起源问题的经典论述新探—从〈论住宅问题〉到〈家庭、私有制和国家的起源〉》，载《中国法学》1993 年第 4 期。

② Ferdinand Feldbrugge, Law in medieval Rrssia, Martinus Nijhoff Publishers, 2009, pXV.

候，实际上也隐含了法律存在权威的可能性是由于国家。也就是说，正因为国家存在，被制定出来的规则能够成为被保障执行的法律，所以这些规则既能够有法律效力，又能够产生实效。也就是说，尽管自然法学派和规范法学派在理论上是存在根本分歧的，但是，在对待法律起源问题上，都想将这个概念引向法律存在的理由，即法律的效力来源问题。

第五，从方法论的角度来看，法律起源是一个实体意义较浓的观念，其内部主要是存在观点上的差异；而法律渊源则是一个程序意义较浓的观念，在司法适用过程中还追求相应的方法。从各种各样有关法律起源的观点来看，涉及的是对法律各种起源观念的描述和考察。正如我们在上文中所看到的那样，自然法学认为法律起源于自然，历史法学认为法律起源于民族精神，规范法学认为法律起源于主权者，马克思主义法学认为法律起源于国家，甚至还有文化人类学者认为法律起源于日常生活。在各种不同的学说背后，我们看到的是思想的碰撞。不管怎么样，从实体上说，法律起源概念总会落到一种思想所指定的事物上去，因而担当了建构思想的前提性要件。不同的思想流派，对法律起源的认识总会存在一定的差别，并通过这些差别来树立起相关思想的旗帜。如自然法学派通过强调法律起源于自然，就为法律树立起了合法的标准，为法律的正义、公正和道德价值的存在找到了落脚的空间。而历史法学派强调法律起源于民族精神，所追寻的价值是法律要符合现实人的生活，要注重民族的习惯，而不是盲目地制定大部头的法典；没有体现民族精神的法律将会给这个民族的发展带来负面影响。再如马克思主义法学认为法律起源于国家，强调法律的起源本身就是阶级斗争的产物，为建构新的国家学说奠定了理论基点。但是，法律渊源就与此反差较大。我们认为法律渊源本身就与法律方法有着千丝万缕的联系。也就是说，我们可以通过运用法律方法来追求对法律渊源的研究，帮助司法者更为合理地司法。法律渊源是司法者在案件中构建案件的大前提和进行法律推理的对象，它使得司法者在司法的过程中能够运用各种各样的法律方法，如法律发现、法律解释、法律推理、法律论证等。就以法律发现为例，如陈金钊教授所说："法官在思考成文法向判决转换的过程时，需要寻求判决的合理基础。人们不仅希望立法者能在现实生活中发现法律规则，然后用立法形式表达出来，而且还要求判决也应符合法治的技艺。可以说立法者试图为整个社会寻找合理、合法的制度，是在社会规范中寻找出了一般性的法律规则，而法官还必须带有对法律规则的忠诚为个案寻找合理、合法的基础。如果说立法者是对某类案件的共性有所发现的话，那么法官不仅要了解这些共性的法律，而且还要继续法律的发现。"①法律发现是具体案件中必须运用的方法，因为"大部分的法律都是经过不断的司法裁判过程才具体化，才获得最清晰的形象，然后才适用于个案，许多法条事实上是借裁判才成为现行法的一部分。无论如何，法律规范的发现并不等于法律适用。法律方法论必须把这项认识列入考量。"②那么法律发现从哪里开始呢？我们认为，法律发现就是从法律渊源中开始的。也就是说，如果没有了法律渊源，法律发现是毫无落脚之处的；但是，正如我们所指出的，法律渊源并不是只有制定法（尽管是优先的渊源）。"立法机关所制定的法律很多，但在具体案件中所能适用的也只有那么几个条文。所以，立法机关所创设的法律只是法官寻找法律的地方，但不是唯一的地方。因为立法机关所创设的法律是概括性很强的规定，留有许多模糊的地方和空缺结构。"③因此，法律发现必然是在法律渊源的广泛领域中进行的。这样，法律渊源的程序性意义就比较明显了。

四、结语

通过上面的分析，我们可以看出，如果对法律渊源和法律起源不加限定地进行审视，很容易将二者混淆。这是因为法律渊源本应该从法律方法论的角度来研究，而法律起源则是法学本体论的研究范畴。既然要将二者进行合理区分，就必须在研究视域上进行合理的限定。而通过此种进路我们也可以进一步反思：法律渊源概念是不是真的如奥斯丁所说的那样无意义？其实，当我们从法律方法论的角度来观察法律渊源时，奥斯丁对法律渊源的污蔑是没有道理的，而且我们更能够坚信法律渊源是独立于其他概念的，并且能够充分证明其在法理学概念体系中的应有地位，及能够对司法发挥的有效作用。

---

①陈金钊：《司法过程中的法律发现》，载《中国法学》2002年第1期。
②［德］卡尔·拉伦茨：《法学方法论》，五南图书出版公司1997年版，引论，第2页。
③陈金钊：《司法过程中的法律发现》，载《中国法学》2002年第1期。

中国特色社会主义与"市场经济"

——《议定书》第15条（a）项（ii）目的失效不具有终止"替代国方法"的法律效力

白巴根 *

摘要： 根据中国加入 WTO 时签订的《议定书》第15条（d）项的规定，2016年12月11日，该条（a）项（ii）目失效了。关于该条款的失效是否导致"替代国方法"的终止，中国与欧美日等国家产生了激烈的争执。中国政府官员和学者主张，《议定书》第15条（a）项（ii）目的失效必然导致"替代国方法"的终止，从即日起，如果 WTO 成员在对中国出口企业（简称"对华"）的反倾销调查中继续使用"替代国方法"将违背《WTO 协定》。欧盟、美国以及日本则相继做出决定，明言《议定书》第15条（a）项（ii）目的失效并不具有终止"替代国方法"的法律效力，因为中国不是"市场经济"（或仍然是"非市场经济"），在对华反倾销调查中继续使用"替代国方法"并不违法。以此争论为主线，本文讨论如下：一、问题的焦点；二、倾销的认定与"替代国方法"的关系；三、"替代国方法终止论"的国际法依据；四、《议定书》第15条（a）项（ii）目失效的法律意义；五、中国的经济制度与"市场经济"的标准；六、中国为指控欧美所提出的法律依据是否经得起推敲；七、陈述结论。

关键词： 倾销的认定　正常价值　非市场经济　替代国方法

一、问题："替代国方法终止论"与"替代国方法持续论"

根据中国加入 WTO 时所签订的《议定书》[①]第15条（d）项的规定，该条

* 白巴根，法学博士，湖南大学法学院教授。

（a）项（ii）目失效了。中国政府以及国内学者主张，第 15 条（a）项（ii）目的失效必然导致"替代国方法"的终止，如果继续使用该方法将违反《WTO 协定》。本文将此观点称为"替代国方法终止论"（以下简称"终止论"）。"替代国方法"是指，进口国在对华反倾销调查中，拒绝使用中国同类产品的价格或成本，而选择替代国（或第三国）同类产品的市场价格为正常价值，并与中国企业的出口价格进行比较，从而认定倾销及其幅度的做法。

"终止论"典型地体现在国务院总理李克强的一段话中。他说：《议定书》第 15 条是"日落条款"（注：到规定的时间必须终止），按期（注：2016 年 12 月 11 日）无条件终止对华反倾销调查"替代国"做法，是各成员方的国际条约义务，希望欧盟在履行第 15 条义务问题上，向世界释放维护多边体系和规则的积极信号。[②]中国商务部以及时任商务部长高虎城持同样的观点。[③]国内学者基本上维护"终止论"[④]，目前，尚未检索到质疑"终止论"的文章。[⑤]2016 年 5 月开始，欧盟、美国、日本相继做出决定指出，中国加入 WTO 在 15 年后，《议定书》第 15 条（a）项（ii）目

---

① 《中华人民共和国加入议定书》，本文简称《议定书》。

② 《共同奏响高水平互利合作新乐章——在第 12 届中欧工商峰会上的演讲》（中华人民共和国国务院总理李克强，2017 年 6 月 2 日，布鲁塞尔）。

③ http：//www.gov.cn/xinwen/2016-12/02/content_5142288.htm（2018.11.30）。

④ 左海聪、林思思：《2016 年后反倾销领域中国（非）市场经济地位问题》，载《法学研究》第 2017 年第 1 期；余敏友、管健：《论中国加入议定书第 15 条到期后的法律效力》，载《上海对外经贸大学学报》2016 年第 6 期；余敏友、管健：《论中国市场经济地位问题的解决方案》，载《国际贸易》第 2016 年第 10 期；张乃根：《"中国入世议定书"第 15 段的条约解释——以 DS397 和 DS516 为例》，载《法治研究》2017 年第 6 期；傅东辉、刘超、陈浩：《论西方法学界主流观点对中国非市场经济地位"日落"的共识——兼评美欧及全球性官方立场》，载《国际贸易》2016 年第 6 期；蒋小红：《中国"非市场经济待遇"之后倾销的计算方法——解析欧盟贸易救济立法的最新发展》，载《国际法研究》2017 年第 4 期；李双双：《中国"非市场经济地位"问题探析》，载《国际贸易问题》2016 年第 5 期；贺艳：《"后非市场经济时代"中国的非市场经济地位之争》，载《国际经贸探索》2016 年第 11 期；贾文华：《欧盟的"中国市场经济地位"问题与中国的应对之策——基于"中国加入 WTO 议定书"第 15 条之争的分析》，载《外交评论》2017 年第 5 期；刘瑛、张璐：《论"中国入世议定书"非市场经济方法条款到期的效力及应对》，载《国际经贸探索》2017 年第 7 期。

⑤ 虽然有极少数学者提出了《议定书》第 15 条（a）项（ii）目的失效并不终止"替代国方法"的观点，但对关于为什么"终止论"经不起推敲的问题并没有展开有说服力的论证。例如，张内、肖冰：《论中国加入 WTO 议定书第 15 条"自动终止条款"的法律效应》，载《现代法学》2016 年第 5 期。

的失效并不具有使"替代国方法"终止的法律效力，中国不是"市场经济"，在对华反倾销调查中继续使用"替代国方法"并不存在违反法律的问题。本文将此观点概括为"替代国方法持续论"（简称"持续论"）。

比起"替代国方法"，关于中国是不是"市场经济"国家的问题更加复杂而重要，而且后者决定前者。只要欧美等各国不撤回中国是"非市场经济"的认定，"替代国方法"将会持续下去。早在 2006 年，美国商务部根据其国内法规定的"市场经济"标准，曾经两次做出过认定中国是"非市场经济"的决定。① 2017 年 8 月 26 日，美国商务部重新认定中国仍然是"非市场经济"。② 第 15 条（a）项（ii）目失效后，欧美等国家没有停止使用"替代国方法"。③ 2016 年 12 月 26 日，中国通过 WTO 争端解决机构向美国和欧盟提出了指控，即"中国指控欧美对华反倾销调查替代国方法案"，简称"中国指控欧美替代国方法案"。④ 2017 年

---

① A-570-901 Investigation Public Document： The People's Republic of China （PRC） Status as a Non-Market Economy （NME）（May 15，2005 MEMORANDUM ）（May 15，2005）；A-570-901 Investigation Public Document： Antidumping Duty Investigation of Certain Lined Paper Products from the People's Republic of China （"China"）-China's status as a non-market economy （"NME"）（August 30，2006 MEMORANDUM ）（August 30，2006 MEMORANDUM ）.https：//enforcement.trade.gov/ia-highlights-and-news.html （2017.11.30）

② China's Status as a Non-Market Economy （A-570-053： October 26，2017，UNITED STATES Department of Commerce International trade commission.https：//enforcement.trade.gov/ia-highlights-and-news.html （2017.11.30）

③ 例如，自 2016 年 12 月 11 日到今天为止，美国在对华反倾销调查的所有行政决定（初步裁定和最终裁定）、行政复审决定、日落复审决定中均使用了"替代国方法"。美国商务部官方网站：https：//enforcement.trade.gov/frn/summary/prc/prc-fr.htm （2018.11.30）

④ WT/DS515/1，G/L/1169，G/ADP/D115/1：United States-Measures related to price Comparison Methodologies （15 December 2016）（简称 DS515）；WT/DS516/1，G/L/1170，G/ADP/D116/1：European Union- Measures related to price Comparison Methodologies （15 December 2016）（简称 DS516）.WT/DS515/1/Add.1 G/L/ 1169/ Add.1 G/ADP/D115/1/Add.1 （8 November 2017）.WTO 网站显示：On 8 December 2017，the Chair of the panel informed the DSB that the beginning of the panel's work had been delayed as a result of a lack of available lawyers in the Secretariat.The panel also informed the DSB that it expected to issue its final report to the parties not before the second half of 2018. 看来此次争端的法律问题还是比较复杂的。今年以来，随着中美贸易战的升级，有关中国是还是不是"市场经济"（或"非市场经济"）的争论销声匿迹了。实际上，该争论直接涉及我国的经济制度与自由贸易体制的关系，比知识产权、政府补贴以及投资政策等问题，因此争论更加复杂而深刻。

11月8日，中国向美国提出了追加磋商。①因为这两起案件的诉讼标的相同，应该合并审理。

本文根据中国指控美国和欧盟的法律文件，探讨"终止论"能否经得起推敲的问题。自中国加入WTO之日起，关于中国是不是"市场经济"或"替代国方法"何时终止的问题，引起了国内外学者的广泛关注，已经积累了大量的研究，本文不予讨论。目前，尚未查到根据中国提出的指控文件直接分析"终止论"的文章。

二、倾销的认定与"替代国方法"的关系

反倾销措施是《WTO协定》规定的贸易救济措施之一②，其法律要件规定于《反倾销协定》中。③反倾销调查的最终目的就是征收反倾销税，为此，证明倾销的存在，是进口国反倾销调查当局的首要举证责任。法律规定，倾销的认定是通过将受调查企业的出口价格与正常价值进行比较来完成的，因此，正常价值的大小直接关系到倾销幅度的大小。④

正常价值是指，提供给出口国内正常消费市场的同类产品的价格。⑤倾销幅度就是出口价格低于正常价值的部分，反倾销税的征收不能超过倾销幅度。⑥在针对"市场经济"国家的反倾销调查中，因为正常价值是根据提供给出口国内正常消费市场的同类产品的价格或成本来确定的，在此情况下，不存在使用"替代国方法"的问题。

当受调查企业的本国不是"市场经济"时，确定正常价值的方法将大相径庭。在此情况下，调查当局拒绝使用受调查企业所在国同类产品的价格或成本，而选择

---

① WT/DS515/1/Add.1 G/L/1169/Add.1 G/ADP/D115/1/Add.1：United States−Measures related to price Comparison Methodologies（Addendum，8 November 2017）.

② 贸易救济措施是指：WTO成员违背《WTO协定》《关税减让表》进口关税承诺水平的临时性进口限制措施，包括"紧急进口限制措施""反补贴措施"，以及本文讨论的"反倾销措施"。前者不仅加征关税还采取数量限制，后两者只限于加征关税。关于前两者的法律要件请参照Agreement on Safeguards和Agreement on Subsidies and Countervailing Measures。关于贸易救济措施的详细说明，见白巴根：《补贴认定的若干问题研究》，北京大学出版社2014年版，第4页。

③ 《反倾销协定》Agreement on Implementation of Article VI of the General Agreement on Tariffs and Trade，1994。

④ 《反倾销协定》2.1。

⑤ 《反倾销协定》2.1。

⑥ 《反倾销协定》9.1。

替代国（或第三国）市场同类产品的价格为标准来确定正常价值，这就是所谓的"替代国方法"。《议定书》第 15 条（a）所规定的 not based on a strict comparison with domestic prices or costs in China 就是指该方法。"非市场经济"是使用"替代国方法"的事实依据，也就是拒绝承认中国价格或成本的依据。

三、"替代国方法终止论"的国际法依据

《议定书》第 15 条，是中国关于"确定补贴和倾销的价格可比性"所做出的承诺。[①]在此列出《议定书》第 15 条（a）项和（d）项的规定：

（a）在确定 GATT 1994 第 6 条和《反倾销协定》所规定的价格可比性时，该 WTO 进口成员，应该使用接受调查产业的中国价格或成本，或者使用不依据与中国国内价格或成本进行严格比较的方法，但应符合下列规定：

（i）如受调查的生产者能够明确证明，生产该同类产品的产业在制造、生产和销售该产品方面普遍存在市场经济条件，则该 WTO 进口成员在确定价格

---

① 原文：Price Comparability in Determining Subsidies and Dumping

Article VI of the GATT 1994, the Agreement on Implementation of Article VI of the General Agreement on Tariffs and Trade 1994（"Anti-Dumping Agreement"）and the SCM Agreement shall apply in proceedings involving imports of Chinese origin into a WTO Member consistent with the following:

（a）In determining price comparability under Article VI of the GATT 1994 and the Antidumping Agreement, the importing WTO Member shall use either Chinese prices or costs for the industry under investigation or a methodology that is not based on a strict comparison with domestic prices or costs in China based on the following rules:

（i）If the producers under investigation can clearly show that market economy conditions prevail in the industry producing the like product with regard to the manufacture, production and sale of that product, the importing WTO Member shall use Chinese prices or costs for the industry under investigation in determining price comparability;

（ii）The importing WTO Member may use a methodology that is not based on a strict comparison with domestic prices or costs in China if the producers under investigation cannot clearly show that market economy conditions prevail in the industry producing the like product with regard to manufacture, production and sale of that product.

（d）Once China has established, under the national law of the importing WTO Member, that it is a market economy, the provisions of subparagraph（a）shall be terminated provided that the importing Member's national law contains market economy criteria as of the date of accession. In any event, the provisions of subparagraph（a）(ii) shall expire 15 years after the date of accession. In addition, should China establish, pursuant to the national law of the importing WTO Member, that market economy conditions prevail in a particular industry or sector, the nonmarket economy provisions of subparagraph（a）shall no longer apply to that industry or sector.

可比性时，应使用受调查产业的中国价格或成本；

（ii）如受调查的生产者不能明确证明生产该同类产品的产业在制造、生产和销售该产品方面普遍存在市场经济条件，则该 WTO 进口成员可使用不依据与中国国内价格或成本进行严格比较的方法。

（d）一旦中国根据该 WTO 进口成员的国内法证实其是一个市场经济体，则（a）项的规定即应终止适用，但截至加入之日，该 WTO 进口成员的国内法中须包含有关市场经济的标准。无论如何，（a）项（ii）目的规定应在加入之日 15 年后失效。此外，如中国根据该 WTO 进口成员的国内法证实一特定产业或部门普遍存在市场经济条件，则（a）项中的非市场经济条款不得再对该产业或部门适用。

根据上述规定，确认如下：中国加入 WTO 在 15 年后，无条件失效的是《议定书》第 15 条（a）项（ii）目的规定，即"如受调查的生产者不能明确证明生产该同类产品的产业在制造、生产和销售该产品方面普遍存在市场经济条件，则该 WTO 进口成员可使用不依据与中国国内价格或成本进行严格比较的方法"；造成《议定书》15 条（a）项（ii）目失效的法律依据是《议定书》第 15 条（d）项的规定，即"一旦中国根据该 WTO 进口成员的国内法证实其是一个市场经济体，则（a）项的规定即应终止……""无论如何，（a）项（ii）目的规定应在加入之日 15 年后失效"。本文接下来分析，根据上述国际法规定，"终止论"能否站得住脚的问题。

四、《议定书》第 15 条（a）项（ii）目失效的法律意义

从 20 世纪 80 年代初到现在为止，欧美在对华反倾销调查中，从未停止过使用"替代国方法"来认定倾销的做法。换言之，欧美始终在否认中国是"市场经济"以及"受调查企业所属产业普遍存在市场经济条件"。暂时还看不到欧美等国在对华反倾销调查中终止使用"替代国方法"的任何迹象，这与有些国家已经承认中国是"市场经济"的做法没有任何关系。加入 WTO 在 15 年之后，为何中国才对欧美的"替代国方法"提出指控呢？这一问题可从中国政府的指控文件中得到答案。

中国政府指控指出[①]：At the time of China's accession to the WTO, the Members

---

① DS515, p.1.

agreed that for a period of 15 years, investigating authorities would be allowed to determine normal value in anti-dumping proceedings involving Chinese products using methodologies "*not based on a strict comparison with domestic prices or costs in China*"; Pursuant to Section 15 (d) of the Protocol, "*in any event, the provisions of subparagraph （a）（ii） shall expire 15 years after the date of accession*"; Accordingly, Members were required to terminate the use of these methodologies under Section 15（a）（ii）of the Protocol no later than 11 December 2016, and the continued use of these methodologies thereafter is in violation of a Member's obligations under the covered agreements.After 11 December 2016, the provisions of the AD Agreement and the GATT 1994 that ordinarily apply to the determination of normal value apply to imports from China without derogation.China is concerned that the provisions of U.S.law pertaining to the determination of normal value in anti-dumping proceedings involving products from China are inconsistent with those provisions.①

中国提出："根据《议定书》第 15 条的规定,加入之日 15 年之后,无论如何,第 15 条（a）（ii）失效"（Pursuant to Section 15（d）of the Protocol, "in any event, the provisions of subparagraph （a）（ii） shall expire 15 years after the date of accession"）,这样的解释是正确的。问题在于,根据该法律规定,能否得出 At the time of China's accession to the WTO, the Members agreed that for a period of 15 years, investigating authorities would be allowed to determine normal value in anti-dumping proceedings involving Chinese products using methodologies "*not based on a strict comparison with domestic prices or costs in China*" 这样的结论呢? 这是需要认真分析的问题。关于中国加入 WTO 在 15 年后,WTO 成员继续使用 "替代国方法" 是否违法的问题,其答案的正确性依赖于对上述问题的分析。观察中国的指控内容可知,对 "终止论" 来讲,似乎 "无论如何" 发挥了决定性的作用,那么我们就先分析 "无论如何" 的含义。

---

① WT/DS515, p.1.

（一）《议定书》第 15 条（d）项规定的"无论如何"（In any event）的含义

对于解释"无论如何"来讲，最紧密最重要的上下文（context）①是："一旦中国根据该 WTO 进口成员的国内法证实其是一个市场经济体，则（a）项的规定即应终止适用，但截至加入之日（注：2001 年 12 月 11 日），该 WTO 进口成员的国内法中须包含有关市场经济的标准。无论如何，（a）项（ii）目的规定应在加入之日 15 年后失效。此外，如中国根据该 WTO 进口成员的国内法证实在一特定产业或部门普遍存在市场经济条件，则（a）项中的非市场经济条款不得再对该产业或部门适用。"

根据上述法律规定可知，在第 15 条的规定中能够使"替代国方法"终止的事实有两个方面：（d）项规定的中国是"市场经济"，这是能够使"替代国方法"全面终止的唯一事实；（a）项（ii）目规定的"普遍存在市场经济条件"。"无论如何"失效的是"（a）项（ii）目"，该条款的失效所造成的后果是"受调查企业所承担的对其所属产业普遍存在市场经济条件的证明责任的终止"，换言之，该条款所涉及的事实范围不能超过"受调查企业所属产业的范围"。中国是"市场经济"的事实，远远大于"受调查企业所属产业普遍存在市场经济条件"。因此。就算"无论如何"具有天大的魔力，不可能涵盖其不能涉及的空间或事实，即"市场经济"。就算"受调查企业所属产业普遍存在市场经济条件"得到了证明，其结果充其量是避免对受调查企业的"替代国方法"的使用，绝无具有在整个对华反倾销调查中全面停止使用"替代国方法"的法律效力。这样的解释是符合实际的。

本文认为，"无论如何"的含义是："即使中国没能证明其是市场经济以及（a）项不终止也罢，中国加入 WTO 经过 15 年之后《议定书》第 15 条（a）项（ii）目也必然失效。"其结果就是原来的将举证责任转嫁给受调查企业的调查方法的终止，如果进口国的调查当局负责证明中国受调查企业所属产业不普遍存在市

---

①《维也纳条约法条约》规定，国际法规则的解释要依据整个条约的上下文（日语称"文脉"）。该条约第 31 条规定：A treaty shall be interpreted in good faith in accordance with the ordinary meaning to be given to the terms of the treaty in their context and in the light of its object and purpose. 第 15 条（d）第一句的"该 WTO 进口成员的国内法中须包含有关市场经济的标准"表明，如果 WTO 进口成员的国内法不包含有关市场经济的标准，那就不存在第 15 条（a）或（d）的适用问题。因此，作为解释"无论如何"的上下文，可以不予考虑该规定，法律规定原本就不能适用，其结果自然就不存在该规定适用失效的问题。

场经济条件，那么，继续使用"替代国方法"是没有法律障碍的。万万不可将此规定理解成："无论如何，中国加入 WTO 经过 15 年之后"替代国方法"必然失效。"换言之，"无论如何"并无使"替代国方法"本身无条件完全终止的法律效力。那么，应该如何理解第 15 条（a）项（ii）目失效的法律意义呢？我们接下来讨论这个问题。

（二）《议定书》第 15 条（a）项（ii）目失效的法律意义

实事求是地解释《议定书》第 15 条，"第 15 条（a）项（ii）目"的失效与"替代国方法"的终止使用之间不存在必然的因果关系。在此，再一次确认第 15 条（a）项（ii）目的原文："如受调查的生产者不能明确证明生产该同类产品的产业在制造、生产和销售该产品方面普遍存在市场经济条件，则该 WTO 进口成员可使用不依据与中国国内价格或成本进行严格比较的方法。"该规定的目的是：以受调查企业能否明确证明其所属产业普遍存在市场经济条件为前提，允许调查当局来决定是否使用"替代国方法"。"非市场经济条款"就是"证明成功不适用，证明失败则适用"。根据该条款，举证责任被转嫁到了受调查企业。

"第 15 条（a）项（ii）目"的失效是指"调查当局以受调查企业承担证明（所属产业普遍存在市场经济条件）责任为前提来使用替代国方法"这一做法的终止，而不是"替代国方法"本身的终止，更不是全面的终止。即使"第 15 条（a）项（ii）目"失效，如果调查当局能够证明"受调查企业所属产业不普遍存在市场经济条件"，仍然可以使用"替代国方法"来认定倾销的存在及其幅度。如下所述，根据《议定书》第 15 条（d）的规定，使"替代国方法"完全彻底终止的法律事实是中国证明自己是"市场经济"。根据第 15 条的规定，"非市场经济"是要求受调查企业证明"其所属产业普遍存在市场经济条件"的依据或前提，中国证明自己是"市场经济"时，"替代国方法"必然终止。

（三）《议定书》第 15 条规定的不同证明对象

观察《议定书》第 15 条可知，存在两种证明主体和两种不同的证明对象（或内容）。第 15 条（a）项（ii）目规定，要求受调查企业证明"生产该同类产品的产业在制造、生产和销售该产品方面普遍存在市场经济条件"（market economy conditions prevail in the industry producing the like product with regard to the manufacture, production and sale of that product）；第 15 条（d）第一句规定，要求中国证明其是"市场经济"（it is a market economy）。两个证明对象的幅度和难度相差很大，前者小（限于受调查企业所属产业）而容易，但后者大（整个中国经济）而困难。第 15 条（a）（ii）的失效，需要"中国加入 WTO 之日 15 年后"，但第 15 条（a）项的终止没有此类时间限制。退一步讲，就算第 15 条（a）项（ii）目规定了"替代国方法"本身的终止（实际上不存在这个问题），其证据力也应该受限于第 15 条（a）项（ii）目所规定的产业范围，而不能将其扩展到其他产业领域以及整个国家。

第 15 条（a）项的终止意味着，不仅是（a）项的（i）目和（ii）目终止，更重要的是（a）的序言（关于"替代国方法"的一般规定）也须终止。在此重新确认《议定书》第 15 条（a）项的序言："（a）在确定 GATT 1994 第 6 条和《反倾销协定》所规定的价格可比性时，该 WTO 进口成员，应该使用接受调查产业的中国价格或成本，或者使用不依据与中国国内价格或成本进行严格比较的方法，但应符合下列规定：……"该序言的适用终止必然导致"替代国方法"本身的完全彻底的终止。在此重申，因为第 15 条（a）项（ii）目的失效，其结果，终止的是以受调查企业的证明失败为前提条件的"替代国方法"的使用，只有第 15 条（a）项的终止才会导致"替代国方法"的完全终止。第 15 条（a）项终止后，问题就回归到正常情况（第 15 条序言所规定的情况），即"市场经济"，"替代国方法"的问题不复存在。

同样是"受调查企业所属产业普遍存在市场经济条件"的证明，第 15 条（a）（ii）和第 15 条（d）第三句所具有的证据力是不同的。前者局限于仅一次的调查或倾销的认定，而后者的结果是，在已被证明的产业领域不能重复适用"非市场经济条款"。

五、社会主义经济制度与"市场经济"的标准

虽然《议定书》未规定"市场经济"（或"非市场经济"）的标准，但是，在《议定书》第 15 条中，中国明确承诺遵照 WTO 成员国内法规定的标准来证明自己是"市场经济"以及"受调查企业所属产业普遍存在市场经济条件"。中国学者以《议定书》不包含"市场经济"的标准为依据，抱怨根据他国国内法的标准来判断中国是不是"市场经济"的规定是不公平的，其实，如此主张并无实质意义。在《议定书》中直接写入"市场经济"的标准和在《议定书》中明确承诺接受 WTO 成员国内法规定的标准，两者之间是没有实质性的区别的。国际法的本质在于国家

是否同意接受某一行为规范，至于写在哪里并不重要。例如，如果哪个国家接受中国国内法的规定为行为规范，那么对这个国家来讲，所接受的规定就是国际法规则。在此引述美国国内法规定的"市场经济"的标准如下①：

货币的可兑换程度②（The extent to which the currency of the foreign country is convertible into the currency of other countries）；劳动工资的决定机制③（The extent to which wage rates in the foreign country are determined by free bargaining between labor and management）；外国直接投资的自由程度④（The extent to which joint ventures or other

---

① THE TARIFF ACT OF 1930 TITLE VII COUNTERVAILING AND ANTIDUMPING DUTIES Subtitle D General Provisions Sec.771.DEFINITIONS；SPECIAL RULES

（18）NONMARKET ECONOMY COUNTRY.—（A）IN GENERAL.—

The term "nonmarket economy country" means any foreign country that the administering authority determines does not operate on market principles of cost or pricing structures，so that sales of merchandise in such country do not reflect the fair value of the merchandise（B）FACTORS TO BE CONSIDERED.—In making determinations under subparagraph（A）the administering authority shall take into account—

② 货币的自由兑换是市场经济的必备条件之一。美、英、日、欧等国家的外汇汇率均由市场机制来决定，就算存在政府对外汇市场的介入，那也不影响汇率决定机制（是市场而不是国家权力）的性质。《中华人民共和国外汇管理条例》第27条规定："人民币汇率实行以市场供求为基础的、有管理的浮动汇率制度"。从表面上看该规定，似乎人民币的兑换是自由的。人们很容易忽略影响人民币兑换的潜在因素，即汇率的决定机制。在理解上述规定时，不应该被"以市场供求为基础"或"浮动"等文字所迷惑，而是要看清"有管理的"这一决定汇率机制的本质性因素。有"管理"的就不是完全根据"市场供求"来决定的，尽管人民银行（行政机关）在制定汇率的过程中考虑了市场的需求，也不影响关于人民币汇率决定机制的定性。

③ 根据劳动者与资本家之间的交涉来决定工资水平，这是自由市场经济国家的通常做法。根据《中华人民共和国工会法》，不允许劳动工人结社并与雇用企业（无论其企业形态如何）进行集体谈判。根据中国的户口制度，户口迁移受到严重的限制，这一限制必然影响在全国范围内的劳动力的流动，势必严重影响劳动力市场以及劳动力价格的形成。

④ 在外商投资受到限制或禁止的产业领域，不存在真正意义上的市场机制，这是常识。《外商投资产业指导目录（2017年修订）》第一部分限制外商投资产业目录：1.农作物新品种选育和种子生产（中方控股）；2.石油、天然气（含煤层气，油页岩、油砂、页岩气等除外）的勘探、开发（限于合资、合作）；3.特殊和稀缺煤类勘查、开采（中方控股）；4.石墨勘查、开采；5.出版物印刷（中方控股）；6.稀土冶炼、分离（限于合资、合作），钨冶炼；7.汽车整车、专用汽车制造：中方股比不低于50%，同一家外商可在国内建立两家（含两家）以下生产同类（乘用车类、商用车类）整车产品的合资企业，如与中方合资伙伴联合兼并国内其他汽车生产企业可不受两家的限制；8.船舶（含分段）的设计、制造与修理（中方控股）；9.干线、支线飞机设计、制造与维修，3吨级及以上直升机设计与制造，地面、水面效应航行器制造及无人机、浮空器设计与制造（中方控股）；10.通用飞机设计、制造与维修（限于合资、合作）；11.卫星电视广播地面接收设施及关键件生产；12.核电站的建设、经营（中方控股）；13.电网的建设、经营（中方控股）；

investments by firms of other foreign countries are permitted in the foreign country）；
生产资料和企业的国家所有和控制①（The extent of government ownership or control

---

14. 城市人口50万以上的城市燃气、热力和供排水管网的建设、经营（中方控股）；15. 铁路干线路网的建设、经营（中方控股）；16. 铁路旅客运输公司（中方控股）；17. 国内水上运输公司（中方控股），国际海上运输公司（限于合资、合作）；18. 民用机场的建设、经营（中方相对控股）；19. 公共航空运输公司（中方控股，且一家外商及其关联企业投资比例不得超过25%，法定代表人须具有中国国籍）；20. 通用航空公司（法定代表人须具有中国国籍，其中农、林、渔业通用航空公司限于合资、合作，其他通用航空公司限于中方控股）；21. 电信公司：增值电信业务（外资比例不超过50%，电子商务除外），基础电信业务（中方控股）；22. 稻谷、小麦、玉米收购、批发，大型农产品批发市场建设、经营；23. 船舶代理（中方控股）；24. 加油站（同一外国投资者设立超过30家分店、销售来自多个供应商的不同种类和品牌成品油的连锁加油站，由中方控股）建设、经营；25. 银行（单个境外金融机构及被其控制或共同控制的关联方作为发起人或战略投资者向单个中资商业银行投资入股比例不得超过20%，多个境外金融机构及被其控制或共同控制的关联方作为发起人或战略投资者投资入股比例合计不得超过25%，投资农村中小金融机构的境外金融机构必须是银行类金融机构）；26. 保险公司（寿险公司外资比例不超过50%）；27. 证券公司（设立时限于从事人民币普通股、外资股和政府债券、公司债券的承销与保荐，外资股的经纪，政府债券、公司债券的经纪和自营；立满2年后符合条件的公司可申请扩大业务范围；中方控股）、证券投资基金管理公司（中方控股）；28. 期货公司（中方控股）；29. 市场调查（限于合资、合作，其中广播电视收听、收视调查要求中方控股）；30. 测绘公司（中方控股）；31. 学前、普通高中和高等教育机构（限于中外合作办学、中方主导）；32. 医疗机构（限于合资、合作）；33. 广播电视节目、电影的制作业务（限于合作）；34. 电影院的建设、经营（中方控股）；35. 演出经纪机构（中方控股）。第二部分 禁止外商投资产业目录：1. 我国稀有和特有的珍贵优良品种的研发、养殖、种植以及相关繁殖材料的生产（包括种植业、畜牧业、水产业的优良基因）；2. 农作物、种畜禽、水产苗种转基因品种选育及其转基因种子（苗）生产；3. 我国管辖海域及内陆水域水产品捕捞；4. 钨、钼、锡、锑、萤石勘查、开采；5. 稀土勘查、开采、选矿；6. 放射性矿产的勘查、开采、选矿；7. 中药饮片的蒸、炒、炙、煅等炮制技术的应用及中成药保密处方产品的生产；8. 放射性矿产冶炼、加工，核燃料生产；9. 武器弹药制造；10. 宣纸、墨锭生产；11. 空中交通管制；12. 邮政公司、信件的国内快递业务；13. 烟叶、卷烟、复烤烟叶及其他烟草制品的批发、零售；14. 社会调查；15. 中国法律事务咨询（提供有关中国法律环境影响的信息除外）；16. 人体干细胞、基因诊断与治疗技术开发和应用；17. 大地测量、海洋测绘、测绘航空摄影、行政区域界线测绘、地形图、世界政区地图、全国政区地图、省级及以下政区地图、全国性教学地图、地方性教学地图、地面移动测量和真三维地图编制、导航电子地图编制，区域性的地质填图、矿产地质、地球物理、地球化学、水文地质、环境地质、地质灾害、遥感地质等调查；18. 国家保护的原产于我国的野生动、植物资源开发；19. 义务教育机构；20. 新闻机构；21. 图书、报纸、期刊的出版业务；22. 音像制品和电子出版物的出版、制作业务；23. 各级广播电台（站）、电视台（站）、广播电视频道（率）、广播电视传输覆盖网（发射台、转播台、广播电视卫星、卫星上行站、卫星收转站、微波站、监测台、有线广播电视传输覆盖网）；24. 广播电视节目制作经营公司；25. 电影制作公司、发行公司、院线公司；26. 新闻网站、网络出版服务、网络视听节目服务、互联网上网服务营业场所、互联网文化经营（音乐除外）；27. 经营文物拍卖的拍卖企业、文物商店；28. 人文社会科学研究机构。

① 一般来讲，在"市场经济"国家，土地是私人所有的，很少存在土地的国家所有以及土地交易受到政府控

of the means of production）；国家对资源配置的管控①（The extent of government control over the allocation of resources and over the price and output decisions of enterprises）；司法制度（Such other factors as the administering authority considers appropriate）。

根据上述标准，得出中国不是"市场经济"（或是"非市场经济"）的判断是符合法律规定的，当然也符合中国的实际情况。中国是社会主义国家，实行的是社会主义经济制度。《中国共产党章程》中"社会主义"出现了53次，②"中国特色社会主义"出现了30次。在中国宪法中，"社会主义"或"中国特色社会主义"共出现了44次。③"中国特色社会主义"是在建设"社会主义"的过程中出现的概念，是手段不是目标，后者决定前者。这些概念对准确理解和掌握中国经济制度来讲是至关重要的。换言之，在理解中国的经济制度时，"社会主义"是根本性的或决定性的因素。

《宪法》第6条规定："中华人民共和国的社会主义经济制度的基础是生产资料的社会主义公有制，即全民所有制和劳动群众集体所有制。"④本文认为，社会主义的本质含义是指，在中国，资源的配置不能完全交给私营企业根据市场需求来进行，而是将涉及国计民生的重要资源的配置权牢牢掌握在中国共产党领导的国家手里，保证社会资源的配置不能偏离为全社会的根本利益服务的宗旨和轨

制的问题。我国不存在土地的私人所有制度，我国土地的供方是从中央到地方的各级人民政府，土地价格不能完全按照市场需求来决定。此外，钢铁、石油、天然气、水泥、木材、有色金属、煤炭等重要生产资料属于国有资产，均由国有企业经营，这些重要生产资料的价格不是完全由市场供求来决定的。这些上游产业生产资料的价格必然影响下游产品的市场价格。

① 在"市场经济"国家，很少有国有商业银行（为应对金融危机国家暂时性收购某些银行所有权的情况除外），金融银行业是自由准入的行业。我们再看中国金融资源的配置。严格来讲，中国不允许存在私人资本完全控制的金融机构。《中华人民共和国商业银行法》第31条规定："商业银行应当按照中国人民银行（中央银行，行政机构）规定的存款利率的上下限，确定存款利率，并予以公告。"第38条规定："商业银行应当按照中国人民银行规定的贷款利率的上下限，确定贷款利率。"在中国，金融银行业基本上不允许私人资本的准入，就算允许混合所有制的存在，但也绝不允许私人的持股比例达到能够左右企业意思决定的程度。决定和影响金融资源配置的关键因素（存贷款利率）不是由市场力量而是由国家权力决定的，在此情况下，不是完全遵循市场供求来配置金融资源的。

② 《中国共产党章程》，人民出版社2017年版。

③ 《中华人民共和国宪法》，法律出版社2018年版。

④ 《中华人民共和国宪法》，法律出版社2018年版。

道。①社会主义的本质要求必然体现在生产资料的公有制上。土地价格、人民币汇率以及银行存贷款利率的决定机制是"社会主义"的根本保障。"中国特色社会主义"包含"市场机制",但不是"市场经济"。如果中国受调查企业主张自己所属产业的资源配置符合"市场经济"的要求,那么就应该积极行使抗辩的权利。根据《议定书》第 15 条的(d)项的规定,就算中国没有证明自己是"市场经济"(是"非市场经济"),国际法并没有剥夺"中国企业明确证明其所属产业普遍存在市场经济条件"的抗辩权。

六、中国所援引的法律依据

"中国指控欧美替代国方法案"专家组成立已经有近半年的时间,案件的审理和最终报告的提交时间在大幅度延迟。在此案中,中国提出了欧美违背《WTO 协定》的指控。笔者认为,中国提交给 WTO 争端解决机构的指控文件所援引的法律依据是非常脆弱的,几乎是经不起推敲的。在此仅举一例予以说明。

中国主张:欧美的做法违背了《反倾销协定》第 2.1,理由是 because the measures at issue provide for, and result in, the calculation of normal value and margins of dumping in investigations and reviews of products from China other than by reference to the price at which the product at issue is sold "when destined for consumption in the exporting country", i.e.China。

在针对"市场经济"国家出口企业的反倾销调查中,必须使用其国内价格或成本来认定倾销并计算其幅度。为便于参照法律规定起见,在此援引《反倾销协定》的原文。Determination of Dumping: 2.1 For the purpose of this Agreement, a product is to be considered as being dumped, i.e. introduced into the commerce of another country at less than its normal value, if the export price of the product exported from one country to another is less than *the comparable price, in the ordinary course of trade, for the like product when destined for consumption in the exporting country.*

---

① 我们再看看"市场经济"在我国宪法中的地位,也能从相反方面证实这一问题。我国 1982 年宪法明确规定"国家在社会主义公有制基础上实行计划经济。"经过修改,1988 年宪法规定"国家实行社会主义市场经济","市场经济"被正式写入宪法,"计划经济"从宪法文本中正式被取消。尽管如此,有关社会主义经济制度的规定没有改变。取消的是"计划经济","市场经济"不能代替"社会主义"。

在对华反倾销调查中，使用"替代国方法"来决定的正常价值必然大于中国同类产品的国内价格，其结果，将会计算出更大的倾销幅度。但是在针对"非市场经济"的反倾销调查中如此做法并不必然违法，因为受调查的是"非市场经济"的企业，"非市场经济"国家的价格机制不受信赖。只有在证明"替代国方法"的使用是违法的情况下，中国的主张才具有法律意义。换言之，在受调查企业所在国家的"市场经济"性质未得到证明的情况下，指控"替代国方法"违法是没有意义的。实事求是地讲，中国所援引的法律根据严重偏离轨道，可以说是错误的。"中国指控欧美替代国方法案"中，中国提出的类似法律依据很多，本文就不一一列举了。

七、结论

综上所述，"终止论"是站不住脚的，理由是，第 15 条（a）项（ii）目的失效终止的是以中国受调查企业不能明确证明其所属产业普遍存在市场经济条件为前提来使用"替代国方法"的做法（要求受调查企业承担举证责任），该条款的失效并不具有无条件的全面终止"替代国方法"的法律效力。得出这一结论的论证顺序如下：

第一，"非市场经济"和"某一产业不存在普遍的市场经济条件"，是合法使用"替代国方法"的前提条件；第二，《议定书》第 15 条（d）项规定的"无论如何"的法律意义在于第 15 条（a）项（ii）目的无条件失效，并不是全面终止"替代国方法"的使用；第三，第 15 条（a）项（ii）目的失效与"替代国方法"的终止是不同的两码事，前者的失效并不必然导致后者的终止；第四，第 15 条规定了两种不同的举证对象或内容，退一步讲，就算"替代国方法"终止，其证据力的范围也只限于受反倾销调查的某一产业领域而不能涵盖整个中国经济；第五，根据中国明确承认的美国国内法的规定和中国经济制度的事实，得出中国是"非市场经济"的结论是符合实际的，在国际法上是没有任何问题的；第六，就目前来讲，为指控欧美"替代国方法"违背《反倾销协定》，中国所援引的法律依据是错误的，中国将会输掉这场官司，这是毫无悬念的。虽然"持续论"不利于中国的眼前利益（企业的出口），但是依凭学术良心，不得不坦言，"终止论"是站不住脚的，"持续论"是正确的，法律上是不存在问题的。除非中国证明自己是"市场经济"，否则"非市场经济"条款的适用是不会终止的。

基于人工智能视域下的法律主体研究

何　丽*

摘要：人作为法律主体，其自然权利是自我发现的，智能机器人的权利很可能是与人类不同的演进路径。智能机器人作为一种社会现象，给我们带来了诸如法律与伦理的边界、智能机器人的权利、法律关系的交叠等一系列问题。回应这些问题必须回到法律主体理论设立的初衷，厘清其理论发展历史进程，深入分析智能机器人出现以后对构成法律主体要素的权利主体、义务主体、责任主体带来的冲击。在此基础上，有限度地变动源自对现实生活中的人进行抽象研究的法律主体理论。法律主体理论的构造，必须回到人的本质，以多个面向理解人本身，跳出法律主体的类型化思维，用全方位的方法论思考人与智能机器人之间的关系，并通过立法予以确认。

关键词：人工智能　智能机器人　法律主体理论

一、引论

当前，人工智能（Artificial Intelligence，简称 AI）已经成为国际竞争的新焦点，国务院也于 2017 年 7 月 20 日发布了《新一代人工智能发展规划》，把人工智能发展提高到国家战略地位。人工智能使我们不再去设想如何弯道超车，而是要考虑如何换道超车的问题。科技快速发展，既给人类带来了便利，也增加了风险。"科技行为具有与生俱来的两重性，为防止对科技成果的误用、滥用、非道德使用等所造成的社会危害，必须有相应的法律加以调控，并对受害者给予法律救济。[①]人工智能和以往的科学技术有着巨大差别，它是一种影响巨大的颠覆性技术，可能会对我们目前的就业结构、社会伦理、国际关系准则等造成极大冲击，不能仅仅依

---

*何丽，马来西亚拉曼大学博士研究生，讲师。

①付子堂：《论知识经济时代法律对科技行为的调控功能》，载《法商研究》2000 年第 1 期。

靠单方面的立法进行规制。必须从全方位、多角度、宽领域去深入了解人工智能给社会带来的变化，并完善相关法律理论，在此基础上制定相关法律促进并规制其发展。

深入理解人工智能技术，必须从了解其内涵开始。通过"人工智能"一词，我们就可以联想到它与数字技术相关。人类第一次接触某种新技术的时候，常常是兼具恐惧与兴奋的，特别是对数字技术来说。无论人类社会多么不情愿，数字时代真的来了，并且已经到达了数字时代的高级阶段，即以人工智能为主要特征的阶段。作为计算机科学的一个独特分支，人工智能是从20世纪50年代中期开始的。[①]时至今日，世界历史已经进入"第四次工业革命"的轨道，人工智能技术也已经发展了60多年，虽然历经坎坷，但也取得了巨大的进展。在很多领域，人工智能已经能够替代甚至超越人类。乔治·戴森（George Dyson）曾说，"我们同机器如同手足"[②]。"迎接与机器人共处的时代"[③]，虽不必过多担忧，但必须对随之而来的法律问题加以重视。

人工智能发展到现在，仍旧很难为其下一个一致的定义。人工智能作为计算机技术领域的一个分支，只能从其一般特征来把握它。按照加利福尼亚大学约翰·塞尔（J.R.Searle）教授的观点，可以把人工智能分为弱"人工智能"和强"人工智能"。弱"人工智能"是指计算机在心灵研究中的主要价值，只为我们提供一个强有力的工具。强"人工智能"是指计算机不仅是我们研究心灵的工具，而且带有正确程序的计算机确实可被认为具有理解和其他认知状态，恰当编程的计算机其实就是一个心灵。"在强AI中，由于编程的计算机具有认知状态，这些程序不仅是我们用来检验心理解释的工具，而且本身就是一种解释。"[④]

当下，在强"人工智能"的概念下讨论人工智能更具意义。从计算机发展之初，人类就面临着是把其看作操作思想符号的系统，还是把其看作是建立大脑模型手段的困扰。越来越类似人大脑的人工智能具有以下特点：其一，它是一种计算机

---

① Rissland, Edwina L, *Artificial Intelligence and Law: Stepping Stones to a Model of Legal Reasoning*, Yale Law Journal, 1990（99）：1958, pp55–59.

②［美］尼古拉斯·卡尔：《玻璃笼子——自动化时代和我们的未来》，杨柳译，中信出版社2015年版，第66~68页。

③李宇明：《迎接与机器人共处的时代》，载《光明日报》2017年11月20日，第12版。

④［英］玛格丽特·博登：《人工智能哲学》，刘西瑞、王汉琦译，上海译文出版社2001年版，第92页。

程序；其二，它有较强的数据收集与分析能力；其三，它可以通过不断学习提高自己的能力；其四，它具有物理实体。随着人工智能技术的发展，智能机器人的能力也越来越强，智能机器人"索菲亚"已经成为沙特公民。

智能机器人的出现，在促进人类发展的同时，也给人类带来了一系列法律问题。其一，拷问法律与伦理的边界。智能机器人"索菲亚"成为沙特公民，使我们不得不去思考智能机器人作为人类活动的参加者，是否可以成为法律关系的参加者呢？"人工智能和道德秩序之间的关系必须区别分析"①，这不再仅仅是一个伦理问题，从法律应保护最低限度的道德视角来看，法律必须出场。其二，向人类主张权利。例如，DeepMind 公司研究的智能机器人阿尔法狗（AlphaGo），现如今已经进化为 AlphaGo Zero，它不再需要人类数据，它可以通过自主学习，掌握技能。法律要授予智能机器人公民身份吗？如果授予当如何行使？"据美国 Narrative Science 预测，未来 15 年将有 90% 的新闻稿件由机器人完成。机器人撰写的稿件，是否享有版权？"②其三，导致法律关系交叠。智能机器人有一个自主衡量系统，它对自己做出许多决定，超出人类提供的指导原则。智能机器人导致他人人身或财产受到损害，谁来承担责任？就目前来看，既然案件发生以后的责任主体还不能完全归咎于智能机器人，则责任承担者还应该回溯到智能机器的生产者、销售者、使用者抑或第三方服务平台。智能机器人参与行为，会使各种法律关系交叠在一起。"当真正完全的自主智能机器人发生事故、造成损害，证明缺陷、因果关系等事项将成为受害人难以逾越的法律障碍。"③智能机器人给人类带来了许多法律问题，究其根本原因在于建构整个法律体系基础的法律主体理论不再牢靠。从根本上解决智能机器人引发的法律问题，需要回溯法律主体发展的历史脉络及其发展逻辑，有限度地变动以人为中心的法律主体地位构造，以回应智能机器人出现所导致的法学难题。

二、法律主体理论的历史演进逻辑

法律主体，是法律关系的构成性要素，即法律关系的参加者，是在法律关系中

① Amitai Etzioni and Oren Etzioni, *Vanderbilt Journal of Entertainment & Technology Law*, Keeping AI Legal, 2016（19）：p135.

②杨延超：《机器人来了，法律准备好了吗》，载《检察日报》2016 年 6 月 17 日，第 5 版。

③司晓、曹建峰：《论人工智能的民事责任：以自动驾驶汽车和智能机器人为切入点》，载《法律科学（西北政法大学学报）》2017 年第 5 期。

享有权利、履行义务或承担责任的人或其他类人的存在物。翻阅学界的研究文献，可以了解到学界对法律主体的争论颇多，但是实质性研究较少，可能学界认为，现有的法律主体理论的建构已经十分牢靠，即使有新的存在物出现，也不可能撼动构成法律主体理论体系的大厦，其实不然。智能机器人的出现对法学的冲击在很大程度上是对法律主体理论的冲击。法律主体理论作为构成法学理论的最主要内容，确定了法律的适用范围。法律主体不是被动地接受权利，也不是先确定了法律，再去寻找有资格享有法律的主体。法律主体与权利同时产生，相互依存。关于法律主体问题的考虑，不仅存在着从人到主体这一漫长的历史过程，人本身的法律形象即人在法域中的自我认知、自我想象和自我再现，同时也经历着若干次重大的变化。①法律主体理论的演进逻辑，是它逐渐地演变为以"人"的抽象为中心的理论体系，并向类人的存在物扩展，从而成为支撑整个人类法律体系的核心要素。

（一）法律主体：人的实在到人的抽象

法律主体概念对人的抽象，经历了一个漫长过程。历史上法律主体一开始呈现多种多样的形态，各国的规定也不尽相同，大致包括了人、超自然人、动物、无生命物等。在远古时期，尚未有现代意义上的法律主体，"苏美尔社会本是一个长老主宰的社会，由那些长老、家父统治，国王是这个社会的执政者，这些人以外的其他人，都没有主体资格。"②随着人类社会的发展，人的欲望不断增强，一些非人的存在物逐渐地被排除在法律之外，法律主体缩减至平等的单一类型即人自身。特别是启蒙运动以来，启蒙哲学产生的二元对立思维，又为法律主体抽象为人提供了坚实的思想基础，人成为法律主体的唯一抽象物。"理性，人的理性！赋予人以自然立法。"③"在创造物面前，人们总是习惯将自己置于主人的地位。"④"关系是被忽视了，每个人都成了独自存在的人，他是一个在经济上、政治上、道德上从而在法律上自足的单位。"⑤法律主体对人的抽象，不仅使人的多样性消失了，而且导致了理性人的利己现象，最终，法律主体沦为保护人的尊严和利益的工具。法律

---

① 胡长兵：《法律主体考略——以近代以来法律人像为中心》，载《东方法学》2015 年第 5 期。

② 江山：《法哲学要论》，中国社会科学出版社 2014 年版，第 466 页。

③ ［德］阿图尔·考夫曼、温弗里德·哈斯默尔：《当代法哲学和法律理论导论》，郑永流译，法律出版社 2013 年版，第 79~80 页。

④ 毋国平：《法律主体的内涵》，载《辽宁大学学报（哲学社会科学版）》2013 年第 2 期。

⑤ ［美］庞德：《通过法律的社会控制》，沈宗灵译，商务印书馆 2010 年版。

主体作为法学上的一个重要范畴不能仅仅只为了保护人类的利益而存在，而应该注重人与其他存在物的关系，实现人类自身和社会的良好发展。

法律主体从人的实在到人的抽象，充分体现了人的特征。利用人的抽象特征将自然人与其他存在物区分开来。"自然人"这一概念不区分种族、性别等因素，被平等赋予了所有人。处于政治社会之中理性自然人的行为，要受到法律的规制。"理性不仅是正确的法之认识工具，也是其源泉。"法律主体抽象为人之后，每个人都有两种身份，一种是生活中各具独特气质的自然人，一种是具有共同特征的法律之上的法律人。只有有法律主体，才能有法律行为。作为法律主体的人的行为，是在理性意志支配下的行为。无论行为是否合法，都被认为是人的自由意志选择，是一种深思熟虑的决断。行为人依据法律承担责任，履行义务。随着法律主体以人的抽象为基础，人也就成了连接法律权利与义务的一个工具。

（二）法律主体：由人的抽象到类人的拓展

现代法律主体，或曰"法律人格"，是一种行使法律权利、履行法律义务和承担法律责任的资格。主体资格以人的抽象为基础，这种对人的抽象体现出了法律主体的概括性、抽象性、普遍适用性的特征，进而使法律主体资格的开放性成为可能。"从理论上讲，凡是能够参与一定法律关系的任何个人和机关，都可以是法律关系的主体。"①主体资格成为一种符合人的抽象性特征的属性，并演变成为一种符合某种条件的固定类型，与被赋予法律资格的存在物本身性质并无实质关联。以人的特征抽象出来的法律主体理论，为其他存在物通过拟制抽象成为法律主体提供了可能。法律主体制度具有涤除功能，法律主体在保护和调整意义上是指现实中的所有人，在其抽象的标准范围上，它又是指符合一定条件的人。"法律通过主体制度选取社会生活中的一部分主体，赋予其法律资格，在这些被法律挑选出的主体中，构建法律关系。"②只有经过挑选的存在物才能成为法律主体，才拥有参加法律关系的资格，从而享有法律上的权利，承担法律上的义务。法律关系的构成以建立在人的抽象为基础上的法律主体为依托。只有法律主体的行为才被视为法律行为，其权利、义务才能成为法律关系的调整对象。

法律主体的拓展过程，体现为把那些原本在生物学意义上不称为人的存在物，

---

① 舒国滢：《法理学导论》，北京大学出版社 2012 年版，第 150 页。
② 李萱：《法律主体资格的开放性》，载《政法论坛》2008 年第 5 期。

吸纳为法律主体的过程，在这一过程中法律主体逐渐类型化。法律主体发展的第一个阶段，最终完成了法律主体与生物学意义上人的范围的重合；第二阶段是从生物学意义上的自然人到法律拟制人即法人的拓展。最早系统规定法人制度的法典是《德国民法典》。《德国民法典》中使用的"人"，是一个形式上的概念。构成这一概念的必要条件只有权利能力，而不包括行为能力和过错能力。[1]《德国民法典》在"人格"之后规定了"自然人格"和"法人人格"，将自然人的权利能力和法人的权利能力统一在"人格"一章，并对法人的成立、登记、法人机关等事项做了详细规定。法人成为法律主体，虽经历了漫长的争论，但承认法人的主体地位已经成为各国法律的共识。承认法人的法律主体地位拟制，是把法人看作是自然人的一种表现，把适用于自然人的法律主体地位的抽象构造适用于法人组织。可以肯定的是，以人的抽象为基础的法律主体地位的构造，不仅可以把法人纳入法律主体之中，现如今非法人组织、动物等存在物，也都可以按照这种类人的抽象，拟制成为法律主体。按照如此逻辑，智能机器人也可以成为法律主体，进而享有法律权利，承担法律义务。现代法律主体的类型化拓展，极大地影响了人对自己的本质的理解。

（三）法律主体：法律理论变动的基础

任何国家的发展，都离不开法律的保障。有法律，就有法律制度的支撑。以人的抽象为基础建构起来的法律主体理论，擎着整个法律体系王国，看似十分稳定，却也风雨飘摇。法律主体理论的变动，往往会对整个法律制度产生深远影响。人类已经获得了充分的现实依据，法律主体制度的发展并不必然会主动发展为一种较好的状况，人类必须主动思考，介入智能机器人带来的法律主体理论发展。法律主体理论是整个法律理论体系的核心，是构成法律关系的基础性要素，它体现着法律的价值追求。法律通过调整主体的意志行为，实现其确认、形成、巩固和发展社会关系的功能。法律主体的内容决定了法律关系逻辑结构，也决定了其呈现的样态。没有法律主体的意志与行为，就无法构成任何法律关系。一切存在物，都要经过法律确认才能成为法律主体，法律决定着法律主体的种类。有法律就有法律主体，只是不同的历史时期和国家对于法律主体的规定不同。智能机器人能不能成为法律主体，也必须经过法律来确认。

---

[1]孙聪聪：《人格作为法律主体的伦理与技术——基于历史进路的考察》，载《广西大学学报（哲学社会科学版）》2015年第3期。

现代法律的主要表现，就是以人的特征为基础，抽象出法律主体的概念，从而在法律上抹掉人与人之间的差异，实现对现实中人的法律控制。可以说，这是法律现代化的重要成就，也是法治现代化的必由之路。现代社会的法律制度已经相当成熟，特别是启蒙运动以来法哲学思想的发展，人类依据理性建立的这套法律理念体系，在一段时间内相当牢靠。智能机器人的出现，却撬动着这套法律理念体系的根基，进而引起法律制度的深刻变革。法律主体理论的变动，往往是法律制度深刻变革的开始。智能机器人给人类带来了新的法律问题，究其根源，就是现有的法律主体理论难以应对智能机器人导致的法律问题。如果说，以人的抽象为基础的法律主体理论，可以吸纳所有存在物的话，那智能机器人也可以被吸纳为法律关系的主体。显然，仅仅从这个意义上把智能机器人吸纳为法律主体，是无法解决智能机器人导致的法律问题的。因为，与其他拓展为法律主体的存在物不同，智能机器人与人的特征高度重合。人类以世界的主宰者自居，而智能机器人与人类的关系很可能不再是主仆关系，因此以人主宰世界为思想基础建立起来的法律体系，将受到极大冲击。

三、智能机器人对法律主体理论的冲击

智能机器人给法学研究带来了机遇与挑战，对滥用的恐惧、对社会不公的恐惧、对机器人反扑人类的恐惧……智能机器人无时无刻不冲击着人类最后的安全防线——法律。智能机器人给法学带了一系列问题。深入研究这些问题，最关键的因素在于智能机器人能否可以成为法律关系的参加者，从而享有权利和承担义务。回溯法律主体的相关理论，智能机器人的出现对建立在启蒙哲学二元对立思维下以"理性人"为基础的法律主体制度提出了挑战。既然法人可以拟制为法律主体，为什么与人类更为相似的智能机器人就不能呢？智能机器人拓展成为法律关系主体，如果不是必然的至少也是可能的。智能机器人成为法律关系的主体，也会经历法人成为法律关系主体的类似过程。下面从权利主体、义务主体及责任主体三个角度，分析智能机器人对法律主体理论带来的冲击。

（一）动摇权利主体构造基础

可以预见的是，人工智能时代对权利主体构造基础的冲击，可能是以往任何时代都不可比拟的。"技术发展的速度比人类进化的速度要快得多。计算机按照摩尔定律的速度飞速发展；而人类天生的能力则遵循着达尔文法则，龟速爬行。""法

的标准，即法的观念本身是人。"①法律主体是法律关系的参加者，主要包括自然人、机构和组织，在特殊情况下国家也可以成为法律关系的主体。"无论建立私法权利的罗马法时代的古老的人权观念，还是近现代成为权利制度道德基础的近现代政治和社会文化中的人权观念，都是以思考人的主体性需要为前提的。"②现代法律主体的观念也是建立在启蒙哲学"理性"观念对人进行抽象的基础之上的。这种"理性人"的形成，极大地促进了人的解放，但作为代价，"人也因此被抛入了一个从未有过的与整体世界相对立的境地"③。作为主体的"理性"虽试图主宰一切，也陷入了被一切压制的悖论之中。智能机器人正在仿效和改变人的概念，从而冲击权利主体构造基础。智能机器人作为一个人的类似物出现的时候，这种对立将更加紧张。

智能机器人的出现，考验着对人本质的理解。作为法律主体抽象理论的表现，其也可以通过"理性"抽象，成为法律关系的主体。虽有学者提出，"机器人不是具有生命的自然人，也区别于具有自己独立意志并作为自然人集合体的法人，将其作为拟制之人以享有法律主体资格，在法理上尚有商榷之处。"但按照目前的法律主体理论，法律主体具有向其他存在物拓展的可能，即法律主体资格具有开放性。"法律主体资格的开放性，是指在法律关系的逻辑结构上，其主体类型及主体范围随社会发展可以逐渐扩展。"④智能机器人发展成为法律关系主体，如果不是必然的至少也是可能的。法律行为的直接或间接后果，要求我们考虑是"谁"实施了这一行为，作出了这一行为的法律主体是否具有责任能力。诸如此类的问题蜂拥而至，其症结在于智能机器人是不是可以成为法律主体。类似人的智能机器人，即使可以成为法律主体，它也应该是一种特殊的受制于伦理章程与法律规范的主体，不像自然人那样其主体地位可以先于法律地位存在。但即使智能机器人可以作为权利主体与义务主体，人类要在多大程度上进行让步，让智能机器人成为公法上的主体或是私法上的主体，抑或是和人类一样拥有相同的权利？这类问题将会在法学界引起巨大争议。

权利主体是权利的拥有者和行使者。拥有不等同于行使，拥有在某种意义上是

①付子堂：《法理学初阶》，法律出版社2015年版，第174页。
②龙卫球：《法律主体概念的基础性分析（下）——兼论法律的主体预定理论》，载《学术界》2000年第4期。
③汪志刚：《生命科技时代民法中人的主体地位构造基础》，载《法学研究》2016年第6期。
④吴汉东：《人工智能时代的制度安排与法律规制》，载《法律科学（西北政法大学学报）》2017年第5期。

一种资格，行使则是将法定的权利作用于社会现实。法律主体资格发挥着规范市民生活并分配社会生活资源两方面的功能。对于权利主体而言，更为重要的是体现为权利行使。法律主体资格要求法律主体必须具有"实体"要素，包括作为人类社会成员的生物人、以生物人和财产为核心要素的组织体和以目的性财产为核心要素的组织体三种。由此来看，智能机器人至少还无法纳入这三种核心要素当中。如果要给智能机器人一个合理的法律主体定位，必须对"实体"要素做出变动。随着智能机器人技术快速发展，必须回到人本身来思考法律主体理论面临的困境。回归人类的本质，已成为一种不可阻挡的时代趋势。身体哲学和伦理学的快速兴起，成为其最具代表性的现象。人本质的回归，是对抽象"理性人"的法律主体理论的背离，使自然人、他人和社会一道共同推动了法律主体理论观念的更新。

（二）反叛基于人的义务

从现有的观念上来看，法律义务主体一定是人。"所谓义务主体，也就是按照法律规定应该从事某类行为的人。"[①]有法律权利，才会有法律义务，"法律主体的角色在法律上表现为权利主体和义务主体"[②]。现如今，是否赋予智能机器人法律权利尚未可知，讨论其对义务主体的影响是否过早？"法律制度总是滞后的，但是关于法律问题的思考应该是前瞻的。"智能机器人的制造，出于服务于人类生活的目的，可以预见的是未来会有越来越多的机器人进入人类的生活领域。即使将来的法律没有赋予智能机器人法律主体的地位，那么它一定不会成为义务主体吗？"2016年11月，在深圳举办的第十八届中国国际高新技术成果交易会上，一台名为小胖的机器人突然发生故障，在没有指令的情况下，自行打砸展台玻璃，砸坏了部分展台，并导致一人受伤。"[③]由此可见，未来智能机器人，或多或少的会成为人类权利行使的障碍，如此，智能机器人如果不纳入义务主体的范畴，很可能阻碍权利的行使。

权利主体是被法律赋权的主体，有权根据自己的选择自主决定为或不为某种行为。义务主体被法律所约束、限制，依据法律不为某种行为。如果智能机器人在没有被赋予相关权利的情况下需要承担义务，这就使法律权利与法律义务对应的理论

①胡玉鸿：《法律主体的基本形态》，载《法治研究》2012年第10期。
②胡玉鸿：《法律主体概念及其特征》，载《法学研究》2008年第3期。
③王利明：《人工智能的发展对民法的挑战》，载《法制日报》2017年7月12日，第9版。

陷入了矛盾。虽然没有无权利的义务，也没有无义务的权利，但是实际上义务是保障权利行使的关键。可以说，权利主体每一次行使权利，必须有相应的义务主体，义务主体相对于权利主体来说更为弱势。智能机器人与人类应是和谐共处的状态，在保证人类安全的情况下，才能进行开发和应用。所以智能机器人的行为，不能妨碍人法律权利的行使，即使在它没有成为法律主体的情况下，也要承担相应义务。在将来的社会中，我们可能不仅要处理人与智能机器人的问题，还要处理智能机器人与智能机器人之间的问题。在两个智能机器人之间形成哪种关系，也是必须慎重思考的问题。

（三）解构责任主体

法律责任是违反法律而产生的法律义务。"如果机器人拥有了某些权利，就应该对自己的行为负责。"[1]一个真正意义上的法律主体，必须有能力对自己的行为负责，这是法律责任的预设。法律责任本身构成了法律主体的关键因素，被视为法律主体的存在物不仅享有权利、履行义务，同时还能对自己的行为负责，承担相应的法律后果。所以离开了法律责任，法律主体的规定就没有了意义。智能机器人如果没有被认定为法律主体，那基于"意识"而存在的智能机器人，它至少很难归属于我们目前所认为的法律关系的客体。从这个意义上讲智能机器人的出现对法学经典行为理论"主体—行为—客体"三要素理论带来了极大的冲击。如果不确认智能机器人的法律主体地位，它实施的侵权行为，无法确认是其主人的行为，还是它的行为？

智能机器人是否可以成为法律关系的主体暂且不论，问题是智能机器人作为有可能侵害人类人身安全和财产安全的施害者，它有没有承担责任的能力。按照法律责任的相关理论，法律责任由施害者承担。如果不让智能机器人承担责任，这种责任理论就面临着解构的风险。但是如果让智能机器人承担责任，那么在何种意义上它是有责任能力的，它责任承担的方式视为财产形式，还是其他类型？况且它有可能不是法律主体，没有理论依据让其对自己的行为承担责任。如果不让其负责，那么谁要为它的行为负责呢？它的主人可以是制造者、销售者、使用者或者是第三方服务平台，与以往的法律关系相比智能机器人侵权更加复杂，如果智能机器人不负法律责任，可能会牵涉到多方的法律责任主体，并且难以确定。此外，智能机器人

---

①杜严勇：《论机器人权利》，载《哲学动态》2015 年第 8 期。

之间的侵权行为，如何承担责任？况且智能机器人有可能超出人的控制，进行施害行为，仅仅处罚其主人，是否可以达到惩罚的效果？所以整个责任理论基础面临着解构的风险。

四、法律主体理论的重新构造

（一）理念基础的回归：审视人的主体理论基础

智能机器人之所以给我们带来这么多的思考，是因为它的出现动摇了"何为人本质"的这个概念。人类无数次设想过有没有可以比拟人的存在，但之前的每一次设想都没有智能机器人给我们带来的感受这么深切。人类对人本身的概念模糊了，陷入了一种不自信的状态。可以说很多人持怀疑论的立场。不以法律约束智能机器人的发展，可能会促使人重新定义"人类"的概念，人类的存在形式有可能发生不可逆转的变化。人类是要保持现在的"人类"概念，还是要革新到无所谓"人"、无所谓"物"的年代？麻省理工学院、剑桥和伯克利等机构都警告说人工智能变得如此聪明，以至于超越人，这些设备可能会反对他们的制造者并接管世界，如果不是破坏世界的话。显然，人类还没有做好改变人的本质的准备，仍然认为由细胞组成的有血有肉的人的本质是一切社会关系的总和。如果想要保持人的概念不变，人类必须保持自信，并清醒地认识自己。

虽然法律主体基于人的抽象是必要的，但是过于对人抽象导致的弊端也逐渐显现出来。特别是智能机器人出现以后，仍然过度地考虑法律主体是人的抽象的"理性人"的理念，可能会陷入法律主体认定的困境。"形式主义的唯理性无休止的增长直至成为一种系统的唯理性，可它必然会达到一个顶峰，然后物极必反地向下滑落。"[①]在理解法律主体概念的时候，必须考虑人的其他面相，以更多地区别于智能机器人。如果仍然仅仅把人视为理性的过于抽象的法律主体，那么作为人的其他面相就消失了。应该回到人的本质，更多地参考人的多个面相，构建法律主体的理论基础。人不仅仅是具有身体的一个实体存在，同时也是向他者、与他者共性的存在。智能机器人可以成为法律主体的话，基于我们目前的理解，它也应该是一种法律拟制主体。显然，承认智能机器人的公法主体地位是十分困难的，智能机器人成为私法上的主体是可以预见的事情。马克思曾指出："社会不是以法律为基础，那是法学家的幻想。相反，法律应该以社会为基础。"[①]随着智能机器人带来的社

---

① ［德］阿图尔·考夫曼：《后现代法哲学》，米健译，法律出版社 2000 年版，第 8~9 页。

会变迁，我们的法律主体理论也必须做出相应的变化。如果理不清法律主体理论的基础，由智能机器人引发的灾难将是人类难以想象的。

人类的发展是一个不断超越自我的过程，超越着所有世界的认知。"作为一个在实体和关系向度共同作用下的历史的存在，人的存在并不是盲目的，也不是纯利己的，而是有着不断趋向于自我超越和完满，趋向于人类的共同本质的实现的公共性。"①为了实现人类的自我超越，实现人类共同本质的公共性，必须回到人作为人的本质的场域。人和智能机器人肯定是不同的存在，为迎接智能机器人对人类的挑战，必须回到人类本身，来思考人类自身的问题，以此来区分作为法律主体的人和很有可能成为法律主体的智能机器人。"现在所有人工智能仍属于在'图灵测试'概念下界定的'智能'，无论是将要盛行的根据神经网络算法的翻译程序，抑或是基于量子计算理论的各种模型，在未来很长时间内都将是从属于人类的工具。"②只要人类依然在政治社会中拥有意识，并有由血液细胞组成的肉身，那么人类和智能机器人就存在区别，人类必须牢牢掌握自身区别于智能机器人的特征。

（二）法律主体类型思维的破解：全方位思考法律主体理论

现代的一个记号是，它总是从一个极端走向另一个极端，另一个记号是，它必然将一切都加以区分，如真理、法权也是如此。③法律主体理论过于强调"理性人"的抽象，就会落入这种极端，陷入启蒙运动导致的黑夜之中。现代法律主体理论的这种抽象，使法律主体成为以人为镜像抽象出来的某些特征的类型。法律主体的这种类型化特征，为人类提供了一个法律主体的开放视域。在这种视域内，任何类人的存在物，都可能被我们确认为符合法律主体特征的经验，从而获得法律主体地位。虽然这种经验可能包含着某种历史性、指涉法律主体将来的无限可能性。但是这种类型化的抽象，从诞生之日就遭遇到了一种不幸，即法律主体无休止的类型化拓展。法律主体的这种开放性的拓展特征，奠定了法律主体理论的坚实基础，也使其自身陷入了泥潭当中。随着社会的发展，过于类型化的主体理论可能不太适用，而人与物的本质的区别也可能丧失。

智能机器人的出现使得人类重新思考法律主体范围的扩展或变迁，跳出原有的类型化法律主体思维，以全方位、多角度的思维去思考法律主体理论。用全方位

---

① ［德］马克思、恩格斯：《马克思恩格斯全集》（第6卷），人民出版社1961年版，第291页。
② 蔡映洁：《人工智能，以法律和伦理为界》，载《人民日报》2017年8月23日，第5版。
③ 王天恩：《创造性劳动的信息相互性与人的类权利》，载《天府新论》2017年第6期。

的方法思考法律主体理论,可以深刻把握智能机器人的内部构造,促进法律主体价值及伦理观念的变革,重新回到人作为人的本质,为法律主体理论的构造提供一种更为丰富的理念基础。在此基础上,全方位的方法论意义上的变革也是可能的。根植于启蒙哲学的二元对立的法律主体地位的构造,导致了人与一切他者的对立。回归人的本质,让我们更多去思考人与其他事物的关系。"关系的基本特性是相互性,作为关系的一方,任何关系项都不可能是独立存在的。"①智能机器人的出现,更加凸显这种关系的相互性,人的活动与智能机器人的活动内在地关联在一起,人的发展都处于与其他事物的整体联系之中。在重新思考人的法律主体的定位时,应既强调与人作为法律主体相关的各要素之间的联系,又要重视各要素之间的区别,并考虑各要素之间的关系变化,从而更好实现作为法律主体的人与现实中的人的结合。

智能机器人的出现,使人类必须回归全方位的思考方法,思考人与智能机器人的关系。在区分人与智能机器人时,既要看到二者之间的联系,又要看到二者之间的区别。突出人的主导地位的同时,更要反映人的价值与追求,也不能忽视智能机器人的社会价值。人在维护自己的利益,实现对自己超越的同时,也应该注重其他事物的发展。"如果一个社会没有经济增长,那是因为没有为经济创新提供刺激。"②国家要促进智能机器人的发展,就要为它的发展提供一种有效刺激。除非符合智能机器人的法律定位是有效率的,否则智能机器人的快速发展不会简单发生。如果在智能机器人领域没有形成一种新的变化,那就是法律制度没有为智能机器人的发展提供创新刺激。一种良好的法律刺激机制,应该建立在全方位思考法律主体理论的基础之上。厘清人与智能机器人的不同之处,智能机器人能不能成为法律主体暂且不论,法律必须对其进行明确定位,一种模糊的界定很难促进其发展。20 世纪 50 年代伊林沃思·莱斯笔下的那幅"自动化"漫画依然警醒着我们,必须处理好人与智能机器的关系。

(三)立法路径的重构:双轨制的法律主体地位构造

任何科学技术的发展都不是以人的意志为转移的,智能机器人作为一种新的科学技术,如果我们拒绝,必将被历史的车轮甩在后边。智能机器人对大多数人来说

---

① [美]道格拉斯·诺斯:《西方世界的兴起》,厉以平、蔡磊译,华夏出版社 2014 年版,第 4 页。
② [美]道格拉斯·诺斯:《西方世界的兴起》,厉以平、蔡磊译,华夏出版社 2014 年版,第 4 页。

都是陌生的，甚至是令人恐惧的。法律不应该筑高墙，而应该为人工智能技术保驾护航。应以法律规范智能机器人的发展，透视其引起的法律主体理论的变动，并以法律的形式把它确认下来。"科学技术的发展甚至会促使一套全新的制度发生。例如，近代以来关于商业秘密或专利的知识产权保护制度。"①随着智能机器人的不断进步，势必会产生一系列适用智能机器人的具有普遍性和强制性的规则，而人工智能技术的发展也势必会对法律的制定和实施产生深刻影响。要在重新思考法律主体理论的基础上，推进关于智能机器人的立法。纵览我国现行的所有法律，我们还没有关于人工智能机器人立法的相关规定，如何在法律中安置智能机器人，已经成为我们必须面对的社会问题。

　　智能机器人能不能成为我国现有的法律主体暂且不论，但是至少应该在智能机器人内部形成一套规则，一种具有强制力的规则，并上升为法律，至少在这个层面，智能机器人应该成为法律规范的对象，成为法律关系的主体。规范智能机器人的法律，是适用二元架构的法律类型，还是一元架构的法律类型，在做出选择的时候，我们必须思考发展人工智能技术的目的。真正的智慧应该服务于社会、服务于人类，而不是成为人类的对手。这就需要制定二元架构的法律类型。二元架构的法律类型才能形成智能机器人自身的价值体系。"人工智能法律既具有一般法价值的构成要素，又有着其特殊法的价值内容，从而形成自身的法价值体系。"必须加快推进二元架构的智能机器人立法，填补立法领域的空白。从社会事实来看，制定人工智能的法律时机已经逐渐成熟，可以先制定一个原则性的法律，从基本原则、基本制度规范智能机器人的发展。例如，《机器人伦理宪章》《欧盟机器人民事法律规则》从原则上对人工智能技术做出规定。然后相应的法律部门，结合不同的人工智能技术带来的法律现象，做出相应的制度规定。从目前人工智能技术的发展来看，它也是由一个领域逐渐延伸到其他领域的。因此，逐渐结合人工智能在相关领域可能发生的问题，在对法律理论思考的基础上，制定原则性的规定，及时对具体的法律规定做出调整，是人工智能立法的可循之路。

结语

　　总之，智能机器人的出现，给一直在试图弯道超车的中国一个换道超车的机会。换道超车，使得中国可以为人工智能的未来制定标准，走自己独特的道路，而

---

① 苏力：《法律与科技问题的法理学重构》，载《中国社会科学》1999 年第 5 期。

不再是去填补其他国家发展的空白，使超越成为可能。智能机器人引发的诸多法学困境，其实都可以归结为对法律主体理论的冲击。如何建构一个良好的法律主体理论，成为当下思考智能机器人问题的重要议题。智能机器人出现以后，建立在启蒙哲学"理性"观念对人进行抽象基础之上的法律主体理论受到了极大挑战。随着历史的发展，其固有的弊端已经充分显现。人类的自然权利是一个自我发现的过程，而智能机器人的权利却需要通过赋权的形式获得。智能机器人不同程度地解构着构成法律主体要素的权利主体、义务主体和责任主体。法律要为智能机器人的发展提供有效的创新激励，就必须正确回应智能机器人对法律主体理论带来的诸多挑战。必须回到人本身，丰富人的多个面相，以区别于智能机器人，跳出法律主体的类型化思维，采用全方位的方法思考人与智能机器的关系，并通过制定法律做出相应调整。在不远的将来，一种二元架构的法律类型是可期的。

以规范法学话语重构中国法理学体系

李旭东 *

摘要： 中国法理学如今面临学科危机，主因是未确立规范法学传统的地位，导致学科研究体系缺乏明确对象与严密逻辑。加强规范法学研究并系统地建构一个规范法学话语体系，是法理学未来发展的重要任务。应当从整体上考虑规范法学话语的研究体系，为学科重构奠定扎实的学理基础。西方法学家及其经典著作为此准备了较多学理成果，可以借鉴这些内容，结合中国法理学自身需要，形成一个规范法学话语的基本系统。它在整体上大约包括如下部分内容：法律本体、概念术语、制度要素、价值因素。

关键词： 规范法学　法律实证主义　法学话语　逻辑体系

一、中国法理学学科危机的主因是规范法学传统未能确立

一个时期以来，法理学从法学研究的中心不断被边缘化，出现了"法理学的边缘化"现象。[1]虽然法理学者仍然非常努力，学科整体仍在不断取得各种进展，但

＊李旭东，法学博士，华南理工大学法学院副教授。

基金项目：2016年度国家社科基金项目："规范法学话语体系构造研究"（16BFX024）。

[1] "法理学"与作为课程的法理学应当区分。马克思主义理论建设工程《法理学》教材出版之后，中宣部已经要求全国高校必须使用该教材。目前的"法理学"为学术界对法学二级学科"法学理论"的一个通俗称呼。从法学学科的发展来看，也需要对法学理论学科与法学实践学科进行更为细致的划分。笔者之前曾经有过讨论。笔者主要的意见是，现行学科设置，"由于研究对象过度稠密、拥挤，知识强度过大，使得不少学者在完成博士训练之后，仍然没有能够成为一个专业人士。学科设置过于粗放，导致知识工作分工不够，对法学知识的生产与整理，带来的影响是比较大的。"这种现象的存在，使得许多关于法理学的讨论与术语的使用，都存在言不及义的现象。见李旭东：《法理学与法史学的学科设置问题》，2016年2月2日发表于个人博客，http://lxd401.fyfz.cn/b/879532。

与各部门法学的迅速发展与相继崛起相比，法理学的知识优势与学术影响力则明显削弱。

在学术研究中法理学不再有曾经的魅力与影响力，经常受到其他学科学者的批评。有的部门法学者虽然没有批评，不过已经不再理睬法理学，甚至自己直接开展法理学性质的研究，这更表明法理学学科危机的严重。虽然笔者对个别部门法学的研究进展评价有所保留，然而，法理学自身的衰落已是既成事实，而不只是个人感觉。2016年，法理学人徐爱国教授提出了更极端的判断——"中国法理学死亡说"。[①]本文不采用这一说法，只将法学界对法理学发展现状强烈不满的现象称为"法理学的学科危机"。法理学学科目前面临着发展的困难，处于学科危机时期，需要分析它衰落的原因并提出解决办法。本文试图讨论：面对法理学的学科危机，应当如何理解，如何应对？

（一）中国法理学学科危机的两个原因

笔者认为，法理学学科危机有两个原因：其一属于外因，这是由历史与时代造成的，其二属于内因，这是法理学学科体系的问题。

历史与时代使得法理学一度引领法学学科的发展，而随着中国法治发展，法学各学科发展起来，原有形势大大改变，法理学的学科影响力相对下降。因此，造成法理学学科危机的最大原因是外部原因。

20世纪90年代之前一度有"法学就是法理学"，那种情况其实极不正常，它意味着法学其他学科还未真正诞生。当法学各学科得到发展之时，法理学不免有所落寞。这样看，法理学的危机，对法学整体未必是一件坏事。

法学的发展必然意味着各学科都能做出自己的贡献，部门法学在立法与法律实务的激励下获得了巨大进展，导致其在法理学面前逐步独立并形成回馈性影响，这是法学有了长足发展的标志。改革开放初期，中国尚没有多少立法，尚无条件采取法律治理，只能采取政治管控与政策治理，各部门法基本上无用武之地。唯一像样的部门法是刑法，民法还没有存在的空间。民商法部门的真正繁荣，要到1992年邓小平南方谈话，以及乔石委员长任内的全国人大以建立社会主义市场经济法律体系为目标的大规模立法任务基本完成之后。所以，法理学的学科危机，主要是一种相对衰落，是法理学者对本学科辉煌地位与非常态学术影响回归正常之后普遍存在

①徐爱国：《中国法理学的"死亡"》，载《中国法律评论》2016年第2期。

的心理失落。当各学科都发展出了自己的概念范畴与技术工具时，法理学者"指点江山"式的宏观论述，也就失去了学术影响。事实上，法理学者自身也对此种状况有所自觉。[①]

时代造成的原因属于外因，可以不多考虑，真正该考虑的是内因：法理学自身的学科体系缺陷。

法理学学科本身有没有自己的问题，是否存在学科危机？从法理学学科发展现状来看，法理学的研究领域与教学任务存在明显的不适应，这既是法理学者对自身学科现状深感不满的内因，也是法理学可能有所突破的契机。

按照目前的学科划分方式，法学一级学科分为十个二级学科，法学理论作为二级学科，其下可以再分若干三级学科，如法理学、法哲学、法律社会学等。作为课程的法理学基本上等同于作为学科的"法学理论"，大家实际上约定俗成地以"法理学"来称呼"法学理论"学科，这导致法理学者的研究领域非常广泛，研究手段也相对多样。例如，法学方法论、法律职业伦理、立法学等研究，究竟该归属于哪些学科，就很难判断。但在本科阶段，教育部法学学科教学指导委员会确定了若干门必修课，法理学作为必修课程之一，须承担起相对准确的表达作为学科的"法理学"之任务。事实上，《法理学》教材无法承担"法理学"学科如此之重负，如勉强承担，既无法表现法理学学科研究的丰富性，也无法完成对初学者提供法律入门启蒙的任务。

更多的学者对法理学的不满，主要还是不满意《法理学》教材，而未必针对学科本身。但编不出准确反映学科研究现状的教材来，不怪你们怪谁？许多法理学人做出过努力，比如姚建宗教授、谢晖教授。[②]不过，从学科危机的讨论来看，努力还没有达到理想效果。

原因何在？笔者以为，缺乏一个强大的规范法学传统，是中国"法理学"（以及其教材《法理学》）陷入危机的根本原因。

（二）中国法理学学科危机的主因：未确立规范法学传统的主导地位

中国法理学学科及其教材《法理学》，从1992年前后从《法学基础理论》改

[①] 谢晖：《法理学：宏大叙事与微观论证》，载《文史哲》2004年第3期。

[②] 姚建宗：《法理学：一般法律科学》，中国政法大学出版社2006年版；谢晖、陈金钊：《法理学》，高等教育出版社2005年版。

名为《法理学》之后，基本上保持了体系的稳定性。不过，从教材结构来看，规范法学没有在学科体系建构中获得应有的主导地位，是《法理学》教材与该学科研究发展缓慢的主要原因。

首先，应当承认，中国规范法学研究，近些年来取得了不俗成绩，对法理学有所促进。

国内真正开始对规范法学进行消化与吸收，始自 20 世纪 90 年代中后期。近十年来，研究现状的改变较为迅速。国内一度长期以沈宗灵的《现代西方法理学》（1992 年）为重要的文献资源，如今张文显的《二十世纪西方法哲学思潮研究》（2006 年），徐爱国、李桂林的《分析实证主义法学》（2000 年）等著作也不再保持领先地位，除数量众多的专门性研究著作外，新出版的教材，如高鸿钧、赵晓力主编的《新编西方法律思想史》（2015 年）等，对该学科知识现状就有明显改进。①

国内关于规范法学研究的进展可以分别从翻译与研究两方面来分析。

从学术翻译方面来看，规范法学经典文献翻译工作进展较快。近几年对规范法学尤其是英美分析法学经典理论著作的汉译出版工作明显加快，主要经典著作基本被译出，未译出的也有很多介绍。现代法理学奠基之作——1832 年的《法理学范围》中译本迟至 2002 年才出版，但德沃金 2013 年的《没有上帝的宗教》中译本 2015 年就能问世，②中西学术与思想上的时差日益缩短。除英美分析法学外，对欧洲大陆规范法学的介绍也在加快，相关研究也有明显进展，全面地提升了对国外法学理论的资料积累水平。典型的如佩岑尼克教授主编的一般法律理论丛书（十二卷本）系最新成果（该丛书至 2015 年出至第 11 卷），为欧陆学者规范法理学研究最新的体系化成果。对这套多卷本著作的翻译进度就比之前要迅速。③

从学术研究方面来看，国内学者规范法学的研究成果激增。一是，规范法学是近些年博士学位论文选题的热点领域。对分析法学各个学者的研究逐渐增多，关于

---

① 高鸿钧、赵晓力：《新编西方法律思想史》（古代、中世纪、近代部分，近代、现代部分），清华大学出版社 2015 年版。

② ［美］德沃金：《没有宗教的上帝》，於兴中译，中国民主法制出版社 2015 年版。

③ 该丛书由武汉大学汪习根教授主持翻译工作，武汉大学出版社 2009 年出版，现出版五卷，分别是：帕塔罗著《法律与权利：对应然之现实的重新评价》，洛特路斯勒著《法律的基础》，赛勒著《法律制度与法律渊源》，佩岑尼克著《法律科学：作为法律知识和法律渊源的学说》，萨尔托尔著《法律论证：法律的认知进路》。

哈特、拉兹、德沃金研究各有多篇博士论文，对前沿问题明显有所推进，在具体问题的研究上都有所超越。二是，规范法学领域形成了有特色的研究。若干机构形成了研究优势与特色，影响了一些部门法学的规范研究与教义学研究，推进了广义的规范法学研究。李刚博士的学位论文曾对当代中国的规范法学发展进行了较全面详尽的调查，反映了 2008 年之前的发展现状。①近期的研究虽尚无人总结，但研究现状的整体性繁荣值得肯定。

其次，需要指出，规范法学研究仍然未能更新法理学学科范式。

成绩固然值得肯定，但其不足更值得注意。国内的规范法学研究，在翻译与研究两方面均有明显不足。这导致法理学学科范式未能在强大规范法学传统的基础上得到更新。

国内研究在翻译方面仍有个别重大遗漏，如卢埃林、弗兰克的一些重要作品仍未被译出，应当尽快完成相应的翻译，以满足学术研究需要；一些译作质量较为逊色，影响正确理解，宜完成相应的重译，新译作要避免再出现错误。

研究方面的问题主要是：其一，不少研究对原著的理解较为粗略、大而化之，如对凯尔森基础规范理论与哈特规则理论的讨论表现得比较明显，就此研究主题的有效学术讨论并不太多；其二，前沿研究力量仍然薄弱，除少数学者能够通过外文文献进行研究外，多数须依靠译作，导致前沿研究者数量有限，限制了对国外学术现状的良好把握；其三，研究者的思维与研究对象差距较明显，研究避难就易，有的研究未能完成研究任务，如对德沃金复杂的理论面貌、德沃金与哈特的理论区别与联系、菲尼斯自然法理论的体系的研究，都存在相应的问题。由此带来最重要的不足就是：缺乏对规范法学传统的宏观把握和整体视野，无法提供能够解释中国法律现实的理论成果。这应当是法理学影响力逐渐下降的主要原因。

虽然国内学者对规范法学的研究及对国外学者研究的译介使当代中国规范法学研究的知识基础与研究力量有所增强，少数研究者也在研究方面有明显优势，②但整体上其成就还是比较有限的。总体来说，这些年来国内法理学研究方向分化严重，受国内官方机构的政策性影响较大，对法理学学科的发展产生了复杂影响。国内法理学研究存在的若干缺陷，均应当在规范法学深入发展的基础上才能克服。

---

① 李刚：《西方分析实证主义法学在中国：一个学术史的考察》，重庆大学 2008 年博士学位论文。
② 陈景辉：《法律的界限：实证主义命题群之展开》，中国政法大学出版社 2007 年版；朱振：《法律的权威性：基于实践哲学的研究》，上海三联书店 2016 年版。

　　总体上，当前中国法理学危机的主要原因是：规范法学不够发达，没能成为法理学的主导性理论话语。它间接造成了法学各种流派的理论体系因缺乏强大竞争对手与对话对象，中国法学理论的发展水平缺乏足够刺激而长期自说自话，作不出足够的理论贡献。自然法学没有规范法学的强劲挑战，也不一定成气候，同样难以对中国现实提供有说服力的理论解释。

　　在此意义上，所谓法教义学与社科法学的争论，[①]目前为时尚早，因为法理学连自己的学科阵地都还没有圈定。从法理学学科发展的需要来看，笔者的建议是：回归法理学的本位，以严肃的规范法学研究奠定法理学的学科基础。

二、规范法学话语是西方法理学发展的基础

　　为什么是规范法学？规范法学对于解决法理学学科危机能起到什么作用？如何展开规范法学的研究？可以从规范法学在西方法理学中的地位来理解它的重要性。

（一）规范法学始终是西方法理学的核心

　　首先，从西方法理学学科的发展历程来看，强大的规范法学研究传统的强大存在，是法理学在面对各种困难时能够不断浴火重生的重要基础。

　　规范法学，英美法学一般称分析法学（Analytical Jurisprudence）与法律实证主义（Legal Positism），是法学理论的核心传统，也是奠定法学研究与教育基本思维模式与话语范式的法学传统。[②]它始终是西方法律理论中的强大存在，也是激发其他法学理论发展的重要思想源泉。可以说，西方政治法律制度的高度发达，与发达的规范法学传统以及它在法学理论中的基础性地位密不可分。

　　以英美法学传统来说，自奥斯丁奠定基本范式之后（1832年），凯尔森确立了纯粹法学思维方式（1949年、1986年），霍菲尔德提供了基本的概念术语（1964年），哈特恢复了分析法学的地位（1961年），德沃金批评哈特后创立了美国法理学模式（1977年、1986年），麦考密克（1978年）、拉兹（1979年、1985年）、科尔曼（2001年）、沃尔德伦（1987年）、马默（1992年、2005年）等学

---

①雷磊：《法教义学的基本立场》，载《中外法学》2015年第1期；车浩：《社科法学和法教义学：少女与少妇的故事》http://www.aisixiang.com/data/92541.html，2017年1月9日访问。

②需要指出，"规范法学"在中文中能够与法律实证主义、分析实证主义画等号，在西方语境中则可能就无此表述传统。规范法学在英文中不能如中文中这样使用，在那里，"描述性"研究与"规范性"研究系两种不同的研究方法，中国"规范法学"一词主要来自"法律规范"及同类型词汇的强势影响。

者持续推进了专业性的讨论，使得规范法学及相关的法律理论研究长期发达，成为西方法学学术发展与公共问题讨论的基础性思维范式与主导话语类型。当然，它有它的问题与弊端，①不过，它的强大存在则长期哺育着西方法学界，影响着西方社会的公共观念。

欧洲大陆的规范法学传统同样有其重要地位，当代欧陆与英美法学相互影响在加强，以中国学界熟悉的学人来说，考夫曼的法哲学体系建构（1994 年）、恩吉施的法律思维理论（1989 年），阿列克西的法律论证理论与法律概念理论（1983 年、1992 年）、哈贝马斯的法哲学思辨研究（1992 年）也成为英美学者重视的理论资源。哲学家加达默尔的解释学、图尔敏的逻辑学、维特根斯坦前后期语言哲学及语言学家奥斯汀的语言哲学都对规范法学产生着重要影响。由于欧美国家在文化上的高度亲缘性，欧洲大陆与英美国家在法律理论研究上也具有密切的相互影响。例如，德国法哲学家考夫曼教授的著作，基本上涵盖了所有的英美重要法理学论著，表明大陆国家对英美的了解非常深入；英国法学家麦考密克与奥地利法学家魏因贝格尔在互不了解的情况下各自发展了制度法理论，二人合著了一本《制度法论》的著作，也获得了学术上的成功。②

其次，其他法学派作为论战对手，也在规范法学的刺激下有重要发展，规范法学成为法学繁荣的源动力。

西方其他的法学理论传统都围绕着规范法学展开对话。在思想史上，自然法学与规范法学始终构成强大对手，成为法律思想史的核心。③在当代，哈特与德夫林、哈特与富勒、哈特与德沃金、德沃金与罗尔斯、阿玛蒂亚·森与罗尔斯等人之间的持续性学术论争，使得法理学、法哲学与政治哲学不断地丰富和深入，也使得西方的法学理论始终保持着强大的学术存在，不但影响到法学理论与法律教育，也影响到西方社会的实际政治与国际治理之实践。康德的永久和平思想、哈耶克（1944 年）对法律与国家关系的严厉批评、哈贝马斯以欧洲为思考对象的法哲学建构（1992 年）、罗尔斯（1971 年、1993 年、1999 年）关于国内国际正义秩序构想与论证、森对正义实现的若干评价标准（2010 年），甚至天主教会的辅助性社

---

① ［美］格伦顿：《权利话语：穷途末路的政治言辞》，周威译，北京大学出版社 2006 年版。
② ［德］考夫曼：《法律哲学》（第二版），刘幸义译，法律出版社 2011 年版；［英］麦考密克、［奥］魏因贝格尔：《制度法论》，周叶谦译，中国政法大学出版社 1994 年版。
③ Anton-Hermann C.Chroust: Natural Law and Legal Positivism, 13 Ohio St.L.J. (1952) 178.

会教义等多方面的影响，始终构成解决现实问题的思想资源与推进国际理解与对话的学术话语。这些贡献虽然不属于规范法学（应当归属于自然法学或其他流派），但其发展离不开规范法学的刺激与对话。可以说，规范法学始终影响与推进了法理学、政治哲学领域的原发性理论创新。霍布斯、奥斯丁、边沁、凯尔森、哈特对其他不同流派的法学家、政治学家、社会学家都有非常重要的影响，值得专门论述，例如关于边沁思想影响的研究已成为名著。①

可见，如果缺乏一种强大的规范法学或法律实证主义传统，西方的政治法律论辩与现实政治法律制度建设，必将因缺少对话对手而使思想界苍白寂寥，也会因缺乏制度选择模式而使政治实践缺乏依据与足够选择。

反观中国，恰恰由于法理学发展长期缺乏一个强大的规范法学传统，从而在法律、法制、法学发展都非常迅猛的同时，法学理论的影响力反而迅速下降，对现实的介入能力与解释能力都明显不足了。究其原因，规范法学传统之缺乏对法学理论长期以来的停滞有基础性影响，事实上在较早时期已有学者敏锐地提出了相关警示。②

（二）当代西方法理学领域中规范法学相对削弱的学术趋势如何解释？

客观地讲，目前国外规范法学研究相对于 2000 年以前，进入了一个沉寂期，於兴中教授称之为法理学的"无王期"。③即使如此，实证主义经典作品仍保持着长期的影响，哈特的《法律的概念》、德沃金的《认真对待权利》与《法律帝国》、罗尔斯的《正义论》与《政治自由主义》（不属于规范法学作品）、拉兹的《法律体系的概念》与《法律的权威》、菲尼斯的《自然法与自然权利》（属于自然法学传统）一直是讨论的中心；拉兹、比克斯、沃尔德伦、科尔曼、马默等人仍继续保持着英美分析法学的研究热度。

当代西方的规范法学传统开始告别长期聚集的若干主题，④出现了向专业化、

---

① ［美］波斯特玛：《边沁与普通法传统》，徐同远译，法律出版社 2014 年版。
② 赵晓力 1996 年的说法颇有先见之明："长此以往，法学院在职业培训方面的成功之日，便有可能是其学术声誉破产之时。"见苏力：《法治及其本土资源》（修订版），中国政法大学出版社 2004 年版，序，第 I 页。
③ 於兴中：《法理学前沿》，中国民主法制出版社 2015 年版，第 29 页。
④ 按照於兴中教授的表述，就是超越风行五六十年的哈特与德沃金的问题，进入"后哈特 – 德沃金时代"，见於兴中：《法理学前沿》，中国民主法制出版社 2015 年版，第 1~4 页。

技术化、跨学科化发展的趋势，有其积极意义，这些发展也改变了法理学传统的知识疆域，对法理学家的知识与能力、法理学学科建制提出了强劲挑战。当代西方法理学目前正向各分支领域全面发展，也许很难再有如哈特、德沃金式的中心人物与权威性话题，但规范法学仍保持着相当强势的学术影响，仍旧是法学发展的重要支持力量。目前，法学学术发展与竞争仍相当激烈，国外规范法学理论明显出现向专尖精深发展的特点，表现出其历久弥新的旺盛生命力。具体来看：

其一，法律讨论趋向于技术化、专门化，是以规范法学理论为基础的。哈特到德沃金的讨论还容易理解，但麦考密克的法律推理理论（1978 年）、阿列克西的法律论证理论（1978 年、1991 年）技术化就比较强，需要有较强的逻辑学与数学基础才能读通。[1]这方面，中国法理学近些年在法律方法、法律论证、法律修辞等领域的研究，也逐步出现类似趋势。不过，无论是麦考密克、拉兹，还是阿列克西、佩岑尼克等学者，他们的技术化研究都奠定在强大的规范法学传统及本人深厚的规范法学素养基础之上。

其二，法理学家与专业哲学家的理论对话增多，但法学家的知识优势仍然是规范法学。从近期的表现来看，除了受日常语言哲学影响的哈特法哲学之后，法理学论著讨论涉及到罗蒂、摩尔、内格尔、维特根斯坦、普特南、戴维森、塞尔、奥斯汀（语言学家，非法学家奥斯丁）等专业哲学家日益较多，也影响着法学新知识的生产；在此方面，中国目前的情况还有所欠缺，专业哲学家对法理学并无太多兴趣。如果法理学家与专业哲学家开展讨论，他们在规范法学方面具有知识优势才能对哲学家以足够挑战。未来法学家与哲学家之间的讨论可能会逐步增多，法理学家除了要加强哲学素养外，强化法学知识传统与学术优势，仍是能够真正介入有意义论争与获得他人尊重的基础。

其三，法哲学与政治哲学有进一步融合的趋势，使得规范法学知识不断面临新挑战。哈特、德沃金、拉兹、罗尔斯（1973 年、1993 年）、菲尼斯（1980 年、1991 年）、哈贝马斯（1992 年）、阿玛蒂亚·森（2012 年）等学者之间相互影响，德沃金、拉兹均从规范法学跨入政治哲学，体现了规范法学与政治哲学之间相

---

[1]国内一批年轻学者开始从事"神经与认知科学"的法学研究，并发表了一些成果，可以看作是国内法理学研究的技术化倾向的一个标志。见郭春镇：《法律和认知神经科学：法学研究的新动向》，载《环球法律评论》2004 年第 6 期。

互的渗透，这也使得传统的规范法学知识框架有所突破。当代中国的情况可能相对特殊一些，受苏联式大学体制的限制，各学科画地为牢，较少展开有效对话。①现实问题要求理论学者具备跨学科分析能力，法理学家应当对此有所准备，至少对其他学科的讨论保持开放的态度。具备跨学科能力的前提是学者须有一个强势的学科传统作为基础，否则反而会造成学科角色错乱，这就要求法理学须建立强大的学术传统，这一传统只能是规范法学。

三、以规范法学话语体系重构中国法理学的初步设想

规范法学的发达程度是法理学学科发展的基本保障，因此，中国法理学应当大力推进规范法学研究。如何开展这一研究？本文只能提供一个具有整体建构意义的规范法学话语体系的基本框架，进一步的建设工作须以具体研究逐个推进。

（一）推进规范法学体系研究的两个任务

法理学需要在规范法学的理论传统指导下进行相应的知识重构。目前主要可以着眼于基础性、体系化、话语类型的理论构架之建构工作，在理论思维与基本话语的体系建构上进行努力，探索法理学的新体系。

客观上，各部门法研究及法理学专门领域的研究，普遍出现了专门化、技术化、社会科学化的研究趋势，这种趋势对宏观建构式研究范式形成了重大挑战。例如，苏力教授倡导并主持了《法律与社会科学》的连续出版。②但对于一个独立学科来说，如果它未能完成其学科体系之建构，永远是一个重大缺陷。法理学学科需要推进和整合既有的研究成果来完成新的理论建构，这并不妨碍专精尖深的研究之开展。整体来看，可以在两个方面展开工作：

一是，根据现有文献条件和研究进度，对以西方分析法学、法律实证主义为核心的规范法学传统进行有意义的整体性重述，提供一个新的理论全貌。所选择的专题可能独立成为一个课题，但研究重点宜放在整体的结构性把握方面。近年来，西方法理学文献的增长，使学界对其学术线索与脉络更为清楚，对其优劣也了

---

① 国内宪法学中近年的"政治宪法学"表现颇引人注目，强世功教授等人的法理学研究也有较多的政治学
　色彩，也具有这些方面的特点。见强世功：《中国宪法中的不成文宪法——理解中国宪法的新视角》，
　载《开放时代》2009 年 12 期。
② 苏力：《法律和社会科学》（第一卷），法律出版社 2006 年版。

解较多，应当在新文献条件下为完成中国法理学的新综合提供基础。这一类研究可谓"新专门材料基础上的综合化"。①沈宗灵教授的《现代西方法理学》（1992年）、张文显教授的《二十世纪西方法哲学思潮研究》（2006年），都曾在相当程度上完善了法学界的知识地图，开阔了当时的学者视野，维持了长期的高引用率，对法学发展具有历史性贡献。今日如果能形成一种或一批在当前知识条件下的新综合成果，其学术意义自不待言。

二是，以上述各专门领域理论完成中国法理学整体性、体系性的学科知识重构。现行法理学知识体系虽不断增加了技术性的概念部件（如法律移植、法律漏洞、法律推理之类），甚至专业领域的研究成果（如法律方法论领域的丰富成果），但法律理论论述与中国法治的解释都相对薄弱。理论学科、理论功能薄弱之现象，应当努力获得改善。这一类研究可谓"新西学材料的中国化"。②

作为法学理论的体系化研究，规范法学话语体系的建构工作，一方面要加强法学理论对本国现实的思维水平与表达能力，理论总要表达现实，中国法理学应当对中国法治现实有较强解释力。③另一方面，要缩小理论研究与课堂教学之间的差距。客观地说，法理学研究比较深入和丰富，其教学内容仍显陈旧，缺乏一以贯之的学科逻辑。研究与教学之间巨大而明显的断裂宜得到改善。例如，可以首先完成一个《法理学教学参考资料》的汇编，以促进教学水平的迅速提高。④邓小平南方谈

---

① 在此方面，沈宗灵教授、张文显教授曾经保持了多年的领先地位。高鸿钧、赵晓力主编，清华大学出版社出版的《新编西方法律思想史》集国内年轻学者，但在不少方面仍然未能达到足够的领先程度。值得注意的还有严存生教授的《西方法律思想史》。总体上，法理学界需要完成一个适应当下知识现状的规范法学的新综合。它未必非常完整，但可以作为一个批评与讨论的对象，从而凝聚学术工作方向，形成学术创新合力。

② 除了江山极具个性的研究外，朱苏力的法学本土资源说、公丕祥教授对中国法治现代化进程的研究、张志铭的法律解释体系说、葛洪义教授对法律方法的研究、孙笑侠教授对法律思维的研究、刘作翔的法律规范三层结构说、谢晖教授对民间法的研究、陈金钊教授对法律修辞的研究等都具有一定的表达中国现实的力量。但研究者显然对这些学者的贡献缺少足够的承认，这些内容对于中国法理学学科体系的塑造应该可以产生进一步的影响。

③ 法学规范世界具有强烈的理想化的特点，可以考虑提供一种经验性的理论化的法理学研究方式。先以感性化的方式收集与整理材料，进而能够在此基础上完成一定的理论抽象工作。如费孝通的"差序结构"一词就对中国人人具有的生活经验进行了学理化的表述，从而提高了理论对现实的概括能力。金岳霖先生的《论道》则试图将中国传统的"道"的范畴，进行一个现代哲学基础上的重新塑造。见李旭东：《道论下的法律图景》，载葛洪义主编：《法律方法与法律思维》（第四辑），法律出版社2007年版。

④ 早些年的相关工作参见卓泽渊：《法理学论点要览》，法律出版社2001年版。

话之后，沈宗灵主编的《法理学》曾对法理学的学科体系有一定改进，而目前中国《法理学》教材体系在新社会环境下已难承担其使命，教材建设也应当有所改进。

总之，规范法学研究应当努力统合既有研究，使之更具理论性和系统性，努力反映当代中国法治现实，在话语表达上体现亲和性与解释力。它应当既能提供表述中国人生活经验的概念，又具有一定的理论解释功能。此类工作必然需要逐步积累，从点滴开始，而整体性的建构则应当通盘考虑。

（二）规范法学话语体系的逻辑框架

关于规范法学理论的基本结构体系、构成基本结构的各具体主题，以及表达上述主题的主要话语与概念术语，应当做整体性考虑。

1. 研究的主要领域

有关法律实证主义传统及广义的规范法学研究传统的各经典作品，是展开研究的重要理论资源，应当以既有经典理论作为建构新理论的基础性资源。规范法学话语系统研究总体框架可以按以下模块进行，图一提供了规范法学话语体系的整体框架。

第一，法律对象理论（法律本体论）。法律本身是法学研究的对象，但对于"法律是什么"则诸家各有论述。典型的讨论如：凯尔森强调了法律规范体系的独立存在，哈特以法律规则理论描述了法律的存在，拉兹对法律体系及规范类型进行了更为细致的讨论。①上述讨论对法律本体理论的建构具有经典意义，可据其完成一个法律对象理论的建构。法理学的研究对象是什么，需要从本体论意义的研究方面作专门讨论，这显然不能以部门法学的具体研究代替。法理学者在此方面具有不可推卸的学术责任。

第二，法律概念术语。法学之为专门学科，须使用专业性概念与术语。法学基本的概念术语及话语方式的典型探讨如：霍菲尔德以八个基本概念为核心形成了法律概念理论，恩吉施对法律思维理论有详细讨论，凯尔森有关于法律科学及主要概念术语的讨论，②等等。上述探讨是法律概念与话语讨论的基本研究，可以以其为基础建构逻辑自洽的法律概念术语体系。这部分研究可能需要区分两大部类概念，

---

① ［奥］凯尔森：《法与国家的一般理论》，沈宗灵译，中国大百科全书出版社1996年版；［英］哈特：《法律的概念》，许家馨、李冠宜译，法律出版社2006年版；［英］拉兹：《法律体系的概念》，吴玉章译，中国法制出版社2003年版。

② Hohfeld，Wesley.Fundamental Legal Conceptions.Arthur Corbin，ed.Greenwood Press 1978；［德］恩吉施：《法律思维导论》，郑永流译，法律出版社2004年版。

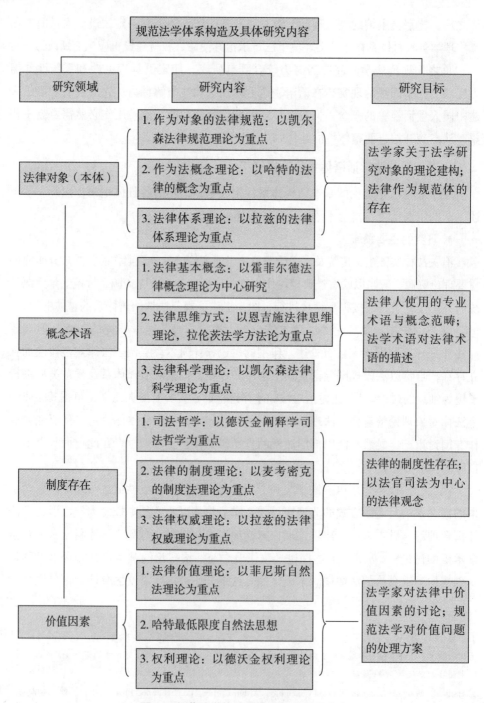

图一   规范法学体系构造及具体研究内容

即部门法学者共同使用的法律概念、法理学自己使用的法学概念。①凯尔森之所以受到批评，也同他未能严格地区分这两大部类概念有关。

第三，法律制度理论。法律不仅仅是规范条文之汇集，更以丰富强大的制度为依托。法律制度理论是规范法学理论的重要内容。经典的讨论如：德沃金《法律帝国》的司法建构主义法律观，麦考密克的制度法理论的法律之制度存在，拉兹的法律权威理论对司法之制度特征的讨论，等等。②上述讨论超越了纯粹以规范体系讨论法律的狭窄传统，关注法律的制度存在及其特点，可以以上述内容为基础重构规范法学理论的制度研究框架。

第四，法律价值因素。法律与道德、法律与正义，是规范法学理论体系不可忽视且必须重视的问题，解决好这一问题后其理论体系才能应对其他挑战。这方面的经典讨论有：哈特的最低限度自然法理论开辟了把价值因素纳入分析法学的道路，德沃金的权利理论将道德权利置于法律权利之上，菲尼斯系统地重构了一个新自然法理论。③上述讨论不同于自然法传统中有关法律价值与道德的讨论，菲尼斯也是在哈特影响下完成其工作的，应当在规范法学体系中妥善处理法律的价值与道德因素，这也是它能提升理论解释力的重要方面。

2. 宏观研究的若干可能困难

从中国法理学学科建设的角度，需要大力推进宏观性、综合性研究。但本课题既是老问题，又须面临新形势。因此，未来研究中可能需要面对如下困难：

第一，与西方学术发展潮流相逆。法律实证主义传统出自多元，且与各国制度相关联，需要以相对抽象的知识框架与理论系统对其进行系统性重组与具体安排。法治发达国家的欧美实证主义进入了技术化、数理化的窄路，规范法学与法律实证主义已经不再是学术热点与重点，因为其法治理论已经很成熟，须寻找新的知识增长点，而规范法学在中国则面临着基础性的理论塑造任务。

第二，理论须能解释中国现实，对学术创新要求高。能够解释和说明中国法

---

① 李旭东：《论法律概念与法学概念的区别》，载《哈尔滨工业大学学报》2015 年第 3 期。

② ［美］德沃金：《法律帝国》，中国大百科全书出版社 1996 年版；［英］麦考密克、［奥］魏因贝格尔：《制度法论》，周叶谦译，中国政法大学出版社 1994 年版；［英］拉兹：《法律的权威：道德与法律论文集》，朱峰译，法律出版社 2005 年版。

③ ［美］德沃金：《认真对待权利》，中国大百科全书出版社 1998 年版；Finnis, John. *Natural Law and Natural Rights*, Oxford University Press 1980; 2nd edn 2011.

律现实的规范的法律理论，需要创造性的工作。理论虽抽象，但一定是能够解释现实的理论，因此中国的规范法学需要结合中国法治现实，对既有法律理论的解释功能进行有意义的知识叙述。这是中国法理学的生命力所在，既不能预知，也不能强求，相信在相关工作开展之后，它一定会产生并发挥其重要的学术影响。

第三，从事此类研究需要学者有所"牺牲"。当代学术求"新"，对前人理论之综合研究的评价不高，这容易导致"为求新而求新"，忽视"正统"理论传统的偏好或选择。国内有的研究，存在偏、狭、奇、怪的特点，既妨碍学术沟通，也对解释中国现实无益。但因为普通读者读不通，反而可能形成学术声威；学术批评环境的过度缺乏，也使得有关的怪异研究未能得到恰当评价。从学术发展的形势来看，专精尖深的研究，是学者迅速在同行竞争中立足的最可靠的路径。因此，综合性研究的学者可能要在学术界的名利方面有所"牺牲"，不能走狭窄领域专家的速成捷径。

（三）规范法学研究的可能贡献

将规范法学作为法理学的主体与正宗知识范式之后，它可能带来的影响大约如下：

一是，明确法理学的分析对象——规范本体。[①]

规范是一个独立的领域，法律科学是一门规范科学。凯尔森强调了这一特点，哈特在描述社会学意义时也强调了这一特点，麦考密克的制度法论则对此给予了最充分的评价，将其提高到本体论层次。上述诸家的思想在不同方面有各自特点，在知识来源与哲学背景上有所差异，甚至相互之间有所批评，但都非常强调规范的本体地位及对规范本体的研究与确认。中国法理学的知识体系一方面要向上述具体的思想借鉴，也要结合中国现实展开自己的规范本体研究。

二是，增强同一逻辑下的概念研究——概念世界。

中国法学理论的基本概念体系、主要话语结构与论述主题，应当在规范法学的逻辑意义上得到重新叙述。概念是一个相互牵连与相互支援的主观世界，它们都表达着同一个世界，既有的法理学概念因来源于多个不同的哲学背景与方法场域，故缺乏贯彻到底的同一逻辑，笔者曾经指出过这一点。[②]法理学的概念研究以张文显教授最具影响力，例如他的《法哲学范畴研究》，这一研究方向非常值得

---

① 李旭东：《法律话语论：法律本位之研究》，山东人民出版社 2009 年版。
② 李旭东：《试论法学概念范畴的逻辑体系》，载《常熟理工学院学报》2007 年 7 期。

继续推进。①

新概念体系应当提供一个新的世界观——法学世界观。法律实证主义与分析法学是本研究的主要理论传统。法学家凯尔森、哈特、德沃金、拉兹、麦考密克等学者的著作是建构理论的主要材料。就中国法理学而言，尤其须认识到社会科学各有分工，法学的特点就在于其规范性。应避免陷入"法律多（法条研究多）、法学少（学理探索少）"或者"部门法学强、法理学弱（少一般理论贡献）"这两大习见困境。

三是，发展能够有效表达中国法治现实的理论——法治理论。

理论的生命力在于对现实的意义，当理论不能反映现实时，不是现实的缺陷，而是理论的缺陷，只能修改理论而不能削足适履地修改现实。二者关系不能颠倒。②要努力贴近中国法治现实，既要理解推进法治中国实践的政治性或政法性的法治理论与话语体系，也要努力推进描述与表达中国法治现实的规范法学理论体系。

中国正处于形成自己特色治理模式的关键期，也处于融入国际并发挥对国际社会积极影响的历史时刻。相对于中国的法治现状来说，法理学研究需要有新的贡献，才能巩固并强化其法学理论学科的重要地位。如何建构自己的国家理想与世界秩序构想，与包括西方国家在内的各国开展建设性的政治法律对话，使命宏大。法律实证主义传统发展多年，惠及西方法律界、法学界甚多，因此学习其理论上的优点，努力消化吸收其思想资源是起码的前提。

在某种意义上，法学及法学理论对中国未来的国家与社会建设、参与国际秩序的塑造有着不可替代的作用。其他学科专家在法学问题上暴露的外行现象也表明，法学与其他学科沟通渠道不畅。以规范法学传统为基础建构法理学体系，对其他学科的发展与成熟同样具有重要意义。兹事体大，本文仅仅提供了一个框架式、纲要性的构想，各领域的研究则需要具体地展开。尤其是，如在本文开头所说的，这一工作必要的制度基础乃是对学科设置上的相应调整，这才能使得学者真正进入到相应的知识分工领域进行专业研究，而不至于在一个过度宏大宽泛的场域里进行大而无当、不可对话，缺乏相应知识积累的准知识性生产。不过，由于学术制度的权力非普通学者所能行使，因此，对于普通学者来说，选择适当的学术领域，做好自己的事仍然是重要的。

①张文显：《法哲学范畴研究》，中国政法大学出版社2001年版。
②价值世界与现实世界的关系，则属于现实与对现实的评价关系，价值世界高于现实世界，并不意味着现实之无地位。但这一关系不同于此处的关系。见李旭东：《法学中的是与应当问题》，载《黑龙江社会科学》2005年第5期。

我国个人信息出境法律规制比较研究

赵香如 *

摘要： 我国对个人信息出境主要采取限制加风险评估的方式，在评估中注重对信息本身风险的考虑，而对接受国的个人信息保护水平无具体评估准则。国际社会个人信息出境已经从建议转化为执行，但实践中，国家立法依然体现两者兼容的现状。比起经济和贸易，个人信息保护更难以形成国际准则。我国个人信息出境的法律规制应以签订单边或双边协议为主。

关键词： 个人信息出境　风险评估　国际准则

根据《个人信息和重要数据出境安全评估办法》（征求意见稿），数据出境，是指网络运营者将在中华人民共和国境内运营中收集和产生的个人信息和重要数据，提供给位于境外的机构、组织、个人。基于跨国企业、跨国电子商务的发展，我国个人信息出境逐渐增多并已成为事实。此时的个人信息已超出了人身权的范畴，而具有很强的国家安全之意义。早在十几年前，著名法学家郑成思既将个人信息与国家安全关联起来研究，并呼吁重视个人信息专门立法。例如，他认为信用制度和个人信息保护立法与经济安全紧密联系，个人信息立法是经济信息安全的前提。[①]

具有强大数据整合能力的国家可以从大量个人信息中分析出一国国民的行为习惯、消费偏向甚至政治倾向，从而采取有针对性的对外经济或政治策略。为此，世界各国均在探讨个人信息的国际保护与合作。据 Juniper Research 的调研，全球 2019 年的数据违法导致的损失达到 1.3 万亿英镑，差不多是 2015 年的 4 倍；就私人层面而言，到 2020 年，大公司数据违法所致的平均损失将达到 9.4 百万

★赵香如，女，刑法学博士，行政法博士后，湖南大学法学院副教授。
①郑成思：《个人信息保护立法——市场信息安全与信用制度的前提》，载《中国社会科学院研究生院学报》2003 年第 2 期。

英镑。[①]因此，增强对大公司个人信息管理和法律规制，尤其是跨国大公司的个人信息管理能力无疑是今后几年学术研究的重任。

　　数据完全自由流动政策与绝对的数据境内处理政策均流于武断，数据完全自由流动必定损害国家安全，甚至主权；但绝对禁止数据出境，也将会影响一国对外经济贸易交流，损害经济的可持续发展，其结果亦会损害国家安全。为了确保经济安全，目前我国禁止运营中搜集和产生的个人信息出境，确需出境的，在出境前必须进行安全评估。[②]该政策是目前国际社会大多数国家采用的方案，具有一定的合理性。但该条实施的前提是必须确定哪些信息绝对不可以出境，可以出境的信息应当如何评估？下文拟立足国际前沿，从法律规制的视角，对此类问题进行研究，以为我国个人信息出境提供参考。

一、我国个人信息出境法律规制

　　大数据带来社会经济飞速发展的同时，也点燃了计算机犯罪的阴沉世界。据报道：目前，全球计算机犯罪导致的年均损失大约为 1000 亿美元，每天有 150 万受害人，每年不止 2.324 亿的身份信息被曝光。[③]为此，许多国家都对某些个人信息设置了绝对禁止出境的规定，如澳大利亚禁止医疗信息出境。我国学界对俄罗斯、欧盟、澳大利亚的个人信息出境规制，及个人信息出境的危害，我国个人信息出境的法律对策等已有一定程度的阐述。[④]但对于哪些个人信息应予绝对禁止出境，以及可以出境的个人信息如何进行风险评估还缺乏研究和论证。

（一）我国法律法规中禁止或限制出境的个人信息

　　我国国家安全法对网络信息安全做了宏观规定，即明确了网络和信息核心技术、关键基础设施和重要领域信息系统及数据的重要性，并强调必须实现其安全可

---

① Ernest Aduwa, solicitor, Stokoe Partnership, Cyber-crime on the corporate agenda, S C Autumn 2015* www. scmagazineuk.com。

② 2017 年 4 月 11 日，中国网信办发布的《个人信息和重要数据出境安全评估办法（征求意见稿）》。

③ Mark Mermelstein and Mona S.Amer, From Victim to Victor: Corporate Crime in the Internet Era, Business Law Today.Nov2013，p1-3.3p。

④ 程卫东：《跨境数据流动的法律监管》，载《政治与法律》1998 年第 3 期；果园、马可：《跨境数据流动的主权分析》，载《信息安全研究》2016 年第 9 期；高山行、刘伟奇：《数据跨境流动规制及其应对——对〈网络安全法〉第三十七条的讨论》，载《西安交通大学学报（社会科学版）》2017 年第 2 期。

控。而网络安全法则具体规定了关键信息基础设施的安全可控措施，即出境前必须进行风险评估，并明确了重要领域，即公共通信和信息服务、能源、交通、水利、金融、公共服务、电子政务等重要行业或领域。而对具体评估主体、评估方法和程序、个人信息和重要数据出境安全评估办法（草案）也有较详细规定。除此之外，我国保密法、电子商务法（草案）及较早的计算机信息系统安全保护条例同样涉及了信息出境问题，规制稍有差异，见下图：

法律名称	绝对禁止个人信息出境	相对禁止个人信息出境
网络安全法（2017年 6 月生效）		关键信息基础设施的运营者在中华人民共和国境内运营中收集和产生的个人信息，因业务需要，确需向境外提供的，应当按照国家网信部门会同国务院有关部门制定的办法进行安全评估
电子商务法（草案）（2016）		共享时应对个人信息进行处理，使其无法识别特定个人及其终端，并且无法复原
个人信息和重要数据出境安全评估办法（草案）（2017）	信息主体不同意	1. 网络运营商进行出境前评估 2. 国家评估（50 万人以上；1000gb 以上；关键信息基础设施运营者向境外提供个人信息；其他影响国家安全、社会公共利益等） 3. 侵害个体利益
中华人民共和国保密法（2010）	1. 禁止邮寄、托运国家秘密载体出境 2. 涉密人员禁止出境	1. 未经有关主管部门批准，禁止携带、传递国家秘密载体出境 2. 因交往合作的需要，境外人员需签订保密协议
计算机信息系统安全保护条例（1994）		运输、携带、邮寄计算机信息媒体进出境，应当如实向海关申报

我国学术界长期存在一个值得商榷的观点，即认为国家秘密不许出境。实际上，除去国家秘密的专门法保护，在内容上，我国法律对个人信息的保护力度明显大于国家秘密的保护，国家秘密在签订保密协议的情况下，可以为境外人员所知晓，为此我国刑法规定的也是为境外窃取、刺探、非法提供国家秘密、情报罪。而对于个人信息，在信息主体不同意的情况下绝对禁止出境，这体现我国立

法保障人权，对个人信息采取人身权保护的立法理念，同时也派生了一个亟待解决的问题，即个人信息在特定的情形下转化为国家秘密时，其出境应否遵循信息主体的同意。

上图还揭示了除了个人信息在其信息主体不同意的情形下绝对禁止出境外，在信息可以出境的情况下，针对不同的信息形式可以采取不同途径来保障信息安全：（1）风险评估；（2）匿名化处理；（3）有关部门批准或向有关部门申报；（4）签订保密协议。对于国家秘密类信息则采取签订保密协议的方式，此更便于国家秘密的管理及追究泄密责任。对于含有国家秘密的信息载体禁止邮寄或托运，携带出境应向海关申报的规定，在我国个人信息相关法律中尚无规定，值得借鉴。我国对于个人信息主要采取风险评估与匿名化处理的途径，此也为当前国际盛行的个人信息出境方针。而我国草拟的《个人信息和重要数据出境安全评估办法》对个人信息处理却缺乏匿名化处理的规定，实为草案一大遗憾，国际社会一些区域性个人信息保护规定，如 APPCC 规定，在信息交易或处理中，人们有权选择不以可识别他们的方式或假名的方式进行。另外欧盟即将生效的《一般数据保护法案》还增加了数据加密的传输规定。个人信息出境最重要的保障制度自然为风险评估，此也为当前国际学术界重点研究的课题。

（二）我国个人信息出境风险评估

对实践中各种个人信息出境的风险进行概括，目前我国个人信息出境导致的风险主要存在三种情形：（1）经济交流型，通过跨国电子商务、跨国公司、跨境旅游等而导致个人信息输往或遗存国外。（2）非法获取型，境外的公司或个人通过非法手段获取我国公民的个人信息，例如近段时间曝光的苹果手机涉嫌获取使用者地理位置的事件。（3）加工型。公民个人在浏览服务器上外国的网页时，利境外用 cookie 获取上网痕迹，并对公民个人大量上网痕迹进行加工和分析，形成大数据，用以分析我国公民的上网喜好等。对于第二种非法获取我国公民个人信息可以适用我国行政法与刑法的一般规定，第三种加工型的个人信息出境显然只能依赖于公民个人良好的上网习惯来预防，而第一种个人信息出境则是我国法律需特别规制的类型。我国《个人信息和重要数据出境安全评估办法》即针对此项而言。但评估办法并未包含此种类型的全部，而仅指在我国境内搜集和储存的个人信息；同时意见稿也仅针对数据控制者有意识输出个人信息时的评估，而对于大量个人数据正常出境的情形无法进行风险评估，例如跨国购物或消费、私人之间签订合同、向境外发送电子邮件等。对于个人在网络购物、境外消费等私人活动中产生的个人信息，尽管我国《电子商务法》（草案）规定国家建立个人信息的存储，适用于出境机制，但目前尚无具体规定。欧洲国家在 1995 年欧盟指令下也遭遇同样的问题，从而在 2000 年出台了 TBDF（EU Privacy regulation on transborder data flows），规定了网络服务商对 COOKIES 等上网痕迹的处理义务。

根据我国《个人信息和重要数据出境安全评估办法》（征求意见稿）第 2 条，[①] 我国原则上禁止个人信息出境，如果确需出境，必须进行风险评估。对于风险评估，国家要求网络运营商对出境个人信息进行安全评估，并对评估结果负责；同时国家强制规定一些个人信息出境前由国家进行风险评估。此类个人信息包括含有或累计含有 50 万人以上的个人信息；或者数据量超过 1000GB；包含核设施、化学生物、国防军工、人口健康等领域数据，大型工程活动、海洋环境以及敏感地理信息数据等；包含关键信息基础设施的系统漏洞、安全防护等网络安全信息；关键信息基础设施运营者向境外提供个人信息和重要数据；其他可能影响国家安全和社会公共利益，行业主管或监管部门认为应该评估。

由此可见，我国对个人信息出境的评估内容主要针对信息本身进行，着重于信息的重要性，而对于接受国的个人信息保护能力评估，草案仅做原则性规定，即评估时应考虑接收方信息保护的能力和水平，但最根本的依然强调，如果个人信息出境可能侵害个人利益或者给国家政治、经济、科技、国防等安全带来风险，可能影响国家安全、损害社会公共利益，则不能出境。与此不同，欧盟等在坚持信息自由流通的基本理念下，在风险评估中重点评估数据接收方的个人信息保护能力。从法律完善的角度以及个人信息安全的视野，笔者认为内部评估与外部评估相结合的双重评估更能保证个人信息出境的安全。

二、国际社会个人信息出境法律规制

个人信息保护问题始于 20 世纪 70 年代，最早为欧洲委员会对个人隐私问题进行的为期两年的调研，从而在 1970 年做出一个结论，欧洲委员会并没有很充分地保护隐私。这一发现导致同年第一个正式的数据保护立法在德国黑森着陆，此后

---

① 网络运营者在中华人民共和国境内运营中收集和产生的个人信息和重要数据，应当在境内存储，因业务需要，确需向境外提供的，应进行安全评估。

国家数据保护立法也在跟进中。①欧洲 20 世纪 90 年代以来，数据跨境保护成为各国国际经济交流中的重要问题。尽管当时个人信息依然被认为是国家和国际贸易的重要话题，但是在贸易服务中，个人信息已经从"偏执于隐私"向"主权疯狂"转变，越来越多的学者认为，个人信息跨境的立法问题有别于单边、地区性或多边贸易。②但是，个人信息跨境与国际贸易亦存在紧密联系。由于各国数据保护水平不一致，数据跨境成为国家贸易中的重大障碍。甚至可以说，我们生活在这样一个时代：贸易主要由信息交换组成，尽管交易的对象本身并非信息。还可以说个人信息出境是国际贸易的核心环节。③概言之，目前，欧洲个人信息出境的法律框架基本上建立在自由贸易与信息自由流通的基础上。

美国健康、教育与福利咨询委员会于 1972 年创立了个人信息的公正原则（fair principles），该原则后来为欧盟和经济合作组织所发展。④美国对个人信息保护采取自律原则，从而个人信息出境标准也为企业自发制定的行业标准。1995 年欧盟指令与 OECD（经济合作与发展组织）的个人信息处理具体规定为八项原则，⑥而且内容接近，尤其是两者均不具有强制性。欧盟指令为指示性规则，各成员国的具体规定则有所不同；OECD 也仅为道德规劝。但是 2016 年 4 月 14 日，欧洲议会投票通过的《一般数据保护法案》（General Data Protection Regulation，GDPR）（2018 年 5 月 25 日正式生效），则对个人数据采取更高的处理标准，透明度更大而且赋予数据主体更大的控制权，数据控制者具有更大的责任与义务，而且在效力上具有法律上的意义，此意味着不仅欧盟各国应遵循，同时其他与欧盟国发生经济贸易关系的国家也应符合其标准才能实现与欧盟的数据共享。尽管欧盟一般数据保护法案出台后，1995 年指令不再具有指导意义，但该文件在历史上对个人信息的

---

① JohnT.Soma, SteohenD.Rynerson, Britney D.Beall-Eder, An Analysis of the Use of Bilateral Agreements Between Transnational Trading Groups: The U.S./ E-Commerce Privacy Safe Harbor.TEXAS INTERNATIONAL law JOUREAL［Vol.39：171］, P175.

② Mercedes C.Aldana, The Impact of NAFTA on Transborder Data Flows, Mercecdes C.Aldana, lS94, p1.

③ Mercedes C.Aldana, The Impact of NAFTA on Transborder Data Flows, Mercecdes C.Aldana, lS94, p3.

④ Julian Ligertwood and Margaret Jackson, Transborder Data Protection and the Effects on Business and Government, Usability and Internationalization, Part II, HCII 2007, LNCS 4560, pp.140-149, 2007.

⑥（1）公正合法获取个人信息；（2）明确而合法的储存目的；（3）禁止违背目的使用信息；（4）信息的储存符合恰当、相关和最小限的目的；（5）准确，必须，及时；（6）不能超长储存可识别的个人信息；（7）安全保护措施；（8）信息主体有权接触信息并检查信息准确性及纠正。

保护与跨境问题发挥了最重要的意义，而且它也是《一般数据保护法案》的直接来源，因而今天研究它依然具有重要意义。

此外，针对私人之间的个人信息问题，2002 年欧盟出台了《EU 隐私保护与电子通信》，2003 年还出台了具体实施方案，此主要针对个人上网或通信问题，如 cookies 等对网络运营商或公司提出要求，而且它完全致力于个人信息保护，以牺牲市场机会为代价。[①]该文件于 2009 年进行了修正，同时增加规制个人信息安全漏洞；2013 年又进行修正，规定了处理数据安全漏洞的通知的种种情形，并且它明确规定数据在成员国之间的交流与共享，以及数据主体若同意应依据 1995 年指令进行。从而下文仅就 1995 年指令的个人信息出境原则进行概括。

与中国关系紧密的国际个人信息保护规范主要为 APPCC（亚太隐私保护纲领）与 APPA（亚太地区隐私权管理机构）。APPA 力图建立一个包括美国、澳大利亚、中国和俄罗斯在内的数据保护区域兼容标准，但它被视为是最低标准的数据保护标准，自产生后未进行发展与更新，因而影响不大。

在亚太电子商业隐私保护小组两年的运作下，亚太隐私保护框架为亚太《部长宣言》所采纳。APPCC 是来自亚太国家的 30 位专家建立的非官方的区域标准，力图为亚太地区建立更高的隐私保护标准。例如 APPCC 规定了个人信息处理要遵循信息主体同意原则，而且对于同意必须是已告知信息主体充分的信息，而并非不能选择而做出的。当然同意原则也存在例外，即当同意不具有充分而正当理由时。APPCC 与 OECD 内容存在诸多相似，但某些个人信息保护标准甚至比欧洲标准还高，例如通知原则。APPCC 出台专门的个人信息出境规则，对个人信息出境采取较灵活的政策，即责任原则。但是对于 APPCC 的意义，学术界褒贬不一，否定者认为很难说它对于亚太地区的政府或商业组织采用跨境数据保护规则具有什么意义，无非就是与其他重要隐私保护规范相比，亚太隐私保护框架跨境数据保护投入了更多的时间和精力；而肯定者却认为，尽管其目标有限，仅立足于全球经济贸易，但 APPCC 将是全球信息保护的第一步。[②]

① Shelagh Gaskill and PeterWainman, Legal and Regulatory Update Implementation of the directive on privacy and electronic communications, or making a meal out of cookies and spam, &HENRY STEWART PUBLICATIONS 1478-0844.Interactive Marketing.VOL .5 NO.1 .PP 70-76.JULY/SEPTEMBER 2003, p75.

② Nigel Waters, The APEC Asia-Pacific Privacy Initiative-a new route to effective data protection or a trojan horse for self-regulation? Nigel Waters 2009, Volume 6, Issue 1, April 2009, pp75~76.

亚欧个人信息出境国际保护主要规定如表 1 所示：

表 1　亚欧个人信息出境国际保护主要规定

	原则	例外
EU 数据指令（1995）	传输到具有同等数据保护水平的国家	1. 数据主体同意传输 2. 有利于数据主体 3. 为了公共利益或行使法律诉求 4. 为了保护数据主体的重要利益 5. 法律允许的向公众提供信息的登记册
OECD 指南（1980）	流通是原则，禁止信息跨境流通到不能遵守指南的国家或数据再出口诋毁数据立法目的的国家	1. 要考虑国家处理和信息出境的意义 2. 要采取合理而恰当的措施保障跨境信息不被干扰及安全 3. 数据保护立法或措施不能限制数据跨境
APPCC（2004）	数据主体同意原则	个人信息控制着尽职调查，并采取措施保证个人信息接收方能按照该规定保护个人信息
GDPR（2016）	1. 传输到具有同等数据保护水平的国家 2. 一些特殊部门，如医疗保健部门可以认为具有同等数据保护水平（以 1996 年医疗保险移植责任法来认定）	同 1995 年指令

对比亚欧数据跨境保护规则，可以发现，欧盟对数据跨境规定的原则和例外规定更详细，同时两者均认为在个人数据的跨境传输中，数据主体的同意极为重要。在跨境流通的自由度上，OECD 体现出较宽松的原则，它以促进信息自由为原则。亚洲国家在个人信息跨境问题上，避讳提及注册登记的需求，而欧美能包容数据跨境限制和漏洞通知义务。①尽管欧盟、亚洲与美国各自信息保护与出境的政策不同，但对于亚洲各国（包括我国）立法者来说，这并非一个政治选择问题，在实践中通常存在交融的趋势。将偏爱内容广泛的个人信息保护立法的欧盟模式与注重业

① CYNTHIA RICH, Privacy and Security Law Report, Privacy & Security Law Report, 13 PVLR 674, 04/21/2014.Copyright_2014 by The Bureau of National Affairs, Inc.（800-372-1033）http：//www.bna.com, p1.

务主导的美国模式，以及 APPCC 的内容结合起来，将是更为务实的决策。[1]

此外，从欧盟个人信息保护复杂的历史变迁可以看出，当今国际社会对个人信息保护的研究重点已经从国内、国际咨询与建议转向执法。但实际上，研究者认为，此问题鱼和熊掌不能兼得；但大部分隐私规则的制定者，在法律框架的范围内，认为应该将两种方法结合起来。[2]在日本，对于个人信息管理也存在软硬兼施的观点，硬的力量是指用军事或经济力量迫使他人改变立场，软的力量是指想从他人那里得到自己想要的结果就得合作而不是胁迫他人，这两者是兼容的，但是日本社会通常会根据自己的文化和隐私观念而选择其中一种。[3]

三、个人信息出境的国际准则

比起贸易自由与环境保护，个人信息跨境保护更难以形成国际共识，因此国家之间的单边、地区性或双边合作将会加强，以利于数据跨境交流与人权保障。更糟糕的是，一些国家的数据保护要求实质上是主权在政治、经济方面的冲突，因此合同模式与公司法模式更有利于信息的发展。[4]当前，以欧盟的数据保护机制较为完善，早期的代表性文件为《个人信息自动化处理》（*Automatic Processing of Personal Data*），个人信息出境无非是实现信息自由流通与有效性，其自由流通与有效性采取等价原则，个人信息在欧盟成员国内部自由流通，原则上禁止出境，若出境应提前进行评估，即接受国也对个人信息具有同等保护水平。后来的 1995 年指令基本遵循此铁幕政策。指令在敦促各成员国立足于共同制定最低程度的数据保护法令的同时，考虑到大多数国家都不能评估为具有同等的个人信息水平，也对铁幕政策做出了一些例外规定，例如第三国若能对数据提供安全保障也可。

个人信息出境保护机制目前还限于单边、双边合作以及地方性合作文件中，

① Chris Connolly, Galexia, Asia-Pacific Region at the Privacy Crossroads（2008）, Galexia Pty Ltd, p4.

② Alexander Dix, The International Working Group on Data Protection in Telecommunications： Contributions to Transnational Privacy Enforcement, Enforcing Privacy, Law, Governance and Technology Series 25, DOI, P183.10.1007/978-3-319-25047-2_8, p184

③ Hiroshi Miyashita, A Tale of Two Privacies： Enforcing Privacy with Hard Power and Soft Power in Japan, . Springer International Publishing Switzerland 2016, p105.

④ Lingjie Kong, Data Protection and Transborder Data Flow in the European and Global Context, The European Journal of International Law Vol.21 no.2 EJIL 2010, p441.

能否建立适用于各国的国际准则，目前还很难说。斯诺登的泄密事件表明，情报机构正在例行大肆搜集元数据与内容数据，毫不怀疑"草垛原则"——为了找到一根针，而必须拥有大量草垛，充分采取或控制网络关键词亦表明，这些情报机构在追求国家安全时是很难接受法律约束的，欧盟数据监督者称之为"野蛮的西方模式"。①

　　但是国际社会已经着手努力建立一个世界各国认同的个人信息出境国际准则。例如基于迈克尔·科比于 1999 年在香港召开的国际数据与隐私保护委员会会议上的发言，柏林集团提出了关于多边隐私协议的十项原则，即网络中立、电信保密、数据紧缩、匿名权、虚拟权利孤立（禁止人肉搜索）、信息加密、严禁二次使用、透明、主体接触信息权、国际投诉解决机制。②近年来，欧亚国家也致力于建立全球统一的数据跨境交流模式。2015 年 8 月底，欧盟数据保护机构第 29 条工作组和 APEC 数据隐私保护分组在菲律宾就各自规则的异同进行了细致对比，并就双方融合之后的可行性进行探讨。会议决定，尽早将 APEC 跨境隐私规则体系（CBPRs）打造成可以同时适用于两大地区的跨境数据流动规则，以便于两大地区的数据监管机构能够统一执法，两大地区的企业能够节约守法成本。③国际学术界也在探讨全球数据流通规则，但目前较倾向于欧盟模式。例如有学者认为，随着网络在全球快速渗入各产业，现代社会需要一个立足于国际范围的国际个人数据隐私公约以保护个人隐私，而适用这一公约的较好模式便是《欧盟数据与隐私保护指南》，因为该指南既推动数据自由流通，也保护个人隐私。④

　　总之，建立一个国际通行的个人信息出境准则还有很漫长的路，但已是趋势。对于我国而言，如前文所言，应增强对他国信息保护能力的研究与理解并在个人信

① Alexander Dix，The International Working Group on Data Protection in Telecommunications： Contributions to Transnational Privacy Enforcement，Enforcing Privacy，Law，Governance and Technology Series 25，DOI，P183.10.1007/978-3-319-25047-2_8，p191.

② Alexander Dix，The International Working Group on Data Protection in Telecommunications：Contributions to Transnational Privacy Enforcement，Enforcing Privacy，Law，Governance and Technology Series 25，DOI，P183.10.1007/978-3-319-25047-2_8，p192.

③沈玲：《区域跨境数据流动需要统一规则》，载《人民邮电报》2015 年 10 月 27 日。

④ Ariel F.Wade.A NEW AGE OF PRIVACY PROTECTION：A PROPOSAL FOR AN INTERNATIONAL PERSONAL DATA PRIVACY TREATY，The Geo.Wash.Int'l L.Rev.［Vol.42］，p660.

息出境评估中增加对信息接受国的具体评估。此外，在具体操作中，在平衡国际经济贸易发展与个人数据保护中，可以先采取单边双边合作方式，然后逐步加入国际个人信息保护区域性组织。尤其重要的是，在个人信息国际舞台上，目前尚无任何一国的话语权，我国个人信息立法和学术研究都应立足于国际背景，在积累足够丰富经验的基础上，主动推动 APEC 跨境隐私规则体系的推广，力图使其成为全球数据流通规则。

贪污贿赂罪中"公私财物"之内涵分析

文姬 黄雪*

摘要： 我国《刑法》中贪污贿赂罪一章的行为对象为"公私财物"，采用的是简单罪状的立法模式，其措辞过于简洁，没有明确区分财物、财产和财产性利益三个概念。《刑法》总则中关于"公私财物"的界定亦欠缺解释分则罪名的指导功能。公私财物具有可管理性、可转移性、有价值性三大特征。运用法解释学原理，探究贪污贿赂罪中"公私财物"的概念，以法律解释方法分析其基本内涵，阐明"公私财物"不仅包括传统意义上的财产，即有体物和无体物，还包括财产性利益，即代金券、劳务、服务和债权。以期在司法实践中，对贪污贿赂犯罪进行准确的定性与裁判。

关键词： 贪污贿赂罪　公私财物　财产　财产性利益　法律解释

一、问题的提出——受贿、贪污案

2005 年 1 月至 2012 年 5 月，被告人周某担任安吉县昆铜乡人民政府副乡长；2012 年 6 月至 2015 年 6 月先后担任安吉县梅溪镇人民政府常务副镇长、中共梅溪镇党委副书记；2015 年 7 月担任省际示范区安吉分区管委会（梅溪）副主任。被告人周某在担任上述职务期间，利用职务之便，为他人牟取利益，帮助行贿人违法承接工程、在承接工程过程中给予行贿人关照以及基于请托事项，先后收受分别来自 7 人的贿赂，人民币共计 95.2 万元。其中，包括了两笔非现金贿赂。一笔是梅溪镇路西村党支部书记送给被告人周某一张价值 8000 元的中石化加油卡；另一笔

---

*文姬，湖南大学法学院副教授；黄雪，湖南大学法学院 2018 级硕士研究生。

　基金项目：本文系湖南省教育厅项目"贪污罪立案标准与当地经济水平关系探索"（项目号 12K020）的阶段性研究成果。

是被告人周某向安吉县特高压工程建设指挥部工作人员喻某提出的要求福建省送变电工程有限公司安排外出旅游，后周某与喻某等人到福建武夷山游玩花费 21000 余元，该费用由福建省送变电工程有限公司承担。

法院最终认定了周某受贿、贪污的事实，以受贿罪、贪污罪分别判处周某有期徒刑 3 年 10 个月、3 年 2 个月，决定执行有期徒刑 5 年 2 个月，并处罚金 42 万元。①

本案引发了对《刑法》中贪污贿赂犯罪的对象——"财物"之内涵与外延的讨论。性质属于代金券的加油卡与旅游开销究竟能否包含进贪污贿赂罪的财物中？按照浙江省安吉县人民法院的判决，答案是肯定的。那么，判决的理由又是什么？怎样将给予他人代金券和报销旅游开销这种行为涵摄进《刑法》第 385 条受贿罪和第 389 条行贿罪的构成要件之下？这就需要对"公私财物"这一概念进行进一步的解释。

二、公私财物的概念与特征

公私财物，按照一般理解，是指公家和私人所有的金钱物品的总称。针对"财物"这一概念的理解，存在颇多不同的观点，主要有如下三种：

物质表现说。财物是财产所有权的物质表现，即公共财产和公民私人所有的财产。其中，财产所有权是指所有人依法对自己的财产享有占有、使用、收益、处分的权利。②这一观点对于公私财物界定的范围过于狭窄，仅仅只包含了财产中的有体物，而不包括无体物，更谈不上服务、劳务等财产性利益。在 20 世纪后期我国《刑法》诞生之初时，经济的发展、商品流通的形式等社会经济生活方面的状态远不及当下的程度，将财物的概念界定为有体物对于处理当时历史条件下的贪污贿赂犯罪是不存在问题的。历经时代的变迁，仅将财物界定为有体物，不当地缩小了刑法的处罚范围，不利于刑法发挥其自身保护法益的机能。

法律的财产说。一切财产犯罪都是侵害财产上利益的犯罪，贪污贿赂犯罪也是一种特殊的财产犯罪。只要侵害了民事法上的权利，即使没有损害经济上的利益，财产犯罪也成立。该观点认为刑法上针对财产的保护完全是以民事法上的财产权利为基础的，没有民事法上的财产权利损害，就没有刑法上法益保护的必要。反之，如果侵犯了民事法上的财产权利，即使未达到刑法层面的处罚程度，犯罪也成立进

---

① 浙江省安吉县人民法院（2016）浙 0523 刑初 369 号判决书。
② 高铭暄、马克昌：《刑法学》，北京大学出版社、高等教育出版社 2014 年版，第 490 页。

而加以惩罚。刑法谦抑性的含义之一就是"补充性"，当其他法律能够对权利进行充分保护时，刑法不进行干预。话虽如此，但刑法有其自身的调整对象，不依赖于其他法律而存在。同一行为可能同时触犯民事法律和刑事法律，而民事责任与刑事责任的划分标准就在于社会容忍度的不同。该种学说不利于区别民事责任与刑事责任。

法律·经济的财产折中说。法秩序所保护的（违法的利益除外）是作为整体的具有经济价值的利益。[①]此说对处罚范围进行了适当且较为合理的限制，未过于限缩财物的概念导致束缚刑法法益保护功能的发挥，亦不至于扩大处罚范围导致不合理的情形发生，对此笔者表示赞同。

采取上述第三种观点，便可自然而然地得出公私财物的特征。第一，可管理性。财物所有人对财物的管理是对财物享有、占有权或所有权的表现。第二，可转移性。财物可以在各主体之间进行流转。第三，有价值性。如果财物对其占有者或所有者来说毫无价值，也就不属于法律所保护的利益，《刑法》也不必对其进行保护。[②]

三、我国刑法典中的立法模式与"公私财物"

我国《刑法》于 1979 年制定，历经 1997 年全面修订之后，目前形成了一个较为稳定的法规范体系。但是，受到刑法典出台、修订之时历史条件的限制，刑法典所呈现出来的立法技术有所欠缺，最大的缺点就在于立法不精细。《刑法》条文中的罪状分为四种类型，即简单罪状、叙明罪状、引证罪状、空白罪状。

纵观我国《刑法》关于贪污贿赂罪中的法律条文，所有罪名的罪状均属于简单罪状。尤其是对于财物的界定，仅使用"公私财物"这一总括性概念，这就使得在认定贪污贿赂犯罪的过程中，法律条文的解释变得尤为重要。

另外，我国《刑法》总则部分对公共财产和私人财产的含义作出了界定。《刑法》第 91 条（"公共财产"）、第 92 条（"公民私有财产"）位居总则第五章"其他规定"中，其后诸条均为定义条款。因此，我们有理由推断立法者应有将第91 条、第 92 条作为整部法典有关财产概念解释基础的意图。仅从文本结构上看，第91 条、第 92 条似乎理所当然地应该成为解释贪污贿赂罪之财产概念的基本依据。

---

①张明楷：《论诈骗罪中的财产损失》，载《中国法学》2005 年第 5 期。
②张明楷：《论盗窃财产性利益》，载《中外法学》2016 年第 6 期。

这两个条文在立法模式上采用了"列举加概括式"，形式上看似可解决分则中关于"公私财物"概念模糊性的问题。但是，仍然不能从实质意义上解决问题。首先，只是对财产的概念做出了解释，并未对财产性利益进行说明。其次，条文对财产的分类在结构上显得混乱。在同一条文中出现了不同的分类标准，导致各类别下的范围有重叠交叉。最后，用词不够准确，没有准确定义"财物"与"财产"两个概念的范围。刑法中使用的财物一词，是最广义的"财物"概念，范围要大于财产，才能正确处理各种财产类型的犯罪（包括贪污贿赂犯罪和侵犯财产犯罪），不至于不当缩小处分范围，形成处罚漏洞。其含义明显是不同于日常用语中所使用的狭义的财物概念，狭义的财物仅指钱财和物资。[①]

按照总则指导分则的逻辑而言，总则中用词的含义范围应该要比分则范围更大或是等同，而刑法典中将范围较小的"财产"一词放在总则中，而将范围更大的"财物"放在分则中，显得逻辑混乱。这也是笔者认为我国刑法典的立法技术不成熟、不精细的原因之一。

四、从法解释学角度看待"公私财物"的含义

正是因为语言文字的模糊性和多义性、立法技术的欠缺、社会的变迁与发展等诸多因素的存在，故而法律解释永远是法律适用中绕不开的话题。法谚有云："法律非经解释不得适用。"

为了解决具体案件，必须获得作为裁判大前提的法律规范。这种获得作为裁判大前提的法律规范的作业，法解释学上称为广义法律解释。包括：确定法律规范意义即狭义法律解释；法律漏洞的补充；不确定法律概念及一般条款的价值补充。[②]本文所称的法律解释，均为狭义法律解释。笔者将法律解释的方法先做一个概括性的阐述，再进一步对各种方法在解释"公私财物"这一概念上的运用进行具体论述。

（一）法律解释

"法律解释，系指于法律规定并不明确时，以文义、体系、法意、比较、目的或合宪等解释方法，探究法律之规范的意旨而言。其旨在澄清法律疑义，使法律含

---

① 参见《现代汉语词典》，商务印书馆 2018 年版，第 119 页。
② 梁慧星：《民法解释学》，中国政法大学出版社 2000 年版，第 209 页。

义明确化、正确化。"①概言之，"解释乃是一种媒介行为，借此，解释者将他认为有疑义文字的意义，变得可以理解。"②

张明楷教授指出，"刑法的解释方法没有限定，任何有利于解释者得出妥当结论的方法，都可能成为刑法解释方法。"③因此，笔者拟采用文义解释、扩张解释、目的解释、体系解释、社会学解释五种解释方法，尝试着探求"公私财物"的内涵与外延。

文义解释，又称作语义解释。笔者认为这是解释任何一个法律概念都必须用到的解释方法。它是指按照词语通常的含义及使用方式，来解释该词语的意义。虽说文义解释是法律解释的出发点，但因词语天然地具有语义模糊性和多样性，故一般按照文义解释的方法会得出两种以上的结论，此时需要采用其他解释方法进行进一步筛选，得出一个最佳的解释。

扩张解释，指词语本身的含义较之立法真意的范围而言过于狭窄，因此对其字面意思进行扩张，使法律条文中的用语符合立法真意。解释过程中，要始终以"词语预测性"为解释的边界，不能超出词语本身意义的射程范围。否则，就变为了类推解释。亦即，扩张解释要使得解释的结果符合罪刑法定原则。

目的解释，指依法律规范的目的，阐明法律条文的含义。德国学者耶林曾指出：目的乃一切法律的创造者。法规范的目的有时明确写于法律条文之中，根据条文便可知其规范目的；有时法律未明文规定，便须从整个法秩序角度出发，根据上下条文进行推导，把握法秩序之中所含的基本价值判断，寻求该法规范的目的。笔者认为，目的解释是法律条文解释的归宿。任何一个法规范，都有其意欲实现的目的，基于此，法规范的效用才能实现。否则，一个没有目的的法规范，是没有存在价值的。正因如此，目的解释也被称为"法律解释的王冠"。

体系解释，指依照编章节、条项款之前后关联位置，或相关法条之法意，阐明规范意旨。此解释方法能维护整个法律体系之一贯及概念用语之一致。就整个体系构造加以阐释，以维护各个法条之连锁关系。④从解释论上看，"整体只能通过对其各部分的理解而理解，但是对其各部分的理解又只能通过对其整体的理解而理

---

① 杨仁寿：《法学方法论》，中国政法大学出版社 2013 年版，第 136 页。

② ［德］卡尔·拉伦茨：《法学方法论》，商务印书馆 2003 年版，第 193 页。

③ 张明楷：《实质解释论的再提倡》，载《中国法学》2010 年第 4 期。

④ ［德］卡尔·拉伦茨：《法学方法论》，商务印书馆 2003 年版，第 143 页。

解。"①

社会学解释，是指在解释结论具有多样性的时候，对各个结论进行比较和预测，看采取哪一种解释结论所收获的社会效果最好，该解释即为最佳选择。一言以蔽之，该种解释方法是追求法律效果和社会效果的最大统一。

（二）具体运用

1. 文义解释

"财物"一词在《现代汉语词典》中的释义是：钱财和物资。② 从这一解释来看，财物仅指的是现实存在的物品，即具有可触性和有体性。通过文义解释可得出公私财物的含义之一是有体物。由此可见，日常用语中的财物是指狭义上的财物，并非规范意义上的财物（广义上的财物）。因此，刑法用语上的"财物"二字之内涵，远远不只是单一的有体物。

2. 扩张解释

公私财物一般情况下是指有体物，但在特殊情形下也应包括无体物。"财物本身是随着人类社会的发展而不断变化的，从最初的有体物到后来的无体物，可以明显地勾勒出从农业社会到工业社会的演变过程。"③针对无体物作为财产犯罪的对象，司法解释给出了明确的规定："盗窃的公私财物，包括电力、煤气、天然气等。"④电、气等无体物虽然不具有可触性，但它们符合可移动性、可管理性和有价值性。我国《刑法》将贿赂的内容限定为财物，这里的"财物"应扩大解释为具有价值的可以管理的有体物、无体物。⑤虽超过对财物含义一般意义上的理解（钱财和物资），但仍处于国民预测可能性的范畴之内，是刑法所允许的扩张解释。因此，如果国家工作人员利用职务之便侵吞电力、燃气等公共资源，应以贪污罪进行处罚。

3. 目的解释

德国、日本的刑法中明确区分了财物和财产性利益，将财物和财产性利益作为同一位阶的概念，二者是并列关系。由于我国并未区分财物和财产性利益，因此不

---

①金克木：《比较文化论集》，生活·读书·新知三联书店 1984 年版，第 243 页。
②参见《现代汉语词典》，商务印书馆 2018 年版，第 119 页。
③陈兴良：《虚拟财产的刑法属性及其保护路径》，载《中国法学》2017 年第 2 期。
④最高人民法院《关于审理盗窃刑事案件具体适用法律若干问题的解释》第 1 条。
⑤张向东：《反腐败立法中财产性利益制度之构建》，载《山西省政法管理干部学院学报》2018 年第 1 期。

能照搬、套用外国刑法的规定来解释我国刑法中财物的外延与内涵。在中国刑法的语境下，笔者认为，财产性利益的范围小于财物的范围，与其并列的概念应是财产（包括有体物与无体物），财物应当包括财产性利益，二者是包含关系。

财产性利益是指狭义的财物以外的财产上的利益，包括了积极财产的增加和消极财产的减少。财产性利益究竟包含哪些内容，学界对此颇有争议。笔者认为，财产性利益应包括代金券、劳务、服务和债权。

随着社会发展变迁，出现了新生事物，财物的形态也在不断发生变化。法律必须对社会之需求作出回应，法律解释要体现出解释的现在性和社会性。我国台湾学者杨仁寿先生指出法律解释的指导理念就是"法与时转则治"。代金券是以一定数量的金钱购买而得，具有财物的可管理性、可转移性、有价值性的特征，当然是属于财物的范围之内的。对此，司法解释也进行了进一步明确的规定。[①]

劳务、服务本身并不能被包含进"财物"一词的含义之中，故有学者认为劳务与服务不可能成为贪污贿赂犯罪的行为对象。但是，一方提供劳务或服务，另一方须支付一定的对价，进而完成交易。那么，因提供劳务、服务使得劳务方或服务方对接受劳务方或服务方享有债权，该债权就可被评价为财产性利益，进而成为贪污贿赂罪的行为对象。《刑法》第224条合同诈骗罪、第276条之一拒不支付劳动报酬罪则进一步明确肯定了劳务或服务可成为财产犯罪的对象。

4. 体系解释

《刑法》第91条、第92条对公共财产和私人财产进行了列举加概括式的阐明。[②]对于其中所列举之物笔者将其归入三类：第一是生产资料，第二是生活资料，第三是有价证券。究其性质来说，属于财产中的有体物和财产性利益中的债权。

[①]《关于办理贪污贿赂刑事案件适用法律若干问题的解释（2016）》第12条：贿赂犯罪中的"财物"，包括货币、物品和财产性利益。财产性利益包括可以折算为货币的物质利益，如房屋装修、债务免除等，以及需要支付货币的其他利益，如会员服务、旅游等。笔者认为，代金券即是其中"需要支付货币的其他利益"。

[②]《中华人民共和国刑法》第91条："本法所称公共财产，是指下列财产：（一）国有财产；（二）劳动群众集体所有财产；（三）用于扶贫和其他公益事业的社会捐助或者专项基金的财产。在国家机关、国有公司、企业、集体企业和人民团体管理、使用或者运输中的私人财产，以公共财产论。"第92条："本法所称公民私人所有的财产，是指下列财产：（一）公民的合法收入、储蓄、房屋和其他生活资料；（二）依法归个人、家庭所有的生产资料；（三）个体户和私营企业的合法财产；（四）依法归个人所有的股份、股票、债券和其他财产。"

《刑法》第 265 条关于盗窃罪的规定，鉴于电信设备或设施的运作是通信服务得以实现其功能的基本保障，对电信设备或设施的盗用是通过使用而产生一定资费，并将资费转嫁给他人，从而实现对他人财产利益的侵犯的。因此，通说认为，对电信设备设施的盗用是盗窃财产性利益。从刑法内部秩序的统一性与完整性角度出发，对贪污贿赂罪中的"财物"与财产犯罪中的"财物"的解释应具有一致性。

《刑法》第 304 条、第 397 条、第 403 条规定了"致使公共财产、国家和人民利益遭受重大损失"作为犯罪结果，可从法条用语结构上看出，刑法要保护的法益涵盖了"财产"和"利益"，财产性利益当然属于利益中的一种。因此，通过体系解释即可得出，"公私财物"的含义包括了财产和财产性利益。

5. 社会学解释

法律解释要秉持"法与时转则治"的指导理念，任何一部成文法自诞生之时起，相对于社会来说就已经具有滞后性。社会不断发展变化，新生事物不断涌现，"人类立法者不可能预知未来可能发生之所有可能情况的组合"。[1]犯罪的对象从有体物到无体物再到虚拟财产等财产性利益的演变过程就可以看出，社会演变对成文法典的冲击是不容小觑的。[2]通过社会学解释，对每一种解释的结果进行利益衡量，选取法律效果与社会效果相统一的最佳解释。

在当下的社会环境之中，交易模式由实体店采购到网购，支付方式由现金支付到线上支付、代金券支付，使得刑法对公私财物的保护不仅限于财产中的有体物和无体物，还要保护服务、劳务等一系列具有交换价值的财产性利益。这是刑法在现代化信息社会中应有的机能。

五、结语

刑法中"公私财物"的内涵，可通过法学方法论上的狭义的法律解释进行探求。笔者通过法律解释和分析，认为"公私财物"应该包含两个下位概念，财产和财产性利益。其中财产包含了有体物和无体物，财产性利益包含了代金券、劳务、服务和债权。现在回到本文开篇所举的周某受贿、贪污案，问题的答案已经呼之欲出。汽车加油卡与旅游开销虽不是狭义上的钱财，但前者是代金券的种类之一，后者可用金钱计算加以衡量，二者都属于财产性利益，当然可成为贪污贿赂罪的行为。

---

① ［英］哈特：《法律的概念》，许家馨、李冠宜译，法律出版社 2018 年版，第 129 页。
② 陈兴良：《虚拟财产的刑法属性及其保护路径》，载《中国法学》2017 年第 2 期。

商标俗称在我国司法实践中的保护规则

曾璟仪　喻　玲*

摘要： 商标俗称的权益能否归属于原商标权人，这在司法实践中颇具争议，主要原因在于该类标志未经原商标权人主动使用。我国司法实践未固守传统商标主动使用论，从商标法保护的目的出发，追求实质公平，在满足特定条件下认可原商标权人对其商标俗称享有相关权益：其一，原商标权人事后的承认；其二，商标俗称经过公众长期使用，能在原商标权人及原商标之间建立稳定对应关系，进而对商品或服务起到标识作用，且与原商标承载的商誉具有一致性。

关键词： 商标俗称　被动使用　主观意愿　对应关系

一、问题的提出

商标俗称，是指社会公众对原商标①经过长时间的使用、演变而进行简化、翻译后的通俗性称呼，是语言经济学的一种体现。②其主要类型包括：（1）原商标的简称，如"索尼爱立信"简称"索爱"；（2）原商标的音译名称，如"NEW BALANCE"音译"新百伦""纽百伦"；（3）原商标的产地加商标简称，如"广州本田"简称"广本"；（4）原商标图形标志的中文别称，如麦当劳金色拱门图形商标的昵称"金拱门（Golden Arch）"。

我国商标法采用注册保护原则，对未注册商标不予专有权保护。③商标俗称因

---

* 曾璟仪，湖南大学法学院 2016 级硕士研究生；喻玲，湖南大学法学院教授。
① 本文将商标俗称对应的商标简称为"原商标"。
② 董慧娟：《从实践到理论：我国商标俗称衍生标志保护规则研究—兼评美国公众使用规则》，载《现代法学》2015 年第 5 期。
③ 我国保护注册商标的主要法律依据是《商标法》，保护未注册商标的主要法律依据是《反不正当竞争法》，从而形成注册商标和未注册商标分立的二元商标保护体制。虽然《商标法》对未注册商标也提供一定的

未获得商标注册，原商标权人对其并不当然享有商标权。因而实务中不乏因第三方主体抢注商标俗称而引发的争议：一方面，商标俗称的使用主体非原商标权人，若原商标权人主张第三方主体侵权，第三方主体会以原权利人并未实际使用该俗称进行抗辩；另一方面，若肯定第三方主体对商标俗称的使用或注册，客观上会造成消费者的混淆，对原商标权人难谓公正，因消费者可能客观上已把商标俗称与原商标联系起来。

商标俗称权益能否归属于原商标权人，不管是在学界还是在司法实践中都颇具争议。有观点认为，商标俗称未经原商标权人主动使用，其相关权益不能归于原商标权人；[①]另有学者认为，商标俗称与引证商标有对应联系，否定商标俗称权益归属于原商标权人易造成消费者混淆，主张引入"商标被动使用理论"。[②]可见，原商标权人未进行实际使用是将商标俗称权益归属于原商标权人的"瑕疵"所在，而商标俗称可能产生混淆是引发权属争议的本质原因。本文以司法实践中的典型案例为研究对象，梳理我国司法实践中对商标使用的认定规则，尝试总结商标俗称权益归属和保护的基本规则。

二、"商标使用"的基本要求：主动使用原则

2013年《商标法》修订之前，《商标法实施条例》第3条定义的"商标的使用"是指"将商标用于商品、商品包装或者容器以及商品交易文书上，或者将商标用于广告宣传、展览以及其他商业活动中"[③]。只要将他人商标使用在商品或者商品的容器等上，就满足商标法意义上的商标使用，至于是否当作识别性标志使用，未进一步说明。新修订的《商标法》在原《商标法实施条例》的基础上重新界定了"商标的使用"的概念，加入了"用于识别商品来源"的目的和性质要求。[④]该规

救济，但仅能阻止未注册商标被不正当地抢注，尽管《商标法》的许多条款涉及未注册商标，但一般情况下，《商标法》不对未注册商标提供侵权救济性的保护。如《商标法》第9条和第32条对"他人已经使用并有一定影响的商标"提供一定的救济，但其救济只是禁止"以不正当手段抢先注册"，不能禁止他人使用，也未提供制止侵权和赔偿损害的侵权救济。

① 黄汇、谢申文：《驳商标被动使用论》，载《知识产权》2012年第7期。

② 邓宏光：《为商标被动使用正名》，载《知识产权》2011年第7期。

③ 2014年4月修订的《商标法实施条例》中已删除本条。

④《商标法》第48条，本法所称商标的使用，是指将商标用于商品、商品包装或者容器以及商品交易文书上，或者将商标用于广告宣传、展览以及其他商业活动中，用于识别商品来源的行为。

定使商标使用行为的定性更为准确。

虽然条文中没有规定，但传统商标法理论对于"商标的使用"的界定还须满足两个条件：一是具备商标主观使用意图，二是有商标实际使用行为。[①] 在 2012 年之前，法院与商标评审委员会在对于商标使用的认定标准上有分歧，商标评审委员会更多地从标识的识别功能来判断，而法院更强调使用者的"主动使用"，"索爱"案和"伟哥"案就集中体现了这种分歧。

（一）"索爱"案

2003 年 3 月 19 日，刘某向国家工商行政总局商标局（简称"商标局"）提出"索爱"商标（简称"争议商标"）的注册申请，2004 年 8 月 7 日，该商标经核准在第九类商品及服务上注册。2005 年 6 月 7 日，索尼爱立信（中国）公司对"索爱"商标提出撤销注册申请。在争议商标申请注册即 2003 年 3 月之前，已有相关媒体对索尼爱立信公司和索尼爱立信（中国）公司的"索爱"手机和其他电子产品进行了宣传、报道。包括从 2002 年 12 月开始直至争议商标申请注册之前，曾先后在多家网站上出现了对不同型号"索爱手机"以及其他"索爱"电子产品的报道、评论，且这些产品的生产者均指向"索尼爱立信通信公司"或"索尼爱立信公司"。"索爱"这一简称被中国相关公众、媒体广泛使用，但索尼爱立信公司多次声明"索爱"并不能代表"索尼爱立信"，不能接受"索尼爱立信"被非正式简称为"索爱"。

商标评审委员会（简称"商评委"）认为，原告无实际使用"索爱"商标的行为，公众使用不能代表其自身使用。因此被告注册"索爱"商标并未违反《商标法》第 31 条相关规定。[②]索尼爱立信公司不服商评委裁定，诉至法院，一审法院支持了索尼爱立信公司诉求，判决理由为"索爱"这一简称被中国相关公众、媒体采用并广泛使用，且这一称谓已被广大消费者感知并一致认同，成为"索尼爱立信"公认的简称，与之形成了唯一的对应关系及"索爱"已被广大消费者和媒体认可并使用，具有了区分不同商品来源、标志产品质量的作用，这些实际使用效果、影响自然及于索尼爱立信通信公司和索尼爱立信公司，其实质即等同于其使用。[③]

---

①黄汇、谢申文：《驳商标被动使用保护论》，载《知识产权》2012 年第 7 期。

②（2007）商评字第 11295 号裁定书。

③（2008）一中行初字第 196 号判决书。

二审法院撤销一审判决，维持商评委裁定，认为被抢注的商标应当由被抢注人自己在商业活动中予以使用，而"索爱"商标并非原告自己使用。[①]后原告不服，最高院再审，认定在争议商标申请日前，没有证据证明索尼爱立信公司将争议商标用作其产品来源的标识，亦未有证据证明其有将该争议商标用来标识其产品来源的意图。且原告公司曾声明"索爱"并不能代表"索尼爱立信"，因此索尼爱立信公司关于争议商标的注册损害其在先权利的再审理由不能成立。[②]

（二）"伟哥"案

"Viagra"是辉瑞公司研制生产的一种药品名称，并作为商标在我国进行了注册。商评委裁定不予核准威尔曼新药公司注册"伟哥"商标，理由是经多年宣传使用，"伟哥"已实际成为与该药品及商标所对应的中文标识，且为社会公众所知晓。[③]

而一审法院认为，媒体的报道中虽然多将"伟哥"与"Viagra"相对应，但原告从未实际使用过"伟哥"商标，亦未举证证明其对"伟哥"商标进行了广告宣传。因此原告就"伟哥"商标不享有合法的权益，无权禁止他人使用。[④]二审法院也认为媒体的报道中虽然多将"伟哥"与"Viagra"相对应，但因上述报道均系媒体所为而并非原商标权人所为，"Viagra"的正式商品名为"万艾可"，故媒体在宣传中将"Viagra"称为"伟哥"，亦不能确定为反映了原商标权人的真实意思。[⑤]

最高人民法院再审认为，国家药监局在文件中使用"伟哥"标识、《新时代汉英大词典》词条中的解释等不足以证明"Viagra"即为"伟哥"。原商标权人曾明确表示"Viagra"的正式商品名为"万艾可"，多份媒体的报道中虽然将"伟哥"与"Viagra"相对应，报道均系媒体所为而并非原商标权人所为，且原商标权人承认其在中国内地未使用过"伟哥"商标。媒体在宣传中将"Viagra"称为"伟哥"，亦不能反映原商标权人将"伟哥"作为商标的真实意思。故申请再审人所提供的证据不足以证明"伟哥"为其未注册商标。[⑥]尽管"伟哥"与原商标

---

① （2008）高行终字第 717 号判决书。

② （2010）知行字第 48 号裁定书。

③ （2008）商标异字第 10226 号商标异议裁定。

④ （2005）一中民初字第 11354 号。

⑤ （2007）高民终字第 1685 号。

⑥ （2009）民申字第 312 号。

"Viagra"客观效果上形成对应关系，但原商标权人未对"伟哥"实际使用过，未付出辛勤劳动，且欠缺实际使用意图，与我国传统商标法理论上相悖，不得作为原商标权人的在先权益予以保护。

在 2010 年以前的上述两个典型案例中，最高院确立的对商标俗称的保护前提是，对该标识主张权利的人必须有实际使用该标识的行为，且该标识已能够识别其商品来源。[①] 该原则严格遵循形式主义下的"商标主动使用"，即只有原商标权人对标志的自主使用才构成商标法意义上的使用，原商标权人对公众使用的商标俗称态度如何、商标俗称是否与原商标形成稳定对应关系在所不问。争议商标若未经原商标权人主动使用，且原商标权人未明确肯定甚至否定争议商标归属为其所有，只有社会媒体、公众对商标的使用不能等同于原商标权人的使用，因而不能将商标俗称权益归属于原商标权人。

三、"被动使用"与商标俗称保护的可行性

2010 年"陆虎"商标案始，司法实践开始突破传统"商标主动使用论"，从最开始否定或者回避这一问题的定性转为肯定公众的使用。2012 年"广云贡饼"案中更是明确提出"被动使用"也可以获得保护，关键在于生产者与其产品之间以该俗称为媒介的特定联系是否已经建立，该俗称是否能识别商品来源。

（一）商标"主动使用"原则在司法实践中的突破

1."陆虎"案

本案中，路华公司提出撤销申请吉利公司注册的"陆虎"商标，并提交了大量的新闻报道或评论文章证明在争议商标申请日前，其生产的英文"LAND ROVER"越野车在中国被称呼为"陆虎"，但没有在商品上实际使用过"陆虎"的证据。商评委[②]采用了最高院在"索爱"案中的观点，认为被抢注的商标应当由被抢注人自己在商业活动中予以使用才能主张《商标法》第 31 条的保护。由于报道和评论等均非路华公司自己所为，在争议商标申请注册前尚无充分证据证明路华公司主动在中国市场宣传、使用过"陆虎"商标，并具有一定的影响。因此争议商标未构成《商标法》第 31 条所指的以不正当手段抢先注册他人已经使用并有一定影响的商

---

① 《最高人民法院知识产权案件年度报告》（2010）。
② （2010）商评字第 17256 号裁定书。

标的情形。一、二审法院推翻了商评委的认定，认为宝马公司①认可中文"陆虎"对其"LAND ROVER"商品指代，可证明该公司在中国将中文"陆虎"作为其中文商品名称，综合各项证据，"陆虎"与"LAND ROVER"以及权利人宝马公司均形成了唯一的对应关系。因此中文"陆虎"具有了区分商品来源、标志产品质量的作用，实质上已经成为"LAND ROVER"在中国的使用标识，并且在行业内形成了一定的影响。②二审法院指出，虽然"LAND ROVER"曾存在不同的中文译法，但这并不能否认中文"陆虎"已经由宝马公司在先使用。

2."广本"案

在本案中，一、二审法院驳回了他人对商标衍生标志的注册申请，但同时未对"商标使用"的定性问题做出认定，而是援引了《商标法》第 28 条，基于商标近似规则进行裁判。③最高人民法院再审中肯定了广汽本田公司的在先企业名称权，并态度鲜明地认可了相关公众对企业名称简称"广本"的使用间接等同于企业名称权人自己的使用。④

3."广云贡饼"案

广东茶叶公司（原商标权人）在生产的饼状的普洱茶产品上标注的商标为"中茶"或"金帆"，因茶饼以云南、广东等地的原料为主，并融入了广东茶叶公司独创的工艺技术，具有广式韵味，广东茶叶公司生产的此种饼状普洱茶自面世以来，被广大消费者和业内人士称为"广云贡饼"。后桂埔芳向商标局申请注册了"广云贡饼"商标，广东茶叶公司主张以恶意抢注在先使用商标申请撤销桂埔芳关于"广云贡饼"的商标注册。

该案除商评委的裁定，⑤一审、二审及再审法院均支持了原告广东茶叶公司诉求。一、二审法院认为社会公众、媒体、行业协会等对"广云贡饼"商标的使用系"商标被动使用"行为，该商标俗称能与原商标、广东茶叶公司形成稳定联系，因此"广云贡饼"商标可作为已使用并达到一定影响的未注册商标受《商标法》保

---

① 争议期间"Land Rover"商标权人为宝马公司。

② （2011）一中行初字第 1043 号判决书、（2011）高行终字第 1151 号。

③ （2010）商评字第 16974 号裁定书、（2010）一中知行初字第 3140 号行政判决、（2011）高行终字第 163 号行政判决。

④ （2013）行提字第 23 号。

⑤ （2012）商评字第 04362 号裁定书。

护，其产生的商标权益也应由广东茶叶公司享有。①

最高人民法院再审认为，某一标志能否成为商标，不在于商标权人对该标志是"主动使用"还是"被动使用"，关键是生产者与其产品之间以该标志为媒介的特定联系是否已经建立。尽管广东茶叶公司未在其普洱饼茶上实际标注"广云贡饼"，但是，基于该公司的商业经营活动，以及该公司与其普洱饼茶之间通过"广云贡饼"已实际建立起稳固"联系"的客观商业实践，可以认定"广云贡饼"是属于广东茶叶公司已经使用并有一定影响的商标。②

商标俗称能让产品或服务与生产者之间形成稳定的对应关系，且能形成一定影响力，公众对商标俗称使用亦不违背原商标权人的意志，即可将公众使用间接等同于原商标权人的使用。结合商标俗称注册类别与引证商标类别是否相同或相关联，可进一步成为认定第三方商标抢注行为的依据之一。

（二）认可"被动使用"的正当性

商标的本质实为产品与其生产者之间通过一定媒介（比如符号、声音、气味等）建立起来的一种联系。这种联系的建立、加深、巩固，需要生产者持续不断地将带有其商标的产品投放市场，包括进行广告宣传，以此达到让消费者一接触到该商标就能立刻条件反射般地联系到该生产者的目的。从商标权人的角度来看，商标法对注册商标提供的商标专用权的保护，以及对未注册商标提供的在先使用权益的保护，均是为了保护商标权人努力建立起来的此种联系不被他人所破坏或损害。从消费者的角度来看，则是为了保护消费者对市场中存在的此种联系的信赖。③从商标俗称的使用所带来的客观效果看，商标俗称经过公众长期使用，能在原商标权人及原商标之间建立稳定对应关系，进而对商品或服务起到标识作用，避免造成消费者混淆。公众认可商标俗称与原商标权人之间的联系，与认可原商标所承载的商誉分不开，而保护商标承载的商誉也是商标法的目的。

美国早在20世纪初就在"COCA-COLA"系列案④中有对商标俗称权益归属的

---

① （2012）一中知行初字第 1559 号判决书、（2013）高行终字第 298 号判决书。

② （2013）知行字第 40 号。

③ （2013）知行字第 40 号。

④ Coca-Cola Co.v.Koke Co.of Am., 235 F.408, 409（D.Ariz.1916）, rev'；Koke Co. of Am. v. Coca-Cola, 255, F.894（9th Cir.1919）；Coca-Cola Co.v.Busch, 44 F.Supp.405（D.Pa.1942）；The Coca-Cola Company v.Christopher, 37 F.Supp.216（D.Mich.1941）.

争论，经过"Bunny Club"案、①"ACE"案、②"March Madness"③等典型案例形成了"公众使用规则"。④其核心内涵为商标俗称如果仅凭公众、媒体的使用而在消费者心目中与特定商事主体的产品产生了对应性和一致性，则即使该商事主体未曾将该标志用于商业宣传，也可就该标志享有商标权利。⑤

"主动使用"与"被动使用"两种理论实质是对两大价值目标的选择——商标权人激励及公众利益的保护。"主动使用"原则更多的是激励商标权人以商标作为媒介从而间接对产品或服务进行宣传，激励其更多关注广告宣传并鼓励其进行信息投资。"被动使用"原则更为注重公众利益保护，淡化对使用主体的限定。当两者发生冲突时，应根据具体情况综合判断，不宜将两者次序何为先绝对化。

（三）商标俗称保护的可行性

在我国商标法的现有保护体系下，将商标俗称作为原商标权人的在先使用未注册商标进行保护具有可行性。

其一，就商标权属性而言，商标权是排他权，而非支配权。商标权的范围不在于划定权利人能行使的权利范围，而是明确排除他人的使用区域。⑥

其二，原商标权人事后对商标俗称的承认（包括明示或默示），可弥补欠缺主观意图的瑕疵。在 2017 年 1 月公布实施的《最高人民法院关于审理商标授权确权行政案件若干问题的意见》⑦（以下简称《意见》）第 26 条中规定："商标权人自行使用、他人经许可使用以及其他不违背商标权人意志的使用，均可认定为商标法第四十九条第二款所称的使用。"司法实践中，原商标权人的主观意图是认定商标俗称权益归属的决定性因素之一。商标使用行为系法律行为，法律行为构成要素之一是行为人内心真实意思表示。《商标法》规定商标的使用方式扩大到了"不违背

---

① Pieper v.Playboy Enterprises, Inc., 179 U.S.P.Q.318（T.T.A.B.1973）.

② National Cable Television Association, Inc.v.American Cinema Editors, Inc.937 F.2d 1572（Fed.Cir.1991）

③ Ill.High Sch.Ass'nv.GTE Vantage, Inc.99 F.3d 244（7th Cir.1996）, cert.denied, 519 U.S.1150（1997）.

④ Peter M.Brody, What's in a Nickname? Can Public Use Create Private Rights?［J］. Official Journal of the International Trademark Association, 2005（6）: 1123 1158–1162.

⑤董笃笃：《论商标法中的'公众使用规则'—以吉利"陆虎"商标争议案为例》，载《知识产权》2013 年第 1 期；董慧娟：《从实践到理论：我国商标俗称保护规则研究—兼评美国公众使用规则》，载《现代法学》2015 年第 5 期。

⑥邓宏光：《为商标被动使用正名》，载《知识产权》2011 年第 7 期。

⑦法释〔2017〕2 号。

商标权人意志的使用"。事后追认可弥补瑕疵，也与商标法理论相符。

其三，商标俗称能使原商标权人与产品或服务形成稳定对应关系，衍生标志能指向唯一产品或服务提供者。《商标法》关注的不是经营者在商标使用和广告宣传方面的努力，而是这些行为在改变该标记于消费者心目中含义的效果。[①]

其四，商标俗称与原商标承载的商誉具有一致性。产品与其生产者之间建立的联系不断稳固也反映了商标承载的商誉的不断提升。原商标权人通过长期使用原商标建立起来的商誉覆盖于商标俗称之上，《商标法》对未注册商标提供在先使用权益的保护，也是为了保护商标权人努力建立起来的此种联系不被他人所破坏或损害，以禁止他人抢注，从而保护商誉。

四、"被动使用"获得保护的条件

在实践中要结合具体情境，严格限定"被动使用"的适用条件，商标俗称才能作为原商标权人的在先权益受到法律保护。

（一）公众使用商标不违背原商标权人意志

根据《意见》商标权人对商标的使用方式扩大到了"不违背商标权人意志的使用"，这是我国传统商标理论要素之一，即需具备主观使用意图。这也是司法实践中认定商标俗称利益归属的决定性因素之一。

商标使用行为系法律行为，法律行为构成要素之一是行为人内心真实意思表示，若原商标权人明确否认商标俗称对其指代，公众使用商标俗称的行为因欠缺"使用意图"这一前提条件，不能等同于原商标权人的使用，也就谈不上在抢注案件中将俗称的利益归属于原商标权人。同时，也正是由于原商标权人事后对商标俗称的承认（包括明示或默示），弥补欠缺主观意图的瑕疵，使俗称权益归属于原商标权人与我国现有商标使用理论体系相呼应，与司法实践相契合。

"索爱"案与"广云贡饼"案最大的区别在于，索尼爱立信公司曾多次明确"索爱"商标并非公司正式商标，否认"索爱"对"索尼爱立信"的指代。而"广云贡饼"案中原商标权人广东茶叶公司认可"广云贡饼"商标。因此终审判决结果截然不同。我国传统商标法理论将具备商标主观使用意图作为界定"商标使用"条件之一。之所以要对商标俗称进行保护，其主要原因在于保护俗称与原商标权人之

①Aloe Creme Laboratories，Inc.v.Milsan，Inc.，423 F.2d 850（5th Cir.1970）.

间的特定联系，从而避免造成消费者混淆，此为商标的权益归属于原商标权人的正当性理由。由此可见，我国司法实践将原商标权人意志作为认定公众使用未注册商标的权益归属的决定性因素之一。这与我国传统商标法理论不谋而合，原商标权人明确肯定态度弥补了"使用意图"这一要件，进一步可推定为原商标权人自身使用。

（二）俗称指代的商品或服务与原商标权人建立稳定对应关系

商标实质为一种媒介，连接商品与提供商，主要功能是为二者之间建立唯一对应联系，从而避免造成消费者混淆。判定公众使用商标利益归属，最终落脚点应回归商标本质，即区分商标或服务来源。无论"主动使用"还是"被动使用"，对于商标俗称而言，都应在商品或服务与原商标权人之间建立稳定对应联系，以识别商品来源及特定品质。①从消费者混淆的心理认知过程来解读，只有商标俗称指代的商品与原商标权人形成稳定对应关系，消费者将公众使用行为看作商标使用行为，将公众使用的标识看成是标示产品来源的商标，消费者才不会就争议商标发生混淆误购。

（三）原商标与商标俗称之间形成稳定对应关系

总结我国司法实践审判经验，对于商标俗称，除不违背原商标权人意志、商品与制造商建立稳定对应关系两个因素外，还十分注重考察原商标与商标俗称之间的对应关系。其对应性一般体现在以下几个方面：首先，原商标知名度较高，因而为商标俗称的广泛使用及形成一定影响提供基础条件；其次，商标俗称是由原商标在商业活动中演变而来的，提到商标俗称，仍能与原商标、原商标权人产生联系；最后，通过商标俗称的使用与原商标建立稳定对应的联系，能增强原商标的显著性。

在"新百伦"案中，②法院认为"NEW BALANCE"译音有"新百伦""纽百伦"等，"新百伦"并非唯一译音，因此并不能证明公众对"新百伦"商标的使用等同于新百伦贸易公司的使用。"陆虎"案与此不同，法院虽认为"陆虎"非"LAND ROVER"唯一译音，但"陆虎"与"LAND ROVER"商标之间形成了稳定对应关系。可见原商标与商标俗称的对应关系是法院综合衡量因素之一。

值得注意的是，无论是原商标的商誉覆盖于商标俗称、商标俗称增强原商标显

---

①王太平：《商标法：原理与案例》，北京大学出版社 2015 年版，第 23~25 页。
②（2015）粤高法民三终字第 444 号。

著性，还是在商标俗称非原商标唯一对应商标情形下，更应侧重考察俗称指向的商品与原商标权人之间是否建立稳定对应关系，原商标与商标俗称之间的对应关系居次要地位。唯有如此，将商标俗称所带来的权益归属于原商标权人才更具合理性与正当性。

五、结论

商标法传统理论认为"商标使用"要求主观使用意图与实际主动使用行为，二者缺一不可。司法实践近年来转换思路，为追求实体公正，并未一味追求形式正义。个案要突破现有法律规则，需谨慎平衡各方利益，严格限定条件和范围。在商标俗称的法律保护问题上，《商标法》更为关注该标识于消费者心目中的认知，以商标俗称为媒介，在原商标权人与产品之间建立特定联系为突破，将商标俗称作为原商标权人未注册商标或近似标识等在先权益进行保护，具有正当性及可行性。

司法实践中，"被动使用"的商标俗称要获得在先权益保护需要满足三个条件：原商标权人明确肯定或推定允许使用商标俗称、商标俗称能识别商品来源以及商标俗称与原商标之间已经形成稳定对应关系。三个要素兼具，商标俗称权益才能归属于原商标权人，这既符合我国司法实践审判思路，同时又能在理论上与传统商标使用理论相统一。

论违约金制度的功能定位

邓 辉[*]

摘要：《合同法》第114条规定的违约金制度功能定位模糊，而关于违约金司法调整的规定在司法实践中适用混乱，难以发挥其担保债务履行和简化证明的作用，引发了其与损害赔偿制度之间的关系如何安排的争议。我国违约金制度的重构，应当立足于违约金功能的回归，充分尊重当事人的意思自治，还原违约金的固有属性，针对不同类型的违约金，设置相应的法律规则。此外，立法还应当明确违约金司法调整的原则与界限，为违约金功能的实现提供良好的制度空间。

关键词：违约金 意思自治 司法调整 制度重构

违约金是指当事人约定或法律规定的、在一方当事人不履行或不完全履行时向另一方当事人支付的一笔金钱或其他给付。[①]按照通常的理解，违约金制度源自罗马法，由于罗马市民法没有对债务人强制履行的保障，因此违约金起初的主要目的在于追求担保债务履行之效果，将违约金视为债务履行的担保。[②]对当事人而言，不仅能够从合同履行中获得实质利益，还可以获得一定的非物质利益，从而使得合同的如约履行所带来的利益大于损害赔偿的可得利益，故而当事人更加看重合同的适当履行，为了适应社会发展的需要，法律在"损害赔偿制度"之外增添了"违约金制度"。因此，在产生之初，尤其是在注重实际履行但强制履行制度并不完善的国家，违约金制度侧重于对违约行为的约束，以加强债务履行。

违约金其本质是一种合同条款或合同，是当事人基于意思自治形成的法律关

---

* 邓辉，北京大学法学院博士研究生。

① 崔建远：《合同法》（第三版），北京大学出版社2016年版，第388页。

② ［意］彼德罗·彭梵得：《罗马法教科书》，黄风译，中国政法大学出版社2005年版，第283页。

系，是私法自治的体现，故而违约金以约定违约金为主、以法定违约金为例外，[①]
比如，逾期付款违约金属于法定违约金。而从功能上来看，根据违约金与损害赔偿
之间的关系，违约金又可以分为赔偿性违约金和惩罚性违约金。约定或法定的违约
金在我国法律体系下较为明确，但对赔偿性违约金与惩罚性违约金的规定则较为模
糊，由此引发了理论界及司法实践中的混乱，极大地限制了违约金功效的发挥。

一、违约金的功能分类

（一）赔偿性违约金

赔偿性违约金，也被称为"损害赔偿总额的预定"，是指当事人对将来损害赔
偿总额的预先估计的约定。[②]换言之，一旦发生违约，基于合同订立时约定的违约
金，债权人只需要证明违约行为的发生及由违约产生的典型损害，而不需要证明具
体的损害赔偿，即可要求债务人按照预先确定的数额承担责任。如此一来，支付违
约金便可以避免传统的损害赔偿中常常遇到的损失难以计算和举证的困难。这种做
法既减轻了债权人对具体损害的证明责任，同时也减轻了法院或仲裁机构确定损失
的工作压力，有利于快速地解决纠纷。由此可见，赔偿性违约金是当事人的意思自
治的结果，是当事人通过预先约定来确定违约后损害赔偿的数额，其主要目的在于
填补因一方当事人违约导致的损害，因此与损害赔偿制度没有本质性的区别，在性
质上，依旧可以归入损害赔偿制度的基本范畴，属于一种特殊的损害赔偿方式。

针对赔偿性违约金，《法国民法典》第 1229 条规定："违约金条款是债权人
因为主债权未得到适当履行，对所受损害的赔偿。"为了体现私法自治，充分尊
重合同当事人意思，保护合同严守原则，《法国民法典》第 1134 条明确禁止法官
在无法律规定的情况下随意干涉或改变合同的内容。第 1152 条规定："如契约载
明，债务人不履行债务，应支付一定数额的损害赔偿时，不应给予当事人较高或较
低于规定数额的赔偿"，从而确定了法官不得随意调整违约金数额的原则。仅在
"赔偿数额明显过高或过低"时，法官才有权力调整违约金数额，必须在判决中陈
述干涉合同违约金条款的理由。[③]

---

①韩世远：《违约金散考》，载《清华大学学报（哲学社会科学版）》2003 年第 4 期。
②王利明：《合同法研究》（第二卷），中国人民大学出版社 2015 年版，第 700~701 页。
③尹田：《法国现代合同法》，法律出版社 2009 年版，第 377~381 页。

《德国民法典》第 339 条至第 345 条的规定表明，德国的违约金制度一方面坚守了固有意义的违约金，将其作为保证合同主债务履行的手段，使得违约金的担保功能得以充分发挥，同时减轻了债权人损害证明责任，另一方面对违约金进行了改造，将其作为最低额的损害赔偿，当约定的违约金不足以弥补实际损失时，保障债权人拥有就额外实际损失的请求权。为了将赔偿性违约金区别于损害赔偿、落实违约金的制度功能，《德国民法典》第 343 条第 1 款作出了限制性规定，即法官在调整违约金时不得仅考虑"实际损失"，而应当考虑"债权人的一切正当利益"，包括"实际损失"所不能容纳的"期待利益""精神损害"等。

英国合同法中将"惩罚性违约金"称之为"罚金"，上议院在 1909 年 Addis-v.Gramophone Co.Ltd. 案中确立了赔偿性违约金具有强制实施效力的原则，而不认可惩罚性违约金的适用，因此，对于法官而言，在每个案件中应当严格区分惩罚性违约金与赔偿性违约金。合同当事人预先评估具体写明的数目损失是赔偿性违约金条款有效的必要条件，一旦法院认可了赔偿性违约金，当事人就可以申请强制执行，不考虑实际损失与赔偿性违约金之间是否存在差额。[1] 由此可知，英国合同法较为看重违约金的补偿性功能，只承认赔偿性违约金。

《日本民法典》第 420 条第 1 款规定："当事人之间可以就债务不履行预先确定损害赔偿额。在此情形下，法院不得增加或减少其数额。"同条第 3 款规定了在当事人无明确约定的情况下，违约金被推定为赔偿额的预定。但是，在立法体例上，违约金条款的规定位于第三编第一章第二节"债权的效力"中，是因债务不履行造成损害赔偿的一个特别问题，而不是债的担保。日本法将违约金视为预定赔偿额，其具体数额依据意思自治、契约自由等原则确定，通常而言，当债务人能够举证证明实际损害较少时，不得要求减少违约金的数额。更进一步的是，即使在债务人能够举证证明不存在实际损害的情况下，法院也不能免除债务人的赔偿责任。[2] 由此，日本法对于赔偿性违约金的基本立场是：法院不得对预定赔偿额任意调整，仅当违约金条款明显违反诚信原则、违背公序良俗时，法院才可在适当范围内调整违约金数额或否定违约金条款的效力。

（二）惩罚性违约金

---

① 何宝玉：《合同法原理与判例》，中国法制出版社 2013 年版，第 526~529 页。
② ［日］我妻荣：《新订债权总论》，王燚译，中国法制出版社 2008 年版，第 117~121 页。

　　惩罚性违约金，又被称作"固有意义的违约金"。[①]有学者认为，在合同中将违约金与损害赔偿并列，即表明违约金具备惩罚性质，[②]然而，名为"惩罚"的违约金并不是为了惩罚债务人，而在于"向债务人施加尽可能有效果的压力，从而保障相对人履行在合同上所承担的一切义务"[③]。从词源的角度来管窥"违约金"一词的内涵，不论是德文 Vertragstrafe，英文 liquidated damage clause 抑或是拉丁文 pulatiopoenae，"惩罚"一直包含在"违约金"的固有含义中，[④]因此，"惩罚性违约金"的称谓名不副实，并将"惩罚"的道德色彩强加于"违约金"上，容易引发对违约金制度的误解。简而言之，惩罚性违约金既不是为了惩戒，也不是私人之间相互的惩罚，而是债权人的一种手段：保障债权人债权的实现不依赖于债务人的"善良意愿"，即可以合理地期待债务人作为理性的经济人会发现履行债务比支付违约金更划算，从而积极主动地选择如约履行。

　　《法国民法典》第 1226 条规定："违约金是合同一方为担保合同的履行而在另一方不履行合同时承担交付违约金的条款。"法国法明确承认违约金是强制债务履行的手段，法官没有随意调整违约金的权限，除非该内容违反法律规定而无效或以公序良俗为由被予以调整。

　　德国的违约金制度中承认违约金具有担保和补偿的双重功能。在理论上，惩罚性与赔偿性违约金之间并非并列关系，德国法上的违约金一直被视为一种债务人履行义务的压力工具，违约金的承担与损害之有无和大小均无关，在理念上并没有损害填补之功能。[⑤]在体例上，将"违约金"规定在"定金"之后，立法者实际上把违约金视为非独立的、依附于主债务的存在。违约金的主要功能是作为强制履行或担保债权实现的手段，是否产生损害或损害有多大与违约金的多少无关，惩罚性违约金与赔偿性违约金之间有本质区别。

　　尽管《日本民法典》中没有明确规定惩罚性违约金，但日本民法草案以及学说中都认可具有担保功能的惩罚性违约金，当事人依据特别约定或者交易习惯，可以

①王利明：《合同法研究》（第二卷），中国人民大学出版社 2015 年版，第 702 页。

②郑冠宇：《民法债编总论》，台湾新学林出版股份有限公司 2015 年版，第 230~231 页。

③［德］迪特尔·梅迪库斯：《德国债法总论》，杜景林、卢谌译，法律出版社 2004 年版，第 343 页。

④王洪亮：《违约金功能定位的反思》，载《法律科学（西北政法大学学报）》2014 年第 2 期。

⑤黄立：《民法债编总论》，中国政法大学出版社 2002 年版，第 510 页。

推翻赔偿性违约金的性质，承认惩罚性违约金。[1]英国不承认合同中约定的惩罚性违约金效力，因此区分惩罚性违约金与赔偿性违约金的判例不胜枚举。从判例中发现，法官主要依据当事人订立合同的目的，违约金条款一旦被认定为惩罚性违约金即认定为无效，债权人只能得到损害赔偿。

（三）小结

通过考察主要国家和地区法律中的赔偿性违约金制度发现，违约金制度的立法目的在于，既可以发挥填补损害作用，又极大简化了债权人的证明程序，便于债权人维护合法权益。在违约金的司法调整方面，各国立法均基于"契约自由"和"契约严守"原则，注重当事人合同订立时的约定，允许赔偿性违约金与实际损害之间存在一定的差异，严格限制法官对"赔偿性违约金"进行调整，因此可以说"预定"二字是赔偿性违约金的价值精髓。

而惩罚性违约金在大陆法系国家与英美法系国家中的规定迥然不同，具体而言：大陆法系国家将合同视为当事人之间的法律，历来重视合同的履行利益，其中以德国尤为突出。德国法中规定继续履行请求权相较于请求解除合同或损害赔偿具有优先地位。对于债务人而言，在履行可能的情况下，债务人必须履行，同时债权人应当给债务人再次履行的机会，否则不得径行主张解除合同或请求损害赔偿。而英美法系基于"效率违约"理论认为违约不具有可罚性甚至是道德的，合同中并没有要求当事人必须履行的义务，选择继续履行抑或是不履行产生的损害赔偿是当事人的自由，故而否定惩罚性违约金的效力。

惩罚性违约金与合同的强制履行密切相关。王洪亮教授认为，造成此差异的主要原因在于"各国中是否强调合同的强制履行"[2]，韩世远教授也认为"强制履行制度的完善程度与违约金是否以强制债务履行为主还是以赔偿预定为主，不无关系"[3]。惩罚性违约金对于保障以及实现合同的履行利益而言具有独特价值：首先，惩罚性违约金相比与其他担保方式（如保证、抵押、质押等），可以突破履行利益或完全赔偿的束缚，甚至可以包括非物质财产损害赔偿，能超出原有债务的范畴，从而增强担保的功效，有效避免债务人因违约而超额负担债务，敦促债务人积

---

① 韩强：《违约金担保功能的异化与回归》，载《法学研究》2015 年第 3 期。

② 王洪亮：《违约金功能定位的反思》，载《法律科学（西北政法大学学报）》2014 年第 2 期。

③ 韩世远：《违约金散考》，载《清华大学学报（哲学社会科学版）》2003 年第 4 期。

极、主动履行义务。其次，对于尚未形成信赖关系而从事交易的当事人而言，一方缔约时向另一方承诺一个较为严格的违约金责任，对于获得交易信誉并成功订立合同是极为有利的。[①]在当今的陌生社会条件下，频发的"诚信危机"，严重阻碍了交易的缔结，惩罚性违约金有利于提高双方履约的信心，增强双方信任度，从而减轻债务人提供其他担保的压力，充分发挥了利用合同锁定潜在风险的功能，促进交易安全、顺利进行，从而推动经济繁荣发展。最后，担保债务履行并非等同于惩罚性违约金功能的全部内涵，换言之，为了起到担保作用，惩罚性违约金往往会约定高于预期损失的金额，而一旦债务人违约则意味着违约金的担保功能失效，这时债权人可以依据违约金条款向债务人主张赔偿违约金。

二、违约金制度的中国问题

我国的违约金制度规定在《合同法》第 114 条，处于第 113 条（违约的损害赔偿）与第 115 条（定金）之间，不过，第 114 条规定的究竟是何种类型的违约金，立法却没有给出明确的答案。目前，理论界及司法界较为达成统一的是，第 1 款和第 2 款分别规定了赔偿性违约金和违约金的司法调整，但对于第 3 款所规定的违约金性质却存在较大争议。[②]尽管我国的违约金性质广受争议，主流观点认为第 114 条仅明确规定了赔偿性违约金，[③]但并未禁止当事人在合同中对惩罚性违约金进行约定，在违约金功能上贯彻的是"补偿性为主，惩罚性为辅"的原则。[④]

针对违约金的功能，最高人民法院认为同一笔违约金既是补偿性的又是惩罚性的，"'约定的违约金过分高于造成的损失的，当事人可以请求人民法院或者仲裁机构予以适当减少'，这体现了公平原则，但如果不是'过分'高于，则不能要求减少，这又体现了一定的惩罚性，有利于对违约者制约"[⑤]。这种观点实质上是通过比较"违约金"和"实际损失"，并以"实际损失"为划分标准，将同一笔违约金中相当于实际损失的部分认定为赔偿性违约金，超出部分认定为惩罚性违约金，

① ［美］弗里德里奇·凯斯勒、格兰特·吉尔摩等：《合同法：案例与材料（下）》，屈广清等译，中国政法大学出版社 2005 年版，第 1111 页。
② 按照《合同法》第 114 条第 3 款的规定，在"迟延履行"情形中，违约方负有支付违约金及继续履行的义务。
③ 韩世远：《合同法总论》，法律出版社 2011 年版，第 658 页。
④ 王利明：《合同法研究》（第二卷），中国人民大学出版社 2015 年版，第 705 页。
⑤ 沈德咏、奚晓明主编：《最高人民法院关于合同法司法解释（二）理解与适用》，人民法院出版社 2009 年版，第 207～210 页。

并且超出部分不得过高。^①由此导致惩罚性违约金难以发挥其主要功能——担保债务履行，让以实际损失为标准的赔偿性违约金无视当事人间的"预定"，如此一来必然增加当事人的证明负担，危及违约金的制度价值，所以这种解释也存在较大的缺陷。

《合同法》第114条第2款为违约金的司法调整提供了主要依据，《最高人民法院关于适用〈合同法〉若干问题的解（二）》（法释〔2009〕5号）第29条第1款^②及《最高人民法院关于当前形势下审理民商事合同纠纷案件若干问题的指导意见》（法发〔2009〕40号）第7条^③则详细地阐明了人民法院或仲裁机构在判断是否应当调整违约金时应当考虑的主要因素。依据《合同法》第114条第2款后半段以及法释〔2009〕5号第29条的规定，就债务人（违约方）对债权人（非违约方）造成的实际损失而言，证明责任由请求减少违约金的债务人来承担。

通常来说，债务人很难证明违约给债权人造成的具体损失。如果严格、僵硬地适用此规定，债务人将会无法完成举证责任，从而承担举证不能的不利后果，进而导致违约金酌减的条款形同虚设。因此，法院或仲裁庭采取了"分阶段分配举证责任"的方式，例如，在金钱为标的的案件中，债务人并不需要证明违约给债权人带来的实际损失，只需要证明约定的违约金高于同期银行贷款利率计算所得数的30%，即完成了"约定的违约金数额过高"的举证责任。债权人为了推翻债务人的主张，需要对自己的实际损失进行举证，否则法院将认定约定的违约金数额过高，依债务人的请求酌减违约金数额。

然而，这样的做法将会带来三个方面的不利后果：其一，债务人无视合同订立时的有效的约定，可在合同签订后肆意违反，而法院的司法酌减权也沦为债务人践

---

① 罗昆：《我国违约金司法酌减的限制与排除》，载《法律科学（西北政法大学学报）》2016年第2期。

② 《最高人民法院关于适用〈合同法〉若干问题的解（二）》（法释〔2009〕5号）第29条规定：当事人主张约定的违约金过高请求予以适当减少的，人民法院应当以实际损失为基础，兼顾合同的履行情况、当事人的过错程度以及预期利益等综合因素，根据公平原则和诚实信用原则予以衡量，并作出裁决。

③ 《最高人民法院关于当前形势下审理民商事合同纠纷案件若干问题的指导意见》（法发〔2009〕40号）第7条规定：人民法院根据《合同法》第114条第2款调整过高违约金时，应当根据案件的具体情形，以违约造成的损失为基准，综合衡量合同履行程度、当事人的过错、预期利益、当事人缔约地位强弱、是否适用格式合同或条款等多项因素，根据公平原则和诚实信用原则予以综合权衡，避免简单地采用固定比例等"一刀切"的做法，防止机械司法而可能造成的实质不公平。

踏合同严守、诚实守信的挡箭牌；其二，从举证责任来说，债权人为了防止债务人请求法院违约金酌减的成立，需要一一证明自己的损失，对守约的债权人相当不公平，这与赔偿性违约金订立之初"减轻债权人举证困难"的目的与功能背道而驰，[①]简化损害赔偿举证的"赔偿性违约金制度"则形同虚设；其三，法院在认定违约金数额是否过高时，以"实际损失"为衡量标准，使得债权人最终获得的违约金与实际损害几乎无异，违约金制定既没有发挥"减轻举证"的作用，也难以具备"担保债务履行"的功能。

我国《合同法》未明确规定违约金性质或者功能，导致违约金在实践中逐渐兼具"补偿性与惩罚性"的双重属性，并强调"补偿性为主、惩罚性为辅"。首先，在观念上，违约金在功能上由"担保性为主、损害赔偿为辅"逐渐转变为"补偿性为主、惩罚性为辅"，[②]从而使固有意义的违约金制度次居于损害赔偿总额预定的赔偿性违约金制度，难以发挥出违约金制度应有功能。其次，尽管我国肯定赔偿性违约金，但由于违约金功能的认识缺陷导致法官动辄以"实际损失"为标准，任意调整违约金，否定当事人在合同中的意思自由，这不但使违约金的担保功能完全丧失，还没有充分发挥出损害赔偿总额的"预定功能"，使得违约金制度与损害赔偿制度无异，严重威胁了违约金制度的存在价值。再次，在比较法上，我国违约金制度以"补偿性为主"，这一点明显区别于大陆法系的法国、德国强调的违约金制度"担保债务履行"功能。与此同时，我国认可惩罚性违约金，这一点又与不承认"罚金"的英美法相异，即使是与日本比较（日本没有明文规定惩罚性违约金，而是将违约金推定为损害赔偿额预定），我国与日本在立法体例上也存在着较大的差别，具体法律规定对损害赔偿额预定及惩罚性违约金调整的态度也是大相径庭。由此引发的思考是，我国违约金制度究竟如何定位，应当发挥何种功能，使得其具有特色从而屹立于世界民法之林。

---

① 在司法实践中，如果当事人均未提供违约损失的具体数额，法院可综合考量后对违约金是否过高作出裁量。参见"冯晓军、杜建立、边伟标与陕西中实投资集团有限公司撤销权纠纷案"，最高人民法院（2010）民二终字第541号民事判决书。

② 最高人民法院认为，《合同法》第114条等规定已经确定违约金制度系以赔偿债权人的损失为主要功能，而不是旨在严厉惩罚对方。参见"青岛市光明总公司与青岛啤酒股份有限公司啤酒买卖合同纠纷案"，最高人民法院（2004）民二终字第125号民事判决书。

三、违约金制度的功能重构

（一）违约金功能以担保为主、以补偿为辅

违约金的固有之意在于其担保功能，已是不争的事实。梅仲协先生认为，违约金之目的在于保证契约之必能履行且减轻债权人就债务不履行或部分适当履行所受损害之举证责任。[①] 王利明教授认为，违约金实质上是为担保主债务的履行而设定的从债务。[②] 王洪亮教授认为，违约金的功能在于实际履行请求权的加强，即它针对的是原给付义务，而非次给付义务。[③] 此外，建立以担保功能为主的惩罚性违约金制度能促使合同履行，有利于阻止和威慑违约，为当事人提供了一种有效率的保险。[④] 换言之，如果只承认违约金制度具有补偿功能，又允许违约后法官对违约金随意调整，它便与损害赔偿制度几乎没有差别。因此，如果想要发挥违约金制度的独特功能与价值，我国则应当恢复违约金制度的固有功能，实现"以担保为主，补偿为辅"的立法定位。

根据《合同法》第 8 条的规定，依法成立的合同可以被视为当事人之间的法律，必须严格遵守，该条也被称为"合同严守"规则；《合同法》第 110 条规定了债权人可对债务人主张强制履行。与英美法国家不同的是，我国不仅认可"合同即当事人之间的法律"，而且将强制履行作为违约救济的一种方式。学说认为，强制履行的目的既不在于保护债务人，也不在于保护债权人，而是在于维持合同制约束力，其基础在于契约严守原则。[⑤] 职是之故，要实现与合同法的强制履行制度之间的衔接，在立法上最低成本的选择就是强化担保债务履行的惩罚性违约金，强调惩罚性违约金的价值与地位。[⑥]

（二）司法调整时以违约金功能为出发点

德国法学家基尔克（von Gierke）认为，不应该一味维护契约自由，合同双方

---

① 梅仲协：《民法要义》，中国政法大学出版社 1998 年版，第 253 页。

② 王利明：《合同法研究》（第二卷），中国人民大学出版社 2015 年版，第 700 页。

③ 王洪亮：《违约金功能定位的反思》，载《法律科学（西北政法大学学报）》2014 年第 2 期。

④ 刘廷华：《惩罚性违约金的经济分析》，载《北方法学》2013 年 4 期。

⑤ 王洪亮：《违约金功能定位的反思》，载《法律科学（西北政法大学学报）》2014 年第 2 期。

⑥ 在"雷彦杰与鞠自全、鞠炳辉股权转让纠纷再审"中，最高人民法院认为，对于恶意违约者，约定违约金比例一般不予调整，违约金与赔偿金可同时使用。参见最高人民法院（2009）民提字第 45 号民事判决书。

并非处于绝对平等的地位，对于经济弱者而言，"契约自由"与其说是决定的自由，不如说是一种强制的不自由。私法自治的理念集中体现于合同法，但随着现代社会的发展，合同法所保护的"自由"逐渐从"形式自由"向"实质自由"转变。违约金条款附属于合同，是合同当事人意思自治和协商一致的产物，基于"当事人是自己利益最好的看护者"的理念，原则上可以自由约定，违约金合意一旦成立即应生效，法律本不应干涉。对当事人来讲，这是契约严守、诚实守信的表现，而对于法院来讲，则是司法克制和对当事人意思自治的尊重。

惩罚性违约金的主要目的和功能在于担保债务履行，一般而言，为了切实起到惩罚性违约金的作用，在签订合同之时给债务人形成心理上的履行压力，防止将来违反合同义务，债权人会选择签订高于预期损害利益的金额，并且在双方的合意范围之内，债权人要求履行的愿望越强烈，惩罚性违约金约定的数额越高；赔偿性违约金的主要目的在于通过事前预定的数额，减轻违约后债权人对实际损失的举证责任。因此，一般而言，法院不得对赔偿性违约金进行酌减，当事人没有特别约定或者事后没有再次协议成功时，债务人在违约时应承担事前约定的违约金数额，不得事后经举证损害较小而减责，同样债权人也没有权利就超出约定的部分经举证实际损害较大要求补充赔偿。[1]

但是，不存在无边界的"自由"，如果允许不受限制的违约金约定，每个人都将可能遭受毫无限制的惩罚。[2]为了防止当事人滥用形式自由，侵害他人的合法权益，在设置违约金制度的同时，需要赋予法官调整违约金的权利，从而达到实质正义。此外，任何人的理性都是有限的，合同当事人（尤其是债务人）在签订时往往会出于对未来的美好预计，从而签订过高的违约金，如此一来违约金条款逐渐成为当事人之间的一种赌博，易造成大量显失公平现象的发生，此时法院干涉当事人意思自治便有了正当理由。[3]此时，法院应当综合考虑一切合理因素，以落实约定违约金的主要功能为导向，[4]确定一个适当的数额，以维护公平正义。具体而言，

---

[1] 姚明斌：《违约金的类型构造》，载《法学研究》2015年第4期。

[2] 王洪亮：《违约金酌减规则论》，载《法学家》2015年第3期。

[3] 比如因市场风险等因素造成的、双方当事人均不能预见的损失，法院判决违约方对此不向守约方承担赔偿责任。参见"新疆亚坤商贸有限公司与新疆精河县康瑞棉花加工有限公司买卖合同纠纷案"，最高人民法院（2006）民二终字第111号民事判决书。

[4] 罗昆：《违约金的性质反思与类型重构》，载《法商研究》2015年第5期。

对于惩罚性违约金，在进行司法调整尤其是违约金酌减时，案件审理法院应当考虑以下的因素：（1）约定的违约金数额能否发挥担保功能；（2）债务人的主观因素（故意或过失）；（3）债务人违约的既得利益、债权人预期利益（包括精神利益）；（4）合同损害继续发展等状况。

对于赔偿性违约金，在考量约定的赔偿性违约金是否"过高"，首先应当将关注重心还原到合同订立之时合同当事人能预见到的合理损失，考察前后发生不一致的原因，而非单纯以违约产生后的实际损失为标杆；其次，作为一种特殊的损害赔偿制度，赔偿性违约金调整也可以适用如过失相抵、损益相抵等损害赔偿规则；最后，还应当将公平原则和诚实信用原则纳入考量，以此来综合衡量违约金数额是否过高。比如，在"韶关市汇丰华南创展企业有限公司与广东省环境工程装备总公司等合同纠纷案"中，最高人民法院认为："违约金约定是否过高应当根据案件具体情况，以实际损失为基础，兼顾合同的履行情况、当事人的过错程度以及预期利益等综合因素，根据公平原则和诚实信用原则综合予以判断，30%并不是一成不变的固定标准；另一方面，前述规定解决的是认定违约金是否过高的标准，不是人民法院适当减少违约金的标准。"①

四、结语

违约金的功能定位决定了违约金的制度价值。目前，我国司法实践对违约金的干预较为普遍，以"实际损失"为标准对违约金约定的酌减具有任意性，使得违约金几乎沦为"损害赔偿"，这样的做法既损害了当事人的意思自治，又使违约金的"担保功能"难以发挥。因此，为了充分发挥违约金制度的功能，必然需要回归违约金的固有意义，换言之，违约金制度的法律设计和司法适用，应当以发挥违约金功能为目标，充分尊重合同自由，克制司法干预，在此基础上，进一步区分不同类型的违约金，使其能够充分发挥担保债务履行和减轻债权人举证责任的作用。

---

① 最高人民法院（2011）民再申字第84号。

我国社区矫正检察监督的实践审视与制度完善

贾永胜　杨风华 *

摘要：检察监督作为社区矫正有效运行的制度保障，具有保障社区矫正内在价值实现、保护矫正对象合法权益不受侵犯，以及实现犯罪人行刑社会化之目标重要价值。然而，我国社区矫正检察监督存在的监督力量薄弱、监督职权配置不合理等问题，导致社区矫正未能在检察监督的庇护下发挥出价值。为此，应该从配备专职的社区矫正检察监督人员，设置专门的社区矫正检察监督机构，将社区矫正纳入检察监督体系入手，增强社区矫正检察监督力量，从完善社区矫正检察监督立法，强化社区矫正检察监督权限入手，提升社区矫正检察监督能力。

关键词：社区矫正　检察监督　《社区矫正法（征求意见稿）》

社区矫正作为刑罚执行方式的一次根本性变革，其制度价值在我国不断得到认可。党的十八届三中全会正式提出"健全社区矫正制度"的要求，紧随其后，十八届四中全会确立了"制定社区矫正法"的立法目标。在此背景下，国务院法制办向社会颁布了《中华人民共和国社区矫正法（征求意见稿）》（以下简称《征求意见稿》），这是刑法修正案与新《刑事诉讼法》将社区矫正纳入刑事法律体系之后有关社区矫正立法的又一个里程碑。《征求意见稿》的颁布点亮了社区矫正制度的曙光，使社区矫正机制的运行在未来变得有法可依。目前，社区矫正的实践价值日渐获得社会各界的普遍认同，然而，如何使社区矫正的内在价值在实践中得到落实与强化仍有待理论界与实务界的努力探索。本文拟立足于检察监督在社区矫正中的重要价值，审视我国现有社区矫正检察监督机制存在的问题与不足，并在此基础上提出我国检察监督制度的改革与完善之策。

---

* 贾永胜，山东省东营市垦利区人民检察院检察长；杨风华，山东省东营市垦利区人民检察院职员。

一、功能与价值：检察监督是社区矫正有效运行的制度保障

社区矫正是与监禁矫正相对应的概念和刑罚执行方式，其目的在于使被矫正对象在具有开放性的社区中获得较为宽松的矫正环境，以达到重新认识自己罪行，塑造良好品行，并形成符合社会需要的人格的目的。但需要注意的是，社区矫正不等同于将被矫正对象置于宽松的社会环境中自生自灭。然而，观之我国的社区矫正实践，其效果难遂人意。甚至有学者直言，我国的管制、缓刑、监外执行以及假释等非监禁刑罚在实践中形同虚设，主管机关往往息于监督管理，更不会对被矫正人进行保护和改造，非监禁刑罚实际上等同于没有刑罚。[①]

本质上而言，社区矫正需要内外部因素相结合才能实现其制度价值，在有效的配套机制付之阙如的条件下，社区矫正的制度价值势必难以发挥，我国社区矫正制度的实践便是明证。而外部监督制度作为社区矫正的外部因素是有效发挥其功能的必要条件，从而也是我国当前社区矫正工作亟待完善的重点。结合我国的基本国情与司法体制构造，贯彻和落实社区矫正检察监督制度成为完善我国社区矫正工作的明智之举，这导因于社区矫正检察监督制度以下几个方面的价值：

其一，检察监督能够保障社区矫正实现其内在价值。社区矫正是非监禁行刑的一种创新性运作模式，在该模式之下，无论是主管机关还是被矫正对象都处于相对宽松自由的环境之中，制度运行较为松散，灵活度很高。前已述及，要在此条件之下彰显社区矫正的内在价值，单纯的制度规范与相关主体的自觉性并不可靠，外部监督力量的设置必不可少。换言之，社区矫正不可能脱离外部法律监督力量的护航而单独运行。因此，检察监督就成为社区矫正在财力支持、矫正主体安排以及运行环境等方面在既有的框架内按部就班开展的有力保障，从而也就成为社区矫正有效发挥其制度价值的保障。

其二，检察监督能够保障社区矫正对象的合法权益不受侵犯。在实施社区矫正制度之前，我们必须先树立这样的基本观念，即矫正对象被置于社区之中执行刑罚在很大程度上是一项带有福利性质的刑罚执行措施，这种刑罚执行方式的转化是基于行刑社会化目标的制度安排。但同时应该注意到，被矫正对象作为犯罪人在现有的社会生活秩序中仍然难以逃脱既有社会观念的责难，难免会遭到社会不公正的，甚至是歧视性的对待。故而，为保护被矫正对象的合法权益，在社区矫正中设置有

[①] 何显兵：《社区刑罚研究》，群众出版社 2005 年版，第 142 页。

效的监督制约机制显得尤为必要。①换言之，既然社区矫正以促使被矫正对象的重新社会化，帮助其适应正常的社会生活为目的，其有效运行就必然需要有力的法律监督机制以保障被矫正对象的合法权益不受侵犯。

其三，社区矫正检察监督能够保障犯罪人行刑社会化目标的实现。社区矫正的运行机理在于将犯罪人从封闭的监禁机关投放到具有开放性的正常社会中，以保障犯罪人在不与社会脱节的条件下保持正常的生活。不可否认，该种行刑方式对社会化目标的实现大有裨益。然而，正如有学者所言，"社区矫正最大的优点即非监禁行刑方式实际上也包含着它最大的缺点"②。申言之，脱离了强制性的监禁刑在客观上给了犯罪人再次犯罪和危害社会的机会，如果犯罪人仍然保持了继续犯罪的动机，在社区矫正环境中享有比较便利的犯罪条件，很容易达到实施犯罪行为的目的，重新造成危害社会的后果。因此，在对社区矫正制度的价值普遍认可的基础上，还必须正视其可能伴随的负面影响，并寻求恰当的因应之策。正是从这个意义上而言，社区矫正社会化目标的顺利实现也必须有有力的外部法律监督机制，以限制犯罪人在社会化改造的过程中有再次实施犯罪行为的可能性。

二、问题与不足：我国社区矫正检察监督实践现状之审视

社区矫正检察监督的价值已如上文所述，人民检察院作为我国的法律监督机关在开展社区矫正工作中应该积极发挥其职能。当前，我国也已经初步建立了以检察院为主导力量的社区矫正检察监督机制。然而，社区矫正检察监督在实践中呈现出形同虚设的现象，实施效果并不尽如人意。从检察机关作为社区矫正的监督机关的现状来看，我国社区矫正检察监督主要存在以下方面的问题：

（一）社区矫正检察监督力量薄弱

社区矫正检察监督力量薄弱主要表现为以下三个方面：

首先，从事社区矫正检察监督的人员十分匮乏。在我国现行的检察机构设置之下，通常由监所检察部门负责社区矫正的法律监督工作。然而，由于监所检察部门同时也是监管活动和刑罚执行的监督部门，往往无暇顾及社区矫正的检察监督。而且，从全国范围内检察机关刑事执行检察监督人员的配置上来看，专职从事社区矫

①张建明：《社区矫正理论与实务》，中国人民公安大学出版社2008年版，第168页。
②丁寰翔等：《社区矫正理论与实践》，中国民主法制出版社2009年版，第132页。

正的检察人员匮乏且年龄老化是比较普遍存在的问题。此外，人员流动过快也是监所检察部门的固有问题，调查数据显示，仅有接近半数的人员能够在监所检察部门工作3年以上。监所检察部门在实际运行中成为年轻人员短期过渡的跳板和年老人员平稳过渡的养老院。由此，监所检察部门的人员数量往往不固定，甚至存在兼职的现象，根本无法长期有效地兼顾驻所检察和社区矫正检察工作。总而言之，人员配备上的匮乏严重制约了社区矫正检察监督工作的有效进行。

其次，检察官的精英化与社区矫正监督工作的细化之间存在着矛盾。在我国深化司法体制改革的背景下，实行员额制检察官司法体制改革的基本要求，检察官精英人才到一线办案成为大势所趋，全国各地相继出台检察官、检察人员职权清单。而从这些清单规定的检察官的职权来看，检察官应该主要负责办理案件，社区矫正这项考核力度较低的工作往往被选择性地忽视。这显然与我国当前社区矫正日渐盛行、社区矫正人员日渐增多的基本现实相抵牾。随着司法体制改革的深入，检察官精英人才充实到一线办案部门与社区矫正人员匮乏的矛盾冲突日益严重。

最后，专门的社区矫正监督机构付之阙如。从全国范围内社区矫正机构的设置情况来看，鲜有地方检察院设置有专门的社区矫正监督机构。实践中通常是由检察院的监所检察部门负责社区矫正监督工作，而前已述及，监所检察部门本身组织机构和人员设置就不完善，经常存在只有1名工作人员的情形，其工作效率可想而知。此外，还有些检察院会成立专门的社区矫正检查工作小组。但是，从性质上看，这些工作小组只是临时性的管理机构，往往成员不固定，且在人员构成上都是其他部门的兼职人员，缺乏固定性和专职性，难以在社区矫正检察监督工作中发挥实际作用。[①]

（二）社区矫正检察监督职权配置不合理

我国当前社区矫正检察监督实践效果欠佳，除了上述检察监督力量薄弱的原因之外，还有检察监督职权配置不合理的原因。具体而言：

其一，现有的法律没有对检察机关的社区矫正检察监督权作出明确规定，社区矫正检察监督长期处于无法可依的境地。《刑事诉讼法》虽然规定了社区矫正制度，但对社区矫正的检察监督未有只字之规定。《社区矫正实施办法》以及《社区矫正法（征求意见稿）》也甚少提及检察机关的社区矫正检察监督权，即使偶有提

---

① 李岚林：《我国社区矫正法律监督：探索与反思》，载《吉首大学学报（社会科学版）》2016年第6期。

及也是与其他机关并列作笼统的规定。对于检察机关何时可以介入监督、具体应该如何进行监督等问题的规定则付之阙如。而根据《宪法》的规定，检察机关是我国的法律监督机关，承担着法律监督的职能，这是检察机关社区矫正检察监督职权根本法依据。此外，《人民检察院刑事诉讼规则（试行）》也有提及检察院的社区矫正检察监督职权，但也只是原则性的规定，根本无法满足日益增多的社区矫正工作的需求。

其二，社区矫正检察监督措施不足。申言之，检察机关作为法律监督机关对社区矫正实施监督检查手段相对单一，只能通过提出检察建议或者纠正意见的方式来应对监督中发现的问题。而且，检察监督是一种事后性质的监督，具有滞后性。[①]在此监督模式下，检察机关根本无法及时地处理社区矫正对象和矫正机构的即时违法行为，检察监督的效果会因此大打折扣。

其三，社区矫正检察监督的刚性不足，缺乏强制力。当前，检察机关的社区矫正检察监督权在本质上是一种建议和意见性的权力，[②]检察机关虽然有对在社区矫正过程中出现的违法行为提出意见和建议的权力，但是对于检察建议是否会被社区矫正机构采纳，是否会在采纳后认真贯彻执行，矫正机构拒不采纳和执行时如何应对等问题，当前法律法规缺乏明确规定。在此条件下，检察机关社区矫正监督职权的行使效果完全取决于社区矫正机关对检察监督工作的认可程度以及自身纠错机制，这无异于由被监督者来左右检察监督的效力，显然与法律监督机制的运行逻辑不符。总而言之，由于检察监督刚性的不足，检察机关的社区矫正监督职权显得微乎其微，司法实践中社区矫正机构隐瞒被矫正人员违法情形，敷衍检察机关的监督工作现象大行其道，社区矫正检察监督工作大多流于形式。

三、对策与建议：我国社区矫正检察监督制度未来之完善

作为监禁刑的替代行刑方式，社区矫正的价值日渐获得社会各界普遍认可，社区矫正在司法实践中的规模也日渐扩大。然而，与之不相称的是，作为为社区矫正保驾护航的检察监督机制仍然存在诸多问题，在很大程度上遏制了社区矫正价值的实现。为此，改革完善我国社区矫正检察监督机制成为当务之急、重中之重。因此，下文拟结合当前存在的问题，就社区矫正检察监督机制完善提出一己之见。

①徐伶俐：《制约与超越：新法实施背景下谈社区矫正法律监督之完善》，载《中国检察官》2013年第1期。
②陈伟：《社区矫正检察监督机制的改革与完善》，载《湖北社会科学》2017年第3期。

（一）增强社区矫正检察监督力量

增强社区矫正检察监督力量应主要从以下三个方面着手进行：

首先，应该为社区矫正配备专职的检察监督人员。"轻刑化"是当前国际范围内的主流思想，也是司法发展的一般规律，而社区矫正正符合"轻刑化"的基本要求。因此，在当前深化司法体制改革的要求下，检察机关的工作也应该向社区矫正等检察监督领域集中，而不能一味地将工作重点放在侦监、公诉等传统业务部门。为此，检察机关应该从转变执法理念入手，重新认识社区矫正在刑事司法制度中的重要地位及其重要价值，在此基础上增加社区矫正检察监督人员的配备。此外，为解决社区矫正检察监督人员紧缺的问题，可以考虑通过政府购买社会服务的方式，挑选聘用社区矫正检察监督联络员作为检察监督的辅助人员，充实检察队伍力量。

其次，把握国家监察体制改革的机遇，把社区矫正监督纳入检察监督体系建设。随着国家监察体制改革推进，检察院的机构设置和职能开始发生转变。检察机关的反渎职侵权局、职务犯罪局以及反贪污贿赂局等职能部门被整合进新组建的监察委员会。在此背景下，检察院的职能必然要向法律监督回归，"完善检察监督体系，提高检察监督能力"成为当前检查工作的重点任务。社区矫正监督作为检察监督一项重要职能应该被认真对待，有必要将其纳入检察监督体系建设。

最后，适时设立专门的社区矫正检察监督机构。前已述及，随着社区矫正这种非监禁行刑方式的价值不断获得认可，被执行社区矫正的人员规模不断扩大，社区矫正机构也随之不断增多。顺应这种形式需要，适时设立专门的社区矫正检察监督机构，专职负责社区矫正检察监督工作，确有必要。在机构人员设置上，可以考虑由至少一名检察官和数名检察辅助人员组成。在机构组织形式上，可以探索实践社区矫正检查工作站、社区矫正监察办公室、监外执行检察室等形式。[①]

（二）合理配置社区矫正检察监督职权

社区矫正检察监督功能的有效发挥以社区矫正检察监督机关享有合理的职权为前提条件。现阶段，我国应该从以下两个方面合理配置社区矫正检察监督职权。

一方面，应该健全社区矫正立法，明确规定检察监督权力。完善的立法是行政

---

①杨红文、王创伟：《我国民族地区社区矫正的现实困境及进路——以广西壮族自治区为视角》，载《中央民族大学学报（哲学社会科学版）》2013年第2期。

机关依法行政的前提和基础，也是司法机关依法司法的重要依据。就社区矫正立法而言，由于立法者预见能力的局限性以及立法过程中公检法司等相关部门的利益博弈等，现有的《社区矫正实施办法》只能对社区矫正做原则性和框架性的立法，而根本无法对其做详尽细致的规定。故而，要在现阶段建立健全社区矫正立法，必须打破部门利益的藩篱，对我国社区矫正的法律资源进行整合，由全国人大常委会作为立法主体制定具有较高法律位阶的《社区矫正法》。可喜的是，当前《社区矫正法（征求意见稿）》已经颁布，社区矫正立法开始步入正轨。但就其规定的内容来看，仍不尽如人意，尤其是没有对公检法司在社区矫正中的职责权限进行明确和细化，从而难以对推诿扯皮、执行不力的部门机构进行有效的追责。因此，在对《社区矫正法（征求意见稿）》进行完善时应该明确各部门的工作权限和职责，特别是应该明确赋予检察机关对社区矫正的监督权限。

另一方面，应该强化检察机关对社区矫正的法律监督权限。社区矫正检察监督的效果取决于检察机关的监督能力，而监督能力则由配置给检察机关的监督权所决定。为解决我国当前社区矫正检察监督措施乏力、监督职能弱化的状况，应该考虑授予检察机关调查核实、督促纠正以及提请惩戒等监督权限。

1. 调查核实权

检察机关对社区矫正活动的监督以对社区矫正执行情况的了解为前提条件。而只有授予检察机关调查核实权才能保障其对社区矫正执行情况的知情权，从而保障检察监督职能的有效发挥。[①]调查核实权是检察机关介入社区矫正过程，对其执行情况实施实体监督的一项至为重要的权力。授予检察机关对社区矫正的调查核实权的意义在于，可以保障检察机关对社区矫正违法行为实施快速的调查，为访谈社区矫正对象或者社区矫正机构工作人员提供便利，从而能够更有效地寻查犯罪线索，为检察监督决定提供事实依据，保障最终做出的检察监督处理决定的公平性与合理性。

2. 督促纠正权

督促纠正权是检察机关在确认社区矫正机构在社区矫正执行中存在违法行为时，要求其及时改变错误的权力，是与调查核实权相衔接的一项权力。当前，检察机关对社区矫正机构的违法行为一般是通过口头或者发出书面检察建议书或者纠正

---

① 袁其国、胡卫列：《刑事执行检察业务教程》，中国检察出版社2015年版，第36页。

违法行为通知书的方式来行使督促纠正权的，但是这种督促纠正方式并不具有强制效力。为提升检察机关督促纠正权的实效，防止社区矫正机构无视检察机关督促纠正权的现象，授予检察建议书或纠正违法行为通知书以具有强制执行效力成为必然选择。具体而言，可以在社区矫正立法中规定，社区矫正机构应当在合理期限内对检察机关发出的检察建议书或者纠正违法行为通知书作出回应，对其提出的建议和纠正意见应当立即执行，即使因极其特殊的原因无法执行的也应该向检察机关说明理由，并等待检察机关的答复。

3. 提请惩戒权

提请惩戒权是指检察机关对拒不改正不当的社区矫正行为或者违反社区矫正行为的社区矫正机构的负责人，提请其所在单位或上级主管单位对其予以惩戒的权力。提请惩戒权是保障上述督促纠正权有效实现的重要手段。社区矫正检察监督的效力不仅依赖于具有强制性的外部推动力，而且也需要作为被监督对象的社区矫正机构的能动性。而社区矫正机构能动性的调动必须依赖于一定的内部惩戒机制。故而，可以考虑在相关立法中规定接受提请惩戒申请的单位的回应义务，即接受提请的单位应及时将处理结果书面告知检察机关。

四、结语

对社区矫正实践进行细致的审视，并在理论层面进行深入反思，在实践操作环节相应跟进，是我国社区矫正制度继续前行的正确出路。综合看来，社区矫正检察监督机制的乏力是造成我国当前社区矫正名不副实、流于形式的最为重要的原因。而社区矫正检察监督力量薄弱，社区矫正检察监督职权配置不合理造成的检察监督能力不足，是我国当前社区矫正检察监督所面临的最大问题。故而，本文沿着提升社区矫正检察监督能力的思路提出了改革和完善之策。设立专门的社区矫正检察监督机构、配备专职的检察监督人员、强化检察机关的监督权限等都是提升社区矫正检察监督能力的有效措施。笔者相信，随着作为社区矫正的检察监督机制的完善，我国社区矫正制度终将发挥出重要的价值。

冤案纪念馆、纪念日、纪念碑：
冤案防范的法治文化进路

黄鑫政　石宁辉*

　　源于智识的局限或责任感的缺失，冤案与人类法治文明的演进结伴而行，从未断绝，甚至在法治昌明的当下，仍有不少冤案发生，部分被尘封、遗忘，部分侥幸得以纠改。冤案预防和赔偿的重要意义，在于作为矫正正义的"最后一道正义"，更彰显了法治的自我洁净，体现了国家司法体系不断进步的方向以及执政党对人民基本权利的尊重。冤案不断消解着人民对法治的信仰及对国家机构的信赖，侵蚀着党的执政基础。此外，冤案的发生往往伴随着刑讯逼供，[①]严重伤害了受冤者的人身、人格权利，受冤者的人格尊严亟待伸张。现行法中国家赔偿之精神赔偿不到位，不论是经济赔偿的微薄，还是赔礼道歉、恢复名誉等精神赔偿之运用效果欠佳。有鉴于此，本文主张将法治公墓、[②]冤案纪念馆、冤案纪念日、法治人物纪念碑作为国家层面对受冤者精神赔偿的新方式，作为冤案防范的法治文化进路，弥补现有精神赔偿的不足，更增冤案防范之警示。本文先阐述这些新方式的精神价值，再介绍这些新方式的制度设计。

---

* 黄鑫政，苏州大学王健法学院博士生；石宁辉，浙江鉴湖律师事务所专职律师。

① 唐亚南：《刑事错案产生的原因及防范对策》，知识产权出版社 2016 年版，第 103~107 页；黄士元：《刑事错案形成的心理原因》，载《法学研究》2014 年第 3 期。

② 包括为冤死者设立的冤死者公墓及冤死者追悼仪式。仪式要求公检法、监察、监狱看守所等相关部门的人参加，需要诸如出席代表讲话、出席人问候受害者家属、默哀、播放国歌及法治歌曲、向受害者鞠躬等仪式。全程录像，作为宣传、学习的材料。见黄鑫政：《法治公墓：祭奠法治英灵》，载蒋海松主编：《岳麓法学评论》，中国检察出版社 2017 年版。

一、冤案法治文化进路的意义

冤案法治文化进路能弥补精神损害赔偿落实的不足，杜绝公民人格尊严的价钱化。"较纯粹地"用金钱的方式赔偿冤案受害者被侵犯的生命健康权、人格尊严、人身自由等权利，不可避免地陷入人格尊严价钱化、人身自由商品化的误区，存在着严重的认知矛盾。金钱有一定的抚慰、赔偿作用，但不应该成为绝对主导的赔偿方式，真正的精神赔偿不可以废弃，不能流于形式，需要深挖。否则，无法避免有将公民生命、自由、人格尊严等同于金钱的嫌疑，更不用说在金额上远未达到令受冤者满意以及社会大众认可的标准。

冤案防范的法治文化进路，充实了国家赔偿之精神抚慰的内涵，扩展了其方式，是国家机关负责人代表国家对受害者及其家属赔礼道歉的平等主体间的交流，是人与人之间歉意的表达，而非金钱支付式的一笔勾销，这体现了平等与尊重。这种人文仪式的治疗作用，是一种公权力机关及其人员对受害者及其家属深刻、真实而有意义的道歉。冤案公墓、冤案纪念馆、纪念日等作为永久的机制和物态文明，长久、持续为冤案受害者恢复名誉、赔礼道歉，也公开、持久地彰显公权力的内省、慎法，亦能够凝聚民心，增进法治信仰。冤案防范的法治文化进路，警示后人不重蹈覆辙，预防刑事错案的发生，作为对国家机关工作人员长期的"惩罚性机制"和预防式警醒，能够警惕恶政恶行。

谈及冤案防范的法治文化进路的几个新方式，不得不提及"仪式"及其作用与意义这个人类学、社会学的词汇、范畴。仪式有助于确立、[①]强化参与者心中的秩序。冤死者追悼会、公墓和纪念馆瞻仰仪式的举行，仪式的洗礼与教化，每年一度的冤案反思纪念日及相应活动的参加，都是对相关公权力机关、单位及其工作人员的一种警醒、教育、警戒。入墓仪式活动能唤醒人们尤其是公检法人员对冤假错案的重视警醒，唤醒人们对受害人的同情、对法治观念、基本原则的重视。国家赔偿的法治文化方式，既是权利救济、人权补偿的方式，也是一种柔性的惩罚，相对于判刑的刑罚追责，没有抑制法官审判积极性的缺点。因此，国家赔偿的法治文化方式有效统合、彰显了国家赔偿法的预防性、惩罚性、弥补性功能，呼应国家赔偿法的需求与目的。同时，国家赔偿的法治文化方式也是司法文明的重要组成部分，司法文明的丰富同样有利于预防冤案的再度发生，可作为国家赔偿的"预先的第一道防线"。毕竟赔偿已经是不得已的矫正正义，预防冤案的发生是本来就该有的原

①佟金玲：《司法仪式研究》，吉林大学2011年博士学位论文，第52页。

生性正义。国家赔偿的法治文化进路，也能间接起到控权的作用：仪式之于公权力机关及其工作人员的内心影响，是软的方式，也是法治文化的方式。同时，规定仪式的参加、对受害者或其家属的道歉，都是惩罚的一种更深刻的方式，"攻人者攻心为上"[①]，这是"攻刑讯逼供者、枉法裁断者之心"的方式，能够一定程度上弥补当下对枉法的司法人员进行追责较为缺乏、不完善的缺点，[②]同时避免了对司法者严厉追责所需要面对的重重阻力。冤案有一部分是由法官、检察官、警察造成的，仪式与法治文化等作用于他们的内心，能够起到一定的教化、提醒、警戒的作用，让相关国家工作人员参加活动，同样是国家赔偿惩罚性职能、预防性职能落实的体现。

冤案防范的法治文化进路体现主动赔偿的精神，增加受害者或其家属的满意度。国家赔偿法是一部义务性法律，[③]主动是它应有的使命与态度。陈春龙教授也建议国家赔偿应该向主动赔偿方向努力。[④]冤案防范的法治文化进路，能够缓解公权力与人民之间的冲突，增进社会和谐，加强人民的法治信仰，防止对受害者或其家属造成二次伤害，促进受害者或其亲属、社会公众对国家、公权机关的宽恕，[⑤]化解矛盾，维护国家的形象与法治的权威。

二、冤案纪念馆

冤案纪念馆，即为了起到铭记、警示作用而设立的纪念馆，其中展示已有的较为典型的刑事冤案的细节，为人们所参观、纪念、缅怀、警戒。

近年来，随着国家政策的引导，以及国家对于冤假错案纠错力度的增加，大量的冤案被平反，受到群众的拥戴。聂树斌、呼格吉勒图得以沉冤昭雪，都是这个背景下的产物。类似的典型案件和事例，值得设为典型，为司法者、执法者、普通民

---

① 《孙子兵法·谋攻》。

② 许多冤案的责任人没有被追责。这对于当事人或其家属是不公平、不正义的，且这也不利于人民法治信仰、信任感的维护、提升。舆论对冤案责任人是否被追责的关注也相对不够强烈，冤案责任人的追责常常成为烂尾工程，或者说，不了了之。这对于法治的完善，是不利的。当然，追责也考虑适度，需要考虑责任人的职业性质及责任主观故意的情况。

③ 义务性法律的提法参见拉兹对法律的分类，参见［英］约瑟夫·拉兹：《法律体系的概念》，吴玉章译，商务出版社 2017 年版，第六章。

④ 陈春龙：《中国国家赔偿论》，中国社会科学出版社 2015 年版，第 34 页。

⑤ 王晨：《国家赔偿领域中赔礼道歉制度的检讨与建构——从国家赔偿法、民法、刑法、国际公法"四法"比较的角度谈起》，载《法学杂志》2009 年第 5 期。

众所铭记，也是冤案纪念馆的展示对象。

纪念馆展示冤案发生的经过和冤案证据、被刑讯逼供者身上的伤痕以及翻案、平反的经过，一审、二审、再审判决书，国家赔偿书，受害者及其家属的合影，一般冤案受害者接受采访的录像等。可以仿照孙志刚、呼格吉勒图的墓碑的写法，如江平先生为呼格吉勒图撰写的墓志铭："呼格吉勒图，内蒙古呼和浩特人。一九七七年九月二十一日生。十八岁时，危难攸降。蒙冤而死。一九九六年四月九日夜，一女子被害身亡。呼格报案。被疑为凶手。后不堪严刑而屈招。被判死刑，六月十日，毙。呼格负罪名而草葬于野。父母忍辱十年。哀状不可言。二零零五年十月。命案真凶现身。呼格之冤方显于天下。令华夏震惊。然案牍尘封无所动，又逾九年。内蒙古自治区高级人民法院再审。二零一四年十二月十五日宣布呼格无罪。优良的司法，乃国民之福。呼格其生也短，其命也悲。惜无此福。然以生命警示手持司法权柄者，应重证据，不臆断。重人权，不擅权，不为一时政治之权益而弃法治与公正。今重葬呼格。意在求之，以慰冤魂。特立此碑。"[1]

纪念馆可以包括冤案致死区，如聂树斌、呼格吉勒图；也包括一般冤案区，如滕兴善、赵作海等。纪念馆展示的对象，都需要征求当事人的意见，经过其允许再作展览，不能强制性展览。对冤死案件的展览，需要征求冤死者家属的意见，经由其许可。

纪念馆的建造可以由各地财政拨款，展示的材料可以来自各方，提供必要的冤案材料是法院、检察院的任务。纪念馆可以设立国家级的，在省府、市县级是否应该建，以实际上该地区的冤案数量等实际情况为准，一般以省为单位建立冤案纪念馆。冤案多少，可以以"属地"和"属人"两种范畴进行判断。属地，即冤案由所在的地区的法院审理过，如呼格吉勒图案，可以由呼和浩特冤案展览馆、内蒙古冤案展览馆展示，不论具体冤案经历过几级法院、几个地方法院，都应以导致冤案发生的"终审"法院为主。属人，即冤案受害者的户口所在地，如念斌，就可以是福州冤案纪念馆或福建省冤案纪念馆的冤案展示典型案件。已经公布平反的冤案数量不算多，且不怕重合的情况，重复的情况是加强宣传、体现的结果，亦是好的事情。

纪念馆应当免费向社会大众开放，并配备相应工作人员管理维护，经费由相应

---

[1]《呼格吉勒图墓志铭：以生命警示手持司法权柄者》，载《法制晚报》2015年11月12日。

级别的财政部分划拨。纪念馆接受公检法监等部门的访问学习，作为公检法监、政法委文化的学习基地，公权力反思的基地。

纪念馆属于物态文化，或者说是法制器物，[1]也具有象征意义。这是深得民心的做法，体现国家对冤案的重视，以及对冤案的教育、警示意义的认同。体现国家对冤死者及冤案受害者的尊重，对其受到的遭遇的同情。纪念馆能同时作为公检法等国家机关工作人员学习的场所，以提高自身的责任心，便于正确执法、司法。

三、冤案反思纪念日及仪式

冤案反思纪念日，即公检法监等公权力部门，尤其那些造成冤案或者对冤案形成负有责任的法院、检察院、公安机关等，于该纪念日反思过去的冤案，并反思"过去一年"冤案的发生情况与过错，以防止冤案的发生、警戒冤案的再发生，改进执法、司法。

纪念日可以举行一些相关活动，包括参观冤案纪念馆，瞻仰冤死者墓的活动等。参加人员包括公检法监及相应各级领导、法学院师生、法医专业师生等。同样，在公检法等公权力部门内部，进行相应冤案反思检讨总结会议。

纪念日的作用与意义：首先，对已经造成冤案或者对冤案发生负有责任的公权力机关及其工作人员来说，是一种"赔礼道歉"以及担当的体现，也是国家主动担当的体现。更是一种长期的"道歉机制"和法治决心的宣誓，体现爱护关心同胞的民族精神。盛世重义，对于真正法治国家，理应如此。

河南省已经有类似的纪念日。"河南省高院院长张立勇要求全省法院以赵作海案件为反面教材。河南省高院把无罪释放赵作海的5月9日定为全省法院'警示日'。每年这一天，全省法院都要组织广大干警围绕这起案件深刻反思，并作为一项制度长期坚持下去。"[2]可以说，我们非常需要冤案防范以及国家赔偿这样的担当与首创。这也是对赵作海、念斌、聂树斌、呼格吉勒图、孙志刚等受害者的一种尊重、精神慰藉和补偿。

四、法治人物纪念碑

所谓法治人物纪念碑，主要是指仿照人民英雄纪念碑的形式，给予冤案受害者

①王运声，易孟林：《中国法治文化概论》，群众出版社2015年版，第478页。
②陈春龙：《国家赔偿法总论》，中国社会科学出版社2015年版，第577页。

以崇高地位和尊敬，体现国家对冤案受害者的尊重和对冤案行为的不满。

党和国家领导人极其重视冤案的预防与平反，习近平总书记"让每个公民感受到公平正义"的呼吁影响深远。类似南京大屠杀死难者国家公祭以及人民英雄纪念活动的意义重大，里面涵盖了符号、象征、仪式等，里面体现党的领导人、领导集体对无辜人民和革命战争时期的烈士的珍重与尊敬。通过法治人物纪念碑的设立，给予冤死者类似的待遇，体现我们国家对冤死者的尊重与缅怀，体现党和国家对冤案的重视，在冤案防范上定下心理、意识基础，是对冤死者人格尊严进行补偿、弥补的方式，也是冤死者国家赔偿之精神损害赔偿的一种方式。

五、冤案防范的法治文化进路的新方式的可行性

冤案防范的法治文化进路具有道德合理性。法治公墓制度、法治纪念碑、冤案纪念馆、冤案纪念日等的引入既是法律，也是道德。对因刑讯逼供、冤假错案等而失去生命的人们给予特殊的尊重和纪念，符合中华民族的道德传统，受人民支持，呼应民心，也有利于社会主义法治价值观的树立，体现盛世重义的风范，较容易为人们所认可。

冤案防范的法治文化进路的几种方式具有硬件设施可行性。墓地管理，可由一般公墓管理机构即各级民政部门管理，从目前来看，冤死者人数不算庞大，不会占用太多资源。冤案纪念馆，可以仿照博物馆的管理以及人员配置等，设立国家冤案纪念馆以及地方冤案纪念馆，冤案纪念馆展示的内容无非一些文书、案件经过介绍、一些器物等。以全国影响重大的冤案为展示、纪念主体的国家冤案纪念馆，或者以属地或属人为原则设立的地方冤案纪念馆，展示的内容和数量皆不会过于庞大，冤案纪念馆带来的成本、管理、占用地和场馆资源，在现有的条件下，都不会是重大的难题。

结语

在法治国家建设上，我国依然是发展中国家，法治文化的生长更显缓慢。可喜的是，无论从执政党的政治指引抑或法学界的学术研究来看，近年来"软的""底蕴的"法治文化的塑造已经引起了更多的重视。类似《法治之歌》、法治公墓、冤案纪念馆、纪念日、法治人物纪念碑、宪法日、宪法宣誓制度等法治的精神文明成果必将不断涌现。

信息交互与公众参与行政立法

——长沙市公民立法参与调查报告

于宜芃 *

摘要：政府行政立法与公民权利密切相关，日益引起关注。长沙市自 1986 年获得地方性法规立法权后，对此进行了良好的民主立法实践。本课题从参与程度和参与方式两个角度对长沙市行政立法的民众参与现状进行了调查。调查发现，民众对行政立法工作较为了解，但大多数人不愿意亲身参与行政立法，甚至近年来最为流行的网上参政议政也是成效甚微。立法听证会等传统方式更是应者寥寥。其原因主要在于，一方面受制于传统的"畏官""畏诉"的文化，民众对于政府有一种疏离感；另一方面则在于民众本身并不具备基本的政治参与技能，而且对其参与结果并不知情，未能形成良好的反馈机制。因此有必要更进一步在地方行政立法中引入社会第三方组织，在个体与政府之间形成良好顺畅的信息沟通渠道，并通过普法活动培育民众的公共精神与政治参与能力。

关键词：信息交换　行政立法　公众参与　网络议政　长沙市

在现代政治生活的三权配置中，与公众日常生活关系最为紧密的无疑是政府所行使的行政权力。政府通过对法律的进一步细化而制定出规范人们日常生活各个方面的行政法规。而为了"弥补行政权的膨胀对公民民主权利挤压所造成的'民主赤字'所必需的"①，公民行政立法参与也成为现时代热门的话题。公民通过提供行

---

* 于宜芃，华东政法大学政治学与公共管理学院 2019 级研究生。本文系湖南大学国家级 SIT 项目"推动民众参与地方行政立法的制度研究——以长沙市为例"项目成果。项目指导老师为湖南大学法学院蒋海松副教授，小组成员还有湖南大学法学院 2015 级学生：刘嘉政、王奕恬、邓紫荆、龚伊鹤。
① 江必新：《行政法制的基本类型》，北京大学出版社 2005 年版，第 224 页。

政信息、表达意见、发表评论、表达利益诉求等方式参与到行政过程之中，促进行政立法科学化水平和行政效率的提高。

长沙市在 1986 年获得地方性法规制定权后，积极地行使这一权力，至 2017 年共出台地方性法规和政府规章 181 件，在全国范围内处于领先地位，进行了良好的立法实践，在过去 7 年中总计征求意见 8700 份。①但同样在具体实践中也出现了一定的问题，如公众参与积极性不高，不知道如何参与等。因此本课题小组将围绕长沙市民众参与政府立法实践展开调查，深入分析长沙市民众参与地方立法的现状及存在的问题。本课题小组指导教师为蒋海松老师，课题小组成员包括刘嘉政、于宜芃、邓紫荆、王奕恬、龚伊鹤等 5 人。于 2017 年 10 月至 11 月，在长沙市五一广场、长沙火车站、长沙王府井、后湖小区等人口流动量较大的地方发放第一批问卷，共计 500 份，随后在对问卷进行初步整理分析的基础上对问卷做了进一步的修订。于 2017 年 12 月至 2018 年 1 月，在同样的地点发放了第二批共计 500 份问卷，在对问卷数据进一步整理分析后，再对问卷做进一步地修订。最后于 2018 年 2 月至 7 月，发放第三批共计 1100 份问卷，发放地点位于长沙市五一广场、长沙火车站、河西奥克斯广场、湘江新区综合枢纽站、渔人码头等长沙市民流动量较大的地方。综合总计为 2100 份问卷数据的基础上，课题小组成员在指导老师的指导下撰写了本报告。

一、民众参与程度分析

从心理学角度讲，人类的行为活动是按照自己在脑中所设定的观念来进行的。也就是说，只有在脑中存在这一观念，人类才能按照观念的方式做出一定行为。因此，对民众参与政府立法活动的研究首先要从公民对于政府立法活动的认知状况着手。我们以长沙市在 2012 年制定的《长沙市全民健身办法》《出租车单位里程价格上调以及 2018 年制定的长沙市购房规则》（"房屋限购令"）等对公民生活具有较大影响的政府法规为基础，对公民对于政府立法活动的认知进行了调查。

在对 2100 人的问卷调查中，有 542 名受访者表示了解过长沙市政府的相关立法活动。他们不仅知道这些政府文件的存在，而且还从不同渠道了解了其具体内容

---

① 陈剑文、侯娟君：《关于提高长沙市政府立法公众参与度的实践及思考》，载《地方立法理论研讨会暨湖南省立法研究会 2016 年年会论文集》，第 138 页。

以及对个人日常生活将造成何种影响，甚至他们还能够说出这些文件的制定者以及当自身利益被侵犯时将通过何种渠道向政府部门表达自己的利益诉求。而有1096名受访者对于这些对日常生活有较大影响且与自身利益相关的法规仅仅是听说过的部分，对于这些法规的全部内容、制定流程以及对长沙市民众产生的深远影响并不知晓。另外，仍存在462名受访者对于这些政府法规既不知道其内容也不知道其存在，完全游离于政府立法活动之外，也无从进一步参与到政府立法程序之中向立法者表达出自己的利益诉求。

从整体来看，长沙市民众对于政府的行政立法活动具有较高的认知水平，仅有不到22%的受访者不甚了解政府新近对民众日常生活制定的法律规制，约78%的受访者知晓明白行政法规的内容以及对于自身生活的影响。而且，除中间52%的受访者表示仅了解过与自身相关的行政法规内容外，仍有25%的受访者能够明白政府部门制定相关行政法规的目的，以及当自身利益受到损害时应该通过人大、写信、立法听证会等方式向行政法规的制定者表达自身的利益诉求，以较好地保护自身合法利益。

也就是说，从参与能力的角度讲，约有26%的人有能力参与到政府行政立法的程序之中；有50%的人在认知到政府立法这一事项存在的情况下，经过基本的公民政治参与训练也同样有能力参与到政府征求民意的立法程序中；而仅有25.8%的人对政府立法活动并不知情，即仅从认知方面考虑，有约75%的受访者能够参与到立法活动之中，为政府制定的法律法规献计献策。但当被问及是否有意愿参与到立法进程中时，受访者的态度发生了一定的下降。

相较于之前表示知道政府相关行政立法信息的74%受访者，只有51.6%的受访者表示知道有参与到立法过程中表达自己意见的权利，即只有51.6%的人能更进一步地参与到政府立法活动之中，其余48.3%的人不知道自己有权利对政府行政政策表达意见，也就无法参与到政府征求意见的活动之中。但更进一步被问及是否有意愿参与到其中时，仅有21.5%的受访者表示愿意参与其中并表达自己对于政策的看法，即451人知道自己有权利参与到立法过程中，占总体知道人数的41.6%；有51人不知道自己有权利参与到其中，占总体不知道人数的5%。这印证了前文所采纳的心理学理论，人类的行为活动是按照自己在脑中所设定的观念来进行的。也就是说，只有在脑中存在这一观念，人类才能按照观念的方式去做出一定行为。只有当人们意识到自己有权利参与到政府部门的立法活动中时，他们才可能有意愿并且亲身参与到其中去表达自己的利益诉求。

　　此外，评价民众参与程度的另一个重要指标在于，公众实际在政府立法中的参与程度。在长沙市岳麓区、天心区、开福区等人员流动量较大的地方收集得到的 2100 份问卷中，其中曾亲身参与过政府立法听证会等相关会议的仅为 4 人，即参与率为 0.02%。而 4 位曾参与过政府立法实践的受访者对于自己参与立法的目的均表示，是维护公民自身的合法权益。在我党明确将依法治国确定为党领导人民治理国家的基本方略后，政府对权力的运用就要严格依据法律的规定来行使，而与政府权力相对的则是公民的个体权利。如果政府权力的运用不受法律的节制而随意使用，那么公民的权利必然会受到损害。而地方性法规和政府规章正是将政府的权力明确界定下来，将其限制在一定范围之内。同时，通过对权力的明晰化可以更好地明确政府的职责，使其权力能更好地为人民服务，如长沙市在 2012 年制定的《长沙市全民健身办法》，在广泛征询民意的基础上得到了市民的普遍认可及执行。通过拓展公众的参与范围，长沙市地方立法实践很好地处理了政府权力与公民权利之间的关系，更为具体地界定了政府的职责，使政府的权力既能得到有效地发挥又能够不损害公民的个体权利。

　　与只有 4 人曾亲身参与过的立法听证会等专业性活动形成鲜明对比的是，通过网络问卷调查、政府公众号留言等新兴网络媒体的方式，参与到政府制定政策活动中的受访者有 847 位，即相比于参与严肃的立法听证会受访者占比的 0.02%，通过新兴媒体参与的受访者达到了 40.3%。这说明，随着信息网络技术的发展，越来越多的人能够利用便捷的网络技术向政府机关表达自己对于政府以及政策的看法。尤其是近几年越来越呈常态化的长沙市各级政府开通的"微博问政"以及微信留言等，使得人们可以不必再按照规定的时间穿着正装准备好发言提纲去参加"传统""严肃"的立法听证会、专家咨询会，完全能够足不出户地就向意见征询机构反映自己的诉求。在未来政府立法部门征求意见的渠道中，新兴媒体因其便利性应该占据重要地位。

　　从上述对比中我们可以看出，长沙市的公众参与立法实践依然存在一定的问题，人们往往更加倾向于参加更加轻松愉快的网络调研，而在面对需要更多时间精力成本的立法听证会时则并不积极。但相对于只能就给出选项进行简单选择性表达的网络问卷调查，直接面对面交流的立法听证会则给了参与主体更多的机会去阐述自己的意见，在与其他利益相关方的激烈辩论中更好地说明自己的观点，并说服其他主体同意自己的意见。而且除实际参与率外，评价公众参与的另一指标在于公众对参与立法的意愿程度。在问卷调查中，如果有机会只有 23.9% 的人愿意参与进政府行政立法的活动中，而其余 76.1% 的受访者则以没时间没兴趣或以参与没有意义抑或以过于专业化等为由表示不愿参与到长沙市地方立法活动中。

　　亲身参与过的 4 位受访者表示公众参与到政府地方活动中表达自己的想法对政府工作和自身生活都很有积极作用，未参与的民众则表示不愿意参与立法活动，这两者间的反差引起了我们深深思考，为什么长沙市地方立法活动开展得卓有成效但普通民众对此毫无兴趣？根据上文所提示的参与方式的线索，小组成员决定对长沙市就立法项目征集意见的参与渠道这一方面进一步地进行研究。

二、民众参与方式分析

　　从政治系统论的角度而言，"为了使一个政治系统具有最大的效用，可以把它看作一些互动，一个政治系统通过这些互动为一个社会权威性地分配价值[1]。"换言之，政治的过程在于信息的交换，政府通过最大化地收集民意并将其体现在行政政策中以获得最优的社会治理效果和最多的社会支持，"公众参与最重要的意义就是在行政立法的价值和目标尚未确定之时，可以通过民众参与和表达，确定以民众价值偏好为核心的立法价值和目标，以促使行政立法的正当性"[2]；同理，民众想要行政立法能更多地照顾到自己的利益，就要将自身的利益诉求最大限度地输入进政治系统中。而在此过程中公众作为"程序主体能够自主地与合乎目的的支配、选择、判断以及接受程序，而不是作为一个客体去被动地承受他人为自己做出的安排"[3]。但如何将自身的信息输入进去并能够有效地体现于政府立法中，就要尽可能多地了解政府的立法信息并在此基础上考虑如何才能顺畅地将自己的意见输入政治系统。因此，民众从何种渠道了解政府立法信息对其采取何种渠道何种方式参与到政府决策活动中至关重要。

　　报纸电视等传统媒体依然在信息传播上保持着优势地位。66% 的受访者依然是通过电视报纸这些媒体来获得长沙市政府目前的立法动态的，22.7% 的受访者表示自己对于市政府立法信息的了解是来源于与朋友的交谈中，而仅有 44.6% 的受访者表示自己曾经从新兴媒体中了解过政府立法活动。这与前文实际参与率这一数据所展现的差异形成了鲜明的对比。绝大多数人是依据报纸电视等传统媒体了解政府

①［美］戴维·伊斯顿：《政治生活的系统分析》，王浦劬译，人民出版社 2012 年版，第 20 页。
②王锡锌：《行政过程中公众参与的制度实践》，中国法制出版社 2008 年版，第 21 页。
③朱立宇：《地方立法的民主化与科学化问题研究》，中国人民大学出版社 2011 年版，第 28 页。

目前所进行的立法活动的，而实际参与到其中的仅有 4 人，约占 0.02% 的受访者。相比较而言，实际曾通过这类新兴媒体向政府表达过自己利益诉求的有 40.3% 的受访者。换言之，在从接受信息向实际参与的转化过程中，传统媒体的转化率仅为 0.3%，而新兴媒体的转化率为 90.3%。

从两种媒体的不同特性看，这一显著差异能够得到合理解释。报纸电视等传统媒体所代表的信息交换是单向性的，即报纸电视只能将政府所希望民众得知的信息单向地传达给民众，而对于民众想向政府传达信息的这一方向是被封死的。民众在传统媒体中只能单纯地接受政府向自己传达的信息，而无法通过这一渠道即时地向政府作出反馈。另外，就媒体所承载的信息"质量"而言，经由数百年所锤炼所产生的传统媒体不可避免地带有专业化的气息，传统媒体工作者使用着与日常平实语言不相贴合的言辞来表达着政府的信息。这种言辞上的陌生同样加强了民众对于政府活动的疏离感，使民众对于政府的立法持消极的态度。而对新兴媒体来说，则不存在这一问题。基于网络的新兴媒体天然地就具备交互性，每个人都能自由地发声。信息不仅是从政府单向地流动到民众中，相反民众的诉求也同样可以通过网络技术方便快捷地向政府表达。那么，相较于需要更多时间成本的传统参与形式，在互联网上简短几分钟的参与方式获得民众更多的青睐就不难理解了。

而且传统的立法听证会、专家论证会等参与方式要求参与者具备更多的专业素质，能够确实有效地作为行政立法涉及的某一群体的利益代表者，以理性系统化的言辞去说服参与其他行政立法的其他主体，尽可能地完整地表达自己所代表的群体的利益；相反，基于个体兴趣的新兴媒体则并无此方面的要求，在这里每个人都可以畅所欲言地表达自己的想法，而不必去代表任何人。哪怕这仅仅是他一个人的想法，也会得到他人的尊重。那么，从民众角度看，以更少时间、精力成本，更自由无负担的渠道才是最受欢迎的。进一步结合通过社交圈了解立法信息的数据也较少这一调查结果来看，其实不难推测，立法问题由于趣味性不高、专业难度较大以至于并不能很好地渗透进人们的日常生活中，所以导致群众在日常交流或者上网时并不会自愿自觉地去关注相关的立法问题，自然便不了解如何参与地方立法。

但科技的发展与自媒体的传播逐渐在改变这种情况，尤其是各级政府纷纷开通微信公众号，将零散的信息传达给群众，即使是较为专业的立法问题，通过各类公众号、自媒体的整理解说，也会变得容易理解，便于群众接受；而且借助便捷的信息网络技术能够及时将参与立法的最终效果反馈给民众，提高民众的参与感和责任感。同时，由相关公共知识分子运营的各类法律政治自媒体，也在不断地基于自身

的视角对政府的相关立法活动进行解释说明，使普通民众能够较为全面地了解某项
行政法规的出台会对自己的日常生活有哪些具体的影响。

　　当然通过新兴网络社交媒体进行立法的参与也存在一些问题，自媒体传播信息
的零散碎片化的特点难以确保获得的立法数据的真实性和严肃性，很多受访者表示
他们之前曾看见并参与的网络问卷调查都只是在浏览 QQ 空间或微信朋友圈甚至微
博的娱乐放松时间。因此，在这种放松的心态下，立法活动参与者所表达的言论是
否同样会是一种将真实想法隐藏起来的戏谑表达？在这种娱乐的态度下，他们所表
达的想法仅仅是自身的想法还是在考虑到全体市民整体利益的想法？这些问题都值
得进一步深入思考。

　　从民众向政治系统输入信息的角度看，仍有 874 位受访者表示可以通过听证
会、座谈会的形式来向政府表达意见。由此可见，传统的公民政治参与形式依然在
人们心中占据着主要地位。但以政府网站和公众号为代表的新兴媒体则以 42.6% 的
比例压过了传统的政治参与形式，这也符合上文的调查结论，民众在与政治系统进
行信息交互中，在向政治系统反馈自己的信息时所采取的渠道与其接受政治系统传
达信息的渠道存在密切关联。随着越来越多的政府部门将政务公开并设置专门的民
意收集网页，人们也越来越愿意通过网页或微信留言的方式就政府的立法活动表达
自己的看法。

　　有 693 位受访者表示自己知道可以通过政府发放问卷的方式表达自己的意见。
因为问卷或电话调查的便捷快速、易回收使政府进行调查更加方便，所以人们对于
以问卷调查这种方式参与政府立法也更为熟悉。但同时问卷参与也存在局限性，问
卷更多是以提问形式发布的，对政府方面来说虽然更具有针对性，但是这不利于民
众了解立法内容、目的，不利于民众与政府的信息交流互通，对于民众有效参与地
方立法是存在局限的。而听证会、人大代表等参与人数少则是由该参与方式本身的
严格条件所限制决定的。这一方面是出于时间和金钱成本的考虑，政府无法就同一
问题组织多次的听证会，只能通过参与成员来提升听证会的多样性意见与质量；但
这也导致了另一方面的问题——参与过程的烦琐，审查的严谨。在填写参加听证会
申请表的时候，除了个人的基本信息外还要写明为什么要参与此次听证会以及写好
将要在听证会发言的纲要。这就对参与者的表达能力、表达技巧以及社会整体意识
提出了较高的要求。

　　因此在现有实践中，立法听证会多是由利益相关行业精英参加的，普通民众更
多的是坐在旁听席旁听参与者的发言甚至都无法参与到这一活动中。这就使得政府

的决策遵循了精英团体的意见，政府决策仅仅是各个精英利益集团之间的博弈，民众只是被精英瓜分的利益对象。如长沙市政府在 2014 年 11 月 28 日就出租车涨价事宜向民众征求意见，召开听证会时，尽管消费者代表在 25 个名额中占据了 11 个名额，但是仔细研究其身份构成就会发现除一位来自长沙大学的学生以及一位自由职业者外，其余的参与者多在国有企事业单位任职或者从事法律工作，很难说他们自身的职务不会影响到自己对于这一问题的判断。在参与主体身份单一化的情况下展开听证会还能否保障民意的收集是多样化的，能够展现最广大人民的真实诉求？

而另一项向人大代表、政协委员或社会团体反映情况和表达自身诉求的渠道，则仅有 26.8% 的受访者表示知道可以通过这种方式向政府表达意见。显然，这一情况表明长沙市的人民代表大会代表并未完全地履行自身的职责。根据作为我国根本政治制度的人民代表大会制度的规定，人民代表是由人民选举产生的，他们的权力来自人民的赋予，他们在行使权力时要对人民负责，接受人民的监督，积极听取人民的意见想法。可以说，这在我国是作为公民政治生活基本常识而存在的，但仅有 1/4 的受访者表示知道这件事情。在对没有选择这一选项的受访者进行零散的访谈时，他们表示：完全不知道这种事，每天为工作就很辛苦了，实在是没有精力去关注这些，而且也不觉得有什么必要去了解并参与其中。这使我们认为要更彻底地推动民众参与政府立法活动，有必要进一步地对民众对政府部门的看法进行研究。那么是对于政治怎样的理解才会导致民众做出如此的发言？

三、信息交换受阻的文化原因分析

在上文的案例中，如果排除政府相关部门以及出租车代表后，就会发现在其他参与者中具有高校背景的达到了 5 人，再加上对政治生活有一定理解的法律职业和公益事业的人，除政府部门和出租车代表外，其余 13 名立法听证会的参加人员中有 7 名参加者，无论是从学历还是职业上看都具备基本的政治知识以及参与的热情。这是否意在表明普通民众的参与活动与其自身所受到的教育有关？从理论上说，受过良好教育的公民会更加积极主动地参与到政治事务中，向政府表达自己的利益诉求并保护自身的合法权利。因此，在政府积极改革听证会参与制度的同时，更加重要的是要提高公民的主人翁意识和参与意识，动员民众自愿地参与到立法活动中。也许民众的心态是公民政治参与的关键要素。

在我们收集的 2100 份数据当中，有 60.3% 的人认为立法工作将直接影响日常生活，但仍有 39.7% 的人认为立法工作对自己日常生活没有直接影响，因此也毫无意愿参与到政府立法活动中。但大部分民众还是能够初步理解政府运行的基本原理，认识到政府相关工作会对民众的日常生活产生明显的影响。然而再进一步对其是否有意愿参与政府立法活动进行调查时，其中绝大多数人选择了不愿参与到其中，对于这一反差，我们做了更进一步的研究。

表 1　受访者不愿意参加政府立法活动的原因

		您的年龄范围			
		18~30 岁	30~60 岁	60 岁以上	总计
不愿意参加政府立法活动的原因	对政治活动不关心	75	167	44	286
	参与也没有实际效果	670	293	72	981
	对政府有疏离感	795	369	9	1173
	发布的信息过于专业化	476	228	24	728
	不知道如何参加	198	149	8	355
	缺乏能力技巧	693	287	26	1006
	没有时间没有精力	194	207	10	411
	不知道立法信息	342	304	26	672

由表 1 可见，有 1173 位受访者将自己不愿意参与到政府立法活动的原因归结为对政府有一种疏离感，并将其选择为不愿意参加立法活动的首要原因。这一情况在 18~30 岁的青年中表现尤为明显，占据了选择这一选项的 66.7%。而紧随其后的是缺乏参与的能力与技巧，共有 1006 位受访者表示这是阻碍他们参加政府立法活动的原因，这表明立法听证会、座谈会而非基于新兴媒体的微信公众号或政府网站，依然在人们对向政府反馈信息的渠道中占据着主要位置，与此同时也要求想要参与到其中的民众具有较高的政治参与能力与技巧。此外，此前在对受访者零散访谈中从未出现的"参与了也没有实际效果"这一选项得到了 981 位受访者的选择，位列不想参与政府立法原因的第三位。其余值得注意的是，也许在民众与政府的信息交互中，双方间信息的流通问题也许并未如我们所估计的，在发达的信息网络技术上得到了很好的解决，依然有 728 位受访者表示政府所发布的立法信息过于专业化，不能结合生活实际得到很好的理解。而且有 672 位受访者表示自己并不知道政

府现在的行政活动以及为了制定政策而发布的立法民意调查信息，因此无法参与到其中。

从这一角度看，民众未能有效地参与到政府立法活动中主要是如下两个原因：

1. 对政府的疏离感

如费孝通先生在《乡土中国》一书中所说，传统中国的社会是由一个一个基于血缘所成立的家族构成的。因此，家族天然地具有一种保守性，强烈地排斥外来的群体，只求保持自身内部的稳定与和谐。换言之，家族作为一个微观社会自治体，对来自政府的干涉持怀疑态度。[①]尽管在工业化的现代社会，这种以小农经济为基石的社会结构已经解体，但作为持续一千多年的社会存在，它还是会在社会意识层面留下一些痕迹。这也就表现在民众对于政府的疏离感上，对于他们的日常生活来说，政府依然是一个外来的对自己生活强行干涉的管理者。政府并未能够真切融入他们的生活之中，依然被排除于民众自己的生活小圈子之外。

前文对立法信息来源的调查也证明了这一点，在 2100 位受访者中仅有 476 位表示他们曾在与朋友聊天中谈及目前市政府所进行的立法活动。尽管在被明确问及时，他们会表示自己的日常生活与政府的立法活动是存在直接或间接关联的。但是在潜意识层面，他们仍将政府视为自己生活的外来干涉者，而非为了更好地生活所必需的手段。那么，在这种心态的指引下，民众自然会将更多的时间精力投入到与自己生活密切相关的事情上，比如工作、家务、教育孩子等等，依然将政府视为生活的外来者，尽力避免与其接触。

虽然各级政府法制办和人大常委会都加强了信息的公开，让人们有更多的渠道了解到立法信息。但仍然有 34% 的人表示不知道立法信息，其原因可能在于两个方面，首先是政府公开的对象、范围以及力度仍然不够，其次是这些机构颁布信息的人都是经过专业培养的，是相对于大部分人来讲的"精英阶层"，他们发布的信息如果不能让接受信息的对象，也就是各个阶层、各个水平的人民群众都足以理解、接受，这会对民众参与立法和立法得到民众的反馈造成相当的阻碍。受调查者中，就有 34.7% 的人认为这些信息是过于专业化，是他们理解较为困难的。

2. 参与效果问题

除传统文化心理外，对参与效果的不确定性也是民众不愿参与到其中的一个重要原因。从数据中可以看出，46.7% 的受访者认为立法活动的参与并不会取得实

[①]费孝通：《乡土中国　乡土重建》，群言出版社 2016 年版，第 75~78 页。

际的效果，因此他们不愿参与。这就涉及民众参与立法的反馈和效果问题，也就是说，民众并不知道自己参与后是否会对立法的走向起着一定的影响。

这从一定程度上反映出两个问题：第一，在民众眼中，他们参与立法只是一个形式，走个过场，并没有起到实际影响，真正起决定作用的仍然在于政府内部的因素。第二，已有民主立法的实际效果并未反馈给民众。作为立法活动最后环节的反馈机制，对民众再次参与到立法活动中具有重要的积极作用。通过反馈机制，参与到其中的民众能够认识到自身参与行为能够对政府决策产生积极的影响，而非只是政府为求合法性而走过场的形式。此外，对未曾参与到其中的民众而言，反馈信息为其提供了积极的引导刺激。在他人勇于表达出自己利益诉求的榜样激励下，其他旁观者也会内在地产生表达自己利益诉求的意愿，从而踊跃地报名参加民主立法程序，因此"通过建立经常性的、规范性的信息公开制度对于保证公众参与的真实和有效是极为重要和必不可少的"[1]。

对曾参加过政府就规范性文件所举办的立法听证会的4位受访者进行访谈，当被问及在您参与立法活动中遇到了什么阻碍时，受访者普遍表示政府所发布的信息过于专业化，有的时候看不懂这个法律文件想要表达什么。而且即使现有参与渠道众多，也主要集中体现在立法听证会这一制度上，但这一渠道所耗费的时间与精力成本过大。他们在参加立法听证会前，出于责任感都会进行为期一周的调研，在此期间工作以及日常生活都受到了一定的干扰。但最主要的是，存在民众极为关心却不公开征求意见的立法草案，在立法听证会上辩论的具体程序也没有明确规定，完全是按照主持人的想法进行，各方利益主体都没法展开自己的观点，完全地表述自己的立场。对于不予采纳的意见也从不说明拒绝采纳的理由。而且立法听证会的时间大多选择在工作日上午，为了参加这一活动不得不从工作单位请假而政府方面也并未给予过相关补贴。

四、第三方组织拓展参与渠道

针对上文所出现的畏惧政府、缺乏专业能力等阻碍信息交互的问题，借助于第三方组织似乎可以解决这一难题。而且在行政立法的过程中，政府等有关部门和需要参与其中的公众是两个相对立的主体，而且权利义务存在明显的不对等，公众常常需要得到权利的保护和利益的主张，这就在理论上给了第三方组织很好的发挥空

---

[1]陈里程主编：《广州公众参与行政立法实践探索》，中国法制出版社2006年版，第293页。

间。如果第三方组织能够通过更加广泛的平台，以更加专业的方式权衡立法者与公众之间的利益关系，向民众传递立法信息，汇集民意并通过更有影响力的渠道反馈给政府等立法部门，那么行政立法的公众参与度和参与效率将得到极大的提升。事实上，当我们就这一问题对民众进行调查时，也得出了比较乐观的结论。

民众对于第三方组织参与政府立法活动并不十分了解，仅有 28% 的受访者表示自己曾经听说过这类事情。但事实上，环境保护领域的"绿色潇湘""绿色之友"、保护妇女儿童权益的"妇女儿童社会组织服务中心"，以及常见的消费者协会等等，都曾经在法律领域为公众提供了大量的帮助和救济，维护着普通公众的权益，捍卫着公众政治生活的正常秩序。但第三方组织往往在公众权益遭受损害时才会站出来进行维护，而真正在行政立法阶段就积极发挥作用的组织相对较少，具有一定的滞后性。因此，民众对其在立法活动中的作用并不了解也是情有可原的。然而，当我们向受访者简单讲述了第三方组织所能给公共政治生活带来的益处时，大多数民众表示自己愿意支持第三方组织的工作。

调查结果表明，有 62.8% 的受访者希望通过第三方组织参加行政立法活动，占绝大多数。确实，在整个公众参与立法的流程中，第三方组织介入其中有着明显个人参与所不能及的优势。首先，第三方组织具有更强的专业性。他们在相关的领域具有更强的信息获取、处理以及反馈能力，可以通过更广泛的渠道第一时间获取相关立法信息，并分析整合立法者和相对人之间的利益关系，及时反馈给相关公众。有效避免了公众缺乏获取立法信息渠道和立法者提供的立法信息过于专业化的问题。其次，第三方组织具有更多的话语权。"与分散的个体相比，个体利益的组织化可以带来更多的参与资源、更丰富的信息以及政策制定的更大影响力。"①如 2015 年"绿色潇湘"共向国家、省市县四级党组织、政府及环境主管部门递交了 22 份政策建议，涵盖了立法建议、两会提案、政策建议等多个门类，切入公众参与、水污染防治、空气污染防治等多个议题。几乎所有的建议报告都获得了相关部门的积极回应，与"绿色潇湘"进行了进一步的沟通。②最后，第三方组织有着较强的公益性。第三方组织的最大特征之一就是其具有公益性和服务性，它们不以营利为目的，维护相关领域内的公共利益和公众的利益是它们的设立基础和根本目

---

① 王锡锌：《公众参与和行政过程——一个理念与制度分析的框架》，中国民主法制出版社 2007 年版，第 83 页。

② 绿色潇湘－工作成效 http://test.greenhunan.org.cn/index.php?v=show&cid=63&id=287.

标。在衔接立法者和公众的角色中，第三方组织往往能够保持中立性，兼顾强势与弱势双方主体的利益。

此外，仍有 13.8% 的受访者表示并不愿意第三方组织收集其意见并代表其参与到政府行政立法活动中。首先，第三方组织作为个体、家庭生活的一个外来者而受到消极的对待。无法相信第三方组织能够完整地将自己对于公共生活的看法传达给政府，甚至于在某种程度上第三方组织因其与政府间的关联被认为是政府的代理人而同样不受信任。其次，第三方组织本身缺乏统一的组织管理。不同于法人，第三方组织的内部结构并不统一，部分第三方组织内部本身并未设立宣传部门、调研部门、代表机构等能让其有效、高效运作的内部结构，导致其在发挥作用时缺乏系统性流程和结果的评估，部分第三方组织甚至形同虚设。这就使得其对于公众参与行政立法的辅助作用并没有预想中的好。最后，长沙本地的第三方组织的知名度依然不足，并未能进入公共社会活动的中心。公众在有所需求时并不能第一时间想到通过第三方组织解决，在实际衔接的过程中出现了脱节现象，第三方组织只能收集其所联系的一小部分群体的意见。对于更广泛的公共生活，第三方并不能面面俱到地基于所搜集的民意提出自己的专业性看法。

但无论存在何种问题，借助第三方组织可以在个体公民与政治系统间建立一条稳定的信息传递渠道。政府通过第三方组织将制定政策的信息需求传达给个体。相较于一般情况，政府所发布的信息需求都只是挂在政府部门网站上等待对此感兴趣的普通公民来反映民意。但经过第三方组织的作用，政府的立法信息需求不仅可以有针对性地传递至需要此信息的人，而且通过第三方组织的解释，原本专业化的术语也将被翻译成个体所能理解的信息而被个体完全接受。同时，第三方组织在收集民意的过程中，也会基于自身的专业性而将普通民众的激情式表达予以过滤，以理性审慎的态度将信息进行收集整理，尽可能最大限度地体现最多数人的利益。换言之，作为中转站的第三方组织将进一步地优化政府与民众间的信息传递，对双方在立法参与问题上予以正面的刺激，使政府进一步扩大民众参与的范围，使民众能够有更多的激情参与到立法活动之中。

五、普法创新提升参与能力

针对在民众心理层面所出现的问题，依靠第三方组织的作用只是短期的手段，更根本的手段在于通过普法教育在思维层面改变民众对于自己和政府的认识，同时政府还要通过普法教育将政治参与的技巧教授给普通民众，使民众不仅有意愿而且也有能力参与到政府立法征求意见的活动中，即提升民众自身处理及反馈信息的能力来实现民众与政府间的有效信息交互。事实上，在我们所做的问卷调查中，民众也表达了这一意愿。

在 2100 位受访者中，有 1829 位受访者表示政府应该在普法教育活动中向公民教授政治参与的技能、技巧，培养公民政治参与的能力。仅有 13% 的受访者认为政府不应该在普法活动中向公民传递有关政治参与的信息与技巧，然而当被问及他们为何做出这一选择时，受访者均支支吾吾并没有给出明确的答复，只是说"就是感觉政府不应该做这种事情，这应该属于自己的事情"。然而，普法活动与公民意识养成在内在上具有一致性。从静态上看，普法活动与公民意识养成互为目的和手段，普法活动是公民意识养成的手段之一，公民意识养成是普法活动的重要目标，让公民明白自我的基本权利和对于社会发展的积极作用。

从动态上看普法与公民意识养成相互影响相互促进。公民意识的提高有助于公民更加深入地理解普法活动的内涵与意义，主体意识、参与意识的提高能使公民自觉地参与普法活动中来，增强普法的责任感，从而促进普法活动的深入发展。而且，通过普法活动的教育也能使公民对于基础法律知识、民众参与立法的方式和途径等有更加深入的认识，从公民意识转移到实际参与中，从而更好地提升公民参与立法的水平，让公民参与到立法中，提升立法的科学性和民主性，更好地推动法律的实施。

但当被问及在普法教育活动中，民众是否得到了这些政治参与技巧时，仅有 10.6% 的受访者表示自己曾在社区或政府举办的普法教育活动中了解过这些知识，而其余 1878 位受访者则表示并没参加过普法教育活动或者在其中仅了解到民法、刑法等部门法知识，对于公众如何参与到政府立法活动中的渠道、技巧并未了解过。这一差异表明了如下两个问题：

1. 普法受众意识的忽略

普法策略的制定更多的是站在政府的角度来确定，而较少或者没有考虑到民众对于法律的需求，更多体现了国家本位的思维定式，体现国家对于民众的要求，而民众自己的要求却被忽视了。而问题的另一面则是，由于普法忽视了民众的需求，普法本身也被民众所忽视。普法变得越来越形式化，即使有再多的普法活动也难以引起民众的兴趣，许多人甚至参加完普法活动也不明白究竟讲授的内容是什么。普法的内容只是依照国家的普遍政策要求，无法切实解决民众的问题，使得民众没有参与的兴趣，也就更不会实际地接受法律教育，更别说进一步地理解并提高自己的政治参与技能。从而形成纸面上普法成果累累，但实践中却乏善可陈的境况。

2.普法内容的局限

普法的内容多为专业的法律知识和概念，缺少对法制宣传教育内容的特殊性——公民接受法律知识的特殊性以及大众传媒传播法律知识的特殊性——的整体关照，致使法制宣传教育工作遭受公众缺失模式、法学专业教育模式和媒介辅助模式的综合抵制，部分抵消和化解了普法宣传教育效果。造成了一种将普法教育变成了对于司法或机关从业者加强司法知识的学术活动，而对于其他普通公众的普法宣传却没有达到实质性效果。民众依然无法理解政府在规范性文件中所使用术语的真实含义，依然无法将法律的规定与自身的日常生活进行直接有效的联系，同样也无法有效参与到政府立法活动当中。

基于上述分析，为了有效提高公众进入立法程序的比例，鼓励公民就自身所关切问题进行利益表达，同时也为了提高政府立法决策的科学性和民主性，我们认为有必要从以下两个方面对公众进行普法教育，提高民众的公民意识、权利意识，真正实现人民当家做主：

1.从专业普法模式向大众普法模式转变

从公众的实际愿望和需求出发，根据受众的不同来进行不同的普法教育。一方面是在普法内容上更多地教授一些基础性的法律知识，增加受众面；另一方面是在不同的普法活动中，针对不同的受众群体运用不同的普法方式和普法内容，真正满足普通大众的愿望和需求，让他们真正愿意参与到普法中，更愿意参与到地方立法中。

2.改进普法宣传形式

重视新媒体的普法，通过招投标的方式，引入社会专业机构更新和维护互联网普法平台。普法网站、普法微博、普法微信公众号等普法信息发布系统要获得公众的关注和认可，除了及时更新普法文章，还要将普法文章编辑得贴近生活、紧跟潮流。通过这些新媒体的途径可以更加直达公众、激起公众的参与兴趣。传统的普法方式多是举办讲座、对职工授课的方式，较为枯燥，民众的积极性和兴趣度都不高。即使有志愿者到社区和一些学校发放宣传册或者举办一些活动，也只有有限的受众群体参加而且时间较固定。如果能够用新媒体的途径，公众可以随时接受普法教育，受众群体覆盖更加广。

在这一方面，长沙岳麓区法制办进行了较有创新的尝试，在各个小区中设立民意收集点。在日常工作日期间，以信箱的形式开放收集民众对于区政府立法项目的意见、建议，而且将信箱设置在居民小区内方便了普通民众向政府表达自己的利益诉求，而不必再像以前需要在工作日请假向区政府相关信访部门表达自己的看法。

而在周末休息日期间，通过联系协调区人大代表、政协和法制办工作人员，保障在每个民意收集点都有相关专业人员为普通民众的政治参与问题以及对政策的疑惑进行解答。"在一个代议民主制度下，公众参与的意见能否对政府产生实质性，最终要通过要代议制起作用。"[①]那么，这一举措就不仅使得政府的民意收集渠道更加贴近民众的日常，每个公民都可以便捷地将自己的意见传达给政府，而且还使得普法活动走入了公民的日常生活，在最近距离的地方为民众讲解现代政治学的基本常识、政治参与所需要的基本技能甚至日常生活中所涉及到的法律问题，实现最短距离的信息交换。

六、结论

现代民主制国家内在地要求民众要积极参与到政治等公共事务活动中去，民众"只有在大众普遍参与的氛围中，才能实践民主所欲体现的基本价值如负责、妥协、个体的自由发展、人类的平等"[②]。但如何最大化地实现民众政治参与，以本次对长沙市的调研为例，则需要对民众与政府之间的信息流通进行优化。在互联网技术不断发展的信息时代，民众与政府之间进行信息交换的渠道也随之从原有的立法听证会、座谈会拓展至基于微博、微信公众号的即时性新媒体。尽管如此，普通民众对于现实政治参与的热情依然不高。在无法改变行政立法信息的标准化与专业化形式的情况下，只能不断培养公民政治参与的技巧以提高公民政治参与的程度。

一方面，我们需要通过创新普法教育的活动形式，将议事规则、辩论规则等政治表达的基本规则教授给普通民众，使之具备基本的政治参与能力与技巧，并培养出政治参与的意愿和自新。另一方面，在目前民众政治参与程度较低的情况下，有必要借助第三方组织的力量。通过第三方组织专业的意见综合能力，在民众与政府之间构建起顺畅的信息交换渠道。不仅将政府专业化的立法信息，以通俗易懂的形式讲述给普通民众；还要将普通民众个体式激情化的意见经综合分析整理为更具普遍性的利益诉求表达。只有通过这两种方式，才能既在短期内有效地提高公众参与程度，又能长期从根本上保障民众有政治参与的意愿和自信，最终实现良好的社会治理。

---

① 蔡定剑主编：《公众参与：风险社会的制度建设》，法律出版社2009年版，第8~9页。
② ［美］卡罗尔·佩特曼：《参与和民主理论》，陈尧译，上海人民出版社2006年版，第15页。

域外译文

　　编者按： 卡尔·施米特是 20 世纪德国著名公法学家和政治思想家，虽然他的一部分作品已经有了中文译本，但对于中国内地的读者而言，他仍然是谜一般的存在。由于他在学理上抵御自由主义和普世价值，有的人将其视为"自由主义者心中的一根毒刺"，或者认为其有"危险的心灵"。另一些人则将他视为一位 20 世纪历史大事件的记录者，他的作品内容涉及日内瓦国际联盟、占领莱茵兰、日本对中国的侵略等等，这些人寄希望于施米特的评论"折射出当代政治争论"。还有些人认为无论是欧洲右翼，还是美国左翼，以及多元民主论都从他的思想中汲取了养分。也有人根据施米特与纳粹的关联，给他的名字打上了国家社会主义的烙印。

　　总之，施米特显然是一位极具争议的思想家。近些年来，施米特研究在欧美学界强势复兴已经成为政治学和法学领域令人瞩目的事件。谁是施米特——这个问题很重要，但恐怕眼下更为迫切需要回答的是我们还能从他的作品中学到什么？

　　本篇书评评论的是施米特三篇与战争相关的文章（暂且称之为《战争三论》）。1936 年之后施米特开始远离实践政治，将目光转向国际法与国际关系，这三篇文章几乎组成了施米特国际法或者战争的观点，目前国内少有论述施米特战争法的研究，这是施米特研究的空白。通过这三篇文章我们可以尝试思考以下三个问题：第一，1937 年的《转向歧视性战争的概念》一文在多大程度上推进了 1927 年的《政治的概念》？第二，《禁止外国势力干涉的国际法大空间秩序：论国际法中帝国的概念（1939-1941）》中所提到的"大空间"与"生存空间"的关联是什么？第三，《作为国际犯罪的侵略战争和"罪刑法定"原则》一文中讨论的战争与犯罪之间的关系到底是什么？何时战争转变成了一种犯罪，既然是犯罪，谁又能来裁定呢？这个裁定的合法性从何而来呢？

卡尔·施米特的《战争三论》

努南（Timothy Nunan）著

方　旭* 译

　　这位魏玛共和国法学家仍然是谜一般的存在。读者们第一次阅读政治哲学家、法学家卡尔·施米特的文本时，感觉他的作品看上去是某种随意编撰的。① 一些作品的解读者将他描绘成某种"反革命的预言家"，他孜孜不倦地寻求即将来临的全球秩序，竭力抵御 20 世纪的世界主义以及普世价值。② 另一些人则将他视为一位着眼于 20 世纪历史大事件的写作者，举例来说，日内瓦国际联盟、占领莱茵兰，日本对中国的侵略等等，这些都能通过重构"折射出当代政治争论"。另有一些人认为无论是欧洲右翼，还是美国左翼，以及多元民主论都从他的思想中汲取了养分。③ 还有些人认为施米特的名字打上了国家社会主义的烙印，有些愤世嫉俗的人列举出

---

* 本译文系国家社会科学基金项目"西方马克思主义视阈下'例外状态'社会治理及其应用前景研究"（17XKS016）的阶段性成果。

　　译者方旭，法学博士，中共重庆市委党校马克思主义学院教师。本文自《施米特的战争论集》（Writings on Wars, Cambridge: Polity Press, 2011）译出。作者努南（Timothy Nunan），牛津大学历史系。

① ［译按］各类有关施米特的解读文本以及其他文本的文献综述的篇幅都超过这三篇施米特作品的简短导论。更为详尽的学术性的综述，见 Peter C. Caldwell 的《关于施米特的论战：近年来文献的回顾与评述》（Controversies Over Carl Schmitt: A Recent Literature）。［中译按］此文中译本已出版，考德威尔：《关于施米特的论战：近年来文献的回顾与评述》，载许纪霖：《现代性的多元反思》，江苏人民出版社 2008 年版，第 122 页。

② ［译按］Jacob Taubes，《保罗的政治神学》（The Political Theology of Paul, Trans, D. Hollander, Stanford: Stanford University Press, 2004）；［中译按］此书中译本已出版，陶伯斯：《保罗的政治神学》，吴增定译，华东师范大学出版社 2016 年版。Wiliam Hooker，《施米特的国际思想》（Carl Schmitt's International Thought, Cambridge: Cambridge University Press, 2009）。

③ ［译按］运用施米特思想的简要介绍，见 Kam Shapiro，《施米特与政治意义》（Carl Schmitt and the Intensification of Politics, Lanham, MD: Rowman and Littlefield Publishers, 2009）第一章。

他写作生涯中评论犹太思想对德国法学的影响，以及如何"领袖保卫宪法"①。这些不同的反应产生了两个问题：谁是施米特？我们眼下还能从他的论述战争的作品中学到什么？

　　一个短小精悍的人物传记可能帮助读者回答第一个问题。施米特于 1888 年出生在德国莱茵兰地区的普勒腾贝格小镇。他作为一名多所大学的法学教授引领了学术思潮。与此同时，他的写作和授课覆盖诸多领域：代议制民主、主权、决断力、日内瓦联盟、罗马天主教、布尔什维克主义以及现代性，并且还讨论了美国的崛起。1933 年，施米特加入纳粹党，并且加入柏林的立法委员会。他成为国家社会主义的桂冠法学家，并且为"长刀之夜"提供法律和理性的辩护，还成为德国驱逐犹太人的法学专家。随后的 1936 年，他被纳粹党卫军的宣传机构猛烈批评，却仍然坚持学术立场，不过他失去了在纳粹党法学界独领风骚的地位。他全身心致力于霍布斯和当代国际法研究。"二战"以后，他被盟军逮捕，但没有受到任何罪名指控。他没有重返教席，而是回到普勒腾贝格，与欧洲思想家圈子保持联系，笔耕到 96 岁高龄辞世。他批判西方自由主义和苏维埃共产主义的立场使得他成为一个具有争议的思想家。②

　　至于第二个问题，即使对专业的研究者而言，这三篇文章都可能让人一头雾水，尽管它们具有非常重要的价值。第一，这些文章试图回答国际法的重大问题，什么是战争？中立是否存在？如何区分战争与"干涉"、经济制裁、将军事部署在国外领土几者之间的关系？依法控诉的战争罪的合法基础是什么？海盗与国际恐怖主义如何，或者说它在何处受到制裁？全球治理是否切实可行？

　　第二，施米特的作品对两次战争之间的欧洲历史提供了一种修正主义的叙述。施米特认为 19 世纪二三十年代的美国并非国际第二梯队势力，而是主导国际

---

① ［译按］与这个论题相关的更多内容，见 Joseph Bendersky，《卡尔·施米特：德意志国家的理论家》（*Carl Schmitt: Theorist for the Reich*，Princeton: Princeton University Press，1983）。［中译按］此书中译本已出版，本德斯基：《卡尔·施米特：德意志国家的理论家》，陈伟、赵晨译，上海人民出版社 2015 年版。

② ［译按］这一段施米特的简要自传大多参考 Tracy Strong 的新书，《霍布斯的国家理论中的利维坦：一个政治符号的意义与失败》（*The Leviathan in the State Theory of Thomas Hobbes：Meaning and Failure of a Political Symbol*，Chicago：University of Chicago press，2008），第七章至第八章。至于更详细的传记，参看 Reinhard Mehring，《卡尔·施米特，上升与下降》（*Carl Schmitt.Aufstieg und Fall* Munich：C.H.Beck Verlag，2008）。

事务的超级国家，试图通过法律观念谋求世界和日内瓦国际联盟的霸权。他将希特勒的德意志第三帝国视为出现的一种新欧洲势力，在未来十年，它试图与欧洲，甚至与大不列颠帝国和美国争夺拉丁美洲、南亚、阿拉伯和欧洲等地的霸权。施米特发展了 19、20 世纪的欧洲历史，从而认定海外殖民地是阻碍欧洲自相残杀的关键因素，这个叙述更多的内容在《大地的法》一书之中有阐发。

施米特的生命和学术都体现了知识分子如何与权力结盟。[1]施米特作为一名博学的德国天主教拥护者深深地吸引我们，作为一名知识分子，他在家撰写但丁、莫扎特、陀思妥耶夫斯基、霍布斯、古代哲学、天主教历史或者西班牙帝国历史文章的同时，他还批判国际联盟和《凡尔赛条约》。但施米特也能够在"理智"上支持"长刀之夜"，以及德国占领东欧。他曾经说他的职业梦想是代表纳粹出席纽伦堡的国际军事法庭。施米特鲁莽的理智与臭名昭著的国家社会主义产生了联系，这使得他成为研究 20 世纪知识分子与权力关系的有意义的案例。

施米特与国家社会主义到底有什么联系？施米特忠实的读者在内心中不断地拷问——他的思想能否经得起检验。有一点是不证自明的：我选编的这部文集的时间跨度在 1937 年至 1945 年。1936 年是施米特研究的"分水岭"，[2]1937 年以后他开始"转向国际法和国际关系，他认为这个领域可以使他远离公众视野的焦

---

① [译按] 关于这个主题，参看 Mark Lilla，《危险的心智：政治中的知识分子》（*The Reckless Mind：Intellectuals in Plotics*，New York：New York Times Books，2001）。[中译按] 此书中译本已出版，里拉，《当知识分子遇见政治》，邓小菁、王笑红译，中信出版社 2014 年版。

② [译按] 参看 George Schwab 在 1938 年施米特研究的导言，《霍布斯的国家理论中的利维坦：一个政治符号的意义与失败》（*The Leviathan in the State Theory of Thomas Hobbes：Meaning and Failure of a Political Symbol*，Chicago：University of Chicago press，2008）。如他所述，1936 年是施米特与国家社会主义的断裂点，这点可以参看他的《例外的挑战：卡尔·施米特的政治思想导论（1921-1936 年）》（*The Challenge of Exception：An introduction to the Politic Ideas of Carl Schmitt Between* 1921 *and* 1936，NewYork & London：Greenwood Press，1989）。[中译按] 此书中译本已出版，施瓦布：《例外的挑战：卡尔·施米特的政治思想导论（1921-1936 年）》，李培建译，上海人民出版社 2011 年版。另外参看，Joseph Bendersky，《卡尔·施米特：德意志国家的理论家》（*Carl Schmitt：Theorist for the Reich*，Princeton：Princeton University Press，1983），更详细的关于这个问题的讨论请阅读施米特未发表遗作（nachlass），Reinhard Mehring，《卡尔·施米特，上升与下降》（*Carl Schmitt.Aufstieg und Fall*，Munich：C.H.Beck Verlag，2008）。

点"，鉴于文本的内容和背景，他的这个观点并没有得到支持。①读者不得不触及这位博学之人对欧洲外交以及这位知识分子效忠于暴力与统治的历史描述。②然而，我们可能要重点关注如何阅读施米特的作品，而不是寻求对他的一种嘲讽，并严肃参与另一个终结政治谱系的讨论，这种方式可能会使得我们更加贴近施米特本人。

在这种背景下，我撰写了关于这三部作品的导言，这三篇文章是第一次授权英译版出版。③这三篇文章几乎组成了施米特国际法或者战争的观点，我挑选这些文本，是因为这些文本是写就于纳粹独裁期间的长篇大著，它们从未被翻译成英文——这是施米特研究的空白。④这个文集针对英语世界的读者，集中收录了他于1933年至1945年这些关键年份讨论国际法或者战争的文章。⑤我将导言分为三个部分，每一部分对应着三篇文章，并对每一篇文章提供简要解读。在每一部分，我

①〔译按〕George Schwab 在1938年施米特研究的导言，《霍布斯的国家理论中的利维坦：一个政治符号的意义与失败》（*The Leviathan in the State Theory of Thomas Hobbes: Meaning and Failure of a Political Symbol*, Chicago: University of Chicago press, 2008），第31章。显而易见的是，并非所有施米特的著作都备受待见，例如，William E.Scheuermann，《卡尔·施米特：法律的终结》（*Carl Schmitt: The End of LawLanham*, MD: Roman & Littlefield, 1999）。对于William E.Scheuermann 的回应，参看，Ellen Kennedy，《重读卡尔·施米特：法律的终结》（Review of Carl Schmitt: The End of Law），见 *The American Political Science Review* 94: 3, 2000年9月刊。

②〔译按〕我受益于 Peter C.Caldwell 在书中强调的这个观点。

③〔译按〕《禁止外国势力干涉的国际法大空间秩序：论国际法中帝国的概念（1939-1941）》，《作为国际犯罪的侵略战争和"罪刑法定"原则》两篇文章第一次以英译呈现。在此，译者要特别感谢 George Schwab 教授的授权，《转向歧视性战争的概念》一文曾经作为未获取授权的译本非法出版，取名为《战与非战：两难》，由 Simona Draghici 翻译（Washington, D.C.: Plutarch Press, 2004）。我在对这篇翻译的注解中评论了他的译本。

④〔译按〕另一些在纳粹独裁期间写作的作品包括，George Schwab 翻译的《霍布斯的国家理论中的利维坦：一个政治符号的意义与失败》（*The Leviathan in the State Theory of Thomas Hobbes: Meaning and Failure of a Political Symbol*, Westpore, CT: Greenwood Press, 1996），Simona Draghici 翻译《陆地与海洋》，这本书寓言式讨论了大空间秩序中空间观念的一些主题。〔中译按〕《陆地与海洋》中译本已出版，施米特，《陆地与海洋：古今之"法"变》，林国基、周敏译，华东师范大学出版社2006年版。

⑤〔译按〕自从1920年起，施米特就开始涉及到这个主题，比如《现状与和平》（1925），《作为国际政治客体的莱茵兰》（1928），《莱茵地区的国际法问题》（1928），《中立化与非政治化时代》，（1929）。这些作品收录在《论断与概念》（*Positionen and Begriffe*, Berlin: Duncker & Humblot, 1995），或者《国家、空间、大地的法：1916-1969年文集》。〔中译按〕《论断与概念》中译本已出版，施米特：《论断与概念》，朱雁冰译，上海人民出版社2006年版。

将提出并回答关于每一部分篇章的阐释性的问题。这些观点并非教条性的提出，而是能刺激读者的阅读味蕾，这些读者中有些也是第一次阅读施米特的作品的。第一，针对《转向歧视性战争的概念》一文，我将提出——施米特外交政策的立场与 1927 年他的《政治的概念》一书相比，有多大程度上的发展？第二，关于《禁止外国势力干涉的国际法大空间秩序：论国际法中帝国的概念（1939—1941）》，我将考察施米特的大空间概念与纳粹的生存空间①概念之间的关系。第三，《作为国际犯罪的侵略战争和"罪刑法定"原则》，我提出的问题是，这篇文集在多大程度上能起到为施米特参与到德意志第三帝国中辩护。

"他们中间混杂着一队卑劣的天使，这些天使既不背叛也不忠诚于上帝，而只顾自己。各重天都驱逐他们，以免自己的美为之减色，地狱深层也不接受他们，因为作恶者与他们相比还会觉得有点自豪。"②

《转向歧视性战争的概念》

1937 年 10 月，《转向歧视性战争的概念》以国家社会主义法学家系列讲座的形式发表，正如上文提道，这并非施米特第一次尝试进入国际关系领域。③在此前谈到的国际体系那一部分，施米特对日内瓦国际联盟和美国帝国主义进行辛辣的批判。在 1925 年的讲座之前，科隆的天主教中央党聚集为莱茵兰地区的千禧年庆

---

① ［译按］我受益于 JohnP.McCormick 论及施米特与欧洲一体化的论文，使我意识到了这个问题，《卡尔·施米特的欧洲：文化、帝国以及欧洲一体化的外部空间策略：从 1923—1955》（Carl Schmitt´s European: Cultral, Imperial, and Spatial Pro），见 The Darker Lagacy of European Law: Legal Perspectives on a European Order in the Fascist Era and Beyond, ed.Christian Joerges and N.S.Ghaleigh, Hart, 2004，页 133–42. 有篇文章联系的是大空间与生存空间的内容，与我的这篇导言观点不相同，是从其他不同角度的观察，参看 Julien Freund，《施米特的政治思想》（Schmitt's Political Thought）。

② ［中译按］努南引用的是但丁的《神曲》第三章 25~51 行关于《地狱》的描述，他采用的是 Robert Hollander 译文。中文译文取田德旺：《神曲·地狱篇》，人民文学出版社 1997 年版。此版本的注释写道，"这群天使指的是卢奇菲罗（Lucifero）背叛上帝时保持中立的天使（《旧约·以赛亚书》第十四章，《新约·路加福音》第十章，《新约·启示录》第十二章）这些天使不存在于基督教的经传，大概来自于民间传说，假如它们接受这类邪恶的天使，就会玷污它们的美（薄伽丘的注解），这里的"作恶者"指的就是叛变的天使，也泛指进入地狱的罪恶灵魂，他们跟中立、怯懦而无所作为的灵魂相比，会以自己至少还有勇气作恶自豪，如果深层地狱接受中立、怯懦而无所作为的灵魂，他们会不屑与之为伍。"

③ ［译按］《转向歧视性战争的概念》的历史背景被压缩得非常简短。Günter Maschke 提供了比较详尽的脚注介绍这篇文章和文章的背景，以及他对施米特的接受，Frieden oder pazifismus: Arbeiten zum V lkerrecht und zur internationalen Politik, 1924–1928, ed.Gunter Maschke, Berlin: Duncker & Humblot, 2005.

祝，施米特描绘日内瓦国际联盟已经完成了技术霸权：美国对古巴、多米尼加共和国、海地，以及巴拿马的干涉，英国"委托"统治巴勒斯坦与伊拉克，以及航道、运河和工厂"国际化"。^①他论证，这些概念意味着西方势力压制其他国家的主权，只是没有公开宣称。施米特提出，要"国际化"萨尔－洛林的煤矿，"即便是打着自由或者主权民族的旗号，这个民族实际上已经被兼并"^②。施米特在 1932 年哥尼斯堡的讲座上进一步阐述了《国际法中美国与当代帝国主义形式》这个主题，这个讲座详细解读了美国的门罗主义，美国在日内瓦联盟中"官方缺席而实际存在"，并且使用"干涉权"控制拉丁美洲。^③这两次演讲的核心在于声明德国如何体现自己作为一种大势力反对这些新的"话语帝国主义"。但是施米特也在他的演讲中迸发出极大的愤怒，即便是最大的批判者都不得不在谴责他之前意识到这种道德的暴力。有批判者质问施米特："当面对成千上万的死亡，怎么还会有一种法学理论胆敢说通过血腥战争实现'和平占领'，在这里使用这个字眼，难道不是讽刺和愚弄'和平'这个概念吗？"^④

施米特 1932 年的讲话，表面上在谈美国－欧洲的关系，这是五年前《政治的概念》一书论及的主权的内容建构。他在哥尼斯堡谈道，"没有公开和清晰的权威，人类不可能共处"。^⑤如果没有合法和超越的权威，当共同体内遇到矛盾时，共同体的成员也没有更高的机构以解决诉求。对于施米特而言，"没有公开和清晰的权威"并不意味着"功能性的政府"或者某种稳定的政治体系：甚至在附庸国，反抗王权，军事占领，以及革命战争的背景下，权威的概念依然存在。例如，内战和反抗僭主统治的战争，会在一段长的时期中由一个不确定的人事实上掌握权威，但是这个掌握权威的叛乱者与不正义的僭主"对于世界而言，他们是一种伴随着政治危机的政治优势"，即使他们滥用自己手中的权力。^⑥他们是正当的统治者，也

---

① ［译按］参看《作为国际政治客体的莱茵兰》（1928），载《论断与概念》（*Positionen and Begriffe*, Berlin: Duncker & Humblot, 1995），第 27 页。

② ［译按］前揭，第 31 页。

③ ［译按］《国际法中美国与当代帝国主义形式》，（*Positionen and Begriffe, Im Kampf mit Weimar-Genf Versailles*, Hamburg: Hanseatische Verlagsanstaltt, 1940），第 162 页。

④ ［译按］前揭，第 177 页。

⑤ ［译按］《作为国际政治客体的莱茵兰（1928）》，见 Positionen und Begriff，第 33 页。

⑥ ［译按］前揭，第 34 页。

伴随着他们统治的一种张力，使得他们成为公众中的主权者："他们需要服从和忠诚，无论正义与否，但是不管如何，他们都是完全公开的，他们宣称具有某种政治优势，并且代表这种政治优势。公众依靠这种代表被接受为某种自证自明。实际上，它就是属于某种权威的概念。"施米特也代表了一种向天主教听众论证的神学观点。①他谈道，此前论述的霸权主义工具，迫使基督徒放弃他们"服从权威的普遍责任"②，因为"所有权柄来自于上帝"③。施米特论证，这对于基督徒而言是不可能的，"授予权威，事实上，既包括外部方面的外部敬意，也包括内部方面的内在敬意"，如果政府机关"服务于外部力量"的话。这与法国占领莱茵地区，滥用委托权、受保护国领地，以及其他霸权形式相反。④他们解释道，"这意味着他们具有诚实的基础以及为公共生活做好了准备"，并且以基督徒履行他们的职责。在世俗与神圣形式之中，施米特的论证形式几乎相同：霸权主义的现代工具，正如政府的代理人和木偶王朝，都是非真正政治的险恶工具。最为糟糕的是，他们毁坏了主权结构，以及对于人类共同体而言必要的权威。

假如施米特的理论旨趣在于主权理论和国际关系，我们要问的是施米特在《政治的概念》中的立场多大程度上影响了他在 1937 年的讲座。⑤《转向歧视性战争的概念》评论了同时代的四部国际法作品，文章分析了它面对的国际体系以及潜在的危机，日内瓦联盟如何定义战争及其概念演变。施米特在这里提及的危险在于对战争的控制。在第三次讲座的开始，施米特评论了斯克勒（Georges Scelle）和劳特派

---

① ［译按］更多施米特与天主教之间的关系，请参看，Manfred Dahlheimer，Carl Schmitt und der deutsche Katholizismus，Paderborn：Ferdinand Schoning，1998。

② ［译按］Gunter Maschke 注解施米特在面对天主教听众使用新教中使用的"权威"一词，姑且可以认为，施米特可能暗示基督徒抵抗不正义权威的认可，而不是一种责任。与此同时，Maschke 提到 Luther 作品中存在的矛盾——Luther 的作品中基督徒有责任服从不义的国王的局限。

③ ［译按］《作为国际政治客体的莱茵兰》（1928），见 Positionen und Begriff，第 33 页。

④ 尤其，施米特提到了一种秩序——法国占领政府于 1923 年 3 月 7 日在阿尔萨斯的敌占政府，它威胁反对日内瓦国际联盟，以及日内瓦国际联盟的任何一位成员国，或者签署凡尔赛条约已经有五年时间的国家。参考，Amtsblatt der Regierung-Kommission für das Saargebiet，No.167，1963，第 49 页以下。

⑤ ［译按］《转向歧视性战争的概念》不同的解读路径，需要考虑施米特《大地的法》的观点，参考，Martti Koskenniemi，《国家的教化者：国际法的兴起与衰落》（The Gentle Civilizer of Nations：The Rise and Fall of International Law 1870-1960，Cambridge：Cambridge University Press，2001）。Koskenniemi 在第六章中写了长文讨论施米特以及 Hans Morgenthau，其中对《转向歧视性战争的概念》有短小的讨论。

特（Hersch Lauterpacht）。[①]法国人斯克勒认为国家是一种"社会现象"，并且预见日内瓦国际联盟可以协调世界秩序。劳特派特则提出要以国际联盟宪章为宪法，建立国际法庭处理国家之间的诉讼，从而取消战争。尽管这些法学家论证路径不一，但是他们都希望抛弃国家作为国际法的主体，并且以普遍世界秩序取而代之。第三次讲座考察的两篇短文的作者是两位英国法学家，威廉爵士（Sir John Fischer Williams）和麦克奈尔（H.D.McNair），两者讨论的都是认可日内瓦联盟中立性的问题。施米特将两位法学家关切的问题进行了延伸，并且在第三部分阐释了两者的观点。按照施米特的论断，在凡尔赛条约之前，战争是国与国之间外交政策的合法形式，国家既受到国王的统治，如果国王不是基督徒，要符合某种文明标准（奥斯曼帝国）。这些秩序围绕着某种"非歧视性的"战争概念：交战双方都拥有战争理由，没有任何陆地上的世俗权威能够评判任何一方是正义或者不正义。这个转向认可了某种国际关系中中立性的存在，因为冲突双方都无法客观确定哪一方是正确的，故而在国际关系中要求它就具备合法的中立性。

然而，从施米特的观点来看，凡尔赛条约和日内瓦国际联盟是对战争概念的革命，将其转变成为某种"非歧视性战争"——这也是这本书的标题。日内瓦国际联盟——或者从理论上说，任一国际组织——宣称不仅仅拥有定义冲突一方的客观正义和不正义，更有意义的是，这个权威宣称这是持中立立场的决定。我们可以看到，国际法取代了战争，冲突被重塑为"干涉"或者"和平行动"，一方面（当日内瓦国际联盟认可一场战争时），将被视为"犯罪""叛乱"，或者"恐怖行为"，在另一方面（这个词指代日内瓦联盟反对者），甚至否定一切，日内瓦联盟，既不能制裁，也没有否定他们行动的理由。只要我们永远不在面对犯罪时保持中立，凡尔赛国际体系就会取消中立的概念。施米特论证，这是构建战后秩序的阻碍，凡尔赛体系创造了日内瓦联盟作为美国、英国、法国帝国主义的一种工具，从而将他们外交政策的对手定义为暴徒、抢劫犯或者海盗，并且通过一场"正义的战争"剿灭他们。

然而，关于表面上的文学评论以及当代国际法问题探讨，施米特所谈论的概念原创性地发展了《政治的概念》。这部作品，最早在 1927 年 5 月以一系列的演

---

① ［译按］George Scelle，《国际法纲要：原则和体系》；Sir Hersch Lauterpacht，《国际联盟法的功能》；更多关于劳特派特，尤其是这段时期国际法历史的文献，参看 Koskenniemi，《国家的教化者：国际法的兴起与衰落》。

讲的形式呈现，并于 1933 年出版，已经对现实世界和国际组织的政治事务包含了一些实际性的观察。[1]施米特论证，各个不同的政治体造成了敌友之分，这对于政治体的存在是至关重要的。政治体（例如民族—国家或者帝国）能够采取许多方式谴责或者否认战争作为一种外交手段，但是它不可能将国家从"敌友之间的关键区分中抽身而出"。[2]对于这类政治体，它们需要作出一种决断：要么使自己的主权向另一个政治组织臣服，以此保护自身避免其他外部敌人的攻击，从而据此作出一个敌友之分的决断（1920 年的巴拿马或者古巴就是一个典型的案例），[3]要么简单的"消失"。[4]然而，关键问题在于，任何一个普世性的组织，例如日内瓦国际联盟试图否认政治体能够做出敌友区分，即它想打着"人性"的旗号将世界所有的国家统摄了。施米特确信敌友之分，因为政治的概念，也只是终止于"如果不同国家、宗教、阶级和地球上其他组织都应该如此联合起来，这样就不会再有任何冲突。"[5]但是这并不是 1927 年阐释的案例，"如果这个情况开始显现，我并不知道。在这一刻，并非如此。"[6]随着而来的问题是，这些组织描绘自身是人类之顶峰（正如日内瓦联盟）"产生了大量的杀人的正义"。因此，他们的敌人，就是"人性"的敌人，就是将他们定义为全人类公敌，人人得而诛之。即便施米特自己的敌友之分，也存在某种物理毁灭敌人的可能性，他将其视作战斗。在他看来，敌人是某种必须战胜的恶魔，是神圣与崇高之敌，比"害人精、暴力狂、海盗或者强盗"危害大得多。

让我们联系《政治的概念》与《转向歧视性战争的概念》两部作品。[7]施米特在这个文本中，主要关注的是歧视性的战争概念，那些宣称第三方国家战争的正义的决断，推演至《政治的概念》之中，这部作品关切的是政治体决断敌友区分的能力。施米特如下写道：

---

① ［译按］对《政治的概念》详细的分析，参考，Gopal Balakrishnan，《敌人：对卡尔·施米特的理性描摹》（*The Enemy: An Intellectual Portrait of Carl Schmitt*，NewYork：Verso，2002）。

② ［译按］Schmitt，《政治的概念》（*The concept of the political*，trans.with an introduction by George Schwab，Chicago：The University of Chicago Press，1996），第 50 页。

③ ［译按］前揭，第 52 页。

④ ［译按］前揭，第 53 页。

⑤ ［译按］前揭，第 53 页。

⑥ ［译按］前揭，第 54 页。

⑦ ［译按］更多的讨论，请参看 Koskenniemi，《国家的教化者：国际法的兴起与衰落》，第 426 页。

中立国家必须处于这样的一个位置，它必须决断两国交战的战争正义与否，第三方国家自由参加它认为正义的战争，因此成为某个控制战争的一方，要考虑某种简单的非此即彼。并且这种非此即彼具有一种现实的力量："它既是中立，又非中立。"①

事实上，施米特关注的政治的概念，具有现实的力量。日内瓦国际联盟宣称能够决定世界各国在战争中是否处在中立位置，这不过是夺走了这些国家的主权。施米特在《转向歧视性战争的概念》中分析了日内瓦国际联盟控制战争，同时延伸分析了《政治的概念》中普遍性的政治组织。一方面，凡尔赛体系尝试将战争犯罪化的打算变得支离破碎。任何为战争辩护的尝试终将失败。然而，施米特更进一步评论，宣称组织代表人性。他论证，不可能设计出一种旨在为所有人政治体服务的联邦普世性社会组织。施米特假设某种普世性的组织能够在理论上征服世界，并且迎来一个新的时代，"在这个星球上的所有国家，不会再发生任何战争，无论是正义还是不正义的战争。"但也存在一种可能性，即日内瓦国际联盟发展出了大量军事武装，并且发动一场"人性的最终之决战""纯然毁灭之战争"。用《政治的概念》中的话来说，普世性的组织包含非歧视性的战争概念，对于增强敌友之分的能力毫无意义。即便过去在政治体之间的敌友冲突下降为血腥战争，施米特暗示，这些战争"赢得（他们的）正义、荣耀以及事实上敌人既非海盗，也非强盗，而是'国家'和'国际法主体'"。②施米特暗示，这里存在某种高贵的看法，战争中的对手必须是被战胜的敌人，即正义战争中的战斗员，这个对手不可能是类似土匪一般的身份。然而，战争与普世性组织，因为它们宣称代表人性，也是做出敌友区分的最为极端的方式，即人性－非人性，非人性的被视为"完全道德性的不认可不再被视为某种生命的合法形式"③。

当然，这只是《转向歧视性战争的概念》考察的一部分内容。④例如，即使施米特在讲座上提到的，在国际政治中西班牙内战是一项主要课题，他在文本中只是

---

① ［译按］Schmitt, TDCW, 第87页。

② ［译按］前揭，第49页。

③ ［译按］参看，Gopal Balakrishnan,《敌人：对卡尔·施米特的理性描摹》，第109页。

④ ［译按］更多评论《转向歧视性战争的概念》内容，参看，Jean-Fran ois,《施米特和"世界一体"》（*Carl Schmitt and World Unity*），见 *in The challenge of Carl Schmitt*, ed.Chantal Mouffe, Verso: NewYork, 1999, 第58~62页。

顺便提到战争冲突：在一个隐晦的脚注中，他看上去捍卫的是德国对西班牙北部的格尔尼卡的轰炸，他像自由评论员精确地描述——从"战争"到"干涉"，并且归结为某种"和平行动"。①施米特对西班牙内战缺乏观察的直接证据，他在巴塞罗那的学术会议的一篇文章中表达了相关观点，并且与西班牙右翼圈子频繁接触，但他只是在 1963 年的论战争的文章中提道。②施米特传记作者巴拉克利什曼（Gopal Balakrishnan）提出一些暗示：我们可以做出一些不确定的暗示，鉴于德国对民族主义行动上的支持，施米特希望避免在公共场合与罗马天主教发生联系，这是因为 1936 年党卫军宣传机构点名批评施米特是天主教思想家。③另一个可能性是，施米特因为自己的原因并未支持民族主义，因此希望避免在公共场合评论战争。文本中另一个问题是，为什么他的作品中包含了一些反犹的言论。按照施米特 1936 年演讲的主旨，他用学术性的语言引出了犹太人问题，并且提到了英国学者拉斯基（Harold Laski）是"犹太学者"，以及与他在同一研究机构中的另一个犹太学者劳特派特。④《转向歧视性战争的概念》将这点呈现给了公众。然而，他针对的是不受信任的组织，德国已经打破日内瓦国际联盟，德国需要一个新的世界秩序。施米特在讲座中可能希望与欧洲法学家对谈，寻求对这些行为的定性，并在更为广泛的、更为泛欧洲化的学术讨论中用这种方式规范和符合德国的行为。事实上，施米特所关切的是中立国家的权利，同时表明国际性的机构应该如何处理这些问题，而不仅是关注德国的需求，不考虑其他宣称主权的国家。

在某种意义上，《转向歧视性战争的概念》取得了成功。在 1938 年 6 月，魏玛民国外交大臣里宾特洛甫（Joachim von Ribbentrop）在给施米特的信中感谢施米特明确了德国在日内瓦国际联盟中的立场。⑤与此同时，这部作品看上去并不完整：只是批判了日内瓦国际体系，并没有任何规划，除了暗示歧视性战争的概念被放弃了——关于这个问题，施米特自己也承认。对于未来，施米特称自己将致力于

---

① ［译按］Schmitt，TDCW，第 67 页。

② ［译按］Schmitt，《游击队理论》（*Theorie des Partisanen*，Duncker & Humblot：Berlin，1975，2nd），第 60 页。［中译按］本文中译本收录在，《政治的概念》，刘宗坤译，上海人民出版社 2004 年版、2016 年版。

③ ［译按］参看，Gopal Balakrishnan，《敌人：对卡尔·施米特的理性描摹》，第 231 页。

④ ［译按］Schmitt，*Die deutsch Rechtswissenschaft im Kampf gegen den Jüdischen Geist*，见 *Deutsche Ju-risten-Zeutung*，Volume41，Issue20，October15，1936.

⑤ ［译按］前揭，第 784 页。

霍布斯的《利维坦》研究，两年之后他在《转向歧视性战争的概念》中批判凡尔赛国际秩序，他"要回答"用什么取代凡尔赛秩序的问题。

《禁止外国势力干涉的国际法大空间秩序：论国际法中帝国的概念（1939—1941）》

今天我们所谓的大空间俨然已经成型，即使战争重燃，也不会太糟，并且不会比早几个世纪发生的地震更为糟糕。Deos video ascendentes。

为什么我们担心贝希莫斯更甚于利维坦？你的军事和海事作家卡斯特克斯，我读到他的作品感到欢欣愉悦，也可以说，世界历史是陆地与海洋之争。La mer contre la terre。

施米特的《禁止外国势力干涉的国际法大空间秩序：论国际法中帝国的概念（1939—1941）》享誉学界。[1]一位研究施米特的学者称其"臭名昭著"[2]。纳粹第三帝国称其为"致命一击"。[3]随后施米特做了一个讲座。英国的出版社用极度危险的字眼评价，"现在可以相信，希特勒先生与施米特教授携手完成这个概念的框架，他们的领袖很快会为德国迅速扩张给全世界一个理由"，《英国邮报》如此报道。《时代杂志》也提道："迄今为止没有德国政治家如此精确定义东欧，但是近来，有个叫卡尔·施米特的教授——这位纳粹宪法专家的观点，可能是最为信实的指导。"[4]

然而，施米特并非如《英国邮报》所说的希特勒政策的"关键之人"。他讲座的对象并非政治家，这是他作为法律教授参加基尔大学会议中的发言，这是庆

---

① ［译按］大空间的出版历史在这里被压缩为一个浓缩的摘要。这个文本的详细历史和接受史，参看《国家、空间、大地的法：1916-1969年文集》。

② ［译按］John P.McCormick，《卡尔·施米特的欧洲：文化、帝国以及欧洲一体化的外部空间策略：从1923—1955》（*Carl Schmitt′s European：Cultral，Imperial，and Spatial Pro*），见 *The Darker Lagacy of European Law：Legal Perspectives on a European Order in the Fascist Era and Beyond，ed.* Christian Joerges and N.S.Ghaleigh，Hart，2004。

③ ［译按］Mark Mazower，《希特勒的帝国：纳粹治下的欧洲》（*Hitler′Empire：Nazi Rule in Occupied Europe*，New York：Allen Lane，2008），第577页。

④ ［译按］Joseph H.Kaiser，*Europaisches Gro β raumdenken：Die Steigerung geschichtlicher Gro β en als Recht*，Epirrhosis，p542.

祝基尔大学政策和国际法研究所成立 25 周年的会议。发出参会邀请的是基尔大学校长、法学家利特布希（Paul Ritterbusch），他在 20 世纪 20 年代获得纳粹的委任，并且是施米特的好友。① 这是一场没有任何政府背景的会议。反之，这个会议的目的在于提供"德国教授为教育观念提供概念和语词从而为战争做好准备……他将整个学科的专家聚在一起，从高贵的、世界历史角度描绘德国战争的一种文体。② 按照这一思路，施米特多次在文本中谈到他的学术概念将变成"死亡对话"，或者"喋喋不休"。

施米特在大空间理论中谈到了许多不同的主题，至于本篇导言的目的，或许只有进入到第二部分讨论美国的门罗主义时才能一探究竟。③ 对于施米特而言，1823 年宣称的门罗主义是国际法的一次革命，因为它第一次呈现了大空间原则。门罗主义不只是宣称美洲方面，而是要维护整个西半球利益（一种天马行空的思考），限制欧洲的君主—王朝政制对西半球殖民化或者干涉。在施米特的心里，门罗主义是大空间原则，因为它与三个元素相关：第一，"政治觉醒的国家"（美国）。第二，"某种对立的政治理念"，"这种政治理论借此获得了政治素质"（民主与绝对王权对立）。第三，"大空间按照这个理念统治，大空间排斥外部国家干扰"（西半球国家）。④ 所有当代的帝国，甚至大英帝国、美国都在充分发展大空间理论。

施米特在《禁止外国势力干涉的国际法大空间秩序：论国际法中帝国的概念（1931—1941）》中主要论证德国应该跟随美国，并且在欧洲大陆发展出某种大空

---

① ［译按］Frank-Rutger Hausmann, Frankfurter Allgemeine Zeitung, March 13, 1999。在基尔学派时代，Ritterbusch 是基尔大学的校长，这个学校也是当时国家社会主义法学思想的中心。他在 1945 年 4 月自杀于任期之上。

② ［译按］Gopal Balakrishnan，《敌人：对卡尔·施米特的理性描摹》，第 234 页。

③ ［译按］关于大空间理论的其他观点，参看，*Mathias Schmerckel, Die Groβraumtheorie.Ein Beitrag zur Geschichte der Volkerrechtwissenschaft im Dritten Reich, insbesondere der Kriegszeit*（Berlin, 1994）；*Felix Blindow, Carl Schmitts Reichsordnung：Strategie für einen europäischen Groβraum*（Berlin：Akademie Verlag, 1999）；*Groβraum-Denken：Carl Schmitts Kategorien der Groβraumordnung*（Stuttgart：Steiner, 2008）；Wiliam Hooker，《施米特的国际思想》（*Carl Schmitt's International Thought*, Cambridge：Cambridge University Press, 2009）。

④ ［译按］Schmitt，《大空间理论》，第 87 页。

间原则。为了发展这种大空间原则，施米特引出了"帝国"概念，"他的领导力量
能辐射一定区域的大空间"①。正如美国，"同化和融合的理想"，这是美国大空
间帝国，德国大空间帝国维护的是整个欧洲的大空间。②然而，取代同化的是，德
国大空间帝国的政治理念将成为"通过种族、血缘和土地，不同的国家成为一种生
命的实体"③。学者们常常批判施米特假设了一些实际的细节，但是新秩序的表述
给所有东欧种族团体一个印象，鼓励他们在一个统一的共同体中生活，但并未强迫
他们被一个外部种族的国家同化。通过国家鼓励的移民，1939 年至 1940 年强制德
国、匈牙利、保加利亚以及其他东欧人移民——完成了这个计划。④但是，犹太人
是个例外：施米特论证"犹太问题"是"完全和彻底的个案"，犹太人从根本上与
其他欧洲人不同，但是他并没有说明应该如何处置犹太人。

　　作为一个文本，大空间理论有几个写作目的。第一，大空间理论代表施米特
对 1930 年至 1940 年期间国际政治的理解趋势，世界开始慢慢发展为一个整体的统
治，美国和中美洲国家以及加勒比地区都在这个整体的控制之下。苏维埃联盟则包
括波罗的海、高加索地区、中亚、沙俄帝国的斯拉夫地区。"东亚共荣圈"并不符
合施米特大空间理论所有要求："某种对立的政治理念""政治觉醒的国家"参与
到全球事务之中。第二，这篇文章展示施米特狂热的国家主义者渐行渐远，这个
身份曾经给他在 20 世纪 30 年代中期招惹了不少麻烦。施米特曾经在早期的文本
中提出过取代国家的观念。比如：《国家、运动、人民》和《政治的概念》中提到
的不确定的帝国。⑤第三，施米特将大空间作为他对《转向歧视性战争的概念》一
文的关键问题的回应。按照大空间理论，他论证：我们的国际法思想新的思维方式
有一个核心，它来自国家概念，并在这个概念中允许秩序不同的因素存在。然而，
对于外部空间概念，它能够行正义之事，并且在当今世界上具有真正政治能力。如
果可以这么说，它能够成为世界秩序中的一个"行星"，从而使得民族和国家的概
念以及本身完全被取消，正如西方民主国家帝国主义国际法所做的那样，它操纵

---

① ［译按］前揭，第 101 页。

② ［译按］前揭，第 99 页。

③ ［译按］前揭，第 111 页。

④ ［译按］前揭，第 100~101 页。

⑤ ［译按］Schmitt，《国家、运动、人民》（*Staat, Bewegung, Volk: Die Dreigliederung der politischen Einheit,*
　 Hamburg: Hanseatische Verlagsanstalt, 1933）。

着世界航行之舵，不可避免地战胜国家的旧观念，从而转向一种普遍的帝国主义世界法。①

施米特的大空间理论不可避免地受到 20 世纪 30 年代晚期和 40 年代早期的学术和政治讨论影响。这个对话常将美国门罗主义作为德国帝国主义政策的理由。1939 年 3 月 4 日，外交大臣里宾特洛甫在会见美国国务卿维尔斯（Sumner Welles）时宣称，瓜分波兰纯粹是德国与苏联两国的事务。②纳粹理论家批判性地借鉴施米特的大空间理论，并且认为这个理论对他们种族—地缘政策非常有用。化学工程师戴兹（Werner Daitz）成为国家社会主义工人党的经济顾问，他试图将大空间理论作为种族理论下的经济和政治理论的主导理论。③在 1941 年的文章之中，他批判施米特的大空间概念忽视了种族同质的至上性：

施米特的不干涉原则不能体现大空间理论的实质。尤其，不干涉原则实际上没有谈及自然本质和大空间理论的自然内容的任何事情。基于不干涉原则下的大空间，生活着中国人、马拉西亚人、菲律宾人、印度人和白人……通过不干涉原则的运用，真正大空间内在凝聚力从未被发掘，正如我们看到了这个例子。④

然而，施米特理论对希特勒 1939 年 4 月 28 日在德意志帝国国会的演讲有巨大影响。随后德国入侵捷克斯洛伐克，罗斯福向希特勒和墨索里尼发出电报，督促德国和意大利不得"攻击或者侵略任何独立国家的国土和版图"。直到 1949 年，或者可以推迟至 1969 年，这些国家包括所有欧洲国家（除了斯洛伐克），苏联、土耳其、叙利亚、巴勒斯坦，阿拉伯半岛和伊朗，他们都参与了美国领导下的日内

---

① ［译按］前揭，第 150 页。

② ［译按］Gopal Balakrishnan，《敌人：对卡尔·施米特的理性描摹》，第 236 页。

③ ［译按］Alfred Mischke, Introduction to Werner Daitz, Der Weg zur volkischen Wirtschaft.Ausgewahlte Reden und Aufsatze von werner Daitz.（Munich: Verlag der deutschen Technik GmbH, 1938），页 3–8; Werner Daitz, "Echte und unechte Groβraume"（1941），in Lebensraum und gerechte Weltordnung.Grundlagen einer Anti–Atlantikcharta.Ausgewahlte Aufsatze von Werner Daitz（De Amsterdamsche Keurkamer: Amsterdam, 1943），pp23–31.

④ ［译按］Werner Daitz, *Echte und unechte Groβraume*, in Lebensraum, p43.

瓦国际联盟，他们致力于解除武装和经济保护主义。[①]希特勒批评罗斯福的建议很虚伪：他论证道，德国从未对美国该如何处理他们的事务指手画脚。他呼吁门罗主义，"我们德国支持欧洲搞类似的主义——尤其是关乎于德意志第三帝国的版图和国家利益"[②]。希特勒是否在演讲中提到门罗主义，这点并不十分清晰，但是弗兰克（Hans Frank）告诉施米特让他对"欧洲的门罗主义概念的真正来源"沉默不语，并提示，"领袖非常满意自己的原创理念"[③]。

施米特的大空间理论听上去与希特勒的生存空间理论有些相似，但是两者的关系非常复杂，也值得商榷。[④]我们注意到了20世纪40年代早期对于纳粹而言是个混乱的时代，他们试图定义帝国扩张的当代特征，以及考察新秩序如何统治。既没有纳粹对外占领，或者外国管理政策，也不存在生存空间原则的实质内容。施米特、比尔芬格，以及戴兹等理论家希望寻求不同的概念定义帝国。当然，施米特提出的是大空间。比尔芬格建议将帝国定义为"Germandom"，这与希特勒有一定联系，他倡导对于诸多欧洲附庸国应该采取"领导"，而不是"统治"。[⑤]戴兹将帝国视为种族清洗，主张德国人口向乌拉尔山脉拓张计划，并将历史上俄罗斯的版图纳入欧洲共同体"经济、文化和法律"，并使之成为20世纪繁荣的黑海联盟以及"反大西洋宪章"[⑥]。这些理论并非为所有人所喜好：除了希特勒在德意志帝国国会讲话中提及大空间，很少有纳粹领导人对这种帝国理论感兴趣，并且限制任何向东部扩张和种族灭绝。

---

① ［译按］Franklin D.Roosevelt，《1939年总统罗斯福给希特勒的电报》，见 In War and War: United States Fore-ign Policy, 1931–1941, Washington, D.C.: United States Government Printing Office, 1943, pp455–458.

② ［译按］Der Führer antwortet Roosevelt.Reichstagsrede vom 28.April 1939, Munich: Zentralverlag der NSDAP, Franz Eher Nachfolger, 1939), p51.

③ ［译按］Joseph Bendersky，《卡尔·施米特：德意志国家的理论家》（Carl Schmitt: Theorist for the Reich, Princeton: Princeton University Press, 1983），第258~259页。

④ ［译按］当然，也存在诸多不同的解释路径。我们从德国背景来考察施米特，Mark Mazower 近期的作品思考了1940年国际体系，考察在全球背景之下施米特的理论，以及他如何倡导人口转移和对少数民族权利的质疑，这一直对1945年以后产生影响。

⑤ ［译按］Carl Bilfinger, *Streit um das Volkerrecht*, Zeitschrift für auslandisches offentliches Recht und Volker-recht 12, 1944, pp1–34.

⑥ ［译按］Werner Daitz, *Die europaische Groβraumwirtschaft*, in Lebensraum und gerechte Weltordnung.Grundl-agen einer Anti–Antalantikcharta.

与此同时，纳粹政府精英们对于帝国拥有他们自己的解决方案。在故事的另一端，纳粹党卫军的律师贝斯特（Werner Best）跑遍欧洲国家所有首都研究城市管理。[①]他在 1941 年 6 月 *Festgabe* 杂志上为希姆莱生日祝寿的文章中，基于征服的民族文明程度和居住习性，为这些欧洲民族规划不同的外交原则。他强调，每一个种族都应该被允许发展它自身的体系，但是贝斯特的观念并不自由：他写道，"领袖民族必须从它的区域内完全毁灭或者驱除毫无希望的种族。"然而，做到这一点，德国能够获得更好的商业贸易协议，以及能够以最小的成本将犹太人、共产主义者，以及同性恋团体扔给当地官僚机构。例如，贝斯特提到巴黎的主政官员，他负责监督整个巴黎敌占官僚机构，其中包括首府 200 名德国官员和 1000 名敌占全境官员。这便是欧洲"地方自治"。但贝斯特的做法也是徒劳无功，因为官僚机构首领、希特勒、希姆莱和海德里希没有更多的时间考虑这样一种民主社会主义欧洲的政策。例如在塞尔维亚，希特勒命令军警为每一位被游击队打死的德国人，射杀 50~100 名塞尔维亚人，随后希姆莱下达厌恶斯拉夫人（slavophobe）的行政指令，并且暗示，"我喜欢一具塞尔维亚尸体胜过活人。"[②]海德里希履任波西米亚和摩拉维亚的保护领地长官后，两个月内屠杀了超过 400 名捷克斯洛伐克人，直到捷克斯洛伐克盟军突击队在波西米亚边境刺杀他之后，他的执政风格被视为德国殖民统治的典范。[③]

因此，在此真正的问题并非大空间与生存空间理论之间的联系，而是如何在思想史谱系中放置施米特的身位。他们认为大空间理论与德国殖民和政府管理理论有千丝万缕的联系。施米特断定他的大空间理论关键因素在于成为一种"政治理念"——而不是种族、民族性或者民族文化。施米特打算从伦理同质性的德意志第三帝国的大空间理论推衍出欧洲的大空间理论，将美国作为他的"潜在意识形态对手"，这个对手呈现出"同化、吸纳和融合"的理念，并且将大量的犹太人、斯拉夫人和非洲移民，以及前斯拉夫人送回故国，也包括上百万的第一代、第二代日耳曼后代的移民。第二，施米特明确将犹太人视为一种"种族的异类"，将他们排斥在欧洲大空间蓝图规划之外，他描述中、东欧——日耳曼、斯拉夫、罗马尼亚原住民、罗曼人、土耳其人，以及克里米亚鞑靼人——作为一种种族生活在"诸多民主

---

① ［译按］Mazower，《希特勒的帝国》，第 232~238 页。

② ［译按］Mazower，《希特勒的帝国》，第 239~241 页。

③ ［译按］Mazower，《希特勒的帝国》，第 233~235 页。

和民族族群之中，他们之间没有任何本质上的差异"①。这并未将种族权利的观点与土地挂上钩。更多的是，施米特常常使用 Volkstum（民俗）指代"民族"——这个观点更多的是文化传承、语言和同一性，而不是种族本身。第三，戴兹的例子说明，许多将生存空间引以为傲的当代理论家攻击施米特的大空间理论对于 Volkisch（种族主义）②没有任何效力。

然而，对于大空间与生存空间理论的亲缘的讨论依然很多。或许促使他们热烈讨论的原因并非大空间理念化的哲学，而是施米特用修辞手段描绘的以大空间为例的政策。不管对于大空间理论而言（作为一种反种族的理论），他说的关于"政治理念"的核心是什么，1939 年德意志帝国的"政治性"理念并非"通过种族、血缘和土地，不同的国家成为一种生命的实体"，而是捷克斯洛伐克、波兰和其他少数民族的文化种族灭绝，以及谋杀和强迫犹太人集中居住。作为新的"基于民族团体的秩序"，施米特乐于见到驱逐民族团体移民，甚至他乐于通过驱逐犹太人和波兰人去贫民窟和难民营，强迫当地居民离开居住地。他关于犹太人的描述，"当然，迄今为止他们描述的空间理论像其他理论一样少"③。在某种程度上，施米特谈及他的想法或者他对新修辞背景的适应——尽管他对所谓的政策只起到一丝丝影响——仍然是一种推测。

关于大空间理论和生存空间理论之间更为根本的，或者更为推测性的联系，施米特想象中的大空间下美洲和门罗主义是否为某种对犹太人更为深层次的恐惧。事实上，贯穿于这个文本中的一个主题是施米特关切的是"外部空间势力的干涉"。按照他的观点，美国组成了某种外部空间势力（施米特并没有阐释这个词），这个实体干涉，甚至决定欧洲的政治。例如，施米特眼中的美国作为某种干涉的因素类似于戴兹的反犹太的修辞。在 1941 年的文章中，戴兹写了以下描述犹太人的文字：

只有犹太人是例外。不同于地球上其他的人，犹太人并不拥有自己的，也不希望有属于自己的生活空间。他们的生活律法指导他们要像寄生虫一样生活

①［译按］《大空间》，第 99 页。
②［译按］Volkisch 一词比较难翻译，常常被用作某种缺乏特性的批判，而是被视为一种"种族主义"。
③［译按］《大空间》，第 122 页。

在别人的生活空间之中。他们从寄居之处窃取了所有的一切，使他变得日渐羸弱，通过他本身或者其他途径腐蚀寄居之所。关于这点，犹太人确实与诸多不同的帝国主义相联系，事实上也直接导致生命自然秩序的腐败。犹太人对于帝国主义兴趣极大，是其最为忠诚的随从，无论在哪里，他都是其坚定的主张者。①

戴兹与施米特的作品都痴迷于犹太人缺乏土地、地缘，以及焦虑外部（美国人或者犹太人）扰乱欧洲。这个论证具有一些缺陷。施米特的目的是说明西半球是美国的大空间，相反，戴兹则认为犹太人既没有，也不渴望有任何的生存空间。更进一步说，美国的反犹立场不仅可以更替，更是20世纪三四十年代德国最大的竞争者。然而，施米特谈及的犹太人是作为"某种解散外部空间秩序实体的发酵因子"，与大空间西方势力联手——这种地缘政治时刻在大空间和国际大势力问题的讨论中，可以赋予施米特机会重塑他的敌人——犹太人。

与此同时，施米特对于欧洲大空间理论的论述是失败的。德国领导的欧洲大空间与大空间理论框架结构并不一致。正如施米特所说，"欧洲的东部空间"并没有清晰地定义为与西半球空间一致的地缘空间，也不同于他所说的"行星思想"，施米特描述的欧洲大空间理论只是指欧洲，并非指"世界之岛的中心地带"，或者东半球北部。欧洲并非一个大陆，这是在1942年《陆地与海洋》一书中，施米特试图再次阐明的地缘政治学观点。施米特的大空间理论基于一个谎言，即欧洲的"所有民族相互尊重"。即使如此（犹太人作为某种例外），东欧和斯堪的纳维亚存在于纳粹新秩序之下与东欧的新秩序的遗产，两者要先于腓特烈一世，这并非"符合他们种族独一性的特征的某种和平的存在（对于民族而言）"，而是一种文化上的种族灭绝、驱除，以及波兰、塞尔维亚、罗马尼亚以及其他种族的大屠杀。②施米特的大空间计划应对的是地缘政治的真正发展和挑战，并且这是最为有信心和清晰的——如果不是官方的——欧洲纳粹新秩序。但是施米特在欧洲大空间中的策略和

① ［译按］ Werner Daitz, *Echte und unechte Groβ raume*（1941）, in Lebensraum und gerechte Weltordn-ung. Grundlagen einer Anti-Atlantikcharta.Ausgewahlte Aufsatze von Werner Daitz（De Amsterdamsche Keurkamer: Amsterdam, 1943）, p23.

② ［译按］《大空间》，第100页。

纳粹统治的现实、他所支持的生存空间的实施之间的鸿沟，被证明将是一片浩瀚的血海。

《作为国际犯罪的侵略战争和"罪刑法定"原则》

1945 年 8 月发表侵略战争犯罪化的评论之后，我感觉能够安然死去，或是在监狱里度过余生。①

1945 年施米特的《作为国际犯罪的侵略战争和"罪刑法定"原则》是回答以上问题的重要文献。当诸位英美法学家正在争论该采取何种诉讼程序规则之时，这篇文章呈现的是一位饱学之士从德国的眼光来看待纽伦堡审判。文章站在两次世界大战的欧洲法理学历史背景之下，组成了 1951 年施米特的另一部重要作品《大地的法》中的一部分。②作为施米特在战后的第一本书，它能够提供一个观察施米特与纳粹关系的视野。③按照最保守的标准，如果施米特鉴于 1933 年至 1936 年是纳粹法律顾问的身份，1937 年至 1945 年则不得不在《霍布斯国家理论中的利维坦》和《大空间理论》中掩盖他与纳粹之间的分歧。那么 1945 年标志着一种转折，施米特开始表达自己的真实想法。从某种程度上看，这是一段危险之旅，我们将施米特最为糟糕的论证作为他的真实信仰的延伸——无论这些文本是否属于投机主义。

可能用一段更为精炼的论述更有帮助。《作为国际犯罪的侵略战争和"罪刑法定"原则》的写作目的有两个。第一，通过考察 1918-1939 年的欧洲国际法历史，施米特的目的在于揭示没有将战争视为犯罪的先例（正如在纽伦堡的国际军事法庭），并且违背了欧洲大陆法、英美法的诉讼程序编纂法典传统的"罪刑法定"

---

① ［译按］Schmitt, *Glossarium.Aufzeichnungen der Jahre* 1947–1951, ed.Eberhard Freiherr von Medem（Berlin, 1991）, p167.

② ［译按］Carl Schmitt,《欧洲公法中之国际法的大地之法》(*Der Nomos der Erde im V&ouml lkerrecht des Jus Publicum Europaeum*, trans, G.L.Ulmen, NewYork: Telos Press Publishing, 2006）。这个时期更多的欧洲法理学情况，参看，Martti Koskenniemi,《国家的教化者：国际法的兴起与衰落》(*The Gentle Civilizer of Nations: The Rise and Fall of International Law* 1870—1960, Cambridge: Cambridge University Press, 2001）。

③ ［译按］从 1942 年的《陆地与海洋》至 1945 年夏天，施米特发表了大量关于国际法的文章。其中一篇为《欧洲法的困境》，该文由 G.L.Ulmen 翻译，发表在 1987 年夏天的 Telos 杂志。

（法无明文不为罪）原则。第二，施米特论证，即使侵略战争被视为一种犯罪，也是"一种普通商人的经济性行为"。这里提到了他的顾问，德国大产业家伏里可（Friedrich Flick）并没有成为犯罪主体，国际法中国家至高无上的原则，和纳粹党封闭、非民主的结构，以及在压抑制度下的公民不合理的需求。[1]尽管，施米特对美国有一些尖锐的批判（对于谴责纳粹侵略是非人性的和野蛮落后的，即便美国在广岛和长崎扔下原子弹），同时也包括英国拒绝干涉阿比西尼亚反对意大利的侵略，其理由是"打翻牛奶，哭也没用"。然而，整篇文本代表了两次世界大战国际法的历史，并完成了某种学术性的工作。

《作为国际犯罪的侵略战争》的作者看上去与 1939—1941 年写"当然，犹太作家迄今为止他们描述的空间理论像其他理论一样少"[2]的作者，以及与希特勒描绘的"第三帝国政治实体、历史真实，以及国际法伟大的未来的概念"[3]的作者判若两人。施米特在 1945 年的作品仍有捉摸不透的特点，更多的是谈论法律史。在他接受国际军事法庭的审讯之前，施米特从希特勒的普鲁士帝国的作者摇身一变成为纳粹最有希望的首席辩护律师。他写了一篇关于大屠杀暴行的裁决，"野蛮与残暴……他们的行径超越了人类理解"，他写道，"这全面体现了暴力行为一词中蕴含的意义"。[4]在《作为国际犯罪的侵略战争》一书中有一个英语注解（假设面对的是英美法学家所述），施米特说道，"在第二次世界大战的末期，毫无疑问，人类有义务通过一项对希特勒和他的同伙暴力行为的刑事判决"。他论证道，"党卫军和盖世太保的滔天罪行"已经炸毁所有现行的国际法。[5]

施米特的分析产生了一种怀疑，这些法学家是否已经打破了现行国际法。其中一个问题是施米特试图人为地用二分法将纳粹反对"波兰"和"苏联"区分为"侵略战争"与"暴力行为"——即便这是两种截然不同的行为。这使得他分析公民有义务抵制其政府的论证变得格外清晰。在《作为国际犯罪的侵略战争》第四、五部分，施米特注意到了法官不仅试图起诉国家的元首，还要起诉参与战争犯罪的个体

---

① ［译按］Schmitt，《作为国际犯罪的侵略战争和"罪刑法定"原则》，第 186 页。

② ［译按］《大空间》，第 122 页。

③ ［译按］《大空间》，第 111 页。

④ ［译按］Schmitt，*ICWA*，p120.

⑤ ［译按］前揭，第 197 页。

公民——这将面临一个巨大的困境。施米特论证，如果公民没有直接执行侵略性的战争，在战争中帮助和教唆他人犯罪，那么所有的公民都将面对在不义的战争中必须背叛他或者她自己的政府，如果他或她希望避免战后作为战争犯的起诉。施米特论证，如果公民生活在如德意志第三帝国这类"恐怖政府"统治之下，这种伤害尤其致命："战后对个体公民惩罚的宣称，不仅是恐怖分子，而且是将恐怖化恐怖主义下的受害者为罪犯。"①

施米特的分析更加倾向于类似于第一次世界大战的常规战争，但值得质疑的是这个标准不再历史性地适应波兰和苏联战争。纳粹对波兰和苏联的入侵战争并非一场战争，而是在一场正义战争名义下的"偶然"暴行，这里的战争成为某种攻击的媒介：考虑东部前线的司令命令。如果纳粹战争是一场常规战，并非作为入侵战争的另一个事例，而是战争末期完全歼灭敌军，将战争暴行作为一种媒介的神圣之战，那么施米特分析的平民有责任抵抗国家暴力也变得无以为继。如果我们要为不抵抗国家支持的暴力负责，那么我们也要对支持和参与制造暴行的战争负责。

更为广泛的是，鉴于他1925年对待占领的莱茵兰地区的态度，施米特在此的论证更加倾向于德国公民并不具备抵制希特勒政府的权利。施米特的论证声称，公民和基督徒对抵抗统治者或者统治系统的责任缺乏"公共性"，"统治需要服从和忠诚"而不是"全然的公开"②。在1925年的历史背景之下，正如我们所看到的，这意味着抵抗法国和英国武力占领莱茵兰地区。然而，我们不得不考虑，施米特在《作为国际犯罪的侵略战争》中为这个问题写了一个法律性的备忘录。他提到我们并不试图基于同样的理由服从希特勒的统治。这暗示了我们服从纳粹统治，既是因为我们生活在德国控制下的国土上，更多的是因为基督徒应该尊重世俗权威。③

施米特在《作为国际犯罪的侵略战争》中的"道歉"，施米特是否充分认识到了大屠杀的重要性，对于1945年夏天的公共意识的理解与今日不可同日而语。作为纳粹的合作者和直言不讳的反犹分子，施米特再怎么为这场浩劫"道歉都不

---

① ［译按］Schmitt, *ICWA*, p195.

② ［译按］Schmitt,《作为国际政治客体的莱茵兰（1928）》，载《论断与概念》，第34页。

③ ［译按］我受益于1925年Peter C.Caldwell讲座中的观点。施米特与天主教有更多的联系，参看 *Manfred Dahlheimer*, *Carl Schmitt und der deutsche Katholizismus* 1888–1936, Paderborn: Schoningh, 1998。

够"①。施米特早期评论充分展现给了诸多读者，但是《作为国际犯罪的侵略战争》一文中的两个细节，暗示最后一个集中营中的囚犯将获得自由，他们关注的是战后审判中正义的缺席，施米特写道：

> 如果以一种庄严的形式审判刑事犯罪，犯了一个致命错误，因为没有正义的常规错误，能容忍人类的错误。这种错误的非正义和惨剧导致严重的全球性犯罪，他们为这个伟大的审判赎罪。②

　　为了谴责纳粹主义，施米特的部分论述与他对人类有义务"严厉和深刻"判决希特勒的罪相关。③我们不得不想起施米特对国际法的决定的严肃性以极大的尊重。然而，这个宣称与 1949 年海德格尔将集中营与现代农业比较类似。④将现代性大屠杀的集中营转向某种临时性的比较客体，为了从学术性上说明司法程序，可能相当于将其完全忽视。

　　关于施米特与大屠杀的第二个大问题，是施米特常常描绘的暴力行为："对手无寸铁的人们进行计划性的谋杀和非人道的暴力。"⑤正如夸里奇（Helmut Quaritsch）描述的，施米特的描写似乎来自于古代 18 世纪版本的卢西安《内战记》前言。在这个背景之下，暴力行为提到了庞贝被托勒密三世斩首，这是流氓的

---

①［译按］关于施米特反犹问题更多的讨论，参看 Wolfgang Palaver，《施米特论 Nomos 和空间》（Carl Schmitt on Nomos and Space，Telos106，1996），第 105~127 页。Rahael Gross，《犹太法和基督教恩典：施米特对凯尔森的批判》（*Jewish Law and Christian Grace：Carl Schmitt's Critique of Hans Kelsen*），见《对峙：凯尔森与施米特》，Dan Diner and Michel Stolleis 编，Gerlingen：Bleicher，1999，第 105~107 页。Heinrich Meier，《施米特的教训：政治神学与政治哲学的区分》（*The Lesson of Carl Schmitt：Four Chapters on the Distinction Between Political Theology and Political philosophy*，Chicago：University of Chicago Press，1998）；Raphael Gross，《施米特与犹太人："犹太人问题"、大屠杀，以及德国法律理论》（*Carl Schmitt and the Jews：Jewish Question，the Holocaust，and German Legal Theory*，Madison，WI：University of Wisconsin Press，2007）。

②［译按］Schmitt，*ICWA*，p183.

③［译按］前揭，第 197 页。

④［译按］Martin Heidegger，*Das Gestell*，cited in Wolfgang Schumacher，Technik und Gelassenheit，Frei-burg：Alber,1983，p25. *Das Gestell* 是海德格尔在 1949 年 10 月 1 日于 Bremen Club 发表的一系列讲座中的其中一篇，但尚未发表。

⑤［译按］Schmitt，*ICWA*，p127.

手段弑杀了罗马统治者获得的巨大的荣誉。①至今尚未明确的是，为何施米特在他的文章中选取这一段：他是在寻找作为一位地位较高的国际法专家的地位？他希望在他的思想中解释某种或者古典的"深度"？然而，这依然让人疑惑——当施米特描绘欧洲犹太人的杀手之时，为何要采取这种晦暗不明的文学写作方式。②

更为确切的是，施米特在《作为国际犯罪的侵略战争》中谈及他的顾问伏里可（Friedrich Flick），以及他跟伏里可的关系。他的顾问质疑施米特对纳粹的忠诚，并且怀疑他与大屠杀之间的联系。施米特说道，产业大亨伏里可在他的大工厂中大范围地使用奴隶和纳粹集中营中的劳工，他被视为"欧洲国家的普通商人"，"既没有反对战争法的统治，也没有参与暴力"③，甚至他的工厂在 1945 年夏天还在运营，施米特试图将他描述成一个与政治无关的商业家，而不是剥削集中营劳工以"表现出某种非人道的理智形态"④。这个分析评论纽伦堡包含战争犯圈子中的工商业者，并且形成某种"战争犯与战争参与者过分扩张的英美概念"——这并不得要领。⑤即便这些人应该以不正义战争罪名义被处死，这也并非与处死工业家是一回事，主要是因为他的工厂雇佣了大量集中营的劳工，这被视为参与战争罪和具有战争暴行。在法律备忘录中寄希望于辩护律师揭示他的顾问的犯罪信息，这并不公平，但是《作为国际犯罪的侵略战争》完全忽略了伏里可的工厂与集中营的关系。1951 年，施米特也"不胜感激"地接受了 1000 德国马克的酬金，伏里可的资金很大程度来源于剥削奴隶，随后伏里可被判犯有战争罪以及违背人性，可以确定的是他被冠以"极为严重可怕的"纳粹战争犯的头衔。⑥

然而，在两次世界大战的欧洲法的伟大重建过程中，《作为国际犯罪的侵略战

---

① ［译按］庞贝之死和卢西安的评论，参见卢西安的《内战记》第 8 卷。

② ［译按］我非常感谢 Peter Caldwell 对这一段的论述。

③ ［译按］Schmitt, *ICWA*, p145, p186.

④ ［译按］前揭，第 127 页。

⑤ ［译按］Quaritsch, *Ein Gutachten für die Nachwelt*, p141. Hans-Heinrich Jescheck, Die Verantwort-lichkeit Verantwortlichkeit der Staatsorgane nach Volikerstrafrecht-Eine Studie zu den Nurnbürger Prozessen, Bonn, 1952, p345.

⑥ ［译按］Konrad Kaletsch, 《1951 年 1 月 8 日致施米特的信》（*Letter to Carl Schmitt, January* 3, 1951）Nordrhein Westfalisches Landesarchiv, File RW265-220, Number 176; Carl Schmitt, 《1951 年 1 月 8 日复 Konrad Kaletsch 的信》（*Letter to Konrad Kaletsch, January* 8, 1951）, Nordrhein-Westfalisches Landesar-chiv, File RW265-220, Number180。

争》是施米特道德和职业生涯中的一大亮点。①但是这在施米特 1945 年的法律备忘录上没有体现任何意义。国际法学者发现，它提供了这些主体的一种新的视野。例如乌尔门（Gary Ulmen）在 1996 年的书中指出，施米特如何讨论侵略战争体现了正义与不正义战争之间的虚伪，正如沃尔泽（Michael Walzer）在论述战争主体的著名思想中说道，要区别看待 1990 年未成文的美国外交政策。②乍一看，沃尔泽试图"在政治与道德理论中夺回正义战争"看上去很理智。他宣称，"一个国家反对另一个政治主权或者版图统一的国家侵略行为下使用武力或者在迫在眉睫的威胁下使用武力是犯罪行为"，并且拿美国侵略越南与纳粹入侵，以及苏联侵犯匈牙利和捷克斯洛伐克相比。③然而，在随后的作品中，沃尔泽开始写人道干涉的必要性，"美国势力的传统和正当的怀疑必须让位于某种必要性的确认"④。正如乌尔门指出，我们一方面在论证战争的犯罪化，比如对越南的轰炸，另一方面我们又在论证"人道主义干涉"的必要性，比如对塞尔维亚的轰炸。这种尝试区分正义战争与非正义战争，并且"干涉"导致某种情形，正如第一次世界大战，防御战争的力量被视为犯罪，仅仅由于胜利者政治优先原则，而不是任何其他客体标准。判断"干涉"的标准并非道德，而是眼下的帝国利益。关键在于战争概念是否被划分或者类别化，这就不可避免地被现实政治关切剥削。正如乌尔门总结的：

一旦战争停止成为某种现实政治的工具，它将成为某种理念性（或者宗教性、道德性、伦理性等等）统治。一旦战争停止成为某种现实政治实体的公共竞赛，它将成为施米特所说的"国际内战"。显然，旧的秩序的崩溃和新型政治实体种类已经再次提出国际法战争的核心问题——战争的概念问题。⑤

---

① ［译按］William E.Scheuermann，《卡尔·施米特：中欧历史中的法律终结》（Carl Schmitt：The End of Law in Centry European History，34:1，2000），第 116~120 页。
② ［译按］Gary Ulmen，《正义战争或正义敌人》（"Just wars or Just Enemies？"）见 Toles 109，Fall1996，第 99~113 页。Michael Walzer，《正义战争与非正义战争：历史阐释的道德论证》（Just and Unjust Wars.A Moral Argument with Historical Illustrations，NewYork：Basic Book，1992）。
③ ［译按］前揭，第 202 页。
④ ［译按］Michael Walzer，《拯救的政治》（The Politics of Rescue），见 Dissent，winter 1995，第 35~41 页。
⑤ ［译按］Gary Ulmen，《正义战争或正义敌人？》。

结论

施米特关于战争论述的几篇文章对于今天十分有助益。正如他所说的，"国际法的历史就是战争概念的历史"①。在施米特的时代，犯罪化和普世性概念已经污染了中立性和战争概念，按照他的观点，几乎不存在某种坚定的、公平的凡尔赛秩序下的国际体系，并且反对国家的纯然毁灭性战争也几乎在"普遍性"的日内瓦国际联盟之外。施米特与他们的野心结盟之后，使他自己作为一位国家社会主义的法学专家，在关于 1937 年讲座的评论中谈到了这些危机——要比国际法下的严肃战争概念要好得多。在我们这个时代，我们发现国家和社会组织本身就是国际法或者某些反抗组织或者个人——并非普通战争——例如，基地组织、塔利班等并不是国际法的主体。在这些概念中，这被视为某种讨好施米特所谓的去国家化的战争——为了将战争转变为某种"国际内战"，将国家的战争去除掉。国际法下战争概念的后果是可以预见的。一个比较著名的例子是，安瓦尔·奥拉基（Anwar Al-Awlaki），他的母国授权反恐和情报机构在全球范围内对其执行暗杀计划，这暗示了国际法中的某种未来可能存在的矛盾。除了事物的本质之外，安瓦尔·奥拉基的例子提供了窥视新秩序的一种可能性，这种以国家为中心的传统战争概念已经不复存在，至少存在三种需要作出解释的矛盾（国家之间、人际之间，以及个人与国家之间）。是否国际法能够适应这个变化，以及会产生什么样的影响，目前尚不清楚。

考虑这些问题之间的关联是施米特提出的第二个问题：皇帝也要统治语言规则②。施米特的一个考虑是，如果你想要了解国际体系是如何运作的，你首先就要回答如何定义战争，也就是谁在决定什么叫战争，相反，有些行为被称之为某种"镇压叛乱行动""小范围冲突"或者"干涉"。当施米特在写作之时，我们可能震惊的是德国空军对西班牙格尔尼卡的轰炸，他们对手无寸铁的平民进行轰炸反映出了"战争"一词的修辞变化，这样的行为得到西方国家的认同，认为这样的轰炸行为是一种"和平行动"。③但是施米特在 1937 年的分析预见了，是哈维尔（Václav Havel）而不是米洛舍维奇（Slobodan Milosevic）声称的"人道主义

---

① ［译按］Schmitt, *TDCW*, p31.

② ［译按］Schmitt, *USA und die volkerrenchtlichen Formen des modernen Imperialismus*, in Positionen und Begriffe, p179.

③ ［译按］Schmitt, *TDCW*, p676.

炸弹"①。今天，美国轰炸巴基斯坦和阿富汗边境，以及它针对穆斯林世界的秘密行动，严格的定义为除了战争之外的任何行动，并且这是美国造成的灾难，而不是萨达姆侯赛因统治下成千上万饿死的伊拉克人，他们在 20 世纪 90 年代将这样的行为定义为"制裁"。施米特告诉我们，为了理解国际体系的凯撒，你必须分析——或者通过分析论证，展现帝国外交政策的虚伪。

与此同时，如果我们接受施米特论及政治和国际关系的结论，那么施米特批判的是普世主义，以及你希望实现的世界人类皆兄弟的价值观。正如他在 1927 年写道，"理性地说，我们不能否认民族能够根据敌友之分团结其本身，这个区分仍然与今日密切相关，这表达了所有人能够生存在某种现存的政治维度的可能性"。②然而，民族始终会存在，并且将继续以不同的方式观察其他民族对自己的现实威胁，这就是生活。施米特告诉我们，为了使得这些民族归于和平，"人道主义干涉"并不符合所谓"普世主义"组织"人道的"自由价值。③施米特强调，这个任务依然没有完成，不存在某种"人道主义的决定性战争"以毁灭地球上倾向于这些价值观点的全体人类。④他们可能说，这也是生活。但是我们在此拒绝施米特的观点，按照麦克尼克（Adam Michnik）的解释，只有在极权政治的条件下，施米特永恒的敌友之分才是"正义的生活"。⑤接受施米特对自由主义能力的怀疑，能够重新使世界和你避免参与大规模的"文明灾难"，并且拒绝参与某种潜在的永不停息的被转变意义的，以及纯然毁灭的犯罪的、恐怖主义的，以及叛乱的令人反感的中世纪理念的战争。然而，这并不意味着我们认同塔利班在南亚的统治，在非洲肆意迫害女性生殖器，以及乌兹别克斯坦将囚犯投入煮沸的水中。⑥对于施米特而言，他并未主张文明的相对性，需要重估当下的普世人权和人道主义干涉的文明语境，宣称这些地区的权利和责任存在于某种实际的权威（例如中世纪的天主教会），并

---

① ［译按］V á clav Havel，*Moi aussi je me sens albanais*，Le Monde，April29，1999.

② ［译按］Schmitt，《政治的概念》，第 28 页。

③ ［译按］关于人道主义干涉历史，参看，Gary J.Bass，《自由的斗争：人道主义干涉起源》（*Freedom´s Battle：The Origins of Humanitarian Inervention*，NewYork：Knopf，2008）。

④ ［译按］Schmitt，*TDCW*，p72.

⑤ ［译按］麦克尼克参加 2007 年"二十世纪政治哲学家春季研讨会"时对施米特观点的解释。

⑥ ［译按］更多的例子，参看，Craig Murray，《撒马尔罕的暴行：一位英国大使关于反恐战争中反抗暴君的争议》（*Muder in Samarkand：a British Ambassador´s Controversial Defiance of Tyranny in the War on Terror*，Edinburgh：Mainstream，2007）。

且参与对敌人的斗争——这个敌人是挑战我们共同体的认可，从而被战胜，而不是罪犯或者法律之外的行为。

当我们接受施米特的观点时，存在一个现实结论。我们可以清楚看到施米特是强大执行官的拥护者。① 因为任何恐怖袭击都被定义为某种例外事件，911袭击是"美国历史上绝无仅有的事件（根据布什政府官方律师）"②，美国总统"在行使他的总司令权力和打击敌对势力时享有完全的自由裁量权"，换句话说，这是他的紧急权力。③ 因此，战时总统拥有不受限制的执行权力，并且国会采取任何行为限制总统的行为都与宪法授予总统是军事司令的权威相违背。布什政府的这些观点和行为完全与施米特主义的例外状态原则一致。奥巴马政府通过多种途径确认了布什官方律师的分析，并且拓展了总统非常权力的适用范围。2009年以后，在最小范围的公共咨询的背景之下，总统派遣秘密军队在中东和欧亚大陆活动。④ 奥巴马的首席反恐咨询专家布伦南（John O.Brennan）谈到"多次代"战役反对非洲与亚洲的恐怖分子，这种永恒战争的观点玷污了施米特20世纪30年代早期自由帝国主义行政权力的观点——这正是他在1937年所担心的。⑤

谈到"多次代"战役带我们转向施米特思想的最后结论：接受一个看上去我们并不知道是什么样子的新世界秩序。此时他开始论战争的三篇文章的最后表达的内容，施米特知道，他预言的世界的大空间结构并没有任何结果，至少不在他们的计划之中。这一切最终在1950年的《大地的法》一书中呈现，20世纪40年代晚期施米特在他的《大地的法》一书中写到了人们看到的巨大变化：某些思想是"整

---

① ［译按］这一段的评价主要是针对 Tracy B.Strong 的《霍布斯国家理论中的利维坦》的前言的扩充。然而，Strong 的作品，所谓的2002年8月1日的 Bybee 备忘录没有对公共消耗量有任何助益。

② ［译按］Jay. S. Bybee, *Memorandum for Alberto S.Gonzales, Counsel to the President. Re: Standards of Conduct for Interrogation Under 18U.S.C.§§2340–2340A*, August1, 2003, p31.

③ ［译按］前揭，第33页。

④ ［译按］Mark Mazzetti, 《美国在中东地区的秘密活动》，见《纽约时报》2010年5月24日。Mark Mazzetti, Scott Shane, and Robert Worth, 《对恐怖活动的攻击扩大到两个洲》，见《纽约时报》2010年8月16日。关于这个主题更多的内容，参考，Micah Zenko, 《威胁与战争：冷战世界之后的美国分离运作》（*Threats and war: U.S.Discrete Operations in the Post-Cold War World*, Palo Alto: Stanford University Press, 2010）。更多的 CIA 活动包括掠夺者无人侦察机和人身攻击，参看 Jane Meyer, 《弱肉强食的战争》，见《纽约客》2009年10月26日。

⑤ ［译按］John Brennan, 《总统的国土安全和反恐专家布伦南在 CSIS 的发言》。

个世界或者我们的星球，只有一个立足之地，或者一个飞机场，一个原料堆积地，一个在外部空间旅行的母船"。与这些瓜分星球的潜在的统治相匹配，施米特看到了三个新世界秩序的可能性："第一，美国和苏联用技术统治整个星球；第二，美国通过海军和空军充当世界警察；第三，产生各个不同的大空间，参与新的世界秩序。"①在 20 世纪 90 年代末期，这个观点被视为可以认识的第二选择。

然而，20 年之后的今天，一些事情依然不确定：中国、印度和欧盟作为美国对手的观点已经司空见惯。在能源和可持续方面存在发展的意义，石油和天然气的储量影响国家的工业能力和地缘政治力。鉴于 21 世纪的经济危机，资本主义灯塔岌岌可危。对于银行红利、全球化和经济持续增长的世界观，以及担心美国债务危机风险持续增加的怀疑论纷纷出笼。

施米特的《战争三论》中的观点，虽与我们的世界不同，但也提供了未来挑战的指引。无论接下来的《大地的法》的结论如何，都将成为这个体系中的战争概念的重新定义。鉴于施米特对国家民族主义的支持，并且与犹太人大屠杀之间有着晦暗不明的联系，他仍然被视为一个"有问题"的思想者，但是《战争三论》反映出一个现实的挑战：全球经济危机和竞争、欧洲统一、帝国主义——这些挑战在我们这个时代完全呈现。我希望读者能够将施米特的这些作品用以考量一系列新兴大国、失势的国际机构、霸权野心并且使用它们去评价今天智性和政治的责任，还应该包括世界大战后的新世界秩序的失败。如果今天尝试通过施米特的方式构建一个稳定的新世界基础，我们可能不能奢求做"事后诸葛"。

---

① ［译按］Carl Schmitt，《欧洲公法中之国际法的大地之法》（*Der Nomos der Erde im V&ouml lkerrecht des Jus Publicum Europaeum*，*trans*，*G.L.Ulmen*，NewYork：Telos Press Publishing，2006），第 354 页。

学人纪念

编者按：著名法理学家、西南民族大学法学院退休教授温晓莉于 2019 年 7 月 22 日 22 时许在四川成都家中突发疾病去世，享年 68 岁。温晓莉教授于 2000 年起受聘至湖南大学法学院任教数年，后再回到西南民族大学。温晓莉系西南政法大学 1978 级法学学士，中国人民大学法学博士。温晓莉的丈夫张紫葛曾任宋美龄机要秘书，先后出版了《在宋美龄身边的日子》《心香泪酒祭吴宓》等回忆录。他们传奇的爱情故事亦广为流传。温教授的去世引发法学界的普遍哀思，湖南大学法学院师生以泪为墨，纷纷留言送别温老师。

传奇落幕，精神永存

——湖南大学法学院师生深情送别温晓莉教授

湖南大学法学院悼念温晓莉教授唁电

西南民族大学法学院并温晓莉教授家属：

惊悉我国著名法理学家温晓莉教授不幸仙逝，噩耗传来，不胜悲痛！湖南大学法学院全体师生和广大校友谨向先生的逝世致以深切哀悼，并向其家属致以诚挚的慰问。

温晓莉教授长期致力于法理学、法哲学、中国法律思想史、中国法制史、西方法律思想史、中西方法律文化比较等领域的研究，是我国著名的法理学家。先生知识渊博、学贯中西、追求真理、爱憎分明，堪称法学家中的女中豪杰。特别是任教于湖南大学法学院期间，先生提携后辈、关爱学生，思想的光辉影响了一批批青年学人和一代代法律学子，为湖南大学法学院的学科建设和人才培养做出了杰出贡献。先生的逝世，是我国法学界的重大损失，也是湖南大学法学院广大校友的重大损失。

如今斯人已去，但先生的音容笑貌、经典书单和不屈不挠的精神将永远铭记在我们心中。

温晓莉教授千古！

湖南大学法学院

二〇一九年七月二十四日

湖大法学院教师追忆温晓莉教授

肖洪泳老师：

《吊温晓莉教授》

温婉似玉气如虹，晓唱哲声律法中。

莉香杏坛千万里，来去自由景不同。

郭哲老师：

当时作为年轻老师的我能上法理课，可以说是温老师手把手、一节课一节课带出来的，她既是我的同事更是我的老师！记得共事时经常和学生一起去她家畅聊，好几次都兴致盎然忘了时间，听她说致学之道为人之本，喜欢听她讲与张紫葛先生传奇的爱情故事，讲张先生作为机要秘书在宋美龄身边的日子，她曾签名送给我一本紫葛先生写的她帮忙整理出版的《X个人与三个畜生》，书中有尊严的生存智慧曾经照亮了我前行的道路。

记得有次问她：您最钦佩谁？她脱口而出是秋瑾！她又何曾不是现代版的秋瑾——敢爱敢恨，特立独行，有思想有抱负，忧国忧民的当代女侠！对宋美龄与宋庆龄姊妹的评价，她毫不讳言更欣赏宋美龄！在紫葛先生病重的日子，她倾囊所有为其治疗，不惜举债度日，当年2004级在职法硕班的募捐善举令她一直感恩于怀！

温老师还一直关心我女儿的成长，让伊伊和炎炎成了微信好友，时不时我会从炎炎的朋友圈看到温老师旅美的生活……不曾想她却走得如此匆匆，匆匆得都等不及炎炎赶回国。温老师和张老师是真正的"学高为师，身正为范"的典范，退休后温老师皈依基督教，如今他们伉俪在天堂重逢，再没有病痛，在上帝怀中永享安息！温老师，您一路走好。

蒋海松老师：

沉痛悼念温晓莉教授，这位闯入法律思想界的秋瑾女侠，民主法治人权的传道士，西政七八级的传奇神话，让爱作主、打破凡俗的奇女子，也曾是我们湖南大学法学院学生的精神导师。

在西政求学时，听过作为西政传奇的七八级大师姐的故事，尤其是她与张紫葛老师的传奇爱情，比戏文中更惊艳，有着不属于这个时代的纯粹。来湖大任教后，也不断从湖大师生口中听到旧闻，感受她在湖大的精神传承。她编辑的法学名著阅读书单，至今流传。除了法学名著，起手的是启发法律思维的文学作品，如雨果《九三年》、狄更斯《双城记》等，更有许多反极权的作品，如索尔仁尼琴的《古拉格群岛》，让隔年重接这门课的我对她的胆识与学识佩服不已。我编辑院刊《岳麓法学评论》时，翻检家底，惊喜发现她是我刊早期最重要的作者和编者，她兼任副主编，而且几乎每期都有一篇重磅文字。为我刊有如此辉煌的过去而振奋。她走后，学院师生刷屏的送别，也铭刻了她对湖大法科振兴的贡献，尤其是精神上的牵引。

还记得两个细节，在北大有幸与温老师一起参加了法治与宗教的研修营。作为一个已经成名成派的教授，她却比我们这些青年学生上课还认真，争论起来最较真。2012年，她回来湖大参加西方法律思想史研究会年会，发言是用莫言的《蛙》来反思计划生育与生育权，慷慨激昂，依然是昂昂然奇女子的风采。

可惜传奇落幕，回归主怀，愿她在天国安息！

郑鹏程老师：

与温老师共事5年多时间，因不在一个教研室，与她的接触并不多。她的传奇人生，都是在与其他同事的闲聊中知道的。与她的近距离接触有两次。一次是2003年下半年，我陪刘定华老师、单飞跃老师到成都出差，顺便看望温老师及其先生张紫葛。那次拜访印象极其深刻，狭小的房间堆满了书籍，几乎没有像样的家具。温老师在一旁口述我们三个人的名字，张先生用那特制的写字键盘给我们签字赠书。第二次是 2006 年下半年，那时她已从红叶楼搬到五舍（此时她已调离湖南大学，学校分给她的住房已原价退给学校），我有一点公事找温老师，温老师的房间挤满了学生，学生们正在温老师的指导下开展读书活动。两次近距离的接触并无太多言语交流，但坊间所流传的她对学生的好、对爱情的执着、对名利的淡泊等崇高品质令我永生难忘。

肖艳辉老师：

温老师来湖大工作的几年，我们有过或深或浅的交谈，她谈法哲学，我谈电影《The Purple》中的自由、独立、孤独与女性觉醒；我们偶尔也谈谈爱情、孩子和女性在家庭中的定位。说起她才华横溢的先生——张紫葛时，她眼睛里总是闪着光芒。听说那时的张紫葛已 59 岁，右眼已瞎，左眼残存一线视力，三尺之外不辨来客面貌。她竟悄悄爱上了这位大她 32 岁的老师。郭道晖先生多次说起温老师的传奇爱情，并称她是法学界真正的奇女子。一路走好，温晓莉教授，感谢命运让我们相遇，并感谢您为我树立的楷模形象。

肖海军老师：

晓莉老师虽走，思想温度尚存！

高中老师：

温老师是我来湖大后经常进行学术对话和交流的德高望重的女法学家。温老师的早逝，令人惋惜。温老师一路走好，期待她和其深爱的张老师在彼岸再续传奇。

宋槿篱老师：

还记得温老师刚到湖大的时候，有一次在我家聊到深夜，就直接在我家住下了。此后也有无数次和她畅谈，聊了些什么不记得了，只记得每当温老师说话的时候，能让人忘了一切，只听到她充满激情的声音，饱含智慧的话语，睿智的思想，让人惊叹的见解！这是一位有大才、奇才的女子！不仅博览群书，而且敢于直抒己见，不畏权势！也是一位好老师，为学生无私付出！在我心目中，温晓莉老师不仅是我的同事，更是一位亦师亦友的先生！还想着去成都时看她，还想着加她微信，能再次与她畅谈，聆听她的教诲！却再也没有了机会！我的错！后悔没有付诸行动！

龙柳涛老师：

惊悉温晓莉老师仙逝，不胜哀恸！先生担任我的硕士导师期间，在学问上严格要求，在生活上关怀备至。快二十年了，我依然记得寒冷冬夜里和我们的促膝长谈、论文修改中的批注标识。先生渊博的学识、正直的人品让我景仰；先生温和慈爱的目光、对学生无私的奉献让我铭刻在心。先生音容宛在，弟子无限怀念！弟子叩首！

石玉英老师：

2001 年，我考入湖南大学法学院跟随温老师攻读法学硕士学位。第一次怯生生地敲开了温老师的家门。一如传闻中的严厉，第一次见面都不敢直视她犀利的目光，只是怯生生地回答问题。温老师要求我们写读书笔记，有一次她破例给我看一本书，是温老师的先生张紫葛教授的《心香泪酒祭吴宓》。我一翻开书便无法释手，通宵未眠把整本书看完了。当时完全震撼了。之前只知道张老曾经是宋美龄的秘书，读完这本书，才对张先生的传奇人生有了全面的了解。该书是张先生的传记性回忆录，真实地回忆了学贯中西的大学者吴宓在特殊时代沧桑的一生。在某种意义上张先生的坎坷一生与吴先生惊人地相似。难能可贵的是尽管张先生在特殊时期受到了残忍的迫害，但是在该回忆录中却能不带任何个人情绪地客观地对事实作出陈述。第二天一早，我迫不及待地与温老师谈我的读后感，她一言未语，始终微笑地听我讲完，然后给张先生打了一个电话，告知他在她的学生中又多了一个知己。那应该是温老师第一次对我的认可吧。

后来温老师搬到南校区红叶楼，学生们经常来温老师家里开读书会。到了吃饭的时间，我们便一起动手，在温老师的指导下很快就能做出可口的家常饭。饭后继续讨论，直到晚上十一二点同学们还迟迟不愿散去。我毕业后留校任教，再后来温老师回成都了，我们偶尔电话联系，谈论得多的是我的家庭以及炎炎的近况。并且每次电话结束，温老师总不忘了向我先生问好。一切都恍如昨日，至今尚难相信温老师竟已离我们而去，万分悲痛。愿温老师一路走好，在天国与深爱的张先生团聚！

湛建云老师：

温老师逝世噩耗传来，不敢相信。当年那个声音洪亮、关爱学生、思想深邃的长者，就这么离开了我们，不胜悲痛！

曹薇薇老师：

惊愕悲伤，温老师千古。 我们湖南大学法学院2002级一班第一门专业课授课老师，我们的法学启蒙之师。温老师的学识和人品让人敬佩。十余年后同学们对恩师一言一行记忆犹新，恩师教诲终身受益。

邹赛男老师：

温老师是杰出的女性，可敬的学者，慈爱的老师，生死无常，节哀顺变！

湖大学生纪念温晓莉老师

李晟 等《往来成古今 我辈复登临——湖南大学法学复兴的脚步》摘录：

2000年10月，湖南大学法学院合并招生后迎来了其成立之后的第一场学术讲座，时为西南民族学院教授的温晓莉老师在北校区食堂三楼学生活动中心主讲《当代中国法理学流派与基本问题》。相信对于很多同学而言，这都是一场难忘的讲座，他们第一次接触到这样严密的思维和这样深刻的理论，第一次见识到什么是真正的法学。几天之后，温晓莉教授正式受聘湖南大学，消息传出，法学院的学生无不为之欢欣鼓舞。

（李晟，2000级法学院本科生，现为中国海洋大学法学院教授）

汤驷（2006级法理硕士，湖南中楚律师事务所律师）：

温晓莉老师是我眼中的传奇，也是最尊敬的导师，在正式场合我们都尊称她为先生。三年研读，经常在她家里围坐一圈，听她讲维特根斯坦，讲哈特，讲哈贝马斯，讲柏拉图，讲那年发生的许霆 ATM 取款盗窃案，问题没有标准答案，大家发表各自的意见。

中晚饭时间，她老人家会下厨给我们这些学生做一顿丰盛的四川菜，土豆炖牛肉，印象最深。

温老师在学院讲座，记得有一堂的主题为《行出你的灵魂》，肖洪泳老师主持，两位老师思想的碰撞，让人忘记时间，精神愉悦。2009 年夏天，温老师带完我们这一届四名学生后，回到了成都。

记得毕业那天，阳光灿烂，在法学院大楼，同学们找温老师合影留念，温老师微笑着，时间变慢，流淌着。

李人鲲（湖南大学法学院2003级学生　现为北京德恒（宁波）律师事务所律师）：

温晓莉老师是我在湖南大学读本科时的老师，她当时应该说是我们法学院最受欢迎的教授一点不为过，气质高雅，学识渊博且特别关爱学生，法学院全体学生都是她的"粉丝"。当时她给我们开设了一门课程，叫《法学名著导读》，带领我们一起研读柏拉图、亚里士多德。这门课在湖南大学法学院延续至今，现由蒋海松教授讲授。

有一天，她说让同学们上去讲讲自己最近读的书。这是一个大班的课程，法学院有一百多个学生，过了一会，发现没人上去，我鼓起勇气，上去给大家介绍了那学期读的一些法学著作，好像讲了有七八本，现在只记得有哈耶克的《自由秩序原理》、贝卡利亚的《论犯罪与刑罚》。温老师说了很多鼓励我的话，正是在她的鼓励下，我后来读了更多的一些法学名著。再后来，我考研究生进入了她的母校西南政法大学，成为她的校友，认识了很多她这样的老师，也听说了温老师的传奇故事。

当年本科毕业后20多岁芳龄的她，毅然嫁给她的老师——当时双目接近失明的张紫葛先生（学识渊博，曾做过宋美龄的秘书），照顾张先生晚年生活。当时的张先生生活是清贫的，而据说温老师家境很好。这样的爱情，是超过我们平常人的理解的，是一种真正的精神层面的爱。后来，他们生了一个女儿。再后来，2006 年的时候，张先生去世。我 2007 离开湖南大学去西政读研究生后，因为温老师去了西南民族大学的缘故，就再也没有见过她了。但这些年她对我的鼓励，我始终没有忘记，尤其是那一堂课记忆犹新。温老师对古希腊法治思想史颇有研究，在她的影响下，湖南大学法学院的学生喜欢阅读柏拉图和亚里士多德，后来湖南大学的肖洪泳老师从温老师那里接过传承古希腊法治思想的重任。据说，温老师还是一位虔诚的基督徒，愿她在天国永生！

邓雪聪（湖南大学 2002 级本科生 现就职于财富证券）：

沉痛悼念我们敬爱的温晓莉先生，在我懵懂的大学一年级，是先生教授的法理学开启了我对于法学与哲学的兴趣大门，在我大学毕业的那一年，是先生教授的名著解读奠定了我一生阅读与思辨的习惯。而今天妒英才，愿先生千古，永远怀念您。为法律人，愿如先生一般正直笃定，为女人，愿如先生一般温婉果敢！

杨立辉（经济法 2004 级专业硕士，现为岳麓区人民法院法官）：

惊闻法理学老师、学术专家，温晓莉老师辞世，心中久久不能平静。

我们的法理课由温老师讲授，激情澎湃的女老师，家国天下，纵横捭阖，印象深刻。温老师学术功底之扎实，对学生之热爱，对教学之热爱，上课之幽默风趣，家国情怀之深，恍如昨日。每一个接受过温老师精神洗礼的人，没有人会忘了她，没有人可能忘记她！温老师，您走好！

王根喜（湖南大学法学院 2003 级学生，现居深圳）：

心情真的是很难过，温老师是那种在精神上有着超然追求的人，同时拥有独特的人格魅力，虽然当时作为本科生的我与其交集很少，但听其讲法理课讲《理想国》带来的那种精神愉悦久久难忘。更深刻的印象来自温老师的一次批评，那是参加一场学院的辩论赛，论及哈耶克时，我引用了一些贴标签、脸谱化的浅薄论据。温老师作为点评评委，尖锐地指出这种不究真理而只看立场的做法，是难以深入地去研究思想本身的，是做学问的大忌，这番教诲给我极大的震动，获益匪浅。

辑录、整理：蒋海松

编者按: 著名法学家邱兴隆教授生于 1963 年 1 月 1 日,逝世于 2017 年 9 月 20 日,年仅 54 岁。邱兴隆教授生前曾相继担任过西南政法大学、湘潭大学、厦门大学、湖南大学、湖南师范大学等校教授,中间曾多年担任湖南大学法学院教授、博士生导师、学术委员会主任、刑事法学科带头人、湖南大学刑事法律科学研究中心创始主任等。邱老师生前关心本刊的发展,多次为本刊提供指导和联络稿源等。邱老师的英年早逝是法学界的重大损失,本刊同仁尤感悲恸。为表纪念,本刊特推出"学人纪念"专栏,愿邱老师的风范与思想长存!

邱兴隆教授与湖大法学院的缘分及他对湖南大学法学院的独特贡献,可参见湖南大学法学院送别邱兴隆教授的官方唁电:

邱兴隆先生一生传奇,侠肝义胆,勇于担当,坚忍卓绝,著述宏富,盛名昭著,扶掖后进,桃李天下,甘于奉献,达人达己,匡扶正义,独步山林。他把毕生精力奉献给了法学教育和学术研究事业,奉献给了法治实践历程,抒写了不朽的人生传奇。邱老师的离去,是我国法学界、教育界和实务界的巨大损失!

从 2009 年至 2016 年,邱兴隆教授执教于湖南大学法学院,任教授、博士生导师、法学院学术委员会主任、刑事法学科带头人、湖南大学刑事法律科学研究中心创始主任,为我院的学术研究、学科建设、学生培养做出了卓越的贡献。先生爱生如子,慷慨解囊,设立醒龙奖学金,春风化雨、泽润桃李,度人无数。

先生的荣耀与成就,将永远辉映中国法治史册,先生对湖南大学法学院的奉献和支持,我们将永远铭记!

邱兴隆先生千古!

战士与诗人,烈焰与柔情

——"法学鬼才"邱兴隆诀别的人生风景

蒋海松 [*]

1963 年元旦,邱兴隆出生于湖南湘乡,此地是蜀国丞相蒋琬、湘军统帅曾国藩、解放军大将谭政的家乡。当地的东台山因俊彦辈出被誉为"东山起凤",这也是日后邱兴隆"东台山人""山人"笔名的由来。

---

[*] 蒋海松,法学博士,湖南大学法学院副教授。

1979 年，对越自卫反击战之际，年仅 16 岁的邱兴隆考上大学。他曾想过投身行伍，报效疆场，但未就。他也曾想过投考复旦大学中文系，但错过。他来到了西南政法学院。这里被誉为法学界的"黄埔军校"。行伍未就，文学擦肩，邱兴隆成为一名法律人，但是战士与诗人这两种气质一直沉淀在他生命品格与人生经历之中。后来，他成了一位为废除死刑而呐喊的战士，也堪称一位用生命行吟法治履痕的诗人。冰与火，烈焰与柔情，沉淀在其生命密码之中。

一、为废除死刑而终生奔走的战士

1986 年，23 岁的邱兴隆考取了中国人民大学刑法学博士研究生，也算是全国最年轻的文科博士生之一。他的学术天分很快就展现出来了。24 岁的他与许章润先生合著写成我国第一部刑罚学奠基性著作《刑罚学》。但是，邱兴隆注定是不安分的。他下海经商，却因故受牵连，两度以"涉嫌非法出版"之名被投入看守所，后以"投机倒把"罪名被逮捕，蒙冤被羁押四年零八个月，后获得平冤昭雪。

影片《肖申克的救赎》中有句台词，"有些鸟儿的颜色太鲜艳，它们是关不住的"。这个关在看守所里的刑法博士却写出一本《看守所工作概论》，他还写了《黑道》《黑昼》《黑日》等近 200 万字的法制报告作品，记录了真实的监狱文化。

更让人惊讶的是，他还在高墙里写出了 40 余万字的纯理论著作《刑罚理性导论》，全书没有一个注释，因为没有参考资料。著名刑法学家陈兴良认为该书"是一部刑罚思想著作，具有自身的内在理论逻辑，其学术水平大大超过我事先的预想"。

《刑罚理性导论》出版时，邱兴隆写下后记："我写作的过程是一种涅槃的过程。我曾在真理的门口徘徊、苦恼与彷徨，我曾因对真理的绝望而让书稿数度接受火的洗礼，我曾因不堪自扰而远离醉心二十年的寒窗……然而，当真理之神向我洞开大门时，我又情不自禁地扑向她怀里，忘乎所以地大叫：你是我的！于是，白昼与黑夜不再分明，睡神、食神与死神均骇然远遁。由此，我才真正步入了走火入魔与出神入化的境界。"

这是战士与诗人的融合，是学术与生命的淬炼。

当然，命运对他最大的考验，或者也是最大的馈赠是，他曾和 96 名死刑犯同监，他看到他们走向死亡。他曾打算以死刑为博士论文研究方向，但被否定了，这在当时还是个敏感问题，但对身边不断离去的死囚有了更多的现实和学术反思。

"严打"时期，死刑难免被扩大化。曾有一个姓苏的小伙子因偷了两万块钱而被判了死刑，他的命运连看守所的所长都深感同情，于是让邱兴隆代写上诉状。但改变不了结果。邱兴隆后来甚至一直自责，"就像我杀了他一样"。这些死囚的命运促使他思考死刑的合理性与限度，这促使他后来成为中国最著名的"全面废除死刑论者"。

案件昭雪后，他返回学界，学术上的洪荒之力爆发，佳作迭出，很快成为著名的刑法教授。他自己也经历了从西南政法大学、湘潭大学、厦门大学、湖南大学到湖南师范大学等的多次转会，并创办了自己的醒龙律师事务所。他一直奔走在路上。

在学术上。他贡献了"刑罚理性四部曲"，在刑罚学和刑法哲学上卓有建树，并当选为"全国十大青年法学家"，这被誉为中国法律人最高荣誉之一。

废除死刑一直是他最核心的命题。2003年，邱兴隆组建并成立了中国第一个死刑研究中心，最早在中国发起承办了国际性死刑研讨会。媒体报道，在他和众人的努力下，死刑从一个敏感话题变成一个可以公开研讨的学术话题。作为律师，为死刑犯辩护也是他的执业重心。"在目前立法上无法废除死刑的情况下，通过律师辩护的方式，能救一个是一个"，他曾如是言。邱兴隆还曾计划推出《黑血——中国死刑错案忧思录》和电影《法殇》，关注死刑错案，可惜，这成了其未尽心愿。

他的浮沉与荣辱，淤积着改革时代的阵痛与伤痕；他的奋斗与成功，也体现了法治之路前行的曙光与期许。他独特的生平与烈焰般的性情构成这个世俗时代的传奇风景，其学识思想与公共担当则对当代知识分子与法律人的社会参与带有一种普遍性启示。孤傲个性与公义担当，成为其人生的一体两面。

二、用生命行吟法治履痕的诗人

虽没去成文学系，但写诗作词一直是邱兴隆法学专业之外的兴趣。邱兴隆最经典的造型就是长发飘飘的诗人般形象，被誉为法学界的摇滚歌手。他近来最惬意的生活除了教书育人、出庭辩护，更是锄地种菜、泛舟捕鱼，从法庭回来直接拿着渔网下河。"东台山人"变成"松雅湖渔夫"，活得忙碌而有诗意。

曾写下《镜中》《何人斯》等作品的已故著名诗人张枣乃邱兴隆的同乡与挚友。张枣在《80年代是理想覆盖一切》中挥斥方遒，"我那时年轻气傲，写了诗就丢在地上"。那是属于他们共同的80年代。

一面镜子永远等候她

让她坐到镜中常坐的地方

望着窗外，只要想起一生中后悔的事

梅花便落满了南山

很多文学青年至今都能背诵张枣的这首《镜中》，骨劲强悍而又笔法轻盈，亦如张与邱这样的人生。

"枣鳖，欠老子二十块酒钱没还就先走了。"邱兴隆曾不止一次饱含热泪，用湖南人特有的称呼，回忆与张枣生前喝酒谈诗的点点滴滴。

但邱兴隆写的与其说是诗，不如说是时代的伤痕与法治的履痕。

他在高墙里写下的《黑道》《黑昼》《黑日》法制报告出版时，封面是他手带镣铐蹲在监牢的图片，封底也是他写于高墙里的诗《死活都走》：

打开这双铐

褪下这对镣

把它们丢给回首的恼

走吧／死活都走吧

纵然步入泥泞道

纵然踏上独木桥

——《山人诗草：死活都走》

这是他个人蒙难后毅然前行的身影，也是那个时代彷徨劫难后继续前行的心声。

他的《囚车行》则记下那些从他身边匆匆经过、去往冥府的死囚最后的眼泪与感慨：

囚车驰过／尘土飞扬

囚车里正在把我捆绑

囚车，囚车，你慢些走

让我再看一眼我的故乡

让我再看一眼我的爹娘

……为什么人生这样短暂

为什么世间这样凄凉……

2016 年，聂树斌冤案在其死后 21 年得以平冤昭雪。邱兴隆重新贴出这首诗，并附言："给远去天国的难友聂树斌。"

具有传奇色彩的是，他曾与聂树斌被关在同一个看守所，聂案一审一位法官也是他蒙冤案件的法官。为聂案的平反，作为法学家的他多次开办《聂树斌案：真相一直在天上》等讲座呼吁。作为监狱难友，他还帮助找到并提交了一些重要证据。

他在高墙里写的另一首诗歌后来被他当作自己律所的所歌《醒龙之歌》：

打开这扇窗，给我们一点光，
我们想看一看，小鸟在翱翔。
打开这扇窗，给我们一线光，
我们想看一看，蔷薇的绽放。

很多人觉得这不像律所之歌，因为没有常见的法治、正义等大词。但邱兴隆坚持。或许，这是蹲过高墙才会有的体验，中间蕴含了对自由最真切的渴望。

高铭暄教授九十大寿之前，邱兴隆请专业人士谱曲、演唱另一首诗《远航》作为对恩师的贺礼。在《远航》MV 中，他还悉心搜集、列出每一个高门弟子的照片，包括已逝者。很多人只知他的高傲，却未必了解他高傲背后的情义与柔情。

每一次，我要离你去远航
你总把脸贴在我脸上
哭着说，你会等我返航
……
在今天，我厌倦了风中的流浪
好想把自由的缰绳系在你手上
将这叶孤舟泊在你身旁

写尽了一个漂泊浪子渴望安顿的沧桑。

2017 年 9 月 20 日 1 时 6 分，再也没有了远航，这颗不羁的灵魂就这样归港，年仅 54 岁。

他曾在给自己的义兄、著名学者邓正来的挽联中写道：

生不逢时，死不逢时，哥哥您先走
来是正好，去是正好，弟弟我后到

邓正来去世后，邱兴隆在湖南大学举办纪念讲座《天堂没有哈耶克，天堂只有五粮液——悼念义兄邓正来》，他念了这副挽联的上联，说，家人不让我写下联。现场沉默窒息得连针掉地上都能听到。

"哥哥您先走，弟弟我后到"一言成谶。

他们都在壮年之际遽归道山，盛名之下率先离场。

他也跟他的诗人兄弟张枣一样，死于肺癌。

学生都记得的则是他在课堂上讲坛上一瓶绿茶、几包香烟、烟熏雾绕的经典形象。西政学友李浩教授送的挽联写道："谈笑间，一头蓬发，两指烟熏；回顾中，双眸血泪，几代流芳。"

这位法学鬼才，还定下最决绝的告别方式，不收花圈，不收礼金，不开追悼会、追思会。家属严守这些约定。生前热闹传奇，走得却如此决绝干净，不留丝毫余地。壮年之际遽归道山，盛名之下率先离场。在他身后，一时间，法界震动，江湖悲歌，学界哀悼，泪雨纷飞。

他是否想起了兄弟张枣那句诗："只要想起一生中后悔的事，梅花便落满了南山。"

桂花静静落满了麓山，他并不曾后悔。

网上纷纷刷屏的是那首他写于高墙、送别逝者的诗的最后两句：

死，不必植墓草，骨灰自会沃青蒿
活，不必做祈祷，生命何须畏煎熬！

刑罚知识版图上的西西弗斯

——纪念邱兴隆教授

蒋华林*

　　邱兴隆教授短暂、丰富而绚烂的一生，是学术的一生。他的整个学术生涯，直至生命最后一刻，均围绕着"刑罚的哲理与法理"这一论题展开无尽亦严肃的反思与批判，他不仅是理论家，而且是行动派，在理论与实践之间，来回穿行，在中西及古今之间，孜孜求索，为中国刑罚理性与理性刑罚探路，为思想界、刑法学界留下了一笔宝贵的知识遗产、精神财富。

　　英年早逝，总是一件让人遗憾的事。"先生之风，山高水长"，回顾学人学术人生，将其学术智识置放于人类知识进步、思想发展历史进程中予以回顾、检视，当作铺路石、法学进步阶梯之一级来认识，也是另一种纪念方式。尤其对于邱兴隆教授视"思想是生活的一种方式"、灵魂超越肉身的学术存在体而言，后一种纪念方式就显得更加重要，更加体现一种敬意。阅读邱兴隆，既是试图理解邱兴隆，对其进行学术回顾、对其学术思想进行论述，也是另一种与这颗独立、纯粹而高贵的灵魂进行再一次对话的方式，亦为追怀。

一、燃灯者·刑罚理性

　　中华人民共和国 1979 年《刑法》的颁行，使刑法研究再起航。惯性与时代使然，犯罪论"金鸡独立"，刑罚研究鲜有人问津。邱兴隆教授通过广泛阅读中外刑法学研究成果，敏锐地发现"刑罚问题几乎尚是刑法学百花园中的一片荒地"[1]，但是，"刑罚以剥夺人的权益与施加道德谴责为内容。刑罚是否正当，既关涉国家

---

*蒋华林，广东财经大学经济学院讲师，华南师范大学马克思主义学院博士研究生。
[1]邱兴隆、许章润：《刑罚学》，群众出版社 1988 年版，自序。

的权力是否正当，又事关对个人权益与自由的剥夺与限制是否正当。因此，刑罚的根据亦证明刑罚的正当性的理由何在，构成刑罚理论的拱心石，对它的解答，不但决定着对刑法有关的所有问题的回答，而且决定着整个刑事实践活动的运行。"①

为了扭转这一研究格局，邱兴隆着力于"刑罚理性"这一学术研究富矿的探查与挖掘。1988年，邱兴隆在博士阶段（24岁）出版的我国刑法学界从刑法哲学角度研究刑罚问题的第一本著作——《刑罚学》，②即是其刑罚理性研究的阶段性思考产品。尔后，邱兴隆依然把主要精力、热情倾注于刑罚基本理论研究。可惜飞来横祸，两次蒙冤收押几乎中断了他对刑罚哲学的思考。只是，高墙并没有摧毁他的意志，也囚禁不了一颗向往自由的心。恰恰"抬头见刑法，低头见罪犯"这一特殊环境、祸福相依成为邱兴隆深耕刑罚理论研究的灵感来源、动力引擎、素材宝库。当邱兴隆历经劫难、走出看守所时，近五年的光阴没有完全失去，带出来的是一个人在完全封闭、没有任何参酌资料情况下写出的一部40万字的成一己体系化的刑罚哲学著作及200万言"狱中札记"法制报告手稿。零引注、纯原创，作为"高墙里的刑罚学"论纲——《刑罚理性导论——刑罚的正当性原论》——让人读后莫不惊讶、称奇不已。③延续逻辑演绎方法，《刑罚理性评论——刑罚的正当性反思》于次年推出，从《导论》一书对刑罚的正当性的揭示，转向对刑罚的正当性的历史与现实的反思。通过《导论》与《评论》孤独而疲惫的思考，邱兴隆对于"少作"《刑罚学》的体系、立论与主体思想全面重建，几近于撰著了一部"新刑罚学"。④《导论》与《评论》横空出世，成为邱兴隆复归学界的标志，刑罚的理性与理性的刑罚，自此成为邱兴隆立身学界具有高度识别性的学术标签。

---

① 邱兴隆：《关于惩罚的哲学——刑罚根据论》，法律出版社2000年版，第1页。

② 陈兴良教授评价。参见邱兴隆主编：《比较刑法》（第一卷·死刑专号），中国检察出版社2001年版，第1页。

③ 著名刑法学家陈兴良教授认为本书"作为在监禁这么一个特殊环境里完成的一部刑罚学术著作，具有自身的内在理论逻辑，其学术水平大大超过我事先的预想。"陈兴良：《我所认识的邱兴隆：其人其事其书》，载邱兴隆：《关于惩罚的哲学——刑罚根据论》，法律出版社2000年版，第8页。

④ 对于《刑罚学》一书，邱兴隆教授后来不仅对于其体系、结构极不满意，而且对于其中绝大部分立论与观点，都持一种断然的否定态度。在他看来，《刑罚学》只有一点历史价值，而无任何现实意义。参见邱兴隆、许章润，《刑罚学》，中国政法大学出版社1999年版再版前言。正是这样一种思想发展基础上的自我否定，由是，才有了邱兴隆教授后来布局并产出的"刑罚理性四部曲"。

　　"刑罚是烈马，报应是马缰，功利是马鞭"。①如何将刑罚这一匹烈马驯服、确保把这样一种社会/国家治理的"必要之恶"限制在一定阈值之内，让刑法不仅保护无辜，也保障"有辜"，做到罚当其罪、轻罪轻判、重罪重判、罪刑相应，不至于因形势与时势变化（如严打等）而出入人罪、量刑畸轻畸重，推进公正与效益兼顾刑罚价值实现，此乃古今中外思想家、刑法学家孜孜求索的学术理想，也是极具诱惑的刑法学命题。报应与预防系刑罚的两大支柱。报应论与功利论虽然都在一定侧面上揭示了刑罚的根据，但是，单独强调二者之一，要么得之公正失之功利，要么得之功利失之公正，二者都有合理成分又有失片面，难以对刑罚的根据作出完整的让人信服的解释。这就需要将报应论与功利论统一起来，寻找新的阐释空间。这是刑法学界基于对刑罚根据报应论与功利论的世代对垒的历史反思之后达成的共识。但很显然，这只是迈出了第一步，虽然是很关键的一步。如何实现报应与功利的统一？报应与功利冲突如何调适？报应与功利之间的平衡点在哪？无疑是一体论区别于旧式的、单向度的报应论与功利论、走向新生的根本。邱兴隆通过迟到 11年的博士论文《关于惩罚的哲学——刑罚根据论》与西方刑法巨匠严肃而认真的对话发现，西方刑罚思想发展史上先后出现并在不同时期宰制中国刑事立法、刑事司法、刑罚研究等的名目繁多的"一体论"，从费尔巴哈模式到哈特模式，从哈格模式到帕多瓦尼模式，并未对上述难点提供有效的知识供给，最终无一例外均落入"以报应与功利相统一之名行功利之实"的泥塘而不能自拔，自身过去与陈兴良教授共同提出并成为中国学界主流观点的中国化一体论——"罪刑关系论"——亦如此般。②

　　通过对西方刑法学界"一体论"及其病灶"司法限制论""允许例外论"等的反思与批判，祛除不合理要素、吸纳思想精华，在秩序、正义与自由的棱镜之下，邱兴隆重构一体论——"理性统一论"。邱兴隆的刑罚理性思想的发展和建构带有强烈的批判成分，但这种对于刑治及其西方资源的解构与建构绝不是弃之不顾、颠倒重来、彻底砸碎一个旧世界，而是在深刻解剖、反思基础上的扬弃和超越，是对菲利、加洛法罗们的片面地缅怀，亦是向边沁、李斯特等前贤致敬。在集诸说优点之大成的"理性统一论"视域中，报应与功利是可以统一也应该统一的，报应与功

①邱兴隆：《刑罚理性评论——刑罚的正当性反思》，中国政法大学出版社 1999 年版，题记。

②陈兴良、邱兴隆：《罪刑关系论》，载《中国社会科学》1987 年第 4 期；陈兴良：《刑法哲学》（修订三版）
　第三编"罪刑关系论"，中国政法大学出版社 2004 年版。

利相统一的前提乃在于二者之间的同一性、差异性与对立性，其可行性寓于个人与社会、客观与主观以及手段与目的的辩证关系之中。在厘清如上关系构造之后，邱兴隆为报应与功利的统一、关系协调划定相应的规则，即报应与功利兼顾、报应限制功利、报应让步于功利以及报应与功利折中调和。①这就很好化解了报应与功利掣肘之短，生成协同理性。

后期邱兴隆关于配刑原则统一论的阐释，"按罪制约配刑之上限与按需缓和配刑之下限"亦是"理性统一论"的自然延伸。②"理性统一论"的个性与成功乃在于有着一以贯之的理论品格，即其无论在立法上还是在司法上，都始终坚定地遵循报应限制功利原则，在任何情况下刑罚都不得超出报应的限制、将人当成纯粹的手段，具有绝对性。借此理性命令，实现了报应与功利的真正统一。这种带有绝对性的理性命令的提出，是使传统"刑罚一体论"走出困局、走出无力、走出异化的惊险一跃。高铭暄教授视之为"在国内无疑是具有原创性与填补空白的意义"③，即意于此。《关于惩罚的哲学——刑罚根据论》一书与《刑罚理性导论》，正如邱兴隆所言，是一座自成一体的封闭式建筑与一个开放式建筑的关系，"先为刑罚建立一个新的家园，然后才拆除其旧有家园，并通过新旧家园的对比而证明新者比旧者更适合于刑罚栖息"④，二者在某种程度上亦是一体的。揆诸邱兴隆刑罚理论主张及其证成，渗透的、凸显的是邱兴隆教授"有利被告"理念⑤与限制公权、保障人权思维。

刑罚理性统一论由此在中国刑法学界树立起来，"走向哲学的刑法学"的取向更为明显。或许，邱兴隆教授建构的"理性统一论"最终也难逃理论知识"片面的深刻"⑥、全面—片面—全面的否定之否定的历史宿命，但是，邱兴隆在刑法哲学、刑罚知识版图上镌刻的有力一笔、精彩一页，必将成为刑罚学研究、刑罚理性化规训未竟事业的一座可以超越但肯定绕不过去的高峰。

①邱兴隆：《关于惩罚的哲学——刑罚根据论》，法律出版社 2000 版，第 325~326 页。
②邱兴隆：《配刑原则统一论》，载《中国社会科学》1999 年第 6 期。
③高铭暄：《一篇难得的刑法学优秀博士论文》，载邱兴隆：《关于惩罚的哲学——刑罚根据论》，法律出版社 2000 年版，第 1 页。
④邱兴隆：《关于惩罚的哲学——刑罚根据论》，法律出版社 2000 版，第 4 页。
⑤邱兴隆：《有利被告论探究——以实体刑法为视角》，载《中国法学》2004 年第 6 期。
⑥陈兴良：《缅怀片面》，载陈兴良：《刑法的启蒙》（第三版），北京大学出版社 2018 年版，第 375~377 页。

二、盗火者·死刑废除

国家动刑的极点是死刑。曾和 96 名死刑犯同监，目睹过死刑犯的各种人性、耳闻过死刑犯的心路历程、感受过死刑犯的临刑反应等，促使邱兴隆教授思考"作为国家杀人"的死刑的合理性及其限度。基于人性与人权考量，基于证成死刑的残酷、不人道以及不必要，邱兴隆教授认为死刑在其道德和公正性上都得不到证明，在国内首发全面废除死刑之声。①这种义无反顾地对于死刑的反思、质疑甚至彻底否定，并非出于偶然与突然，亦非思维智识的熔断与无章法跳跃，而是基于邱兴隆教授长期以来对于刑罚进化、刑罚功能、罪刑关系，以及对于报复刑、威慑刑、等价刑、矫正刑、折中刑等关于刑罚的哲理与法理的深刻反思之后的嬗递结果。②对于死刑作为刑罚极点的关注，牵一发而动全身，由是推动他迈向刑罚研究的前沿与巅峰。

或可以说，邱兴隆教授乃"中国的贝卡里亚"。意大利著名法学家切萨雷·贝卡里亚（1738—1794 年），受启蒙思想影响，在 1764 年出版《论犯罪与刑罚》，在人类历史上第一次比较系统和尖锐地论证了死刑的残酷性、非人道性和不公正性，明确提出废除死刑的主张；提出刑罚制度的限度，是达到安全有秩序的适当目标，超过限度就是暴政；他认为，刑事审判的效力来自刑罚的确定性，而不是残酷性，由国家来夺去一个人的生命是不公正的。这篇论文逐渐传到北美，给了革命前的知识分子包括美国建国先贤们很大的影响。甚至有人说，贝卡里亚开辟了人类法律史上一个全新的时代。③继贝卡里亚之后，又有诸如边沁、菲利、李斯特等数位西方著名学者从不同角度对死刑的缺陷进行了揭露，对死刑的正当性以及价值进行了批判性的反思。与之针锋相对的是费尔巴哈、康德、黑格尔、龙布罗梭、加罗法洛等哲学家、犯罪学家则站在保留死刑的立场上对死刑废止论给予了有力的批判。两者各执一端，分庭抗礼，展开了旷日持久的大论战。贝卡里亚因此被后人称为废

---

① 关于对死刑存废问题的拷问，邱兴隆教授曾经向学界抛出了三个犀利的问题，即后来在学界不胫而走的著名的"邱三问"，第一：人命值多少钱一条？第二：人头和石头哪个重？第三：人皮和猫皮哪个更值钱？参见邱兴隆教授在 2000 年 3 月应陈兴良教授之邀在北京大学所作讲演的录音整理稿《死刑的德性》，载邱兴隆主编：《比较刑法》（第一卷·死刑专号），中国检察出版社 2001 年版，第 1~2 页。

② 邱兴隆：《刑罚的哲理与法理》，法律出版社 2003 年版。

③ 黄风：《贝卡里亚传略》，载［意］贝卡里亚：《论犯罪与刑罚》，黄风译，中国法制出版社 2002 年版，第 126~158 页。

除死刑运动之父，被誉为是启蒙时代以来废除死刑论之先驱。①

　　应该说，将邱兴隆称之为"中国的贝卡里亚"，乃基于邱兴隆与贝卡里亚的诸多相似性。邱兴隆与贝卡里亚均是 16 岁进入大学攻读法律专业，他们又都是学术上早慧之人，邱兴隆在 24 岁出版《刑罚学》，被学界誉为"提升了我国刑罚理论的水平"，系我国第一部刑罚学奠基性、开拓性著作。贝卡里亚出版其传世名作《论犯罪与刑罚》时，方 26 岁，正是这一著作奠定了他刑事古典学派创始人的地位。与此同时，二者又均不幸英年早逝，邱兴隆享年 54 岁，贝卡里亚 56 岁去世。②应该说，邱兴隆教授在中国首倡全面废除死刑，与目前国际上多数国家已经废除死刑或实际上停止适用死刑的潮流大势有关，但贝卡里亚无疑是其死刑理论与思想主张的重要来源之一，在邱兴隆教授死刑废止论诸多研究成果中，贝卡里亚的《论犯罪与刑罚》一书就被其经常引用并引申。但是，这并不代表邱兴隆教授的死刑废止论主张完全就是对于贝卡里亚思想的全盘拿来、照单全收，在他看来，他并不认为贝卡里亚废止死刑的言论句句是真理，③而中国作为一个超大规模国家，废除死刑，面临着与贝卡里亚时代乃至整个欧洲古今所不同的政治、经济、社会、文化乃至民族宗教环境。职是之故，邱兴隆的死刑废除论，在中国面临着更大的考验与挑战，也需要付出更大的努力予以学理论证，因此具有独特的贡献。

　　为了在国内推动实现全面废除死刑这一学术雄心，引起更多人对于死刑的关注、理解及积极参与学术对话，邱兴隆教授广泛译介国外研究死刑、反思死刑、废除死刑等的经典文献，④组建国内第一家死刑研究中心、组织死刑问题国际研讨会、成立中国死辩同盟网站（均系国内首例）。在他看来，"一个不重视罪犯待遇、不重视生命的国度，文明程度肯定不行。你在杀一个人的时候，就已做出了

---

① 彭新林：《死刑改革：视野、立场与展望》，载《刑法论丛》2017 年第 2 卷。
② 这一比较，仅仅是一个数字上的比较。数字背后的历史上的平均寿命，笔者在此无意考证。但可以逻辑推论的是，贝卡里亚与 18 世纪末意大利男性的平均寿命的差距，显然要小于邱兴隆与中国目前男性平均寿命的差距。如果还要追溯，那么，贝卡里亚享年 56 岁，在 18 世纪末的意大利是否属于早逝，也就得打一个疑问号了。但是，这并不影响本文论述。因为这是另外一个需要考证的问题了。
③ 邱兴隆：《就独生子女免死对苏力教授说不》，载《法学》2011 年第 10 期。
④ 邱兴隆：《比较刑法》，（第一卷·死刑专号）中国检察出版社 2001 年版；邱兴隆：《比较刑法》（第二卷·刑罚基本理论专号），中国检察出版社 2004 年版。

判断，人是可以被杀的。""宽容是一种美德，爱罪犯就是爱你自己。"[1]基于如斯信念，邱兴隆教授倾其心力著书立说、公共演讲、组织学术活动等，以学者的独立、良知与责任所贡献出来的理性力量构造刹车装置从而确保《刑法》"起到的不是反动作用，被扼杀的不是真理"[2]，最大限度尊重生命，把人视为目的而非工具。

在邱兴隆教授和众人的不断启蒙之下，死刑在中国从一个敏感话题、政治问题变成一个可以公开研讨的学术话题。但不可避免的是，邱兴隆废除死刑主张一经抛出，质疑之声随之兴起，还被网上民意砸得鼻青脸肿。[3]在网上以及一些公开场合，甚至有人尖锐质问邱兴隆："如果你的妻子被人强奸后杀害，你觉得该不该对强奸杀人者处死刑？"[4]并不相对应但可以放到一起的，在论及刑罚或死刑时，据说邱兴隆教授的撒手锏是："你们坐过牢吗？"[5]学者与大众关于死刑问题的分歧之大由此可见一斑。邱兴隆深知，面对人文精神、信仰基础、立法导向，以及司法实践等方面的重重困难，他所提出的立即废除死刑的主张不可能为官方所接受，"但瞄准天上的星星总比瞄准树梢上的鸟要打得高，我提出来你要废除死刑，你总得有点态度吧。我提出你要走两步，你走一步，总比我提出你要走一步比不走要强得多。"[6]理论构建的价值，不仅在于阐释现实，更在于牵引现实，作为向未来进发的引擎。当北京大学法学院苏力教授提出独生子女免死之论时，邱兴隆教授并未为此欢呼、赞成，且对苏力说不。因为邱兴隆教授所主张的是死刑应在立法上全面废除，这源于他认为死刑在任何情况下都不是个好东西。而苏力教授言说所及的，是死刑在立法上应该保留但不得对独生子女适用。[7]这看似一个悖论，但恰恰反映邱兴隆教授全面废除死刑的理念与主张是整体主义的。

在坚持全面废除死刑理想不灭并为之不遗余力鼓与呼的同时，邱兴隆教授一直

①卫毅：《邱兴隆：和 96 名死刑犯同监》，载《南方人物周刊》2008 年第 12 期。

②系改写邱兴隆教授的一句话。邱兴隆教授原话为："1979 年之前，死刑被滥用了，任意性太大，没个准。像张志新、遇罗克这样的案子，死刑起到的是反动作用，被扼杀的是真理。"见卫毅：《邱兴隆：和 96 名死刑犯同监》，载《南方人物周刊》2008 年第 12 期。

③邱兴隆：《就独生子女免死对苏力教授说不》，载《法学》2011 年第 10 期。

④邱兴隆：《比较刑法（第一卷·死刑专号）》，中国检察出版社 2001 年版，第 34 页。

⑤张卫平："'最具磨难奖'及其他"，载张卫平：《知向谁边——张卫平闲文集》，法律出版社 2006 年版，第 123 页。

⑥欧阳海燕：《邱兴隆：传奇人生中的死刑思考》，载《新世纪周刊》2007 年 1 月 18 日。

⑦邱兴隆：《就独生子女免死对苏力教授说不》，载《法学》2011 年第 10 期。

为尽可能减少国家杀戮、贯彻少杀慎杀刑事政策积极建言献策，提出诸如死刑的正当程序控制。为了有效地防止错杀与滥杀，最大限度地减少死刑的适用，中国的死刑司法应该从正当程序的要求出发，尽快实现程序的正当化。死刑的正当程序既要满足普通司法规则，又是一种特殊、烦琐与代价高昂的程序；①构建刚性的免死实体标准是死刑的司法控制之当务之急等严格控制死刑适用观点，在他看来，死刑的实体标准比程序标准更重要，与其讨论谁该杀，不如讨论谁不该杀。②无论如何，在邱兴隆教授眼中，生命是至上的、无价的、平等的，杀人者犯错，国家杀死杀人者，则是错上加错（遑论对非暴力犯罪、经济类犯罪适用死刑）。诚然，辩论死刑的思维旋涡乃在于，死刑存与废，皆很难证实，也很难证伪。一切赞成死刑的视角，也都是反对死刑的视角，反之亦然。而死刑在中国最终往何处去，取决于人文精神浸润、社会观念几何以及政治家的决断。要言之，"只有树立了生命应该得到普遍而绝对的尊重的理念，死刑的废除才能最终提上议事日程。"③

三、守卫者·刑事辩护

鬼才、怪才、奇才冠之，源于邱兴隆教授不走寻常路。2005 年，在获得全国第四届"十大杰出青年法学家"荣誉后，邱兴隆教授选择将重心从相对平静的书斋呼啸地转向律师实务，创办湖南醒龙律师事务所，任主任律师、合伙人。生前先后办理过刑事案件 200 余件（不乏大案要案），其中死刑案件 30 余起，最终有一大半没有被判处死刑或者由二审改判非死刑立即执行；介入的数以百计的刑事案件中，最终被决定不起诉或者被判无罪者逾 30 人；④涉案标的 1000 万元以上的民事案件 20 余起。这些"业绩"给他带来"三湘刑辩第一人"之誉。⑤不少律师出于种种顾虑选择退出了刑事辩护领地，由此导致我国刑事案件律师辩护率一度徘徊于

---

① 邱兴隆：《死刑的程序之维》，载《现代法学》2004 年第 4 期。

② 邱兴隆观点摘录，《第七届岳麓刑事法论坛学术综述》，载醒龙法律人微信公众号 2016 年 12 月 21 日。

③ 邱兴隆：《从信仰到人权——死刑废止论的起源》，载《法学评论》2002 年第 5 期。

④ 据近年来最高人民法院工作报告、有关学者统计及媒体公开报道，我国刑事案件审理无罪判决率仅为 0.07%、0.08%。

⑤ 相关数据来源于李晓健：《"怪才"远行——追忆刑法学家邱兴隆教授》，载《民主与法制时报》2017 年 10 月 22 日，第 3 版；邱兴隆：《一个刑辩人的愉悦、郁闷与痛苦》，载法学学术前沿微信公众号 2016 年 7 月 27 日。

20% 左右的惨淡境地。①但邱兴隆教授一直坚守着刑辩律师的身份与立场。真刀真枪从事刑事辩护，需要技术、勇气与智慧，更需要一颗强大的内心。在他看来，刑事辩护是一项折磨人的事业。它可以让人顷刻登上愉悦的顶峰，也可以使人顷刻达至郁闷的极点，还可以将人顷刻抛入痛苦的深渊。

邱兴隆教授坚持"磕而不死，勾而不兑"的刑事辩护执业理念，②无论是"为虎辩护"③、为"坏人"辩护④，还是为一个个俗世眼中卑微的个体辩护，目标只有一个："一切为了权利"⑤，这与邱兴隆教授秉持的"为了弱者的权利"⑥辩护理念是一脉相承、接续发展的。因为，在强大的国家机器面前，不管被告人／犯罪嫌疑人站在审判席之前的身份、地位如何，他们无疑都是弱者，都需要得到律师的法律帮助，以免合法权益被侵犯、被吞噬、被不认真对待。也因为在法律人眼中，只有合法非法之别，没有好人坏人之分，为他人争权利，也是为自己争权利。知难而进，火中取栗，为身陷刑事程序的犯罪嫌疑人尤其是死囚提供有效刑事辩护，堪称"刀尖上的舞者"、护法圣斗士。进而言之，"律师并不仅仅是社会专业分工的产物，它自身还蕴含了自由、平等的现代观念。在现代宪政国家中，律师既要制约国家公权，防止公共权力侵害民权，又要以理性遏制民众的偏激和激情，避免民主和民权因民众的盲动、权利的滥用而变质甚至丧失"。⑦如果说从事刑罚基本理论研究是为了实现抽象正义，是间接的、长程的，那么，从事律师实务，则是通过代理一件件刑案力求实现具体正义，让正义及时降临到具体个人身上，以个案推动法治

---

① 任重远：《律师分级出庭：暂无具体方案》，载《南方周末》2015 年 12 月 3 日。为扭转这一极不正常、有损司法公平正义现象，2017 年 10 月，最高人民法院、司法部公布《关于开展刑事案件律师辩护全覆盖试点工作的办法》，宣布"刑事案件律师辩护全覆盖"率先在北京、上海、浙江、安徽、河南、广东、四川、陕西 8 省市试点，为期一年。

② 《邱兴隆教授作客金开名家讲堂谈"律师死磕的前世今生与未来"》，http://news.swupl.edu.cn/xww/xzxz/32463.htm，访问时间：2015 年 12 月 8 日。

③ 任重远、刘俊：《为"虎"辩护》，载《南方周末》2015 年 5 月 7 日。

④［英］亚历克斯·麦克布赖德：《律师为什么替"坏人"辩护? 刑事审判中的真相与谎言》，何远等译，北京大学出版社 2017 年版。

⑤ 邱兴隆：《一切为了权利——邱兴隆刑事辩护精选 50 例》，中国检察出版社 2011 年版。

⑥ 邱兴隆：《为了弱者的权利——邱兴隆刑事辩护词选》，中国检察出版社 2005 年版。

⑦ 张志铭：《中国律师的作用：历史、现状和问题》，载张志铭：《法理思考的印迹》，中国政法大学出版社 2003 年版，第 330 页。

进步。理论与实务，孰轻孰重，难以判别，对于具体公民权利保障而言，以律师身份介入案件，提供法律服务，成效无疑更明显、更被需要、更为直接、更加具体可察。

"难愿天下无罪，但愿天下无冤"，是邱兴隆教授刑罚思想的理论与实践的梦想。平反冤假错案，修复正义，律师亦是一支重要的推动力量。作为跨越世纪的"冤案之王"聂树斌案，一直牵动着中国法学界的神经。无巧不成书，邱兴隆与被冤杀者聂树斌同时期被关押于石家庄看守所。邱兴隆教授在幕后为寻访当年与聂树斌关押同一监室的深交难友提供聂案申诉的重要关头的相关证据，在公共平台为聂案平反鼓与呼，与中国政法大学洪道德教授多轮激辩聂案申诉程序与实体问题，举行学术讲座并发表两万余言讲演稿《聂树斌案：真相一直在天上——假如我是聂树斌案的申诉代理律师》等，贡献智慧，为推动聂案最终昭雪做了大量无私而细致的工作。

传统的学院派律师，往往更多学院，更少律师。邱兴隆教授的律师生涯，打通了二者之间的人为区隔、思维矛盾。刑事法律理论、刑罚哲学思辨等在律师实务中得到了检验、印证，律师实务又为更进一步的理论研究提供了丰厚的滋养，提供了作为学者所必需的素材与灵感。在邱兴隆教授的法律人生中、追求刑罚理性转型进程中却得到了精彩的演绎。

四、呐喊者·公共布道

贺卫方教授评价邱兴隆是"将真性情与大学问融为一体，具有烈焰一般的生命激情"。正是在这样一股持续发光发热的激情正义牵引之下，邱兴隆教授通过学术讲座、学术会议、媒体访谈、自媒体等平台，开展极富激情亦理性的罪与罚的讲演，时常能听到他就聂树斌案、贾敬龙案、王力军"无证收购玉米"案、于欢案、快播案等社会热点案件、疑难复杂案件发表独到见解，留下不少经典篇章。[1]"长发、绿茶、香烟是邱老师讲座最醒目的外在标识，激情、桀骜、独到是邱老师讲座最独特的味道。可以说，邱老师的每一次讲座都是法学学子的一次思想饕餮盛宴，是法学界的一场激荡人心的演唱会。"[2]对于个案的发声，邱兴隆教授一直秉持公

---

[1] 如《聂树斌案：真相一直在天上——假如我是聂树斌案的申诉代理律师》《车浩教授，您凭什么说贾敬龙该死？》《快播案的程序之殇》《刺死辱母者案的情理、伦理与法理》等。

[2] 顽石：《邱师仙逝，明灯永存》，载顽石的法门微信公众号 2017 年 9 月 21 日。

义、良知以及专业眼光予以积极评判，果敢发声、挑战通说、唯理至尊。

他当然不是预言家，更不是先知，但从个案最终司法结果观之，你又不得不承认他的先见之明、洞察幽微、发人之所未发。他为个案呐喊，其中有因被言中而兴奋，也有因结果不尽如人意而悲愤、失落，但对于案情、证据、同类案例、法律规范等的绵密分析，无一不是一堂邱氏法治公开课。邱兴隆教授自称"在性格上易于冲动与情绪化"[1]，但对于具体案件的评议，他又一反其学术论文旁征博引、广采众长、法教义学与社科法学等十八般武艺轮番上阵之态势，对于法社会学分析进路持一种克制与警惕，分析着力点更多限于刑法教义学的绵密解剖，注重分析方法在适用领域上的短长优劣，聚焦事实与规范，严防情绪淹没理性，拒绝流俗裹挟法意，在汹涌的民情中依然保持一位刑法学者的本色立场，坚守罪刑法定、视人为人的底线。其后期一系列著述均贯穿这一主线，深深植根于理论与实务相连通的深厚土壤之中。

邱兴隆教授不仅仅是学术活动的积极参与者，还是一系列公共学术活动的组织者、发起人、推动者。如组织了中国内地第一个死刑问题国际研讨会（湘潭大学·2003年）、死刑的正当程序研讨会（湘潭大学·2004年）等，以此为发端，死刑存废在国内逐渐摆脱政治的牵绊而成为一个学术话题乃至大众话题。岳麓刑事法论坛更是值得一提。该论坛由邱兴隆教授一手发起创办，历年论坛均紧扣刑事法学研究最新前沿，邱兴隆被公推公认为"永远的坛主"。至今《岳麓刑事法论坛》已出版六卷。

在邱兴隆教授离开之后，每当社会热点案件被引爆之际，如这一年来的江西明经国案、深圳鹦鹉案、《监察法》草案、杭州保姆纵火案、昆山龙哥"反杀"案等，我都情不自禁地想到，如果邱师还在，他又将如何精彩发声？只可惜，世间已无邱兴隆，"隆卷风"已成历史。剩下的世界依旧喧嚣，但总感觉缺少了点什么……不过，不无欣喜的是，在邱兴隆教授逝世一周年之际，中国检察出版社正式推出邱兴隆教授生前已整理好待出版的"刑罚理性四部曲"遗著。[2]这应该是邱兴隆教授对自己的一个交代，也是兑现自己十余年前的一个允诺。于读者而言，算是

---

① 邱兴隆：《关于惩罚的哲学——刑罚根据论》，法律出版社2000年版，第359页。
② 2018年9月，在邱兴隆教授逝世一周年之际，中国检察出版社推出邱兴隆遗著"刑罚理性四部曲"：《刑罚理性导论——刑罚的正当性原论》（第二版）、《刑罚理性评论——刑罚的正当性反思》（第二版）、《刑罚理性辩论——刑罚的正当性批判》、《刑罚理性泛论——刑罚的正当性展开》。

弥补了叹其英年早逝的一些遗憾。

五、远航者·思想不灭

如何使刑罚的发动既发挥公正价值（报应之维）又不失其效益价值（功利之维），合理组织对犯罪的反应，维护社会公平正义，保障人权，是邱兴隆教授思考刑罚理性议题（死刑废止论是其延伸）的毕生追求。

如今，邱兴隆教授远航到了另一个世界，但他作为一个大写的人的精神气象，他对于刑罚理性、刑罚根据论的孜孜不倦探讨的成果，以及他对于推进中国刑法学由注释刑法学提升到理论刑法学所作出的探索与努力等，依然回荡在世间。邱兴隆教授刑罚理性大厦的营建，与倡导死刑废除、从事刑事辩护、公共布道刑理等，法庭上的刑事法学、法庭外的刑事法学、讲坛上的刑事法学、教义里的刑事法学，四位一体，形而上与形而下，有着一以贯之的理论立场和价值选择，共同构成一个关于刑罚知识哲学反思与批判的有机整体，早已深深镌刻在中国刑罚知识版图之上。追怀邱兴隆教授，就是追怀他的学格、责任与良心，并在此基础上继续前行，毕竟，"前人的顶峰都应成为我们的出发点，而不是学术生涯的目标"[1]，这兴许是对邱兴隆教授最好的纪念。

---

[1] 苏力：《批评与自恋：读书与写作》，北京大学出版社 2018 年版，第 10 页。

刑罚何以可能

——兼评邱兴隆《关于惩罚的哲学——刑罚根据论》

陈历文 *

一、绪言

刑罚何以可能，一直是法学家乃至思想家们冥思苦想而又希求答案的问题。因为刑罚作为一种"必要的恶"，以剥夺人的权益与施加道德谴责为内容，是一种最为严厉的法律制裁措施，因而对其适用的正确与否，"既关涉到国家的权利是否正当，又事关个人权益与自由的剥夺与限制是否正当"①，所以刑罚何以可能即刑罚的正当性与合理性的理由何在，"构成刑法理论的拱心石，对它的解答，不但决定着对刑法有关的所有问题的回答，而且决定着整个刑事实践活动的运行"②。换言之，对刑罚何以可能的解读，不仅决定着刑罚体系本身，同时也决定着刑罚适用的目的和意义！然而，对刑罚存在的正当性与合理性的推敲不说是特别费力的，但至少也不是轻而易举的。因为正当性与合理性本来就属于文明性的价值判断的范畴，即评价事物是否具有正当性与合理性的正当性与合理性本身也是需要通过另外的一个价值评价标准来判定的。也就是说，要判定事物是否具有正当性与合理性，首先就得厘定何为正当性与合理性，而对于正当性与合理性的判断，势必会因价值判断的基准和立场的不同而出现不同的答案。

自 1983 年邱兴隆教授于西南政法学院（现西南政法大学）就读刑法学硕士研究生时始，他便对素有"刑法第一把交椅"之称的刑罚学抱以极大的偏爱并开始有

★陈历文，湖南师范大学法学院 2017 级刑法学硕士研究生。

①邱兴隆：《关于惩罚的哲学——刑罚根据论》，法律出版社 2000 年版，第 1 页。
②邱兴隆：《关于惩罚的哲学——刑罚根据论》，法律出版社 2000 年版，第 1 页。

意识地对刑罚的正当性的问题进行求索。[①]尽管由于各种主客观方面的原因，邱兴隆教授曾退出过学界一段时期，但历经商海沉浮与人生的磨难之后，他于1999年又复归学界，并以其量多质高的学术成果很快在法学界又赢得了掌声！由其博士论文修订而成的《关于惩罚的哲学——刑罚根据论》一书无疑是其复归学界后众多学术精品中的一个代表。该书以宏大的篇幅、完整的结构和极具思辨的语言批评性地介绍了刑罚根据论领域所存在的各种学说，并在扬弃其早年不甚成熟的"罪刑关系论"的基础上重构了其刑罚根据一体论。恰如邱兴隆教授博士论文答辩委员会的五位委员所一致认为的那样，《刑罚根据论》是一篇优秀的博士论文。[②]虽然邱兴隆教授不幸于2017年9月20日因病辞世，但是死亡的只是躯体，其灵魂与思想却在其众多且精彩的著述中得到了永生。而对于一个学者最好的缅怀方式，应该是读他的书，并在其生前的著述中感悟他的思想。

二、刑罚根据论的理论对垒

古往今来有很多人对刑罚存在的根据何在的问题做过精彩的论述，并形成了纷纭迭出的学说，以至于对该问题的探究至今也没有形成一个统一的认识，但总体而言，他们基本上是以报应论或功利论为主张而展开的。换言之，关于刑罚根据何在的解说，形成了报应论与功利论的世代对垒。

（一）刑罚报应论

报应论是立足于分配正义而关于刑罚的正当性的一种解说。根据这一理论，惩罚在道德上不负责任的人是惩罚本身得以存在的正当根据，即认为刑罚之所以能够存在乃至应该存在，原因不在于是否从惩罚获益即是否能给社会带来有益的结果，而在于犯罪作为一种道德上或法律上错误的行为本来就是应该遭受谴责和非难的。换言之，报应论认为刑罚的正当性在于惩罚作为犯错者的罪犯本身，至于这种惩罚能否给社会带来其他好处，则在所不问。一言以蔽之，报应论是一种主张"为了惩罚而惩罚"的刑罚根据论。

1. 报应论的生命路程

较之于其他刑罚根据的学说，报应论是历史最悠久且至今生命力最旺的一种理

[①] 邱兴隆：《刑罚理性导论——刑罚的正当性原论》，中国政法大学出版社1998年版，第531页。

[②] 邱兴隆：《关于惩罚的哲学——刑罚根据论》，法律出版社2000年版，第359页。

论。不同时代的不同学者赋予了报应论不同的意蕴，从而组合成了报应论的不同形态。以报应论的生命历程看，它大致经历了由复仇到该当的发展。邱兴隆教授分别从"报应的胎变""报应的升华"和"报应的新生"三个方面对此进行了较为具体的论述。

首先，邱兴隆教授回溯了报应论的渊源，指出初始报应刑与原始社会野蛮的"同态复仇"有着不可隔断的血缘关系。也正是基于此，刑罚与复仇容易被混淆，以致报应曾蒙"野蛮"的不白之冤，并在现代一度成为众矢之的。其实，把报应与复仇混为一谈是对报应的历史蕴涵的曲解。因为初始报应刑一经隔断与原始社会"同态复仇"的联系，便宣告了与被冠以"野蛮"的复仇的决裂。"尽管由于复仇基因的作用，其不可避免地仍与复仇习俗颇为貌似，但是，其产生完成了刑罚史上由私力复仇到法律报复的突变，标志着野蛮的私力救济向文明的国家制裁的让位。"①也就是说，较之于复仇是一种原始的私力自裁的野蛮方式，报应是伴随着国家的出现而出现的法律（公力）制裁措施，是国家运用刑罚对犯罪进行报复的一种法定权力。有鉴于此，邱兴隆教授认为报应之取代复仇是理性正义亦即法的正义对野性正义的扬弃，将报应与复仇混谈并以此否定报应作为刑罚根据的正当性是不对的。

在论述了报应与复仇是两个不可等量齐观的概念并据此为报应正名即报应论作为刑罚的根据是具有正当性的之后，邱兴隆教授又指出，报应论在近现代的刑罚思想史上，历经了从等害报复到等价报应再由等价报应到该当报应的转变。

等害报复论由康德首倡，他主张刑罚与犯罪在损害形态上相同为必要。尽管等害报复在近代的问世有其历史的必然性，却不能因此掩盖其具有不合理性的事实。首先，犯罪表现形式及其损害形态的无限性与刑罚因资源的局限性而必定是有限的两者之矛盾，导致在有限的刑罚方式与无限的犯罪形态之间寻求等同注定是无果的。其次，等害报复对犯罪的评价仅限于对其外在的表现形式或损害形态的认识，与评价犯罪须坚持主客观相统一的原则相悖，若以此种主张作为决定刑罚的唯一基准，则客观损害相同但主观恶性各异的犯罪所受的刑罚就会相同。恰如邱兴隆教授所言，"等害报复对刑罚的公正的追求的合理性决定了其精神的可取性，而其所确定的刑罚公正的标准的不合理性又决定了其标准的不可取性"②，因而其注定要被

---

①邱兴隆：《关于惩罚的哲学——刑罚根据论》，法律出版社 2000 年版，第 12 页。
②邱兴隆：《关于惩罚的哲学——刑罚根据论》，法律出版社 2000 年版，第 17 页。

扬弃。

正是在对等害报复论的扬弃中，黑格尔构建了等价报应论并被奉为近现代报应论的精髓。他认为刑罚与犯罪在质与量上的等同不是两者在损害形态上的等同，而是两者内在价值的等同。但是，黑格尔的等价报应论由于带有等害报复论的某种残余而存在一种难以克服的悖论，即黑格尔因其主张等价而反对等害，又因其主张保留死刑而赞同等害。故而邱兴隆教授指出，黑格尔的刑罚等价论不是彻底的等价论，报应论没有在其努力下真正实现由等害报复到等价报复的升华。

19 世纪末 20 世纪初，报应论虽受实证主义刑罚学崛起的影响而一度失宠，但是自 20 世纪中期始，人们又开始为报应正名并从新兴的哲学理论中汲取时代的养分，架构具有时代精神的报应学说，从而掀起了一股回归报应论的理论狂潮。值得注意的是，当代报应论者虽然在承认刑罚的报应根据上形成了一致，但是基于具体主张的不同而存在着传统型与创新型的差异。前者基本上是黑格尔的等价报应论的翻版，后者则在沿用报应之名的同时赋予了其新的内涵。创新型的报应论以在英语国度盛行的该当论为典型代表。根据邱兴隆教授对该当论的代言人赫希对该当论的表述的概括，该当论的逻辑结构为：谴责错误行为是一种普通的道德标准，犯罪既然是一种错误行为因而就应遭受谴责，所以刑罚作为对犯罪的反应就必须具有谴责性，不同的犯罪因其严重性的不同以至于其在应受谴责性的程度上存有差异，而作为谴责犯罪的手段的刑罚因严厉性的不同使得其各自所具有的谴责性也不同，又因为对错误的谴责程度应该与错误的应受谴责性程度相当才是符合正义的，所以作为谴责犯罪的手段的刑罚的严厉性应该与作为谴责对象的犯罪的严重性相当。虽然该当论在主张刑罚是对已然之罪的回顾、刑罚的轻重应取决于犯罪的轻重方面与传统的报应论颇为相似，但若因此就把该当论与传统报应论等同视之，则不但是草率的，更是不明智的。邱兴隆教授以赫希式的理论为蓝本，认为该当论至少在如下方面突破了传统报应论：首先，该当论明确主张刑罚具有预防目的，这与对刑罚的预防目的虽不完全反对却含糊其词的传统报应论迥异，尽管它只是强调不能以预防犯罪为由对犯罪人适用不该当的刑罚；其次，该当论不以实害相报为理念，而传统报应刑论对刑罪等害或者罪刑等价的必要性的说明往往是基于这种理念的；最后，该当论实现了传统报应论所未能实现的刑与罪的完全抽象等价化，从而避免了报应论因构成废除死刑的阻碍所遭到的不应有的骂名。

2.报应论的理念嬗变

以历史发展的时间先后为准，邱兴隆教授将报应论区分三种不同的形态，分别为神意报应论、道义报应论和法律报应论。

神意报应论主张违背神意是犯罪应受惩罚的根据。其基本的逻辑为，上帝是世间万物的主宰并安排着世间的一切，君主或者国家作为神在世俗的代言人，有权秉神意制定法律对犯罪进行惩罚，既然犯罪人实施了违反法律的犯罪，就应当遭受惩罚。虽然从今天的认知水平来看，神意报应论说理的乏力是不言自明的，但和等害报复在近代问世是有其历史的必然性的一样，神意报应论的问世也是有其历史的必然性的。因为智识未开的远古人类受认识能力底下的局限，在无力对一些现象做出合理性的解释的情况下，只得将其归功于一种超乎俗人之上的力量的安排。尽管神意报应论将刑罚根据解答为虚无缥缈的神意不是对刑罚的正当性的合理揭示，但也应看到其对于警示世人法律神圣不可侵犯进而强化法律的权威性与刑罚的必然性有过不可替代的历史作用。

道义报应论坚持过错与惩罚之间的联系并把过错视为是惩罚的唯一决定者，认为犯罪是一种道德上的恶行，刑罚之所以应该惩罚犯罪，归根结底是因为它是谴责作为应受道德谴责的犯罪的手段。较之于神意报应论将刑罚的根据诉诸神意的虚幻，道义报应论更接近于刑罚的根据的真谛，且因它将应受谴责性作为刑罚的发动的前提，更是为个人罪过责任制度的确立奠定了牢固的理论基础。但是，道德与法律毕竟是两种相互独立的社会规范，作为法律制裁手段的刑罚与单纯的道德谴责也并非完全相同，因而仅仅从道德的角度对刑罚的存在进行解释显然是一种不完整的解释。且正如邱兴隆教授所归纳的那样，道义报应论至少在以下几点上显得有些乏力。首先，虽然道义报应论根据道德的要求而以犯罪是一种道德上的过错为由证明用刑罚对犯罪者予以谴责是具有正当性的，但是对于道德为何要设立刑罚这样一种谴责犯罪的制度的追问却无法给人以满意的回答；其次，道义报应论对诸如杀人、抢劫以及强奸等"自然犯罪"的说服力固然是非常明显的，但若我们转换视角，由自然犯罪转向所谓的"法定犯罪"，则道义报应论的说服力便是极其有限的，因为此类犯罪虽违法，却未必违反道德；最后，道义报应论以道德罪过作为衡量犯罪的严重性与决定刑罚的严厉性的主要标准，但是道德罪过是一种纯主观因素，以其作为配刑的主要乃至唯一标准，难免会陷入随意性的泥潭。

法律报应论作为报应论的第三种理念，为黑格尔所提倡，其主张犯罪与刑罚的关系是一种基于法律而生的否定之否定的逻辑关系。简言之，犯罪是法律所禁止的，因而犯罪是对法律的否定；刑罚作为惩罚犯罪的法律手段，因而法律所规定的刑罚又构成了对犯罪的否定。因之，黑格尔认为刑罚不过是否定的否定。邱兴隆教授将黑格尔高度抽象化的否定之否定的法律报应论通俗化后，将其内在的逻辑归纳为，犯罪因违法法律而侵犯了法律秩序，刑罚便要施加于犯罪人使被犯罪所违反的法律得到强化，以法律被强化为中介，被犯罪所侵犯的法律秩序得到恢复。换言之，犯罪侵犯了法律秩序，为了使法律秩序得以恢复，就必须以法律强化的方式对犯罪施加刑罚。"黑格尔的法律报应论从法律自身为刑罚找立身的根据，不但与报应论一样避免了神意报应论的虚幻，而且摆脱了道义报应论对法律本身与道德的脱节无法解释的困境。"①不过，黑格尔的法律报应论也不是无懈可击的。首先，对于法律报应论所主张的刑罚因是法律规定的而是正当的虽无异议，但是他对于法律为何要规定刑罚的追问却没有给予较为充分的回答，虽然他强调了设置刑罚是为了恢复法律秩序，但是对于为何要恢复法律秩序却没有给出的答案；其次，黑格尔的法律报应论是以假定既存刑罚规范的正当性为前提的，但假使法律本身是不正当的，则其所规定的刑罚是否正当？这也是法律报应论所没有回答的问题。

（二）刑罚功利论

功利论是一种立足于社会的需要而对刑罚的根据进行解读的理论，其主张"刑罚之所以应该存在，不是因为惩罚本身具有某种值得追求的内在价值，而是因为它具有服务于有益于社会的目的的工具价值"。②因而，此论认为刑罚存在的根据在于预防与遏制犯罪。换言之，刑罚不是为了惩罚而设立的，之所以正当，是因它对遏制未来可能发生的犯罪是有效且必要的。与报应论关注于已然之罪不同，功利论注重的则是未然之罪，即它是一种"向后看"的理论。虽然不同的功利论者对功利论的根本主张的看法是一致的，却因在刑罚究竟应以预防一般人犯罪还是应以预防特定的人犯罪为目的的问题上存有差异而形成了一般预防论与个别预防论的争鸣。

1. 刑罚一般预防论

一般预防论承报应论之先而启个别预防论之后。其主张刑罚的目的在于预防犯罪人以外的一般人犯罪。一般预防论者在刑罚应通过什么样的一般预防作用预防一般人犯罪认识上不一，又存在立法威吓论、司法威吓论与强化规范论的分野。

立法威吓论认为"刑罚的目的在于通过立法而将刑罚作为犯罪的代价，使一般人基于对犯罪的恐惧而不敢犯罪"。③鉴于立法威吓论与等害报应论一样——都是

---

①邱兴隆：《关于惩罚的哲学——刑罚根据论》，法律出版社 2000 年版，第 37 页。
②邱兴隆：《关于惩罚的哲学——刑罚根据论》，法律出版社 2000 年版，第 3 页。
③邱兴隆：《关于惩罚的哲学——刑罚根据论》，法律出版社 2000 年版，第 5 页。

奴隶制时期的刑罚根据理念，因而邱兴隆教授对立法威吓论的评价是以等害报应论为参照而进行的。他认为较之于等害报应论，立法威吓论既有进步性的一面，也有落后性的一面。进步性表现在其注意到了人的主观能动性，并注重追求积极的遏制效果；落后性则体现为其容易导致严刑苛罚和罪刑擅断，且过分地追求效果而偏废了公正。正是由于立法威吓论的合理性不足而不合理性有余，以致自启蒙时期始，它不但被报应论者所唾弃，而且为以贝卡利亚、边沁和史蒂芬为代表的古典功利论者所倡导的新的一般预防论——司法威吓论——所取代。

司法威吓论主张"刑罚的目的是通过对犯罪者的惩罚而使一般人望而生畏，从而不敢犯罪"。[①]根据邱兴隆教授的概括，司法威吓论具有以下特征：第一，强调罪刑法定，反对罪刑擅断；第二，将刑罚的基点由刑罚效果转向刑罚效益，主张刑罚应以遏制犯罪为必要和限度；第三，以对人的理性的假定为前提。与此同时，邱兴隆教授还指出了司法报应论的不足：首先，它将所有犯罪都视为人理性选择的结果有失片面；其次，与司法威吓论一样，它有导致严刑苛罚的危险；最后，不能完全排斥立法的盲目性与随意性。与司法威吓论一样，司法威吓论因其自身所固有的局限性和不合理性而招致了报应论与个别预防论对它的共同否定。于是，自20世纪50年代始，作为一般预防论的当代形态的强化规范论便应运而生。

强化规范论强调"不管是在立法上还是在司法上，刑罚的目的都在于通过强化对犯罪的禁忌而使人民形成守法的习惯，从而出于对法律规范的尊重而不犯罪"。[②]该论的旨趣在于，刑罚的一般预防作用不只是包括威吓，而且包括加强道德禁忌等其他功能，因之，它也被称为"多元遏制论"。较之于司法威吓论，强化规范论有诸多的进步，它不仅在犯罪原因上不以"理性人"——犯罪是人权衡利害的结果——为唯一前提，而且也不排斥报应作为刑罚的根据之一的正当性。正因如此，邱兴隆教授才指出，强化规范论者无一不是一体论者。

2.刑罚个别预防论

个别预防论的思想源头与一般预防论几乎同样久远。此论认为刑罚的目的在于借助刑罚这一特定的手段实现预防特定的人犯罪。其因在于刑罚应借助怎样的个别预防作用预防特定的个人犯罪方面的争执而存在诸如矫正论、剥夺犯罪能力论与综合论的不同派系。

①邱兴隆：《关于惩罚的哲学——刑罚根据论》，法律出版社2000年版，第5页。
②邱兴隆：《关于惩罚的哲学——刑罚根据论》，法律出版社2000年版，第6页。

矫正论认为"刑罚的目的不是通过消极的物理强制作用使特定的人丧失犯罪的能力，而是通过积极的教育、矫治而使犯罪人不愿再犯罪"。①诚然，不管是为了犯罪人改恶从善以使社会免受其害，还是为了改善犯罪人的境况而使其能更好地生活，矫正论的正当性与合理性都是显而易见的。但设若因此就把矫正论视为刑罚的唯一根据，其片面性也是不言自明的。邱兴隆教授指出，矫正论至少有以下缺陷：第一，矫正论以否定刑罚的惩罚性为前提而主张以矫正为刑罚的唯一职能，但不具有惩罚性的矫正措施显然是无法设计的；其二，矫正论不视罪犯为罪犯，而将其看成是"病人"，以致在刑罚存在的对于犯罪行为的"伦理非难"降低到与对于疾病的非难一样，这是法社会所无法承受的事实；其三，单纯的矫正论无法为刑罚的适用提供完整的根据，因为将矫正视为刑罚的唯一根据以假定所有罪犯都是要矫正并且可以被矫正的具有再犯可能性的人为前提，这与客观存在的事实不相符；其四，矫正论主张刑罚只得用于有人身危险性且需要运用刑罚予以矫治的犯罪人，但由于不具有鉴别人身危险性的标准，使得刑罚的适用与执行不具有操作性。

作为个别预防论的另一分支的剥夺犯罪能力论，其旨趣在于追求用刑罚的方式将一个被认定的人与更为广泛的社会相隔离，借以防止其在该社会实施犯罪的效果。邱兴隆教授指出，尽管剥夺犯罪能力论因正确揭示了刑罚所具有的剥夺犯罪能力而具有其合理性，并且与矫正论不同，剥夺犯罪能力论既不以否定刑罚的惩罚性为前提，又不以将犯罪人视为"病人"为必要，因而又部分地避免了矫正论的不合理性，但与把矫正论视为刑罚的唯一根据一样，将剥夺犯罪能力论视为刑罚的唯一根据也是失之片面的。首先，将剥夺犯罪能力作为刑罚的唯一根据，必然要求刑罚只适用于有再犯可能性的人，难以为刑罚的适用提供完整的根据；其次，剥夺犯罪能力论的前提是对罪犯以人身危险性为根据进行分类并根据具体的罪犯类属而适用相应的刑罚，但这是难以做到的；再次，剥夺犯罪能力论主张刑罚的严厉性程度取决于犯罪人的人身危险性的大小，但人身危险性的评价标准何在却是一个未曾解决的问题；最后，剥夺犯罪能力论与道德谴责相冲突，因为根据剥夺犯罪能力论的观点，则精神或生理异常而自控能力差是最易重复性地犯罪的人，因而也是最需剥夺犯罪能力的人，但这样的犯罪人往往又是值得同情与宽容的，因而所需的道德谴责也是轻微的。

至于综合论，则主要是对矫正论与剥夺犯罪能力论的一种综合。其主张"刑罚

①邱兴隆：《关于惩罚的哲学——刑罚根据论》，法律出版社 2000 年版，第 6 页。

的根据是对于一切可以矫正的罪犯予以矫正，而对于不可矫正的罪犯则通过剥夺其再犯罪的能力而使之无法再犯罪"。①综合论集矫正论与剥夺犯罪能力论于一体，不仅实现了刑罚的个别预防功能的互补，而且也克服了矫正论与剥夺犯罪能力论的前提的片面性，因而具有相对于两者的合理性。既然这种合理性是相对的，则它自然也便是有限的。换言之，综合论一方面集中了两种理论的优点，另一方面又承袭了两者所共有的缺陷。首先，综合论对报应论的否定与社会正义观念相冲突，因为否定刑罚与已然之罪的联系，无异于是说犯罪不应受刑罚惩罚；其次，综合论对一般预防的贬低有失片面，因为即使不主张个别预防是刑罚的唯一目的，也认为个别预防是刑罚的主要目的；最后，综合论难于付诸实施，因为所谓的可以矫正者与不可矫正者在实践中难以认定，而且人身危险性的有无与大小也很难衡量。

（三）刑罚一体论的发展及其重构

诚然，世代对立的报应论与功利论都在一定程度上揭示了刑罚的正当根据，但又均具有或此或彼的局限性与片面性。换言之，单纯的主张报应论抑或功利论都不是对刑罚根据的完整说明。由此，刑罚一体论取代传统诸说而登上了刑罚根据论的历史舞台并最终成为主流的学说。

1. 刑罚一体论的发展

刑罚一体论，又称折衷论抑或并合主义，它认为刑罚的正当根据既不能只关注惩罚已然之罪而持单纯的报应论，也不能只立足于预防未然之罪而持单纯的功利论，而应该实现报应与功利的一体化，是主张"对刑罚的'任何在道德上讲得通的说明，都必然表现为对诸种性质各异且部分冲突的原理的一种折衷'的刑罚根据论"。②虽然作为一种自成一体的刑罚根据论，一体论以集报应论与功利论于一体为特色，但和报应论与功利论内部又可细分为不同的派系一样，一体论者因在为何要与如何将两者相结合的问题上存在不同的主张而形成了不同的一体论模式。根据邱兴隆教授的梳理，分别有"费尔巴哈模式""迈耶模式""奎顿模式""哈特模式""帕克模式""哈格模式""曼可拉模式""赫希模式"以及"帕多瓦尼模式"等九种不同的模式。

费尔巴哈一体论模式主张"既因反对将一般预防作为审判上刑罚之适用的根据

①邱兴隆：《关于惩罚的哲学——刑罚根据论》，法律出版社 2000 年版，第 7 页。
②邱兴隆：《关于惩罚的哲学——刑罚根据论》，法律出版社 2000 年版，第 8 页。

而不同于单纯的一般预防论，又因主张刑罚之在立法上存在的根据不是报应而是一般预防而不同于单纯的报应论，而是一种将立法一般预防论与法律报应论相结合的一种折衷论"。迈耶则"提出了一种立法与量刑以报应为根据、行刑以个别预防为根据的报应与个别预防结合论"。奎顿认为"报应论与功利论之间本不存在矛盾，两者之间的争端完全是人为的，报应论是立足于逻辑的角度而攻击功利论，功利论则是基于道德的立场而责难报应论。而只要给出一个两可答案，即刑罚的逻辑根据在于报应，其道德根据在于功利，刑罚的根据便可以得到完整的解释"。"在哈特的一体论模式中，一般预防、报应与个别预防均占有一席之地。决定哪些行为应该作为刑罚惩罚的犯罪根据是一般预防与个别预防，决定刑罚应该在什么样的条件下发动与所分配的分量的主要根据是报应，但一般预防与个别预防可以作为免除刑罚的发动与减轻所分配的刑罚的分量的根据"。而"在帕克的一体论模式中，一般预防、报应与个别预防都被安排在相应的位置。一般预防与报应决定着刑罚的发动与否，其相互间构成一种被限制与限制的关系，个别预防对刑罚的发动与否不产生影响，但影响刑罚的分配量"。哈格则认为"一般预防与报应作为刑罚的根据是必要的，而个别预防对于证明刑罚的正当性可有可无，因而不是刑罚的必要根据"。曼可拉主张"刑罚的存在应该根据预防来解释，而刑罚的分配应该根据犯罪的该当性来说明。"另外，"在赫希的一体论模式中，刑罚的存在根据是一般预防与报应并行，刑罚的分配根据是报应为主，个别预防为辅"。至于帕多瓦尼则是"将报应与功利作为刑罚的任一阶段的根据，但强调在刑罚的不同解读，一般预防、报应与个别预防的意义有主次轻重之分，认为确定法定刑的主要根据是一般预防，决定宣告刑的主要根据的是报应，作为执行刑的主要根据的是个别预防"。①

在简要地梳理完既存的各种一体论模式之后，邱兴隆教授分别从"为什么应该统一"、"为什么可以统一"以及"究竟应该怎样统一"三个方面对既存的各种一体论模式进行了评价性的解构。

在"为什么应该统一"一节中，他认为费尔巴哈、哈格与曼可拉将报应与功利相统一的必要性奠基在报应是一般预防赖以实现的前提的假定之上，即把报应视为实现功利的手段，认为报应的必要性仅仅在于它是一般预防实现的保障，这一主张是不合理的；而哈特、帕克与赫希将报应作为限制功利的手段，认为二者结合的必要性在于对功利的追求应该受制于报应的要求，这一认识是正确的。

---

①邱兴隆：《关于惩罚的哲学——刑罚根据论》，法律出版社2000年版，第257~283页。

在"为什么可以统一"一节中，邱兴隆教授指出，尽管一体论者在报应与功利相统一具有可行性上达成了共识，但是对于为什么具有可行性却存有争议。费尔巴哈、哈特与赫希等多数人将一体论的可行性的认识奠基在人既应该作为目的又可以作为手段的哲学命题之上；而哈特与罗斯等人则认为报应与功利之所以可以相统一，是因为刑罚的正当性存在需要解答不同的问题，即刑罚的存在根据是功利，而刑罚的分配根据是报应。邱兴隆教授认为，前者关于可行性的见解是中肯的，后者关于可行性的解释虽无不妥，却没有弄清人作为目的与手段的辩证关系。

而在"究竟应该怎样统一"一节中，邱兴隆教授亦指出，一体论者在报应与功利应如何统一的问题上也达成了共识，即报应限制功利，只是在具体如何限制上存有不同的主张。并且是围绕以下两个焦点而展开的，一个是报应如何限制功利，另一个为怎样设计一体论模式。围绕第一个焦点，又存在普遍限制论、司法限制论和允许例外限制论三种不同的主张。围绕第二个焦点，亦可分为"从国家运用刑罚的活动的阶段来设计一体论模式""从刑罚的根据所应回答的问题设计一体论模式"以及"从逻辑与道德分立的角度来设计一体论模式"三种不同的方向。

2.刑罚一体论的重构

邱兴隆教授基于对各种一体论模式各自所具有的合理性与不足的细致分析，认为西方既存的刑罚一体论模式无不存在有待完善之处，并以此为基础，对刑罚一体论进行了重构，从而提出了他的刑罚一体观——"理性统一论"。值得一提的是，他所构建的"理性统一论"，除了是在批判性地继承西方既存的刑罚一体论模式合理性因素的基础上发展而来的以外，同时也是在扬弃了其早年与陈兴良教授所共同构建的"罪刑关系论"的基础上发展而来的。其基本立论如下：

一、报应是社会公正观念的体现，对刑罚的报应要求便是对刑罚的公正性的要求，所以刑罚的报应根据决定着刑罚是否具有公正性。刑罚的报应性是具有多重渊源的，它源于社会、道义与法律的要求。报应对刑罚、犯罪以及罪刑关系都固有着质与量的规定。

二、功利是社会效益观念的体现，对刑罚的功利要求便是对刑罚的效益的要求，所以刑罚的功利根据决定着刑罚的效益性。刑罚的功利性也是具有多重渊源的，它源于社会生产、道德规范、法律规范与经济因素对刑罚的要求。刑罚的功利以预防为犯罪的内容，具体包括一般预防与个别预防。功利对刑罚的总的规定是最大效益性，最大效益性要求刑罚具有真实性、有利性、节俭性与经济性。

三、报应与功利的联结在于同一性、差异性与对立性。报应与功利在对罪与刑的评价结论、渊源以及具体规定上既具有同一性也具有差异性，在刑罚的目的观、对刑罚、犯罪与罪刑关系的具体规定上则存在截然对立的一面。

四、报应与功利相统一的必要性在于报应与功利都在一定程度上揭示了刑罚的根据，但又具有一定的局限性。

五、报应与功利相统一的可行性寓于个人与社会、客观与主观以及手段与目的的辩证关系之中。

六、报应与功利相统一应遵守如下规则：第一，报应与功利兼顾，不能顾此失彼；第二，报应限制功利，即在任何情况下都不得超出报应所允许的限度而作出不利于个人的选择；第三，报应让步于功利，即在具体情况下，可以不根据报应的要求而作出不利于个人的选择，而可以根据功利的要求作出有利于个人的选择；第四，报应与功利折衷调和，即可以既不完全按报应的要求也不完全按功利的要求，而是部分地考虑报应与功利的要求。

七、刑罚存在的根据，既是为了惩罚犯罪，又是为了预防犯罪，是报应与功利的统一。

八、刑罚的创制、发动、分配乃至执行的根据，既要考虑报应性规定，也要考虑功利性规定，而当两者出现冲突时，则根据报应限制功利、报应让步于功利与折衷调和的规则来解决。

四、结语

邱兴隆教授的《关于惩罚的哲学——刑罚根据论》一书是一部难得的极具学术功底的刑罚理论方面的力作。它全面展示了古往今来有关刑罚根据理论的各种学说，在批评性地继续前人理论的合理内核尤其是在评价中外刑罚一体论模式的基础上，提出了一种新的刑罚一体论，亦即"理性统一论"。"理性统一论"不仅彻底扬弃了单纯的报应论与功利论，还吸收了诸种一体论的合理成分，并且还剔除了诸种一体论的不合理因素和弥补了诸种一体论的不足，因而邱兴隆教授认为其构成了对刑罚根据的最合理的解说。

谨以此缅怀我所敬佩的邱兴隆教授！

《岳麓法学评论》征稿启事

一、投稿说明

1. 本刊开设"法治中国""法治论衡""探索争鸣""各科专论""司法改革""域外译文""法律书评""法苑随笔""岳麓讲坛"等栏目,欢迎作者就特设栏目进行有针对性的投稿。

2 "法治中国"为本刊固定专题,欢迎就"法治中国"的历史渊源、实施路径、目标定位、中外对比、司法改革等相关问题踊跃投稿,亦欢迎结合各学科具体问题进行阐述。

3、投稿以学术论文为主,法学各学科均可,与法学紧密相关的政治学、公共管理方面论文亦可。论文、评论、书评、译文、案例评析、随笔等体裁均可。作者应严格遵守学术道德,尊重他人的著作权。论文字数以八千至两万字为宜,随笔以一千至一万为宜。

4. 联系方式:电子文档请投至本刊指定的电子邮箱 haisong000@gmail.com;也欢迎以书面形式寄本刊总编室。地址:湖南省长沙市湖南大学法学院《岳麓法学评论》编辑部 蒋海松 收。邮编:410082。联系电话:13507466657。本院老师也可直接与各学科编辑直接联系。

5. 本刊数据上传学术期刊网 CNKI,凡投稿视为同意授权将论文上传 CNKI。若有特殊要求请说明。

二、注释体例

1. 文中注释一律采用脚注(即页下注),每页重新编号,编号形式为 Word 自动生成的数字加圈,注码样式为:①②③④⑤等。因只能自动生成 1–10,如果当页有超过 10 的注释,10 之后请手工编排。

2. 著作出版时间只需标明年,无需精确到月;期刊论文标明期数,无需精确到月，但应如"载《中国法学》2011 年第 2 期"，不能省略"载"字。

3. 作者简介（只需要姓名、工作单位、职称信息，不需要性别、职务、年龄、籍贯。如为学生，因保留本科生、硕士生、博士生字样。若为博士学历可加学历信息，其他不需要加）及课题信息（为何种课题或基金、项目成果，加编号），以＊标注在姓名之下。先列作者信息，后列课题信息，中间分行。一个注释即可，不要列为两个注释。

有关作者的详细简介（姓名、出生年月、工作单位、学位、职称、研究成果等）、通讯方式（地址、邮编、电话、电子信箱）等个人信息，另加一页附在文后，以加强交流并方便本刊寄送样刊。

4. 视情况可在作者姓名后加"主编""编译""编著""编选"等字样。非直接引用原文时，注释前应加注"参见"；非引用原始资料时，应注明"转引自"。

5. 有数个注释引自同一文献时，注释不应简化。

6. 标题之后、正文前加列"摘要"与"关键词"。其中"摘要"为文章主要观点之提炼，应能独立成文，字数控制在 300 字以内；"关键词"一般以 3 至 5 个为宜。无需英文摘要。

7. 引用作者本人作品时，请直接标明作者姓名，不要使用"拙文"等自谦词。

三、文章及摘要范例

中国古代死刑报应思想的基本特质

肖××

摘　要：

关键词： 报应　死刑　复仇　报复刑　刑官报应

＊肖xx，法学博士，湖南大学法学院助理教授。

本文系湖南省人文社会科学基金一般项目"中国古代死刑思想研究"（项目批准号：2010YBB060）的阶段性研究成果之一。

四、具体注释范例

1. 经典著作类：

［1］《马克思恩格斯全集》第三卷，中共中央编译局译，人民出版社 2002 年版，第 72 页。

2. 学术著作、教材类：

郭道晖：《法理学精义》，湖南人民出版社 2005 年版，第 47 页。

张文显主编：《法理学》，高等教育出版社 2007 年版，第 89 页。

3. 论文类

罗豪才、宋功德：《行政法的治理逻辑》，载《中国法学》2011 年第 2 期。

4. 文集类

［美］L.L. 富勒：《合同损害赔偿的信赖利益》，韩世远译，载梁慧星主编：《民商法论丛》第 11 卷，法律出版社 1999 年版，第 201 页。

5. 译作类

［法］卢梭：《社会契约论》，何兆武译，商务印书馆 1980 年 2 月版，第 46 页。

6. 报纸类

杨景宇：《中国立法史上里程碑》，载《人民日报》2011 年 3 月 11 日。

7. 古籍类

《唐律疏议》卷第一《名例·八议》；《史记·货殖列传》。

8. 辞书类

《元照英美法词典》，法律出版社 2003 年 5 月版，第 209 页。

9. 学位论文类

周汉华：《中国法制改革论纲：从西方现实主义法律运动谈起》，中国社会科学院研究生院 2000 年博士学位论文，第 27 页。

10. 研究报告类

王晓津、佘坚：《海外创业板市场发展状况与趋势研究》，深圳证券交易所联合研究所《研究报告》2008 年第 5 期（深证综研字第 0164 号）。

11. 会议论文类

王保树：《公司法任意性法律规范适用的留意点》，载《中国法学会商法学研究会 2010 年年会论文集》（2010 年 7 月，中国．大连），第 169 页。

12. 法条类

我国《公司法》（2005 年）第 152 条。

13. 网络资料类

《财政部、税务总局详解个人所得税法修正案草案》，载"中国政府网"（http://www.gov.cn/jrzg/2011–04/21/content_1849239.htm），2011 年 4 月 21 日访问

14. 外文类

依从该文种注释习惯。

《岳麓法学评论》编辑部